PARTISANEN IM ZWEITEN WELTKRIEG

Der Slowakische Nationalaufstand
im Kontext der europäischen Widerstandsbewegungen

Bad Wiesseer Tagungen
des
Collegium Carolinum

Band 37

Herausgegeben vom
Vorstand des Collegium Carolinum
Forschungsinstitut für die Geschichte Tschechiens
und der Slowakei

Partisanen im Zweiten Weltkrieg

Der Slowakische Nationalaufstand im Kontext der europäischen Widerstandsbewegungen

Vorträge der gemeinsamen Tagung des Collegium Carolinum
und des Instituts für Zeitgeschichte München–Berlin
in Bad Wiessee vom 6. bis 9. November 2014

Herausgegeben von
Martin Zückert, Jürgen Zarusky und Volker Zimmermann

Vandenhoeck & Ruprecht

Bibliografische Information der Deutschen Nationalbibliothek

Die Deutsche Nationalbibliothek verzeichnet diese Publikation in der Deutschen Nationalbibliografie; detaillierte bibliografische Daten sind im Internet über <http://dnb.ddb.de> abrufbar.

Bibliographic information published by the Deutsche Nationalbibliothek

The Deutsche Nationalbibliothek lists this publication in the Deutsche Nationalbibliografie; detailed bibliographic data available online: <http://dnb.ddb.de>.

ISBN 978-3-525-37315-6

© 2017 Collegium Carolinum, 81669 München
(www.collegium-carolinum.de)

Verlag: Vandenhoeck & Ruprecht GmbH & Co. KG, Göttingen/
Vandenhoeck & Ruprecht LLC, Bristol, CT, U.S.A.
(www.v-r.de)

Für Form und Inhalt trägt der/die jeweilige Verfasser/in die Verantwortung.

Redaktion: Collegium Carolinum, München

Satz: Collegium Carolinum, München

Layout des Einbands: SchwabScantechnik, Göttingen (www.schwabscantechnik.de)

Druck und Einband: Kessler Druck + Medien GmbH & Co. KG, Bobingen
(www.kesslerdruck.de)

Gedruckt auf säurefreiem, alterungsbeständigem und chlorfrei gebleichtem Papier.

INHALT

Martin Zückert/Jürgen Zarusky/Volker Zimmermann

PARTISANEN IM ZWEITEN WELTKRIEG
Der Slowakische Nationalaufstand im Kontext der europäischen
Widerstandsbewegungen. Zur Einführung

Partisanenbewegungen waren ein bedeutsames Phänomen in der Geschichte
des Zweiten Weltkriegs. Die Brutalität des nationalsozialistischen Erobe-
rungs- und Vernichtungskrieges beförderte die Entstehung irregulärer
Kriegsformen. Durch das Kriegsgeschehen versprengte Soldaten, Widerstandskämpfer, die aktiv in den Untergrund gingen, aber auch rassisch oder
politisch Verfolgte, Deserteure oder Menschen, die versuchten, sich der Ar-
beitskräfterekrutierung zu entziehen, bildeten bewaffnete Gruppen. Das Profil und die Zielsetzungen dieser Gruppen variierten. Neben weitgehend
selbstständig agierenden Einheiten gab es in den von der Wehrmacht eroberten Teilen der Sowjetunion oder im besetzten Jugoslawien gut organisierte
Verbände, die sich – geführt von speziellen Partisanen-Instrukteuren und im
Kontakt mit der sowjetischen militärischen Führung – hin zu regulären Armeeeinheiten entwickelten und zum Teil daran gingen, „Proto-Staaten" aufzubauen.[1] Nicht zu unterschätzen ist zugleich die Bedeutung von Partisanengruppen als „Überlebensgemeinschaften". Die sich aus entflohenen Kriegsgefangenen, Juden und anderen Verfolgten bildenden Gruppen verfügten in
der Regel eher über einen geringen Kampfwert. Ihr Ziel war es, zu überleben
und die dafür notwendigen Ressourcen zu erhalten. Dieser idealtypischen
Differenzierung irregulärer Verbände standen freilich in der Realität meist
Mischformen gegenüber: So setzten sich zum Beispiel in Italien Partisanengruppen seit 1943 aus Resten der regulären Truppen, Deserteuren, aber auch
jungen Leuten, die die Rekrutierung zum Arbeitseinsatz in Deutschland
fürchteten, zusammen.[2] Bei den „Überlebensgemeinschaften" wird zugleich
auch der Bezug des Themas zum Holocaust deutlich, worauf in diesem Text
noch ausführlicher eingegangen wird. Umgekehrt nutzten die Nationalsozialisten das Partisanenphänomen, um unter dem Deckmantel der „Bandenbekämpfung" in für sie unübersichtlichen Gebieten großflächig gegen die Zivil-

1   *Mazower,* Mark: Hitlers Imperium. Europa unter der Herrschaft des Nationalsozialis-
    mus. München 2009, 471 (engl. Original 2008).
2   Zum italienischen Fall vgl. *Gentile,* Carlo: Wehrmacht und Waffen-SS im Partisanen-
    krieg: Italien 1943–1945. Paderborn u. a. 2012, 56 f.

bevölkerung vorzugehen und insbesondere von ihnen aufgegriffene Juden in großer Zahl zu ermorden.[3] Militärhistoriker bewerten den Stellenwert von Partisanen im Zweiten Weltkrieg für den Verlauf der Kämpfe häufig als gering. Lediglich die kommunistischen Partisanen in Jugoslawien konnten, befördert durch eine starke Unterstützung von außen, größere Erfolge erringen und große Teile ihres Landes selbst befreien.[4] Dennoch darf man ihre Bedeutung für den Kriegsverlauf nicht unterschätzen. Nicht ihr militärischer Erfolg, sondern allein die Existenz von Partisanengruppen – in der Regel im Hinterland der Krieg führenden Mächte – sorgte für Unruhe und Unsicherheit. Im optimalen Fall konnten sie fremde Truppen binden. Häufig verursachten die Brutalität des nationalsozialistischen Anti-Partisanenkampfes wie auch das Agieren der Partisanen jedoch unzählige Opfer und die sprichwörtliche „verbrannte Erde". Aus der Sicht der Wehrmacht ging es nicht allein um die Bekämpfung dieser irregulären Verbände. Stattdessen war damit eine allgemeine Verfolgung der Zivilbevölkerung verbunden, wenn Partisanenangriffe mit Massenrepressalien beantwortet wurden oder mit der Schaffung von „toten Zonen" den Partisanen ihre Rückzugsgebiete genommen werden sollten. Zahlreiche niedergebrannte Ortschaften auf nahezu allen Kriegsschauplätzen geben von dieser Art der Kriegsführung Zeugnis.

Die Geschichte der Partisanenbewegungen im Zweiten Weltkrieg hat freilich nicht allein eine militärgeschichtliche Dimension. Mit Blick auf Phänomene wie Widerstand und Verfolgung und die zahlreichen Verbindungen zum Kriegsalltag der betroffenen Bevölkerung ist sie zugleich Teil einer Gesellschaftsgeschichte des Krieges. Je nach Entwicklungsstand der einzelnen Gruppen gibt es umfassende Beziehungen zu den aktiven Widerstandsplanungen in den einzelnen Ländern. Der Krieg der Partisanen hatte somit in vielen Fällen etwas Perspektivisches. Damit verbunden war oft die Zielsetzung, den eigenen Machtbereich zu organisieren und politische Planungen in Gang zu setzen. Es gab Verbindungslinien zu Widerstandsgruppen, die politische Konzepte für die Nachkriegszeit entwickelten. In vielen Fällen wiederum – zu denken ist etwa an die Situation in Griechenland oder im ukrainisch-polnischen Grenzgebiet – zielte der Kampf irregulärer Verbände nicht mehr allein auf den Sieg über die nationalsozialistische Besatzungsmacht, sondern richtete sich auch auf die Zeit danach. Vielmehr kam es auch zu

---

3   Im slowakischen Fall belegen die große Zahl jüdischer Flüchtlinge unter den Partisanen unter anderem die Situationsberichte aus den Bezirken während und nach dem Slowakischen Nationalaufstand. *Syrný*, Marek/*Uhrin*, Marian (Hg.): Situačné hlásenia okresných náčelníkov (September 1944-Február 1945). Dokumenty [Situationsberichte der Bezirkshauptleute (September 1944-Februar 1945). Dokumente]. Vgl. u. a. die Meldungen aus Piešťany (S. 14), Považská Bystrica (S. 28), Nové Mesto (S. 33) und Ilava (S. 72 f.).

4   Vgl. *Boot*, Max: Invisible Armies. An Epic History of Guerilla Warfare from Ancient Times to the Present. New York-London 2013, 312.

Auseinandersetzungen zwischen national oder ideologisch verschiedenen Partisanengruppen, die in einem Gebiet miteinander um die Etablierung von Machtbereichen konkurrierten.

Es gab mit Blick auf die oben geschilderten Strukturen also keine europäische Partisanenbewegung. Dennoch war bereits den Zeitgenossen bewusst, dass das Partisanen-Phänomen länderübergreifend zu beobachten war. Klement Gottwald, damals Vertreter der Kommunistischen Partei der Tschechoslowakei im Exil in Moskau, forderte etwa dazu auf, im besetzten „Protektorat Böhmen und Mähren" und in der Slowakei einen Partisanenkrieg „nach Vorbild des jugoslawischen Befreiungskampfes" zu führen.[5]

Der Slowakische Nationalaufstand und die Partisanen

In der internationalen Geschichtsschreibung zum Zweiten Weltkrieg nimmt der Partisanenkrieg in der Slowakei nur einen untergeordneten Stellenwert ein. Gedacht wird beim Thema irregulärer Kriegsführung in den Jahren 1939–1945 zunächst an die Kämpfe in Weißrussland, der Ukraine oder auf dem Balkan. Der vorliegende Band nimmt dagegen den Slowakischen Nationalaufstand zum Ausgangspunkt, um das Phänomen der Partisanen im Zweiten Weltkrieg über diese bekannten und eingehend beschriebenen Fälle hinaus zu analysieren. Auf diese Weise soll die Basis für Vergleiche und allgemeinere Aussagen erweitert und der Nationalaufstand in den Kontext der europäischen Widerstandsbewegungen gestellt werden.

Dabei geht es nicht nur darum, dass die Geschichte der Partisanenbewegungen in der Slowakei außerhalb des Landes so gut wie unbekannt ist.[6] In dem vorliegenden Band, der auf eine anlässlich des siebzigsten Jahrestages des Slowakischen Nationalaufstands veranstaltete Konferenz zurückgeht, geht es um mehr: In der Widerstandsgeschichte der Slowakei bündeln sich viele Faktoren des Partisanenphänomens, die am konkreten Beispiel untersucht werden, zugleich aber auf eine über diesen Fall hinausreichende, größere Dimension hinweisen. So kann am Beispiel der Slowakei eine Typologie

---

[5] Zitiert nach *Husák*, Gustáv: Der Slowakische Nationalaufstand. Berlin (Ost) 1972, 323 f. und 420. Ähnliches findet sich auch auf lokaler Ebene, wenn etwa ein Ausschuss zur nationalen Befreiung im slowakischen Nová Baňa dazu aufrief, sich am Handeln der Partisanen in Jugoslawien, der Sowjetunion oder Polen zu orientieren. *Jablonický*, Jozef: Z ilegality do povstania. Kapitoly z občianskeho odboja [Aus der Illegalität zum Aufstand. Kapitel aus dem bürgerlichen Widerstand]. 2., ergänzte Auflage. Banská Bystrica 2009 (1. Auflage 1969), 177.

[6] Erfreulicherweise hat die Gedenkstätte Deutscher Widerstand im Herbst 2016 eine Sonderausstellung zur Geschichte des Slowakischen Nationalaufstands eröffnet, die auch den Anteil der Partisanen würdigt. Vgl. hierzu den zur Ausstellung erschienenen Band: Gedenkstätte Deutscher Widerstand (Hg.): „Es lebe unsere gerechte Sache!" Der Slowakische Nationalaufstand, 29. August bis 27. Oktober 1944. Berlin 2016.

entwickelt werden, die den Blick auf das allgemeine Phänomen schärfen kann.

Zunächst sind hierbei die bereits erwähnten variierenden Formen der Partisanengruppen zu nennen. So entstanden in der Slowakei zunächst, angestoßen von der seit dem Herbst 1938 illegal agierenden Kommunistischen Partei, kleinere Widerstandsgruppen, die jedoch lediglich zu kleineren Sabotageakten in der Lage waren bzw. das Ziel hatten, Parteifunktionären Möglichkeiten für ein Untertauchen zu bieten.[7] Parallel dazu, etwa im Frühjahr 1942 in der Ostslowakei, entstanden bereits Gruppen von rassisch Verfolgten, die zum reinen Selbstschutz bewaffnet in die Wälder gingen.[8] Vor und während des Ende August 1944 ausbrechenden Aufstands entstanden schließlich größere Verbände. Aus der Ukraine in die Slowakei eingesickerte sowjetische Instrukteure gingen daran, aus Deserteuren oder entflohenen sowjetischen Kriegsgefangenen kampffähige Verbände zu bilden. Die entkommenen Kriegsgefangenen stellten dabei die zahlenmäßig größte Gruppe. Zugleich verfügte diese Gruppe über eine spezifische Motivation. So galt es nicht zuletzt, den „Makel" der Gefangennahme durch den erneuten Kampf gegen den Nationalsozialismus und seine Verbündeten zu tilgen.[9]

Während des Aufstandes und danach verwischten dann die Grenzen zwischen den zu den Aufständischen übergegangenen regulären slowakischen Verbänden und den Partisanen. Dabei ist auch an die heute weitgehend vergessenen jüdischen (tschecho-)slowakischen Partisanen zu erinnern, die ebenfalls am Aufstand und an den nachfolgenden Kämpfen teilnahmen – unter anderem in einer 160 Mann starken Kampftruppe sowie recht zahlreich in der Zweiten Tschechoslowakischen Luftlande-Brigade, die zur Unterstüt-

---

7   *Cséfalvay,* František: K začiatkom partizánskeho hnutia na Slovensku [Zu den Anfängen der Partisanenbewegung in der Slowakei]. In: *Stanislav,* Jan (ed.): Zjednocovanie antifašistických síl na Slovensku v roku 1943 [Die Vereinigung der antifaschistischen Kräfte in der Slowakei im Jahr 1943]. Banská Bystrica 2005, 83–89. Vgl. hierzu auch den Beitrag von Marek Syrný in diesem Band.

8   Im Frühjahr 1942 bildeten jüdische Männer, die vor ihrer Deportation in die Wälder geflohen waren, in der Ostslowakei eine bewaffnete Gruppe. Bei einer Verfolgungsjagd erschoss sie einen Gendarmen. Der darauf einsetzenden Diffamierung dieser Männer als mordende Bande durch das slowakische Regime steht die spätere Vereinnahmung durch die Kommunisten gegenüber. Diese behaupteten, dass die erwähnte Gruppe eine der ersten gewesen sei, die dem Aufruf der Kommunisten gefolgt wären, Widerstandsgruppen zu bilden. *Laborecký,* Peter: Vzbúrenci bezmocných [Rebellen der Machtlosen]. In: Acta Judaica Slovaca 2 (1995), 45–82. Vgl. auch *Zudová-Lešková,* Zlatica: Židia a protinacistický odboj na Slovensku [Die Juden und der antinazistische Widerstand in der Slowakei]. In: Acta Judaica Slovaca 2 (1995), 9–44.

9   Zugleich konnten die entflohenen sowjetischen Kriegsgefangenen vielfach auf die humanitäre Unterstützung der slowakischen Bevölkerung bauen. František Cséfalvay sieht darin eine „antifaschistische Vereinigung von unten". *Cséfalvay:* K začiatkom partizánskeho hnutia na Slovensku, 89.

zung des Aufstandes entsandt worden war.[10] Als die Erhebung Ende Oktober 1944 niedergeschlagen wurde, gab die Aufstandsleitung die Anweisung, dass alle Truppen nun zum Partisanenkampf übergehen sollten.[11] Es lässt sich somit am Beispiel der Slowakei ein breites Spektrum feststellen: kleinere, sich im Land selbst aus dem politischen Widerstand heraus bildende Gruppen, Verfolgte in „Überlebensgemeinschaften", von außen gesteuerte, größere Kampfverbände sowie eine Gemengelage aus regulärer und irregulärer Kriegsführung. Hier bieten sich mehrere Vergleichsmöglichkeiten an, denen im vorliegenden Band anhand ausgewählter Beispiele nachgegangen wird.

Der Slowakische Nationalaufstand war in erster Linie ein von den im Untergrund agierenden politischen Parteien vorbereiteter Armeeaufstand. Bürgerliche, Sozialdemokraten und Kommunisten hatten sich im Dezember 1943 im sogenannten „Weihnachtsabkommen" auf ein gemeinsames Vorgehen gegen das mit den Nationalsozialisten kollaborierende slowakische Regime unter Präsident Jozef Tiso und die deutsche Suprematie verständigt. Zielsetzung war es zudem, die 1938/39 zerstörte Tschechoslowakei wieder zu errichten, dabei jedoch anders als in der Ersten Tschechoslowakischen Republik Tschechen und Slowaken als zwei gleichberechtigte Nationen in einem gemeinsamen Staat anzuerkennen.[12]

Als Zentrum der Erhebung war die Mittelslowakei vorgesehen, wo konspirierende slowakische Militärbefehlshaber bis zum Spätsommer 1944 Einheiten der slowakischen Armee konzentrierten. Zugleich sollte der Aufstand dazu dienen, den vordringenden sowjetischen Truppen die Überwindung der Karpatenpässe und ihr weiteres Vordringen nach Westen zu erleichtern. Die Ziele der Erhebung konnten jedoch nicht erreicht werden. Zum einen hatte sich die Angriffsplanung der Sowjetunion nach dem Bündniswechsel Rumäniens und den Erfolgen der Roten Armee in Südosteuropa geändert. Ein Vordringen über slowakisches Territorium hatte an Priorität verloren.[13] Zum anderen gelang es deutschen Truppen, die aufgrund der zunehmenden Zahl von Partisanenüberfällen ins Land geschickt worden waren, zwei für den

---

10 Vgl. hierzu *Jelinek*, Y.: The Role of the Jews in Slovakian Resistence. In: Jahrbücher für die Geschichte Osteuropas 15 (1967), 415–422; *Ders.*: Židia v Slovenskom národnom povstaní. bojovníci a civilisti. Reflexie [Juden im Slowakischen Nationalaufstand. Kämpfer und Zivilisten. Reflexionen]. In: *Syrný*, Marek a kol.: Slovenské národné povstanie – Slovensko a Európa v roku 1944 [Der Slowakische Nationalaufstand – Die Slowakei und Europa im Jahr 1944]. Banská Bystrica 2014, 349–362.

11 Vgl. hierzu den Beitrag von Martin Zückert in diesem Band.

12 Vgl. *Hoensch*, Jörg K.: Grundzüge und Phasen der deutschen Slowakei-Politik im Zweiten Weltkrieg. In: *Lemberg*, Hans/*Marek*, Michaela/*Förster*, Horst/*Machilek*, Franz/ *Seibt*, Ferdinand (Hg.): Studia Slovaca. Studien zur Geschichte der Slowaken und der Slowakei. München 2000, 249–280, hier 276 f.

13 *Schönherr*, Klaus: Die Niederschlagung des slowakischen Aufstandes im Kontext der deutschen militärischen Operationen. In: Bohemia 42 (2001), 39-61, hier 44 ff.

Aufstand bereitstehende slowakische Divisionen in der Ostslowakei Ende August zu entwaffnen.[14]

Der eigentliche Aufstand blieb somit auf sein Zentrum in der Mittelslowakei beschränkt. Dort konnten sich die Aufständischen, die in Banská Bystrica mit dem Aufbau neuer Herrschafts- und Verwaltungsstrukturen begonnen hatten, von Ende August bis Ende Oktober 1944 halten, ehe die Erhebung von deutschen Truppen im Verbund mit loyalen slowakischen Einheiten des Tiso-Regimes niedergeschlagen wurde.[15] In der Lesart einiger Widerstandsfunktionäre ging der Aufstand weiter, da dieser in die Berge verlegt worden sei, von wo aus „auf Partisanenart" weitergekämpft werden sollte. In der Realität war das Land nun aber unter deutscher Kontrolle und die sowohl militärisch bedrängten als auch unter den Witterungsverhältnissen leidenden Partisanen, denen sich lediglich Reste der Aufstandstruppen angeschlossen hatten, konnten nun nur noch vereinzelte Aktionen durchführen.[16] Auch wenn der Aufstand militärisch gescheitert war und es nur bedingt gelungen war, deutsche Truppen zu binden und deren Verteidigungsstrukturen dauerhaft zu stören, hat diese Erhebung große Bedeutung. Sie dynamisierte bestehende Gegensätze in der slowakischen Gesellschaft und verdeutlichte den Widerstand gegen die bestehenden Herrschaftsstrukturen.

Wie bereits erwähnt, war der Slowakische Nationalaufstand in erster Linie ein vom politischen Widerstand eingeleiteter Armeeaufstand. Neben etwa 47.000 aufständischen Soldaten gab es nach vorliegenden Berechnungen nur etwa 18.000 Partisanen.[17] Dennoch spricht vieles dafür, am Beispiel dieses Aufstands das Partisanenphänomen näher zu betrachten. Zunächst ist die bereits erwähnte Gemengelage und Überschneidung zwischen regulärer und irregulärer Kriegsführung zu nennen. Hinzu tritt die in der slowakischen Historiografie immer wieder diskutierte Frage, inwieweit die Partisanen den Aufstand eher behinderten als beförderten. In der Tat hatten von sowjetischen Instrukteuren geführte Partisanen durch Sabotage- und Gewaltakte im Sommer 1944 das Einschreiten des Deutschen Reichs provoziert und damit

---

[14] Pažurova, Helena: Vojensko-partizánske jednotky utvorené z príslušníkov východoslovenskej armády [Aus den Angehörigen der ostslowakischen Armee gebildete militärische und Partisaneneinheiten]. In: Vojenská história 14/4 (2010), 48–70, hier 50 f.

[15] Zückert, Martin: Slowakei. Widerstand gegen Tiso-Regime und nationalsozialistische Vorherrschaft. In: Ueberschär, Gerd (Hg.): Handbuch zum Widerstand gegen Nationalsozialismus und Faschismus in Europa 1933/39 bis 1945. München 2011, 241–249, hier 247.

[16] Cséfalvay, František: O takzvanom druhom období SNP [Über die sogenannte zweite Phase des SNP]. In: Tóth, Dezider/Kováčiková, Katarína (Hg.): SNP 1944 – Vstup Slovenska do demokratickej Európy [SNP 1944 – der Eintritt der Slowakei in das demokratische Europa]. Banská Bystrica 1999, 212–218.

[17] Zu den unterschiedlichen Zahlen in der Forschung vgl. den Beitrag von Martin Zückert in diesem Band.

das Überraschungsmoment der Aufstandsplaner zunichte gemacht.[18] Der Beginn der Erhebung erfolgte nun überstürzt. Hier lässt sich über den militärstrategischen Aspekt hinaus ein Zielkonflikt identifizieren. Das Handeln von Partisanen und Armee muss immer auch vor dem Hintergrund politischer Nachkriegsplanungen der im Umfeld von Armee und Partisanen agierenden politischen Kräfte betrachtet werden.

Doch nicht allein diese konflikthafte Gemengelage macht die Partisanenbewegungen in der Slowakei zu einem lohnenswerten Untersuchungsgegenstand. Bis heute gibt es in der Slowakei Debatten über die Bewertung des Aufstands. Darüber rücken Kritiker immer wieder die Form der Kriegsführung durch die Partisanen ins Zentrum der Auseinandersetzung. Diese hätten die Brutalisierung des Aufstands betrieben, was zu unnötigen Opfern, ja zu zahlreichen Gräueltaten geführt habe.[19] In letzter Zeit wird dabei verstärkt auf die Opfer, insbesondere unter der deutschen Bevölkerung in der Slowakei verwiesen. In der Tat kamen während des Aufstands in der Mittelslowakei nach Schätzungen etwa 1.200 Bürger deutscher Nationalität durch Angriffe und Massaker von Partisanen ums Leben.[20] Nur vereinzelt hat sich die Geschichtswissenschaft bisher damit beschäftigt,[21] was letztlich die Kritik am Aufstand beförderte. Wie komplex die Situation im Herbst 1944 freilich war, zeigt die Tatsache, dass es unter den Partisanen auch Angehörige der deutschen Minderheit gab.[22]

Ein weiterer Vorwurf lautet, dass die Partisanen für den deutlichen Einflussgewinn der Sowjetunion und der slowakischen Kommunisten gesorgt hätten, was die weitere Entwicklung entscheidend geprägt habe. Diese Interpretation, die den Partisanen eine besondere Rolle zuschreibt, hat eine lange Tradition. Bereits während des Aufstands bemühte sich das mit Deutschland kollaborierende Tiso-Regime, den Aufstand zu einer „sowjetischen Partisa-

---

18 *Prečan*, Vilém: The Slovak National Uprising: the Most Dramatic Moment in the Nation's History. In: *Teich*, Mikuláš/*Kováč*, Dušan/*Brown*, Martin D. (Hg.): Slovakia in History. Cambridge 2011, 206–228, 215 f.

19 *Lacko*, Martin: Problematika partizánskych násilností 1944–1945 a postoj historika [Die Problematik der Gewalttaten von Partisanen 1944–1945 und die Position des Historikers]. In: *Sokolovič*, Peter (Ed.): Slovenská republika 1939–1945 očami mladých historikov. Zv. 7. Perzekúcie na Slovensku v rokoch 1938–1945 [Die Slowakische Republik 1939-1945 in den Augen junger Historiker. Band 7. Verfolgung in der Slowakei in den Jahren 1938–1945]. Bratislava 2008, 296–304.

20 *Letz*, Róbert: Slovenské dejiny V (1938–1945) [Slowakische Geschichte V (1938–1945). Bratislava 2012, 310.

21 Zu den Vorkommnissen in Sklené (Glaserhau) in der Mittelslowakei vgl. *Schvarc*, Michal: Masová exekúcia v Sklenom 21. septembra 1944 v širšom dejinnom kontexte [Die Massenexekution in Glaserhau am 21. September 1944 im breiteren historischen Kontext]. In: Pamäť národa 3/3 (2007), 4–13.

22 *Gabzdilová*, Soňa: Nemecká komunita v živote slovenskej spoločnosti 1938–1945 [Die deutsche Kommunität in Leben der slowakischen Gesellschaft 1938–1945]. In: Človek a spoločnosť 7/3 (2004), 139–151, hier 145.

nenaktion" zu erklären. Exilgruppen verbreiteten diese Sichtweise nach 1945 im Ausland weiter.[23] Zugleich betonte die kommunistische Geschichtsschreibung in der Slowakei in übermäßigem Maße den Stellenwert der Partisanen im Aufstand.[24] Erst neuere Forschungen nach 1989 haben die Bedeutung von Armee und Partisanen ausgewogener beurteilt. Unabhängig davon wurde die Rolle der Partisanen in der Geschichtspolitik, in Denkmalkultur, Filmen und Literatur besonders hervorgehoben.[25]

Aber selbst unter der Annahme, dass diese geschichtspolitische Steuerung die Erinnerung der am Aufstand Beteiligten und der betroffenen Zivilbevölkerung beeinflusste, muss ein erfahrungsgeschichtlicher Kontext berücksichtigt werden. An vielen Orten des Landes traten in der Tat vor, während und nach dem Aufstand in erster Linie Partisanengruppen in Erscheinung. Zwischen der Unterstützung des Kampfes durch die Zivilbevölkerung und Ausschreitungen gegen letztere gab es ein weites Spektrum. Die sich erhebenden Armeeverbände waren zwar durch ihre Konzentrierung um Banská Bystrica im mittelslowakischen Kerngebiet des Aufstands präsent, doch darüber hinaus ist es nicht unwahrscheinlich, dass weite Teile der Bevölkerung entweder, wie etwa in der Westslowakei, gar nichts vom Aufstand mitbekamen, oder sie de facto die Auswirkungen eines Partisanenkriegs kennenlernten.

Der Slowakische Nationalaufstand ist ein geschichtspolitischer Fixpunkt in der Slowakei. Auf die Indienstnahme durch kommunistische Geschichtsinterpretationen bis 1989 folgten nach der Samtenen Revolution und der Entstehung der unabhängigen Slowakei im Jahr 1993 neue Debatten, die immer auch zeitgenössische Diskussionen widerspiegeln. So lautet der Titel eines Konferenzbandes zum fünfzigsten Jahrestag der Erhebung im Jahr 1994 „Der Slowakische Nationalaufstand im Gedächtnis der Nation".[26] Fünf Jahre später, als bereits der Beitritt zur Europäischen Union am Horizont sichtbar wurde, benannte man die zentrale Konferenzpublikation „der Slowakische Nationalaufstand 1944 – der Eintritt der Slowakei in ein demokratisches Europa".[27] Zugleich entzünden sich am Nationalaufstand bis in die Gegenwart

---

[23] Vgl. den Beitrag von Martin Zückert in diesem Band.

[24] *Jablonický,* Jozef: Glosy o historiografii SNP. Zneužívanie a falšovanie dejín SNP [Glossen über die Geschichte des Slowakischen Nationalaufstands. Missbrauch und Verfälschung der Geschichte des Slowakischen Nationalaufstands]. Bratislava 1994, 40.

[25] *Mannová,* Elena: Jubiläumskampagnen und Uminterpretationen des Slowakischen Nationalaufstands von 1944. In: *Jaworski,* Rudolf/*Kusber,* Jan (Hg.): Erinnern mit Hindernissen. Osteuropäische Gedenktage und Jubiläen im 20. und zu Beginn des 21. Jahrhunderts. Berlin 2011.

[26] SNP v pamäti národa. materiály z vedeckej konferencie k 50. výročiu SNP [Der Slowakische Nationalaufstand im Gedächtnis der Nation. Materialien von der wissenschaftlichen Konferenz zum 50. Jahrestag des Slowakischen Nationalaufstands]. Bratislava 1994.

[27] *Tóth,* Dezider (Ed.): SNP 1944 – vstup Slovenska do demokratickej Európy: zborník vystúpení z medzinárodnej konferencie k 55. výročiu SNP [Der Slowakische Nationalaufstand 1944 – Der Eintritt der Slowakei in ein demokratisches Europa: Sammelband

politische Debatten, wenn nationalistische Politiker und Historiker die bestehenden Interpretationen des Nationalaufstands infrage stellen.[28] Ein Ansatzpunkt hierfür ist in regelmäßigen Abständen die Diskussion darüber, wie das Agieren der Partisanen zu bewerten ist. Die Geschichte und Gegenwart dieser Interpretationen und Deutungskämpfe zeigt, wie wichtig es ist, die komplexe Entwicklung der Partisanenbewegungen vor, während und nach dem Slowakischen Nationalaufstand zu analysieren. Um diese Entwicklung in der Slowakei und die damit zusammenhängenden Fragen, wie zum Beispiel die nach Organisationsformen, Widerstandspotentialen oder Gewaltspiralen, in ihren größeren Zusammenhängen beurteilen zu können, muss das Phänomen der Partisanen freilich in die Geschichte des Zweiten Weltkriegs eingeordnet werden. Der vorliegende Band nimmt deswegen eine bisher nicht vorgenommene Kontextualisierung vor und zieht hierfür Vergleichsfälle aus anderen Regionen Europas heran.

Vergleichsperspektiven im Kontext der europäischen Widerstandsbewegungen

Begrenzt man sich auf Europa und hält an der etablieren Chronologie fest[29], kann man eine zeitliche Inkongruenz zwischen dem Zweiten Weltkrieg und dem Phänomen des Partisanenkriegs feststellen: Gelten für ersteren die Eckdaten 1939 bis 1945, so traten die Partisanenbewegungen im Wesentlichen ab 1941 auf und stellten eine Reihe der Freischärlerbewegungen, die im Zuge des Zweiten Weltkriegs entstanden, ihre Kämpfe erst Ende der 1940er oder sogar Anfang der 1950er Jahre ein. Entscheidend dafür war die kommunistisch-antikommunistische Bürgerkriegskonstellation im Osten und Südosten Europas, die sich bereits in der zweiten Hälfte bzw. der Endphase des Zweiten Weltkriegs entwickelt hatte: Im Baltikum und in der Ukraine kämpften nationalistische Partisanen gegen die Sowjetunion, in Griechenland stand die aus

---

der Beiträge von der internationalen Konferenz zum 55. Jahrestag des Slowakischen Nationalaufstands]. Banská Bystrica 1999.

28 *Rychlík, Jan*: Reflexia slovenského národného povstania v povojnovom ľudáckom exile a historiografii [Die Reflexion über den Slowakischen Nationalaufstand im Exil der Volksparteiler in der Nachkriegszeit und in der Historiografie]. In: *Syrný, Marek a kol.*: Slovenské národné povstanie – Slovensko a Európa v roku 1944 [Der Slowakische Nationalaufstand – die Slowakei und Europa im Jahr 1944]. Banská Bystrica 2014, 658–760, hier 679. Im Jahr 2014 bezogen die Direktoren des Historischen Instituts der Slowakischen Akademie der Wissenschaften, des Militärhistorischen Instituts und des Museums des Slowakischen Nationalaufstands gemeinsam Position gegen eine über eine Internetseite und eine Publikation verbreitete Deutung, die den Nationalaufstand zu einer staatsfeindlichen Verschwörung erklärte. Vgl.: http://www.history.sav.sk/index.php?id=stanovisko_k_projektu_29august1944sk (am 20.4.2016).

29 Im fernen Osten begannen Kriegshandlungen, die in den Zweiten Weltkrieg mündeten, bereits mit der japanischen Besetzung der Mandschurei 1931; zuvor schon, 1927, hatte der chinesische Bürgerkrieg begonnen, der 1949 mit dem Sieg der Kommunisten unter Mao endete.

der Partisanenorganisation Griechische Volksbefreiungsarmee (Ethnikos Laikos Apelevtherotikos Stratos, ELAS) hervorgegangene kommunistische „Demokratische Armee Griechenlands" mit sowjetischer Unterstützung gegen konservative, zum Teil im Kollaborationismus verankerte Kräfte, die zunächst von Großbritannien und ab 1947 von den USA unterstützt wurden. Die Entwicklung des Partisanenphänomens während des Zweiten Weltkriegs und danach kann somit als Ausdruck der Entwicklung der Anti-Hitler-Koalition, ihrer inneren Konflikte und ihrer Aufspaltung und des Übergangs in die Konstellation des Kalten Kriegs gesehen werden.

Dementsprechend sind die Partisanenbewegungen politisch nicht eindeutig zu verorten. Nicht nur in einem abstrakten Ideologieschema, sondern auch ganz konkret sind massive Gegensätze, auch hier vor allem wieder in Ost- und Südosteuropa zu verzeichnen, während hingegen in Frankreich und Italien die Résistance bzw. Resistenza zumindest für lange Zeit einen hegemonialen nationalen Einigungsmythos begründete. Von der Ukraine über Polen, Jugoslawien, Albanien und Griechenland hingegen ist die Spaltung in (vorwiegend) kommunistische und nationalistische Partisanenverbände festzustellen, in den polnisch-weißrussisch-ukrainischen „Borderlands" kam es sogar zu gewaltsamen Auseinandersetzungen in einer Dreierkonstellation: die Ukrainische Aufständische Armee (Ukraïns'ka povstans'ka armija, UPA) gegen die polnische Heimatarmee und die sowjetischen Partisanen gegen beide.

Die Konfrontation von Polen und Sowjets war dabei von besonderer Tragweite, denn die „polnische Frage" war einer der frühesten und wichtigsten Spaltkeile, den der aufziehende Kalte Krieg in die Anti-Hitler-Koalition trieb. Die Entdeckung der Gräber der vom sowjetischen Geheimdienst ermordeten Offiziere in Katyn 1943 hatte bereits zum Abbruch der Beziehungen zwischen Moskau und der polnischen Exilregierung in London geführt. Vor Ort ließ Stalin nun die Kräfte der Heimatarmee (Armia Krajowa, AK) als Gegner behandeln.[30] In der westukrainisch/ostpolnischen Dreierkonstellation werden auch die idealtypischen politischen Trennlinien zwischen kommunistischen Partisanen, westorientierten (AK) und nationalistischen Bewegungen mit kollaborationistischen Wurzeln (UPA)[31] sichtbar.

---

[30] *Musial*, Bogdan: Sowjetische Partisanen in Weißrussland. Innenansichten aus dem Gebiet Baranovici 1941–1944. Eine Dokumentation. München 2004, 221 f.

[31] Der Bandera-Flügel der Organisation Ukrainischer Nationalisten (Organizacija Ukraïns'kych Nacionalistiv, OUN), der in der UPA den maßgeblichen Einfluss ausübte, hatte ebenso wie die konkurrierende OUN unter Melnyk vor dem Krieg mit der deutschen Abwehr kooperiert, in der Hoffnung durch die Anlehnung an die Achsenmächte die Errichtung eines ukrainischen Staates erreichen zu können. Vgl. dazu *Bruder*, Franziska: „Den Ukrainischen Staat erkämpfen oder sterben!". Die Organisation Ukrainischer Nationalisten (OUN) 1928–1948. Berlin 2007, und *Rossoliński-Liebe*, Grzegorz: Stepan Bandera. The Life and Afterlife of a Ukrainian Nationalist. Fascism, Genocide, and Cult. Stuttgart 2014.

Den auslösenden Faktor für die Entstehung von Partisanenbewegungen im Zweiten Weltkrieg bildeten zum Teil verzweifelte Widerstandsbemühungen gegen die nationalsozialistische und faschistische Okkupationspolitik in ganz Europa.[32] Militärische Restgruppen, die über Bewaffnung und soldatische Erfahrung verfügten, waren wichtige Keimzellen der Partisanenbewegungen, so etwa die im April/Mai 1941 formierten serbischen Četniks unter Führung des ehemaligen Generalstabsoffiziers Dragoljub „Draža" Mihailović, die bald Zulauf von serbischen Bauern bekamen, die vor dem Terror des kroatischen Ustaša-Regimes flohen,[33] oder versprengte Angehörige der Roten Armee, die, wenn sie in deutsche Hände fielen, häufig umstandslos ermordet wurden, aber auch in deutschem „Gewahrsam" in den ersten Monaten nach dem deutschen Überfall nur sehr geringe Überlebenschancen gehabt hätten.[34]

In der Sowjetunion, wo der kommunistische Staat ja als Anlehnungsmacht fortbestand, spielten Kader der Kommunistischen Partei ebenfalls eine große Rolle bei der Entstehung der Partisanenbewegung. Aber auch im übrigen Europa waren die Kommunisten, befreit von den politischen Verrenkungen der Ära des Hitler-Stalin-Pakts, eine wichtige, oft die zentrale Kraft im bewaffneten Widerstand gegen die Achsenmächte. Unmittelbar nach dem Angriff auf die Sowjetunion startete die jugoslawische KP ihren bewaffneten Kampf, in dessen Verlauf sie zur beherrschenden Macht werden sollte; in Albanien gingen die Gründung einer Kommunistischen Partei und einer Partisanenbewegung Hand in Hand, in Frankreich und Italien gehörten Kommunisten zu den treibenden Kräften von Résistance und Resistenza etc.

Schon frühzeitig begannen Bemühungen, die Aktivitäten der Kämpfer im Hinterland mit der allgemeinen Kriegführung zu koordinieren. Schon eine Woche nach Kriegsbeginn hatte die sowjetische Führung eine Direktive zur Bildung von Widerstandsgruppen hinter der Front erlassen. Ende Mai 1942 entstand der Zentrale Stab der Partisanenbewegung unter Leitung des weißrussischen KP-Funktionärs Pantelejmon Ponomarenko. Auf westlicher Seite gab es hierfür kein eindeutiges Pendant, aber die bereits zwei Jahre zuvor gegründete britische Special Operations Executive (SOE)[35] und das amerikani-

---

[32] Einen guten Überblick über die antinazistischen Partisanenbewegungen bietet *Shepherd*, Ben H.: „Guerrillas and Counter-Insurgency". In: *Ferris*, John/*Mawdsley*, Evan (ed.): Cambridge History of the Second World War. Vol. 1. Cambridge 2015, 690–715. Bemerkenswert ist allerdings, dass der Slowakische Nationalaufstand hier keinerlei Erwähnung findet.

[33] *Ramet*, Sabrina P.: Die drei Jugoslawien. Eine Geschichte der Staatsbildungen und ihrer Probleme. München 2011, 203. Die ethnonationalistischen Četniks gerieten allerdings bald in ein kollaborationistisches Fahrwasser, insbesondere mit Bezug zur italienischen Besatzungsmacht.

[34] Grundlegend hierzu: *Streit*, Christian: Keine Kameraden. Die Wehrmacht und die sowjetischen Kriegsgefangenen 1941–1945. Stuttgart 1978.

[35] *Stafford*, David: Britain and European Resistance 1940–1945. A Survey of the Special Operations Executive, with Documents. London 1980.

sche Office of Strategic Services[36] zählten auch die Unterstützung von Guerilla-Bewegungen in den von den Achsenmächten besetzten Gebieten zu ihren zentralen Aufgaben, die in vielfacher Weise umgesetzt wurde.

Carl Schmitt und die Partisanen – Kritische Anmerkungen

Trotz der Existenz solcher staatlicher Strukturen blieb der Partisanenkampf ein Kampf der „Parteigänger", worauf die etymologische Wurzel des Begriffs ja verweist. In aller Regel erhielt der künftige Partisan keinen Gestellungsbefehl, sondern traf selbst die Entscheidung, sich dem bewaffneten Widerstand anzuschließen. Die Motive dafür waren keineswegs immer allein politischer Natur; sie stellten sich sehr unterschiedlich dar und hingen auch vom Kriegsverlauf ab.[37] Dennoch gibt es einige grundlegende Gemeinsamkeiten. Partisanenkampf ist ein irregulärer, nicht von einer staatlich organisierten und unmittelbar kontrollierten Armee geführter militärischer Kampf, weil er in der Herrschaftszone des Feindes stattfindet. Partisanen, so Carl Schmitt in seiner bekannten Schrift, kämpfen „aus einem Untergrund heraus".[38]

Seine „Theorie des Partisanen" wird in einschlägigen Publikationen gerne zitiert, weil sie geschliffene Formulierungen und griffige Denkfiguren bereithält. Dabei dürfen aber die Wahrnehmungslücken und zweifelhaften Postulate, in diesen „Zwischenbemerkungen zum Begriff des Politischen" – so der Untertitel mit Verweis auf eine frühe Schrift Schmitts, die das Politische als Freund-Feind-Verhältnis definiert – nicht übersehen werden. Das von ihm evozierte, wirkungsmächtige Bild „des Partisanen" wird den in den Beiträgen dieses Bandes beschriebenen Erscheinungsformen von Aufstands- und bewaffneten Widerstandsbewegungen im Zweiten Weltkrieg in vieler Hinsicht nicht gerecht. Das macht einige kritische Anmerkungen zu Schmitt erforderlich.

Die Schaffung des von ihm angesprochenen Untergrundes ist in hohem Maße an ein dafür geeignetes Gelände gebunden. Das Territorium der Partisanen muss Möglichkeiten bieten, sich der Überwachung durch die feindlichen Instanzen zu entziehen, und eine, zumindest rudimentäre und oft ambulante, Infrastruktur zu etablieren. Große unwegsame Territorien, vor allem Wälder und Gebirge, bieten sich hierfür vor allem an, und tatsächlich entfalteten sich die größten Partisanenbewegungen in solcherart gestalteten Regionen: den Wäldern Weißrusslands und Polens, den Bergen Serbiens, Montenegros oder dem französischen *Maquis*, dem unwegsamen Buschgelände

---

36 *Heideking,* Jürgen: Amerikanische Geheimdienste und Widerstandsbewegungen im Zweiten Weltkrieg. In: *Schulz,* Gerhard (Hg): Partisanen und Volkskrieg. Zur Revolutionierung des Krieges im 20. Jahrhundert. Göttingen 1985, 147–177.

37 Vgl. hierzu u.a. den Beitrag von Sven Deppisch in diesem Band.

38 *Schmitt,* Carl: Theorie des Partisanen. Zwischenbemerkung zum Begriff des Politischen. Berlin 1963, 73.

(Macchia). Die Verbundenheit mit dem Gelände, mit Land und Leuten, hebt Carl Schmitt in seiner „Theorie des Partisanen" mit dem von dem spanischen Historiker José María Jover Zamora entlehnten Begriff des „tellurischen Charakters" hervor. Die Partisanen sind selbst Teil des gewissermaßen sozialgeografisch verstandenen Territoriums. Schmitt sieht das nicht nur bei den historischen Guerilleros der antinapoleonischen Kämpfe in Spanien, Tirol und Russland 1808/13 gegeben, sondern auch bis hin zu Mao Tsetung, Ho Chi Minh und Fidel Castro.

Nun ist unbestreitbar, dass Vertrautheit mit dem Gelände und soziale Verankerung der Partisanenbewegungen für ihren Erfolg höchst bedeutsam und häufig charakteristisch sind. Schmitts Kriterium des „Tellurischen" allerdings beschränkt sich nicht auf diesen Aspekt. Er essentialisiert es vielmehr, macht es an der Gegenüberstellung von Land und See, Partisan und Pirat, fest, und kritisiert moderne Entwicklungen, in denen der „autochthone Partisan agrarischer Herkunft" zum „auswechselbare[n] Werkzeug einer mächtigen, Weltpolitik treibenden Zentrale" wird, wenn „er in das Kraftfeld des unwiderstehlichen, technischindustriellen Fortschritts hineingerissen" und „seine Mobilität [...] durch Motorisierung so gesteigert [wird], daß er in Gefahr gerät, völlig entortet zu werden".[39]

Daraus und aus weiteren Äußerungen wie der vom (technikfernen) „Menschentypus, der bisher den Partisanen lieferte" spricht nicht nur der altbekannte agrarromantische, technikfeindliche Kulturkonservativismus deutscher Rechtsintellektueller der Zwischenkriegszeit, sie führen überdies in höchst widersprüchliches Gelände. So schreibt Schmitt: „Eine andere Grenze der Feindschaft folgt aus dem tellurischen Charakter des Partisanen. Er verteidigt ein Stück Erde, zu dem er eine autochthone Beziehung hat. Seine Grundposition bleibt defensiv trotz der gesteigerten Beweglichkeit seiner Taktik."[40] Auf der anderen Seite meint er, die zivilisatorische Einhegung des Krieges, „der Verzicht auf die Kriminalisierung des Kriegsgegners, also die Relativierung der Feindschaft, die Verneinung der absoluten Feindschaft", eine Erscheinung, die er als etwas „unwahrscheinlich Humanes" bezeichnet, werde nun anscheinend „durch den Partisanen wieder in Frage gestellt".[41]

Abgesehen von dem logischen Bruch zwischen beiden angeführten Aussagen Schmitts, basiert letztere zudem auf der systematischen Ignorierung des nationalsozialistischen Kriegs und seiner Spezifika. Tatsächlich kommt der Name Hitler in dem Büchlein, in dem es von der Nennung historischer und zeitgenössischer Politiker von Napoleon über Lenin und Stalin bis De Gaulle geradezu wimmelt, nur einmal vor, in einer kursorischen Erwähnung der „Hitler-Zeit".[42] Die entscheidende Kraft, die im Zweiten Weltkrieg zur Formierung von Partisanenbewegungen geführt hat, bleibt also außer Acht;

---

[39] *Ebenda.*
[40] *Ebenda,* 93.
[41] *Ebenda,* 92.
[42] *Ebenda,* 24.

der historische Horizont, vor dem Schmitt seine „Theorie des Partisanen"
entwickelt, hat ein riesiges schwarzes Loch. Nur in dessen „Licht" kann das
Tellurische als Schlüsselkriterium des Partisanen gesehen werden: „Der Partisan verteidigt ein Stück Erde, zu dem er eine autochtone Beziehung hat", pos-
tuliert Schmitt.[43]

Obwohl er selbst „eine gesteigerte Intensität des politischen Engagements"
als ein Kriterium des Partisanen benennt,[44] stellt er ihn zugleich als durch
und durch provinzielle Erscheinung dar, die er im 20. Jahrhundert jedenfalls
nicht mehr war. Natürlich war zum Beispiel den weißrussischen Partisanen
klar, dass ihre massenhaft zur Zwangsarbeit nach Deutschland verschleppten
Landsleute nur durch die militärische Zerschlagung des Hitler-Regimes befreit werden konnten, dem Schmitt so treu gedient hatte. Und in der Slowakei
bildeten zur Zwangsarbeit verschleppte, geflohene Sowjetbürger sogar ein
wichtiges Element der Partisanenbewegung. Überdies gehörten zum Partisanenkampf in Italien und Frankreich, aber auch etwa in Weißrussland, wo der
Besatzungsgouverneur Wilhelm Kube im September 1943 einem Attentat
zum Opfer fiel, auch Aktionsformen der Stadtguerilla.

Der von Schmitt zum „Tellurischen" überhöhte Regionalismus des Partisanenkriegs sollte daher nüchtern und ohne jede Blut- und Boden-Romantik
betrachtet werden. Und die Irregularität, die ihm in der Tat häufig ein besonders grausames Gesicht gegeben hat, darf nicht von ihren auslösenden Faktoren getrennt gesehen werden, nämlich den Eroberungszügen der Achsenmächte und ihrer im Verein mit kollaborationistischen Kräften umgesetzten
brutalen Okkupationspolitik. Diese, nicht die Partisanen, bildeten den entscheidenden auslösenden Faktor für einen Krieg von unfassbarer Grausamkeit.

Dort, wo Partisanenbewegungen entstanden, etablierten sich auch konkurrierende Normsysteme, die jeweils absolute Loyalität verlangten und in
deren gefährliche Zwischenzonen Zivilisten leicht geraten konnten. Verrat
und Spionage waren eine tödliche Gefahr für die Untergrundverbände, die
die Auseinandersetzung mit solchen Problemen nicht an Instanzen in einem
eben nicht vorhandenen Hinterland delegieren konnten. Zugleich wurde Par-
tisanenaktivität von den Okkupanten als hochgefährlich und heimtückisch
wahrgenommen und daher nicht nur Partisanen, sondern auch ihre (vermeintlichen) Unterstützer mit dem Tode bedroht. Nicht nur die Partisanen
zeichnen sich durch eine „gesteigerte Intensität des politischen Engagements"
aus, ihr gesamter Aktionsraum wurde hochpolitisch, weil er eine Vielzahl
seiner Bewohner ständig zu politischen bzw. politisch bedingten Entscheidungen zwang, und zwar auf einer existenziellen Ebene, bei der einzelne Entscheidungen über die Haltung zur einen oder anderen politischen Kraft –

---

[43] *Ebenda*, 93.
[44] *Ebenda*, 26.

wodurch auch immer motiviert – zu Entscheidungen über Leben und Tod werden können.

Zugleich wurden diese meist ländlichen Aktionsräume, die sonst so stille Provinz, damit verstärkt in die Kontexte der weltumspannenden Auseinandersetzung integriert – oft mehr nolens als volens und nicht selten mit dramatischen Folgen, von denen etwa Namen wie Oradour, Marzabotto, Distomo oder Chatyn zeugen, die für eine Unzahl von Massakern von Wehrmacht und SS an Zivilisten als Rache für Partisanenaktionen stehen. Die Gefahr der Provokation brutaler Repressalien gegen Unbeteiligte ist nur eines der zahlreichen moralischen Dilemmata, die für den Partisanenkampf kennzeichnend sind. Bestrafung von Verrätern oder (mutmaßlichen) Spionen, Umgang mit Gefangenen, Gewalt als Mittel der Selbstversorgung sind nur einige weitere Stichworte aus diesem Feld.

1943 als Wendepunkt in der Geschichte der Partisanenbewegungen

Bei der Entwicklung der Partisanenbewegungen bildet das Jahr 1943 einen gewissen Wendepunkt. Die gegen die deutsche Besatzungsherrschaft kämpfenden Partisanenbewegungen wuchsen stark an, was durch eine Reihe von Faktoren bedingt war, insbesondere durch die Kriegsentwicklung. „In diese Zeit, das Jahresende 1942 bis Januar–Februar 1943, fielen die Nachrichten von der russischen Front, die die Hoffnung derjenigen stärkten, die Widerstand leisteten oder sich versteckt hielten und auf bessere Zeiten warteten", schreibt etwa Herbert Herz, ein aus Augsburg stammender deutscher Jude, dessen Familie nach Frankreich ausgewandert war, wo er 1943 bei den kommunistischen Francs-tireurs et partisans – main d'œuvre immigrée (FTP-MOI) aktiv wurde.[45] Dieser Stimmungswandel war europaweit zu verzeichnen.

Der verstärkte Zulauf zu Untergrundformationen war aber auch durch die intensivierte Zwangsrekrutierung von Arbeitskräften für die deutsche Kriegswirtschaft bedingt. Im Osten wie im Westen der von NS-Deutschland okkupierten Gebiete ergab sich für zahlreiche Menschen, vor allem junge Männer, die Alternative, in und für NS-Deutschland zu arbeiten oder in den Wald oder den Maquis zu gehen und gegen die sich ohnehin auf der Verliererstraße befindlichen Besatzer zu kämpfen. Nach dem Sturz des italienischen Diktators Mussolini Ende Juli und der deutschen Besetzung Nord- und Mittelitaliens Anfang September 1943 entstand zudem mit der Resistenza eine weitere „Partisanenfront". Der Erwartungshorizont hatte sich verändert, und im Zusammenhang mit den Partisanenkämpfen hatten sich sowohl Pull- als auch Push-Faktoren verstärkt. Das Vorrücken der Roten Armee im Som-

---

[45] *Herz*, Herbert: Als Partisan im französischen Widerstand. Erinnerungen eines deutsch-jüdischen Widerstandskämpfers. Aus dem Französischen von Hildegard Malka. Bellevue-Genève 2011, 76.

mer 1944 schließlich löste – unter verschiedenen politischen Implikationen – die beiden größten Insurrektionen gegen NS-Deutschland und seine Verbündeten aus, nämlich den Warschauer Aufstand (1. August bis 3. Oktober) und den Slowakischen Nationalaufstand (29. August bis 28. Oktober 1944).[46]

Das Anschwellen der Partisanenbewegung[47] nach der Kriegswende machte sie nicht nur in vielen Regionen zu einem ernstzunehmenden militärischen und politischen Faktor, es führte auch dazu, dass politische Konflikte stärker zutage traten. Wie bereits angesprochen, war dabei die wichtigste Trennlinie diejenige zwischen Kommunismus und Antikommunismus, wobei auf diesem Flügel konservative, zum Teil auch rechtsextreme nationalistische Kräfte dominierten. In der Konkurrenzsituation zwischen kommunistischen und antikommunistischen Partisanenorganisationen kam es 1943/44 zu diversen taktischen Arrangements letzterer mit den deutschen Okkupanten, etwa in Polen oder Griechenland.[48] Die Kader der in der von Deutschland besetzten Ukraine 1942/43 entstandenen nationalistischen Partisanenformation UPA waren zu einem nicht geringen Teil Angehörige der von den Deutschen kontrollierten Hilfspolizei gewesen. Auf Weisung der Organisation Ukrainischer Nationalisten (Organizacija Ukraïns'kych Nacionalistiv, OUN) desertierten sie in den Untergrund.

Der Kampf der UPA richtete sich in wechselnden Konstellationen gegen die Wehrmacht, sowjetische Partisanen und die Armia Krajowa. Ihr extremer Nationalismus manifestierte sich vor allem 1943 in dem Versuch einer „ethnischen Säuberung" Wolhyniens von der polnischen Bevölkerung, dem bis zu 100.000 Menschen zum Opfer fielen. Die OUN, deren Vertreter Stetsko am 30. Juni 1941 in Lemberg, begleitet von einem brutalen Judenpogrom, einen ukrainischen Staat ausgerufen hatte, hoffte damals dem Beispiel der

---

[46] Es gibt bisher nur eine Publikation, die beide Erhebungen vergleichend betrachtet: *Syrný*, Marek (Ed.): Varšavské povstanie a slovenské národné povstanie – paralely a rozdiely [Der Warschauer Aufstand und der Slowakische Nationalaufstand – Parallelen und Unterschiede]. Banská Bystrica 2009.

[47] In den USA ging die Geheimdienst-Abteilung Research & Analysis im Sommer 1943 von 40–45.000 Partisanen in Jugoslawien, 15–20.000 in Griechenland und 250.000 in der Armé Secrète organisierten Personen in Frankreich aus; die polnische Exilregierung in London meldete 130.000 Mitglieder der Armia Krajowa, deren Kampfstärke von den Geheimdienstlern aber skeptisch beurteilt wurde. Vgl. *Heideking*, Jürgen: Amerikanische Geheimdienste und Widerstandsbewegungen im Zweiten Weltkrieg. In: *Schulz*, Gerhard (Hg.): Partisanen und Volkskrieg. Zur Revolutionierung des Krieges im 20. Jahrhundert. Göttingen 1985, 147–152 f. Die stärkste Bewegung war natürlich die der sowjetischen Partisanen, die 1944 wohl mindestens eine halbe Million Menschen umfasst hat; vgl. *Bonwetsch*, Bernd: Sowjetische Partisanen 1941–1944. Legende und Wirklichkeit des „allgemeinen Volkskrieges". In: *Ebenda*, 92–124, 98 f.

[48] *Chiari*, Bernhard: Kriegslist oder Bündnis mit dem Feind? Deutsch-polnische Kontakte 1943/44. In: *Ders.* (Hg.): Die polnische Heimatarmee. Geschichte und Mythos der Armia Krajowa seit dem Zweiten Weltkrieg. München 2003, 497–527; zu Griechenland vgl. den Beitrag von Kalogrias in diesem Band.

kroatischen Ustaša folgen zu können.[49] Nun ähnelte sie bzw. die von ihr geführte Partisanenbewegung eher deren nicht weniger nationalistischem Todfeind, den Četniks, die in ihrem Streben nach Schaffung eines ethnisch homogenen Großserbien im sogenannten Unabhängigen Staat Kroatien rund 65.000 kroatische und bosnische Zivilisten ermordet hatten.[50] Genozidale Gewalt autochtoner Kräfte war also keineswegs an die Kollaboration gebunden, wenngleich ideologische Nähe und Kollaborationstendenzen im Verhältnis zu den faschistischen Mächten bei den Četniks wie bei der UPA nicht zu übersehen sind.

Die UPA kämpfte über das Ende des Zweiten Weltkriegs hinaus weiter, ihr Anführer Roman Šuchevyč starb 1950 im Gefecht mit sowjetischen Einheiten. In dieser Phase ihres Kampfes fällt die UPA in eine Kategorie mit den sogenannten Waldbrüdern, antikommunistischen Partisaneneinheiten in den drei baltischen Staaten, die gegen die Reetablierung der kommunistischen Herrschaft kämpften. Es wäre allerdings naiv, die Freiheitsrhetorik dieser Gruppen des bewaffneten antistalinistischen Widerstands zum Nennwert zu nehmen, wie das allzu häufig geschieht. Bei allen führen Traditionsspuren in einen ideologisch begründeten Kollaborationismus vor allem in Hilfspolizeieinheiten; bei allen dominierten ethnonationalistische Einstellungen. In Lettland etwa rekrutierten sich die Waldbrüder in erster Linie aus Angehörigen der beiden 1943 dort gebildeten Waffen-SS-Divisionen. Versuche nationalistischer Historiker, sie als rein soldatische Verbände darzustellen, die angeblich auf Zwangsrekrutierung beruhten, knüpfen an die Selbstrechtfertigung nach Westen geflohener Angehöriger dieser Einheiten an. Sie stehen jedoch im Gegensatz zur ersten Behauptung, dass der Eintritt nur durch die Abwehr des Kommunismus motiviert gewesen sei, also durch eine inhärente Motivation, die wenigstens ein Minimum ideologischer Übereinstimmung voraussetzt, und sind deshalb wenig überzeugend.[51]

Der Anfang der Waldbrüderbewegung fällt mit dem Vorrücken der Roten Armee in das Baltikum und dessen Resowjetisierung zusammen. Der Untergrundkampf, der hohe Opfer nicht nur auf Seiten der nationalistischen Partisanen und der sie bekämpfenden sowjetischen Einheiten, sondern auch unter Zivilisten forderte, die als „Sowjet-Kollaborateure" eingestuft wurden, zog sich auch hier, wie in der Ukraine, bis Ende der 1940er Jahre hin. Die Niederlage der Waldbrüder und der UPA war vor allem durch das Fehlen einer Anlehnungsmacht vorprogrammiert. Die Hoffnungen auf Unterstützung des Westens mit seinem kurzzeitigen Atomwaffenmonopol oder sogar eine militärische Konfrontation des Westens mit der Sowjetunion erwiesen sich als

---

[49] Vgl. die in Fn. 3 genannte Literatur.
[50] *Ramet:* Die drei Jugoslawien, 209.
[51] Vgl. für Lettland die kritische Sicht von *Lumans,* Valdis O.: Latvia in World War II. New York 2006, 341–400.

Wunschdenken.[52] Außerdem schwand ihre soziale Basis, insbesondere durch die Ende der 1940er Jahre durchgeführte Zwangskollektivierung, die auch eine größere Kontrolle des ländlichen Raumes mit sich brachte. Auch das vielfach brutale Vorgehen gegen Zivilisten hat offenbar zu einem Legitimationsverlust beigetragen.

Dass ein Partisanenkampf ohne Anlehnungsmacht besonders der Gefahr der Brutalisierung unterliegt, ergibt sich aus den möglichen Aktionsformen: Wo Unterstützungsleistungen für reguläres Militär wie beim „Schienenkrieg" der sowjetischen Partisanen oder bei den Unterstützungsaktionen der französischen Résistance für den D-Day ausgeschlossen sind und die offene Konfrontation mit den bewaffneten Einheiten des Gegners keine nennenswerten Chancen auf Erfolg bieten, bleibt wenig anderes als der Angriff auf dessen zivile Einrichtungen, Funktionäre und tatsächliche oder vermeintliche Unterstützer. Natürlich wählten auch antinazistische Partisanengruppen solche Ziele, aber das Mittel der Sabotage, das ethisch, taktisch und strategisch große Vorteile bot, stand ihnen in viel höherem Maße zu Gebote – und gerade in der letzten Phase des Zweiten Weltkriegs sahen die Anlehnungsmächte darin auch die vorrangige strategische Funktion der Partisanenbewegungen.

Die Anlehnungsmacht fehlte den nationalistischen Partisanenbewegungen, weil sie nicht zur Anti-Hitler-Koalition gehörten, sondern in deren Verfallsära entstanden und in der Ära des Kalten Krieges mit den Methoden des Zweiten Weltkriegs kämpfen wollten. Mit dem totalitären, aber in außenpolitischer Hinsicht vorsichtigen Potentaten Stalin war es möglich, einen Kalten Krieg zu führen – mit Hitler wäre das nicht möglich gewesen. Die zügellose Aggressivität des NS-Regimes führte zur Bildung der Anti-Hitler-Koalition 1941. Darin, den Versuch der Etablierung einer rassistischen und massenmörderischen Ordnung in Europa und darüber hinaus unter großen Opfern vereitelt zu haben, liegt ihre historische Legitimität, ungeachtet aller Widersprüche, die auch diesen Kampf kennzeichnen.

Den Gipfel der Menschenverachtung bildete die Shoah, der historisch singuläre und leider in hohem Maße gelungene Versuch, jedes als jüdisch identifizierte menschliche Wesen, welcher Nationalität, welchen Alters, Geschlechts, welcher politischen Überzeugung und Religion auch immer, zu ermorden. Die Shoah ist für die Partisanengeschichte in doppelter Hinsicht von erheblicher Bedeutung: Zum einen geht es um den jüdischen Widerstand, sowohl in eigenen Partisanenformationen als auch im Rahmen allgemeiner Gruppen; zum anderen ist die Haltung der verschiedenen Partisanenbewegungen zu den verfolgten Juden ein wichtiges Kriterium ihrer politischen Verortung.

---

[52] Vgl. z.B. für Litauen *Leskys,* Vylius M.: "Forest Brothers" 1945: The Culmination of the Lithuanian Partisan Movement. In: Baltic Security & Defence Review 11 (2009), 58–86, hier 65–67.

Die jüdische Beteiligung am Phänomen antinazistischer Partisanenbewegungen nahm verschiedene Formen an: Juden spielten eine bedeutende Rolle in sowjetischen Partisanenformationen der ersten Stunde; zugleich waren sowjetische Partisanen für viele Juden, die den Ghettos oder den Vernichtungslagern entkommen konnten, die wichtigste Möglichkeit, Zuflucht und eine Chance zum Überleben zu finden. Eine besondere Form waren die bereits erwähnten „Überlebensgemeinschaften", von denen vor allem diejenige unter Leitung der Bielski-Brüder, die in den Naliboki-Wäldern des westlichen Weißrussland ein großes Familienlager jüdischer Flüchtlinge organisierte, durch das Buch von Nechama Tec und vor allem den Hollywood-Film „Defiance" (2008) bekannt geworden ist.[53] Auch in Polen waren es vor allem die – allerdings recht kleinen – linken Partisanengruppen, bei denen Juden Anschluss finden konnten. Das Verhältnis zur AK war indes ambivalent. Einerseits kooperierte sie über ihr jüdisches Referat mit dem Żegota-Komitee, dem der Exilregierung unterstehenden „Rat für Judenhilfe", andererseits gab es in ihren Reihen einen verbreiteten Antisemitismus; bei den Partisanen der eigenständig agierenden Nationalen Streitkräfte (Narodowe Siły Zbrojne) war er noch stärker ausgeprägt. Aber auch in der AK gab es kaum Juden.[54]

Eine weitere Erscheinungsform waren die Widerstandsgruppen in den großen Ghettos, die nicht kampflos in die Vernichtung gehen wollten. Der Warschauer Ghettoaufstand vom April 1943 ist die bekannteste Aktion. Schließlich dürfen auch die Revolten in den Todeslagern nicht vergessen werden. In Treblinka und Sobibór retteten mutige Erhebungen gegen die Übermacht der Mörder zumindest einigen der Beteiligten das Leben und beeinträchtigen den Vernichtungsbetrieb beträchtlich.[55] Auch die Haltung zum Holocaust, dessen unmittelbare Zeugen viele Partisanen wurden, ist ein Kriterium, mit dem eine Differenzierung des Phänomens der „Partisanen im Zweiten Weltkrieg" entwickelt werden kann. Sie reicht vom jüdischen Widerstand, über die Retter und Helfer sowie Bewegungen, die von prinzipiellen Gleichheitsprinzipien geleitet waren, bis hin zu nationalistisch geprägten Gruppen, deren äußerster rechter Flügel sich an dem von den Deutschen initiierten Judenmord beteiligt hatte oder ihn eigenständig fortführte.

---

53 *Tec,* Nechama: Bewaffneter Widerstand. jüdische Partisanen im Zweiten Weltkrieg. Gerlingen 1996. Für den slowakischen Fall ist zum Beispiel auf das Schicksal von Paul Strassmann hinzuweisen, der als Jugendlicher im Spätsommer 1944 aus einem unsicheren Versteck bei Trenčín in die Berge fliehen muss und dort u.a. auf slowakische Deserteure trifft, die in der Folgezeit eine Partisanengruppe bilden. *Strassmann,* Paul A.: My March to Liberation. A Jewish Boy's Story of Partizàn Warfare. Fairfax 2011.

54 Vgl. Reuben Ainsztein: Jüdischer Widerstand im besetzten Osteuropa während des Zweiten Weltkrieges. Oldenburg 1993, 175–218; Frank Golczewski: Die Heimatarmee und die Juden. In: *Chiari,* Bernhard (Hg.): Die polnische Heimatarmee. Geschichte und Mythos der Armia Krajowa seit dem Zweiten Weltkrieg. München 2003, 635–676.

55 Deren Zusammenhang mit der Partisanenbewegung im eigentlichen Wortsinne wird in Franziska Bruders Beitrag in diesem Band sehr deutlich.

Die Beiträge des Bandes

Vor diesem komplexen Hintergrund erheben die Herausgeber und Autoren des vorliegenden Bandes nicht den Anspruch, einen umfassenden Überblick über die europäischen Partisanen- und Widerstandsbewegungen zu liefern. Vielmehr sollen die Beiträge ausgehend vom allgemeinen Phänomen der Partisanen des Zweiten Weltkriegs den Blick auf Fallbeispiele richten, die bisher weniger im Fokus der Forschung und der öffentlichen Diskussion standen – denn sie weisen ebenfalls auf allgemeine (und bisweilen zu selten beachtete) Entwicklungslinien, Gemeinsamkeiten und Unterschiede zwischen einzelnen Ländern und Regionen hin. So kann die Basis für eine vergleichende Betrachtung der Geschichte der Partisanen im Zweiten Weltkrieg erweitert werden.

Am Anfang stehen allgemeine Überlegungen, wie das Phänomen des Partisanen – über den Zweiten Weltkrieg hinaus – theoretisch zu erfassen und hierbei der Slowakische Nationalaufstand zu verorten ist. Zu diesem Zweck befasst sich Boris Barth mit verschiedenen Aspekten der Untergrundbewegungen, wie der Unterstützung der Bevölkerung, dem bereits oben ausführlicher erörterten „tellurischen" Charakter, den „interessierten Dritten" sowie der Entgrenzung der Gewalt. Deutlich wird hierbei, wie sich im Slowakischen Nationalaufstand verschiedene Charakteristika asymmetrischer Kriege vermischten – ohne dass der Aufstand als eine reine Partisanenaktion verstanden werden kann. Zudem wird gerade an diesem Aufstand deutlich, wie zentral solche Kampfhandlungen für einen Prozess der nationalen Formierung (bzw. in diesem Fall die Wiederherstellung eines tschechisch-slowakischen Staatswesens) sein konnten.

Anschließend folgen mehrere Beiträge, die den Slowakischen Nationalaufstand aus unterschiedlichen Perspektiven betrachten. So verortet Martin Zückert ihn im Kontext der europäischen Partisanenbewegungen. Hierbei macht er deutlich, dass die Besonderheit des slowakischen Falls in dem Dualismus zwischen Armee und Partisanen zu sehen ist. Die große Bedeutung des organisierten slowakischen Widerstands, der den Armeeaufstand vorbereitete, tritt dabei klar zutage. Dennoch spricht sich Zückert für die Verwendung des Begriffs Partisanenbewegung aus, da der irreguläre Kampf gegen den Nationalsozialismus und das Tiso-Regime, seine „transitorische" Gestalt – also sein Übergangscharakter auf dem Weg in eine neue Tschechoslowakei – verbindende Elemente aller kämpfenden Gruppen gewesen seien.

Klingt bei Zückert bereits eine Relativierung der nach dem Krieg von der Kommunistischen Partei der Tschechoslowakei (KPTsch) wie auch von Antikommunisten behaupteten Dominanz von Kommunisten in der Partisanenbewegung an, so widmet sich Marek Syrný in seinem Beitrag dieser Problematik im Speziellen. Er zeigt dabei, dass zwar anfangs die Kommunisten die meisten und aktivsten Kampfeinheiten bildeten, sie aber angesichts der 1944 im Zuge des Aufstands und seiner Nachwirkungen erweiterten gesellschaftlichen Basis des Widerstands in der Slowakei nur noch eine Gruppe unter vielen war – wenn auch mit einem großen politischen Einfluss.

Der durchaus nicht eindeutig zu bestimmende politische Hintergrund mancher Partisanengruppen wird auch bei Marian Uhrins Darstellung der II. Slowakischen Partisanenbrigade „General M. R. Štefánik" deutlich. Eine wichtige Rolle spielte bei ihrer Gründung und Aktivität der charismatische Anführer Viliam Žingor, der zunächst kein Kommunist war. Auch in der Zeit des Kampfes war die Zahl der vormals aktiven KP-Mitglieder gering. Die Gruppe war zwar militärisch durchaus erfolgreich und Žingor war nach dem Krieg als prominentes KP-Mitglied aktiv (eine Zeitlang auch als Vorsitzender des Verbandes slowakischer Partisanen). Doch angesichts seiner kritischen Positionen wurden er und einige weitere Personen 1950 unter dem Vorwurf hingerichtet, gegen die neue Tschechoslowakei zu arbeiten.

Das letzte slowakische Fallbeispiel wirft ein bezeichnendes Licht auf die mit dem Partisanenkampf verbundenen Hintergründe und Mythen. Am Beispiel der angeblichen Partisanengruppe „Žiar" zeigt Martin Vitko die Komplexität der damaligen Situation, und wie vor allem Männer, die während des Krieges nicht in die reguläre slowakische Armee eingezogen werden wollten und in die Wälder geflohen waren, nach 1945 systematisch den Mythos einer einheitlichen Gruppe namens „Žiar" etablierten – um den Status von „Teilnehmern am nationalen Befreiungskampf" für die Tschechoslowakei zu erlangen und die damit verbundenen Leistungen in Anspruch nehmen zu können. Tatsächlich hatte es aber formal keine Partisanenabteilung „Žiar" gegeben – was zu der Frage führt, ob nicht auch die Aktivitäten einiger anderer Gruppen mehr oder minder beschönigt oder gar ganz erfunden wurden. Die Flucht in die Wälder in der konkreten Kriegssituation und das Interagieren der Betroffenen kann freilich als Form des Widerspruchs gegen die bestehende Ordnung aufgefasst werden. Auch wenn es bei diesen Gruppen nicht zu einer aktiven Beteiligung am Widerstand kam, ähnelte ihr Verhalten zunächst demjenigen von Überlebensgemeinschaften, die dann vielfach in Partisanenkämpfen involviert waren.

Werden so an den slowakischen Beispielen zum einen die Realitäten des Partisanenkrieges und zum anderen seine Mythologisierung und Instrumentalisierung sichtbar, verdeutlichen auch mehrere Fälle aus anderen Ländern, dass die nach 1945 etablierten Bilder oftmals kaum mit den Partisanenkämpfen des Zweiten Weltkriegs übereinstimmten (insbesondere, was deren militärische Effizienz, die Motivation der Kämpfer und die Unterstützung durch die Bevölkerung betrifft) und wie politisch kontrovers Partisanenbewegungen gedeutet wurden und werden.

So hinterfragt Olga Baranova den Mythos der Partisanenrepublik Belarus. Hier zeigt sich, dass sowohl die von den sowjetischen als auch von der heutigen weißrussischen Historiografie behauptete „Partisanengesellschaft" so keineswegs existierte. Weder kämpften die ersten Partisanen von Anfang an effektiv, noch hatten sie angesichts der vorangegangenen sowjetischen Herrschaft immer den behaupteten Rückhalt in der Bevölkerung, noch waren die Motive der meisten Partisanen für den Kampf von kommunistischer Ideologie und/oder Vaterlandsliebe gekennzeichnet. Erst seit 1942 und vor allem 1943 wendete sich (ähnlich wie in der Ukraine sowie weiteren Gebieten) angesichts der brutalen deutschen Besatzungspolitik und der veränderten Kriegslage das Blatt und entwickelte sich eine breitere Unterstützung für den Partisanenkampf.

Steht in diesen ersten Beiträgen des Bandes die Rolle sowjetischer Partisanen und das Verhältnis zur Bevölkerung zur Diskussion, widmen sich einige Beiträge direkt dem antikommunistischen Widerstand. Ein besonderer Fall ist hier Litauen, in dem diese Form des Partisanenkampfes besonders lange andauerte (bis 1952) und heute in Erinnerungskultur und Historiografie des Landes dominant und positiv besetzt ist. Allerdings ist inzwischen eine Diskussion über die vielen Opfer unter der Zivilbevölkerung entbrannt, die das Vorgehen der nationalistischen Partisanen gekostet hat. Der Beitrag von Ekaterina Makhotina verortet diesen Kampf im Kontext der Sowjetisierung. Dass er vor diesem Hintergrund auch in den Nachkriegsjahren fortgeführt wurde, verdeutlicht die Notwendigkeit der Analyse der Partisanenbewegungen über 1945 hinaus. Der Themenkomplex Partisanen im Zweiten Weltkrieg hatte schließlich, wie ja auch die Fälle Polen, Griechenland oder Ukraine zeigen, eine unmittelbare militärische Nachgeschichte – von der erinnerungspolitischen, von der noch die Rede sein wird, ganz zu schweigen.

Wie sich die politische bzw. ideologische Heterogenität der Partisanenbewegungen auf das Kriegsgeschehen in Form von wechselnden Bündnissen auswirkten, zeigt Vaios Kalogrias am Beispiel der griechischen Nationalen Republikanischen Griechischen Liga (Ethnikos Dimokratikos Ellinikos Syndesmos, EDES) unter ihrem charismatischen Führer Napoleon Zervas. Die zunächst republikanische Gruppierung ging verschiedenste Bündnisse – sogar ein Gentlemen's Agreement mit der deutschen Seite – ein, um sich die Unabhängigkeit von kommunistischen Partisanen zu sichern. In der Gesamtschau lässt sich eine Eigendynamik beobachten: Die EDES lavierte versiert zwischen den verschiedenen Konfliktparteien, behauptete ihre eigene Existenz – und endete als antikommunistische Bewegung. Welche große Bedeutung dabei eine strategisch kompetent agierende Führungspersönlichkeit hatte, zeigt sich eben an Zervas, der zudem gegenüber der Bevölkerung in dem von der EDES kontrollierten Gebiet eine geschickte Politik verfolgte, die mit den Repressalien kommunistischer oder nationalistischer Gruppen wenig gemein hatte.

Eine andere, viel zu selten beachtete Perspektive nimmt Franziska Bruder ein, die Motive und Erfahrungen jüdischer Partisanen beschreibt, die zuvor am Aufstand im NS-Vernichtungslager Sobibór beteiligt gewesen waren. Für diese Menschen war zum einen das reine Überleben, zum anderen die Möglichkeit der Gegenwehr gegen die Vernichtungspolitik treibendes Motiv für den Kampf – um vom passiven Objekt zum aktiven Subjekt des Geschehens zu werden. Die Frage nach der Anlehnungsmacht stellt sich bei diesem Fallbeispiel ganz anders als bei den bisher behandelten Gruppen: Hier waren es sowjetische Partisanen, die diese Funktion einnahmen. Dass die jüdischen Partisanen mit der tödlichen Bedrohung durch antisemitische Teile der polnischen Bevölkerung und der polnischen Heimatarmee konfrontiert waren, unterstreicht zudem einmal mehr das oben erwähnte Problem der Gegnerschaft zwischen verschiedenen Partisanen- bzw. Widerstandsgruppen: Die Feinde waren keineswegs alleine die deutschen Okkupanten mit ihrer brutalen und eliminatorischen Besatzungsherrschaft, sondern eben nicht selten zusätzlich verfeindete Gruppen.

Unter welchen schwierigen Umständen der Partisanenkampf geführt werden musste, zeigt auch der Beitrag von Sven Deppisch, der eine sehr ungewöhnliche Quelle auswertet: ein von den deutschen Besatzern erbeutetes Tagebuch eines russischen Partisanen, der offensichtlich von Gegnern aus den eigenen Reihen umgebracht wurde. Hier wird die Gefühlslage eines Menschen deutlich, der in einer Mischung aus patriotischen Motiven und zum Schutz seiner Familie in den Kampf zog. Die alltäglichen Schwierigkeiten der sowjetischen Partisanen der ersten Stunde werden dabei mehr als offensichtlich – aber auch die persönliche Entwicklung, die diese Menschen angesichts der Todesgefahr und der brutalen Erlebnisse durchliefen.

Die in manchen Beiträgen bereits angesprochene große Bedeutung des „Nachlebens" der Partisanen wird eingehend in den letzten Beiträgen des Buches thematisiert, die den erinnerungspolitischen (und auch künstlerischen) Umgang mit den Partisanen nach 1945 behandelt. Den Anfang macht hier Marína Zavacká mit einem Aufsatz über die literarische Verarbeitung des Themas in der tschechoslowakischen, vor allem für Kinder und Jugendliche bestimmten Literatur. Sie beschreibt, wie dem Nachwuchs der kommunistischen Tschechoslowakei der Mythos des Partisanenkampfes eingepflanzt wurde und so moralische Vorbilder geschaffen wurden, die für die Zukunft politische Orientierung bieten sollten. Dabei werden der allmähliche Wandel der (sich teils widersprechenden) Heldenbilder sowie die schrittweise Formierung und Durchsetzung einer ‚offiziellen' Erinnerungskultur nach der kommunistischen Machtübernahme 1948 und die damit für die Autoren verbundenen Fallstricke mehr als deutlich.

Diese Fallstricke beschreibt auch Matteo Colombi am Beispiel des tschechischen Filmemachers František Čáp. Dessen differenzierter, zunächst sogar mit einem Preis ausgezeichnete Streifen „Bílá tma" (Weiße Dunkelheit, Tschechoslowakei, 1948) stieß auf vehementen, ideologisch begründeten Widerstand, was den Regisseur zur Ausreise in die BRD bewegte. Später führte er seine Karriere als Regisseur in Jugoslawien fort, wo er erneut einen Film über (in diesem Fall slowenische) Partisanen drehte und wieder kritisiert wurde. Čáps Geschichte zeigt, wie ambivalent der künstlerische Umgang mit dem Partisanenthema im östlichen Lager war: Es bot zwar eine Möglichkeit zur politischen und künstlerischen Profilierung, war aber gleichzeitig mit Gefahren verbunden – wobei immer auch der machtpolitische Rahmen und die künstlerischen Ambitionen der Beteiligten beachtet werden müssen.

Dass ein wechselhafter erinnerungspolitischer Umgang mit Partisanen (bzw. allgemein dem Widerstand gegen die NS-Besatzung) kein Alleinstellungsmerkmal östlicher Staaten war, zeigt Ulrike Lunow in ihrem Beitrag über „Widerstandskämpfer in der Tschechoslowakei und Frankreich nach dem Krieg als Akteure und Objekte von Geschichts- und Sozialpolitik". Sowohl in Frankreich als auch in der Tschechoslowakei durchlief das Thema verschiedene Konjunkturen und waren die Aushandlungsprozesse, wer wie als Kämpfer für das Land und die Freiheit sozial- und erinnerungspolitisch gewürdigt werden sollte, außerordentlich vielschichtig. Nicht nur im östlichen Lager vereinnahmten also politische Führungsgruppen das Thema für sich und versuchten die „richtigen" Widerstandskämpfer zu definieren. Freilich war es in Frankreich im Gegensatz zur Tschechoslowakei möglich, gegen die herrschende Politik gerichtete eigene Interessen offensiv und zuweilen erfolgreich zu artikulieren.

In welcher Weise das Thema der Partisanen auch nach 1989 – und zwar bis zum heutigen Tage – politisch höchst umstritten blieb und bleibt, zeigt Monika Vrzgulová mit ihrem Beitrag über den erinnerungspolitischen Umgang mit dem Slowakischen Nationalaufstand nach 1989 bis heute. Galt der Aufstand bis 1989 als kommunistisches Verdienst, ist er seitdem Gegenstand der Auseinandersetzung zwischen den politischen Lagern in der Slowakei. Erstarkende nationalistische (bis rechtsextreme) Sprachführer brandmarken den Aufstand als Verrat am eigenen Volk und wollen damit gleichzeitig mehr oder minder offen das autoritäre Tiso-Regime der Jahre 1939 bis 1945 rehabilitieren. Dass solche Positionen immer offensiver und auch in Massenmedien verbreitet werden, unterstreicht die große erinnerungspolitische Bedeutung des Nationalaufstandes.

Partisanenkampf im Zweiten Weltkrieg als vielschichtiges Phänomen

Insgesamt tragen die Beiträge zu einem facettenreichen Bild von den Partisanen im Zweiten Weltkrieg und ihrem Nachleben nach 1945 bei. Dieses wird umso differenzierter, wenn der in der Regel in Forschung und öffentlicher Diskussion dominierende nationalstaatliche Rahmen überwunden wird. Wie schon betont, soll (und kann) dabei dieser Band keine Gesamtschau über alle europäischen Partisanenbewegungen des Zweiten Weltkrieges liefern. Es werden allerdings bei dieser Zusammenstellung gerade weniger prominenter Beispiele einige Phänomene besonders deutlich, die in den oben stehenden Ausführungen über den Charakter des Partisanenkampfes im Zweiten Weltkrieg im europäischen Vergleichskontext angesprochen wurden.

Evident ist dabei die Tatsache, dass der bis heute aus unterschiedlichen Gründen von teilweise entgegengesetzten politischen Lagern gepflegte Mythos der Dominanz kommunistischer Partisanen infrage zu stellen ist, ohne die militärische Bedeutung und die großen Opfer dieser Gruppe zu schmälern. Wie bereits an anderer Stelle dieses Beitrags angesprochen, hat dieses

Thema nach wie vor eine oftmals brisante erinnerungspolitische Dimension: Während die einen die Rolle der Kommunisten zugunsten anderer Gruppen relativieren wollen, sehen ihn andere als zentrales Vehikel zur Sowjetisierung des östlichen Europa an – und für manche sind die Kommunisten nach wie vor im positiven Sinne die alles entscheidenden Akteure geblieben.

Die Motive für den Kampf sind jedoch alles andere als einfach zu bestimmen: In den Beiträgen begegnen uns Menschen, die aus politisch-ideologischen oder nationalen Motiven heraus zu den Waffen griffen, zum Schutz ihrer Familien – oder einfach nur deswegen, weil ihnen keine Wahl blieb und der bewaffnete Kampf eine der wenigen Möglichkeiten war, in einer feindlichen Umwelt zu überleben. Meist ist eine Mischung aus verschiedenen Motiven erkennbar. Zudem wird in diesem Zusammenhang ein Faktor evident, der gerade für das östliche und südöstliche Europa kennzeichnend ist: die ethnische Heterogenität vieler Gebiete. Gerade sie führte zu Konflikten zwischen einzelnen Gruppen und es entstanden verschiedenste Konstellationen des Mit- und Gegeneinanders. Diese oft festzustellende innere (ethnische wie ideologische) Zerrissenheit der europäischen Partisanen angemessen zu berücksichtigen, ist eine besondere Herausforderung für eine vergleichende Partisanenforschung.

Gerade bei vielen der beschriebenen nationalistischen bzw. antikommunistischen Partisanen ist es bemerkenswert, wie erbarmungslos sie sich gegen andere ethnische Gruppen und speziell gegen Juden richteten. Letztere sahen sich einer Todesgefahr nicht nur vonseiten der deutschen Besatzer, sondern auch antisemitischer Gegner ausgesetzt. Diese Ausbrüche an ethnisch und antisemitisch motivierter Gewalt sind sicherlich zu einem großen Teil der irregulären Kriegführung zuzuschreiben. Aufgestaut hatte sich dieser Hass aber selbstverständlich bereits vorher, im Krieg und im Partisanenkampf fand er nur besonders geeignete Ventile. Ein bemerkenswerter Fall ist vor diesem Hintergrund auch die am litauischen Fallbeispiel besprochene enorme Gewalt gegen die eigene Bevölkerung.

An den präsentierten Beispielen wird ferner deutlich, wie zentral – und ambivalent bzw. wechselhaft – die Reaktionen der Bevölkerungen auf die Partisanen aussahen. In den meisten Fällen kam eine Unterstützung erst angesichts der sich abzeichnenden möglichen Niederlage Deutschlands ab dem Jahr 1943 in Gang. Nicht selten wurden die Partisanen eher als (weitere) Bedrohung betrachtet. Die anfängliche Unterstützung von Teilen der Bevölkerungen Litauens, Weißrusslands, der Ukraine und anderer Regionen für die deutschen Besatzer ist ein besonderes Merkmal ehemals sowjetisch-stalinistisch beherrschter oder besetzter Territorien. Viele Menschen erhofften sich eine Befreiung, um dann allerdings häufig von der deutschen Besatzungspolitik ernüchtert zu werden. In der Slowakei sah dies angesichts der fehlenden Erfahrung mit kommunistischer Herrschaft anders aus, zumal der Aufstand 1944 erfolgte und alles andere als eine „sowjetische Partisanenaktion" war.

Diese Vielschichtigkeit des Themas „Partisanen im Zweiten Weltkrieg" wird am Beispiel des Slowakischen Nationalaufstandes und einiger weniger bekannter Fälle in der Hoffnung aufgezeigt, dass der Band als Anregung und zugleich als Beitrag zu einer vergleichenden Partisanenforschung dienen kann. Angesichts der heute stetig wachsenden Neigung zur asymmetrischen Kriegsführung könnte eine solche auch einem besseren Verständnis einiger aktueller Entwicklungen dienen – sei es hinsichtlich der Vielzahl der unterschiedlichen Motive der Kämpfer, der „interessierten Dritten" oder der Mythologisierung und Instrumentalisierung.

***

Der Band geht auf die Jahreskonferenz des Collegium Carolinum zum Thema „Partisanen- und Aufstandsbewegungen während des Zweiten Weltkriegs. Der Slowakische Nationalaufstand in vergleichender Perspektive" zurück, die zusammen mit dem Institut für Zeitgeschichte München–Berlin vom 6. bis 9. November 2014 in Bad Wiessee veranstaltet wurde. Herzlich gedankt seien Philipp Tvrdinić und Judith Bremer für die Vorbereitung zur Drucklegung sowie Dr. Stephanie Weiss für redaktionelle Mitarbeit, Layout und Satz.

Boris Barth

PARTISANENKRIEGE
Die theoretische Dimension des Slowakischen Nationalaufstands
in internationaler Perspektive

In der Alltagssprache werden die Begriffe Partisan und Guerilla in der Regel synonym gebraucht. Sie haben aber eine unterschiedliche Herkunft. Der Begriff „Partisan" kommt ursprünglich aus der italienischen Sprache und bezeichnet einen Parteigänger, legt also den Schwerpunkt auf den politischen Aspekt seines Kampfes. Die Begriffe der „Guerilla" bzw. des „Guerillero" stammen hingegen aus dem Spanischen und wurden durch den Volksaufstand gegen die napoleonische Herrschaft bekannt, der 1808 begann. Diese Termini bezeichnen den „kleinen Krieg" und heben damit den militärischen Aspekt hervor. Wie im Folgenden diskutiert wird, sind beide Aspekte, der politische und der militärische, charakteristisch und zentral für das Verständnis einer Partisanenbewegung und des Partisanenkrieges. Allerdings muss im Sinne einer präzisen Begrifflichkeit in einer Hinsicht differenziert werden: Der Guerillakrieg als militärische Taktik ist so alt wie die Kriegsgeschichte selbst und lässt sich seit der Antike nachweisen. Der Kampf aus dem Hinterhalt gegen einen überlegenen Feind stellte und stellt oft die einzige Form eines vielversprechenden Widerstandes dar. Der Partisanenkrieg ist hingegen – eben wegen seines politischen Charakters – ein Phänomen der Neuzeit, das es vor dem amerikanischen Unabhängigkeitskrieg und den französischen Revolutionskriegen nicht geben konnte – ein Aspekt des Themas, auf das noch zurückzukommen sein wird. Im Folgenden werden einige idealtypische Charakteristika des Partisanenkrieges beschrieben, und gleichzeitig wird danach gefragt, ob und in welcher Weise diese auf den Slowakischen Nationalaufstand von 1944 anwendbar sind bzw. welche sonstigen analytischen Kategorien zur Verfügung stehen.

Beteiligung des Volkes

Partisanenkriege haben als asymmetrische Konflikte Merkmale, von denen im Folgenden ohne Anspruch auf Vollständigkeit nur einige genannt werden.[1] Im Zeitalter der Kabinettskriege bzw. der stehenden Söldnerheere der

---

[1] Dieser Aufsatz greift einige Thesen auf, die an anderer Stelle publiziert worden sind, und entwickelt sie am Beispiel des Slowakischen Nationalaufstandes weiter. Vgl. *Barth,*

Frühen Neuzeit konnte es nur in seltenen Ausnahmefällen Partisanen geben, weil diese sich freiwillig aus dem Volk rekrutierten. Der Partisan als neuartiges Phänomen trat zum ersten Mal in der Folge der napoleonischen Kriege auf der iberischen Halbinsel nach 1808 auf. Bereits im Volksaufstand gegen die neue Herrschaft der Franzosen bzw. gegen das von ihnen installierte Marionettenregime in Madrid traten einige Merkmale hervor, die für sehr viele asymmetrische Konflikte der Neuzeit charakteristisch waren und mit denen ein Idealtypus des Partisanen konstruiert werden kann.

Diese Beteiligung des Volkes unterscheidet Partisanenkriege auch vom Terrorismus des späten 19. und des 20. Jahrhunderts, bei dem sich meist nur wenige, konspirativ arbeitende Akteure beteiligen. Terror ist zwar auch in Partisanen- und Guerillaaktionen stets präsent, wird aber – anders als beim modernen Terrorismus – nur selten zum Selbstzweck, sondern ist meist in eine größere Strategie eingebunden, um die jeweils gegnerische Moral zu unterminieren. Einige Partisanenkriege vor allem im Kontext der Dekolonisation haben zwar mit Terror begonnen, weiteten sich dann aber schnell zu Volksaufständen aus, weil sich größere soziale Gruppen einer Gesellschaft beteiligten. Im November 1954 begann der Aufstand der „Front de Libération Nationale" (FLN) in Algerien gegen die französische Kolonialherrschaft mit terroristischen Aktionen, die sich aber schnell zu einem Volkskrieg ausweiteten, weil die französische Seite mit überscharfen Repressalien reagierte.[2] Ferner ist der hohe Grad von Freiwilligkeit bemerkenswert, mit dem Partisanen mobilisiert werden. Zwar kommt es auch in asymmetrischen Konflikten immer wieder zu Zwangsrekrutierungen, doch sind diese meist wenig erfolgversprechend, weil wegen der lockeren Befehlsstrukturen und oft fehlenden Hierarchien diejenigen Sanktionsmittel, die einer staatlichen Armee gegenüber den eigenen Truppen zur Verfügung stehen, fehlen.

Dieser Punkt der Freiwilligkeit muss besonders hervorgehoben werden, weil normalerweise einfache Bürger, Bauern oder auch Intellektuelle nicht den Wunsch verspüren, ihr friedliches Dasein mit einer lebensgefährlichen und äußerst ungewissen Existenz zu tauschen. Allerdings kann man von dieser Freiwilligkeit, die im spanischen Aufstand gegen Napoleon typisch war, im Zweiten Weltkrieg besonders in den von den Achsenmächten okkupierten Territorien nur eingeschränkt sprechen. Der offene Terror, der von Wehrmacht, SS und anderen Formationen vor allem hinter der Ostfront, auf dem Balkan und nach 1943 auch in Norditalien ausgeübt wurde, zwang große Teile der Zivilbevölkerung regelrecht in den Widerstand hinein. Auch wenn präzise Schätzungen unmöglich sind, wird angenommen, dass in ganz Euro-

---

Boris: „Partisan" und „Partisanenkrieg" in Theorie und Geschichte. Zur historischen Dimension der Entstaatlichung von Kriegen. In: Militärgeschichtliche Zeitschrift 64 (2005), 69–100.

[2] Vgl. *Münkler*, Herfried: Guerillakrieg und Terrorismus. In: Neue Politische Literatur 25 (1980), 299–326, hier 316.

pa 1944 etwa 1,5 Millionen Menschen als Partisanen oder Widerstandskämpfer gegen die Deutschen und ihre Verbündeten im Untergrund aktiv waren.[3] Charakteristisch für die deutsche und bis 1943 auch für die italienische Besatzungsherrschaft war, dass Repressalien wahllos alle Bewohner einer bestimmten Region trafen, gleichgültig, wie diese sich zur Besatzungsmacht gestellt hatten. Häufig hatten Zivilisten gar keine andere Wahl, als unterzutauchen oder sich Gruppen von Partisanen anzuschließen, da nur auf diese Weise das buchstäblich nackte Überleben gesichert werden konnte. Diese Bewertung gilt gerade auch für den Slowakischen Nationalaufstand und seine Vorgeschichte, denn die ersten Partisanengruppen bestanden aus Deserteuren, Verfolgten des Regimes, Juden oder auch entflohenen Kriegsgefangenen.

Der tellurische Charakter

Weiterhin ist für Partisanen ein Phänomen typisch, das von mehreren Autoren in der Tradition von Carl Schmitt als der „tellurische" bzw. „tellurisch-terrane" Charakter bezeichnet worden ist, und der im weitesten Sinne den Raumaspekt behandelt.[4] Damit ist erstens gemeint, dass Partisanen erfolgreich operieren können, solange sie in ihrer Heimat tätig sind, wo sie sich nicht nur bestens auskennen, sondern wo sie auch direkt auf Verstecke, Ressourcen und Hilfsquellen zurückgreifen können. Eine Partisanenarmee, die in ein fremdes Gebiet vorstößt, muss entweder über ein bereits bestehendes Netz von Sympathisanten verfügen, oder sie muss sich zu einer regulären Truppe umformieren, weil hier die typische Kampfweise aus dem Hinterhalt nicht mehr möglich ist. Ende der 1950er Jahre operierten die kommunistischen Untergrundkämpfer auf Kuba erfolgreich gegen das Batista-Regime, das in der Bevölkerung verhasst war. Ernesto „Che" Guevaras Versuch, die Revolution auf das Festland Südamerikas zu exportieren, schlug schon im Ansatz fehl, weil die Kubaner dort als Fremde empfunden wurden, die keinen Kontakt zur regionalen Bevölkerung herstellen konnten.

Zweitens vermerkt der Begriff des Tellurischen, dass ein unübersichtliches oder unzugängliches Territorium notwendig ist, um erfolgreich gegen eine fremde Macht zu operieren. Partisanen haben in der Regel große Schwierigkeiten, wenn sie in urbanen Regionen kämpfen, obwohl diese gelegentlich als Rückzugs- oder Ergänzungsräume genutzt werden. In Städten ist der Einsatz geschlossener Verbände schwierig, und eroberte Stadtviertel sind angreifbar, weil hier die Partisanen für den Gegner eindeutig erkennbar werden. Der Aufstand in Warschau 1944, der dieser These auf den ersten Blick wider-

---

[3] Vgl. *Klinkhammer,* Lutz: Der Partisanenkrieg der Wehrmacht 1941–1944, 815–836, hier 815. In: *Müller,* Rolf-Dieter/ *Volkmann,* Hans-Erich (Hg.): Die Wehrmacht. Mythos und Realität. München 1999.

[4] Vgl. *Schmitt,* Carl: Theorie des Partisanen. Zwischenbemerkung zum Begriff des Politischen. Berlin 1963, 73.

spricht, weil sich die Widerständler relativ lange halten konnten, war kein
reiner Partisanenaufstand. Er wurde zum größten Teil von der polnischen
Heimatarmee durchgeführt, der es im Vorfeld gelungen war, trotz Waffen-
mangels im Untergrund rudimentäre militärische Strukturen aufzubauen.[5]

Dschungel wie in Vietnam, Bergland wie in der Slowakei und in Afghanis-
tan oder große Sumpfgebiete wie in Weißrussland erleichtern den Partisanen
ihre Kampftätigkeit, denn sie können in kleinen Gruppen untertauchen bzw.
ihre Schwerpunkte schnell verlagern. Die Besatzungsmacht muss hingegen
große Mengen an Truppen bereitstellen, um diese Territorien möglichst umfassend zu kontrollieren, wobei diese Einheiten und vor allem ihre Nach-
schubwege gleichzeitig stets in der Gefahr stehen, aus dem Hinterhalt überfallen zu werden. Ein Problem für eine Partisanenbewegung entsteht allerdings dann, wenn es ihr gelungen ist, größere Territorien zu „befreien": Da
sie notwendigerweise gezwungen ist, zumindest rudimentäre Verwaltungsstrukturen aufzubauen, wird sie für den Gegner erkennbar, der nun sehr viel
gezielter als zuvor militärische Maßnahmen ergreifen kann.

Zahlreiche Beispiele aus der Neueren Geschichte zeigen, dass gerade An-
fangserfolge, die zur Eroberung größerer Landstriche führten, den Anfang
vom Ende eines Partisanenaufstandes markierten. Ein gutes Beispiel hierfür
sind die kommunistischen Partisanen im griechischen Bürgerkrieg nach dem
Ende des Zweiten Weltkrieges, die verwundbar wurden, als sie große territoriale Gewinne in Nordgriechenland gemacht hatten. Auch in der Slowakei
hätte wahrscheinlich eine zahlenmäßig kleine, aber gut bewaffnete und geführte Partisanenarmee dem Tiso-Regime und den Deutschen erhebliche
Probleme bereiten können, wenn sie darauf verzichtet hätte, selbst größere
geschlossene Gebiete zu besetzen, und sie lediglich aus den unübersichtlichen
Gebirgsregionen heraus operiert hätte. Allerdings war dieser Fall in den ursprünglichen slowakischen Planungen, die gemeinsam mit der Roten Armee
eine koordinierte Aktion zur Besetzung eines Karpatenpasses anstrebten, gar
nicht vorgesehen. Auch löste der Beginn des Aufstandes eine erhebliche Dy-
namik aus, die von niemandem mehr zu kontrollieren war, weil die Erhebung
sich wie ein Lauffeuer über die Slowakei verbreitete.

Mao Tse Tung, einer der erfolgreichsten Partisanenführer, die es jemals
gegeben hat, hat diesen tellurischen Charakter mit dem Satz beschrieben,
dass sich der Partisan in der Bevölkerung bewegen müsse wie „der Fisch im
Wasser".[6] Im Falle des Slowakischen Nationalaufstandes war dieser tellurische Charakter sicherlich gegeben, weil der weitgehend agrarische Charakter
des Landes und die ausgedehnten und oft wenig zugänglichen Gebirge das
Untertauchen auch größerer Gruppen erleichterten. Zudem konnten Partisa-

---

5   Zum Warschauer Aufstand von 1944 vgl. allgemein: *Borodziej*, Włodzimierz: Der War-
     schauer Aufstand 1944. Frankfurt/Main 2001.
6   Vgl. hierzu *Münkler*, Herfried: Vorwort. In: *Ders.* (Hg.): Der Partisan. Theorie, Strate-
     gie, Gestalt. Darmstadt 1990, 7–11, hier 7

nen in wachsendem Maße auf die zumindest passive Unterstützung aus der Bevölkerung bauen, da sich die Kriegsmüdigkeit und die anti-deutsche Stimmung seit 1943 erheblich gesteigert hatten. Erstens wurde nach den Niederlagen bei Stalingrad und Kursk und der Landung der Westalliierten in Italien offensichtlich, dass der Krieg für das Deutsche Reich verloren war. Die Rote Armee näherte sich mit erheblicher Geschwindigkeit den Grenzen der Slowakei, wodurch absehbar war, dass das Land noch während des Jahres 1944 zur Kampfzone werden würde. Zweitens wurde darüber hinaus der Marionettencharakter der Regierung von Jozef Tiso auch politisch immer deutlicher. Bis Ende 1943/Anfang 1944 war es der slowakischen Regierung gelungen, zumindest nach außen ein gewisses Maß an Unabhängigkeit zu bewahren bzw. die Fassade aufrechtzuerhalten, im Bündnis mit Berlin innenpolitisch ein selbständiger Staat zu sein. Obwohl ein umfangreicher Überwachungs- und Unterdrückungsapparat existierte, agierte die Regierung weniger repressiv als faschistische Diktaturen oder als vergleichbare autoritäre Regime, die mit dem Deutschen Reich verbündet waren. Dies erklärt auch, warum Partisanen bis dahin selten waren. Obwohl die deutsche Seite kontinuierlich versucht hatte, sich in fast alle innenpolitischen Belange einzumischen, war es gelungen, eigene Spielräume beizubehalten und eigene Interessen zu wahren.[7] Wirklicher Widerstand gegen das Tiso-Regime war allerdings brutal unterdrückt worden. Seit dem Sommer 1944 wurde aber immer offensichtlicher, dass die Deutschen direkt auch in die inneren Angelegenheiten des Staates eingriffen und im Begriff waren, ihre militärische Präsenz erheblich zu verstärken. Im August 1944 setzte das Oberkommando der Wehrmacht (OKW) durch, dass die östliche Slowakei der Wehrmacht als Operationsgebiet zur Verfügung gestellt wurde.

Der interessierte Dritte

Ferner ist für den Erfolg einer Partisanenbewegung entscheidend, dass ein weiterer Akteur zumindest im Hintergrund existiert, den Carl Schmitt als einen „regulär Mächtigen" oder Rolf Schroers als den „interessierten Dritten" bezeichnet haben.[8] Im spanischen Volksaufstand gegen Napoleon nach 1808 operierte das englische Expeditionskorps unter Arthur Wellesley, dem späteren Duke of Wellington, von Portugal aus und unterstützte die Partisanen kontinuierlich mit Waffen, Nachschub, Logistik und nicht zuletzt militärischer Kompetenz. Zwar war es wegen des irregulären Charakters der Guerilleros häufig schwierig, Aktionen operativ aufeinander abzustimmen, aber wenn dies gelang, gerieten die französischen Truppen in erhebliche Schwie-

---

7 Dieser Punkt besonders bei: *Tönsmeyer, Tatjana*: Das Dritte Reich und die Slowakei 1939–1945. Politischer Alltag zwischen Kooperation und Eigensinn. Paderborn 2003.
8 Vgl. *Schroers, Rolf*: Der Partisan. Ein Beitrag zur politischen Anthropologie. Köln 1961, 210–212.

rigkeiten. Besonders vorteilhaft war die Situation, wenn mehrere interessierte Dritte miteinander konkurrierten. Im amerikanischen Vietnamkrieg konnten die Vietmin, später die Vietcong, sowohl China als auch die Sowjetunion gegeneinander ausspielen und damit kontinuierlich ihre eigene Situation verbessern. Fälle, bei denen ein interessierter Dritter fehlte, stellten beispielsweise einige der Dekolonisationskriege dar. Im Rif-Krieg, der kurz nach dem Ende des Ersten Weltkrieges in Nordafrika ausbrach, war es den Rebellen, die keine Unterstützung von außen erhielten, gelungen, nicht nur eine spanische Armee vernichtend zu schlagen, sondern auch gegen kontinuierlichen spanischen und zeitweise auch französischen militärischen Druck einen unabhängigen Staat zu errichten, der sich mehrere Jahre halten konnte. Die Situation in Nordafrika, die den Erfolg des Rif-Staates erst ermöglichte, war allerdings so spezifisch, dass es schwierig ist, hieraus ein allgemeingültiges theoretisches Modell zu entwickeln.[9]

Im Falle des Slowakischen Nationalaufstandes bestand prinzipiell für die Aufständischen eine günstige Ausgangslage, weil die Rote Armee bereits in Richtung auf die Pässe in den Karpaten vorrückte, und mit den Westmächten theoretisch ein zweiter interessierter Dritter vorhanden war, der eventuell Luftunterstützung hätte gewähren können. Vorbesprechungen zwischen dem Slowakischen Nationalrat, der den Aufstand koordinieren wollte, und der Exilregierung in London hatten bereits stattgefunden. In der Praxis war es den slowakischen Aufständischen aber nicht oder nur sehr eingeschränkt möglich, diese Situation für sich zu nutzen. Für die Westalliierten hatte die Unterstützung des Aufstandes keine Priorität, weil sie sich in sehr harten Kämpfen in Frankreich befanden, und hier für sie die Entscheidung des Krieges in greifbarer Nähe zu sein schien. Einige führende amerikanische und britische Militärs waren optimistisch, den endgültigen deutschen Zusammenbruch noch im Jahre 1944 herbeiführen zu können.

Im Sommer 1944 waren alle deutschen Fronten zusammengebrochen, die strategische Lage war hoffnungslos. Den Westalliierten war der Ausbruch aus ihren Brückenköpfen in der Normandie gelungen, und am 18. August musste der Befehl zum Rückzug aus fast ganz Frankreich gegeben werden, weil die Alliierten drei Tage zuvor auch am Mittelmeer gelandet waren. Im Osten war die Heeresgruppe Mitte vernichtet worden, zudem brach durch den Abfall Rumäniens am 24. August auch die Balkanfront zusammen. Als sowjetische Verbände Ende August das Vorfeld der Karpaten, etwa 30 Kilometer entfernt von der slowakischen Grenze, erreichten, waren sie durch die pausenlosen zweimonatigen Kämpfe stark erschöpft und eigentlich nicht auf einen sofortigen weiteren Vorstoß vorbereitet. Dennoch begann die Rote Armee unter für sie eigentlich wenig günstigen Voraussetzungen am 8./9. September eine

---

[9]   Vgl. zum Rif-Staat immer noch: *Pennell*, C. R.: A Country with a Government and a Flag. The Rif War in Morocco 1921–1926. Boulder 1986.

erneute Offensive, um sich einen Zugang zu dem Aufstandsgebiet zu erkämpfen.[10]

Ende August sandte der militärische Führer des Aufstandes, Oberstleutnant Ján Golian, ein Hilfeersuchen nach London, in dem er vergeblich um zwei Fallschirmbrigaden und Kampfflugzeuge bat. Auch die tschechoslowakische Exilregierung unter Edvard Beneš versuchte, Hilfe von den Alliierten zu erhalten. Den westlichen Alliierten war aber das Risiko zu hoch, und eventuelle politische Konflikte mit der Sowjetunion um Einflusssphären in Osteuropa sollten vermieden werden. Auch nahm die Slowakei bzw. die Tschechoslowakei in der Zukunftsplanung der britischen und der US-amerikanischen Regierung keine zentrale Stellung ein.[11]

Die politische Haltung der Sowjetunion gegenüber dem Volksaufstand ist nicht ganz klar. Die sowjetische Führung war im Vorfeld vage über die Vorbereitungen informiert worden, hielt ein gemeinsames Vorgehen aber wahrscheinlich für unrealistisch.[12] Auch die Rote Armee wurde am 29. August von dem Beginn des Aufstandes überrascht, und aufeinander abgestimmte Aktionen, an denen große Teile der regulären slowakischen Armee teilnehmen sollten, waren nicht mehr möglich. Wegen der für sie ungünstigen geografischen Lage und wegen des starken deutschen Widerstandes gelang es der Roten Armee trotz erheblicher Überlegenheit auch nicht, rasch bis in an den Rand des Aufstandsgebietes vorzustoßen. Der strategisch entscheidende Duklapass in den Karpaten blieb bis zum Zusammenbruch des Aufstandes in deutscher Hand. Die Deutschen waren sogar in der Lage, schnell eine kleine Einheit von der Ostfront abzuziehen, die gegen die Aufständischen eingesetzt wurde. Die Versuche, nachts mit sowjetischen Flugzeugen Waffen und weitere militärische Hilfsgüter einzufliegen, blieben gänzlich unzulänglich.

Durchweg wird in der Literatur betont, dass Partisanen anders als in einem regulären Krieg einen primär politischen, keinen militärischen Kampf führen. Direkte Erfolge oder Misserfolge in Gefechten sind nicht entscheidend für den Kriegsausgang, auch weil das Stärkeverhältnis in der Regel deutlich auf Seiten der sogenannten Ordnungsmacht liegt, und ein vollständiger militärischer Sieg ohne Hilfe von außen sehr unwahrscheinlich ist. Dies ist etwa im Vietnamkrieg sichtbar an der Tet-Offensive von 1968, die mehr als ein Jahr lang vorbereitet worden war, und mit der die Partisanen versuchten,

---

10 Zur strategischen Gesamtlage vgl. *Schönherr,* Klaus: Die Niederschlagung des slowakischen Aufstandes im Kontext der deutschen militärischen Operationen, Herbst 1944. In: Bohemia 42/1 (2001), 39–61.

11 Vgl. *Prečan,* Vilém: The Slovak National Uprising. The Most Dramatic Moment in the Nation's History. In: *Teich,* Mikuláš/*Kováč,* Dušan/*Brown,* Martin D.: Slovakia in History. Cambridge 2011, 206–228, hier 207f.; *Josko,* Anna: Die Slowakische Widerstandsbewegung. In: *Mamatey,* Victor S. (Hg.): Geschichte der Tschechoslowakischen Republik 1918–1948. Wien 1980, 385–408, hier 401, 405; *Downs,* Jim: Allied Aid to the Uprising. In: *Pekník,* Miroslav (Hg.): Slovenské národné povstanie 1944. Bratislava 2009, 282–285.

12 Vgl. *Prečan:* Slovak National Uprising, 209 f. und 213.

den Krieg in die großen Städte Südvietnams zu tragen. Militärisch hatten die
Amerikaner bereits nach einem Tag die Lage fast überall wieder unter Kontrolle, weil sie nun einem sichtbaren Feind gegenüberstanden, gegen den sie
ihre immense waffentechnische Überlegenheit vollständig ausspielen konnten. Nur an wenigen Orten konnten sich die Partisanen noch einige Tage
länger halten.

Damit hatten die USA einen grandiosen militärischen Sieg errungen, weil
die aktiven kommunistischen Kader vollständig zerschlagen worden waren
und auch ein großer Teil derjenigen Infrastruktur, auf die der Vietcong angewiesen war, stark in Mitleidenschaft gezogen worden war. Politisch mar-
kierte die Tet-Offensive aber eine schwere amerikanische Niederlage und den
Wendepunkt des gesamten Vietnamkrieges, weil die kontinuierlichen Behauptungen der amerikanischen Regierung, der Krieg sei praktisch schon
gewonnen und die Partisanen seien längst nicht mehr aktionsfähig, sich vor
laufenden Fernsehkameras als unwahr erwiesen hatten. In der Folge begann
die Front der Kriegsbefürworter in den USA zu bröckeln, und die öffentliche
Unterstützung nahm zunehmend ab. In Südvietnam hatte die Tet-Offensive
zur Folge, dass innerhalb der Bevölkerung sowohl die Kriegsmüdigkeit als
auch die Sympathien für die Sache des Nordens anstiegen, weil die Kommunisten offensichtlich eine reale Alternative zur korrupten und unfähigen Regierung in Saigon zu bieten schienen. Deshalb steht bei Partisanenkriegen die
Frage der Legitimität im Vordergrund. Diesen Aspekt hat 1969 Henry Kissinger in einem Aufsatz in der Zeitschrift „Foreign Affairs" sehr präzise for-
muliert. „We fought a military war, our opponents fought a political one. We
sought physical attrition, our opponents aimed for our psychological exhaus-
tion. In this process, we lost sight of the cardinal maxims of guerrilla warfare:
the guerilla wins, if it does not loose, the conventional army loses, if it does
not win."[13]

Bereits die Existenz einer Aufstandsbewegung, gleichgültig wie groß oder
wie erfolgreich sie ist, stellt die Legitimität der „Ordnungsmacht" in Frage,
weil die Rechtmäßigkeit ihrer Herrschaft angegriffen wird. So lange eine Partisanenbewegung existiert, ist sie deshalb eine Bedrohung für die Ordnungsmacht, selbst wenn die Kämpfer im Untergrund schwach sind und nur selten
angreifen können. Anders als anarchistische Bewegungen bekämpfen Partisanen auch keineswegs jede Ordnung an sich, sondern lediglich diejenige, die
sie für illegitim oder für usurpiert halten.

Dieser in sehr vielen Fällen zutreffende Aspekt der Theorie des Partisanen, der grundlegend für das Verständnis fast aller asymmetrischen Konflikte
ist, gilt allerdings wiederum nur eingeschränkt für die Partisanenbewegungen
hinter der deutschen Ostfront und auf dem Balkan im Zweiten Weltkrieg.
Selbst im Vietnamkrieg haben die Amerikaner – wenn auch mit ganz unzu-
länglichen Mitteln – versucht, die Bevölkerung in Südvietnam auf ihre Seite

---

13 Henry Kissinger zitiert nach *An*, Tai Sung: The Vietnam War. Madison NJ 1998, 295.

zu ziehen bzw. durch antikommunistische Propaganda den Vietcong zu schwächen. Der Krieg wurde nicht in Vietnam, sondern an der amerikanischen Heimatfront entschieden, an der eine wachsende Zahl von Menschen die Legitimität der Kriegsführung anzweifelte. Die Antikriegsbewegung im Westen wurde stark von Fotografien, Filmen und Nachrichtensendungen beeinflusst, die die Grausamkeit des Konfliktes beispielsweise durch Berichte von Napalm-Angriffen auf Zivilisten in das abendliche Wohnzimmer brachten. Die Palästinensische Befreiungsorganisation (Palestine Liberation Organization, PLO) im vorderen Osten hat, wie auch die Irish Republican Army (IRA) im Nordirlandkonflikt, häufig ihre Aktionen so durchgeführt, dass sie medial besonders wirksam waren und die Öffentlichkeit in möglichst vielen Ländern beeinflussten. Auf diese Weise gelang es der PLO sogar, sich auf die politische Agenda der UNO und anderer internationaler Organisationen zu bomben.[14] Partisanen können aber nur um die Legitimität in einer Bevölkerung kämpfen, wenn sie zumindest indirekt einen gewissen Zugang zu massenmedialer Kommunikation haben bzw. in irgendeiner Form in der Lage sind, Öffentlichkeit herzustellen. Eine Widerstandsbewegung gegen ein terroristisches und genozidales System, das zudem die Medien scharf zensiert, ist nur sehr eingeschränkt in der Lage, an eine Öffentlichkeit zu appellieren bzw. außerhalb der von ihr kontrollierten Territorien eine veröffentlichte Meinung zu beeinflussen.

Dem nationalsozialistischen Deutschland ging es niemals darum, in Ost- und Ostmitteleuropa ein Imperium zu errichten, das von den betroffenen Völkern als legitim angesehen worden wäre. Direkt nach dem Beginn des Überfalls auf die Sowjetunion wurde ein Rassen- und Vernichtungskrieg initiiert, in dem es ausschließlich darum ging, Millionen von Menschen zu ermorden oder zu versklaven. Die Marionettenregime wirkten innerhalb des deutsch dominierten Europas wie ein Puffer, der die Ausübung von Herrschaft erleichterte. Auch wenn den Partisanen in der Slowakei somit keine Medien zur Verfügung standen, mit denen sie analog zu den Vietcong im Vietnamkrieg Einfluss auf das Deutsche Reich hätten nehmen können, spielte die Frage der Legitimität aber auch hier eine Rolle. Voraussetzung für das Entstehen einer Oppositionsbewegung war der rapide Verlust von Legitimität des klerikal-faschistischen Tiso-Regimes. Da innerhalb der verschiedenen slowakischen Widerstandgruppen große Meinungsverschiedenheiten über die Gestaltung der Nachkriegsverhältnisse bestanden, konnte dies aber zunächst nur unzureichend ausgenutzt werden. Das änderte sich erst im Dezember 1943, als Kommunisten, Sozialdemokraten und bürgerliche Agrarier im sogenannten Weihnachtsabkommen vereinbarten, gemeinsam die Planung für einen großen Aufstand vorzubereiten. Ein slowakischer Nationalrat

---

14 Vgl. hierzu: *Hoffman*, Bruce: Terrorismus. Der unerklärte Krieg. Neue Gefahren politischer Gewalt. Frankfurt/M. 2001, 95 f.

wurde geschaffen, der das Vorhaben koordinieren sollte, und Oberstleutnant
Ján Golian wurde etwas später zum Chef des Militärkommandos ernannt.[15]
    Spätestens ab 1944 wurden Tiso und seine Regierung in sehr breiten
Schichten der Bevölkerung nicht mehr als eine Führung anerkannt, die berechtigt war, Gehorsam und Loyalität einzufordern. Im wachsenden Maße
wandte sich sogar die Armee vom slowakischen Regime ab und begann unter
der Führung von Golian, ein konspiratives Netz aufzubauen, dessen geheimes
Zentrum in Banská Bystrica lag. Zugleich hatten sich die Fälle von Massen-
desertationen derart gehäuft, dass die slowakische Armee an der Ostfront
nicht mehr einsetzbar war. Bereits Ende April 1944 wurden innerhalb der
regulären Armee Institutionen geschaffen, die bei einem Aufstand als Oberkommando dienen konnten. Diese Umstände haben die Partisanenbewegung, die weitgehend von den Kommunisten dominiert wurde, zwar nicht
geschaffen, aber ihre Entstehung begünstigt. Nach der Niederschlagung des
Aufstandes gelang es einigen Partisanengruppen in den Gebirgen zu überleben, auch wenn sie kaum noch in der Lage waren, militärisch aktiv zu werden. Sie konnten aber nur deshalb untertauchen, weil sie von großen Teilen
der lokalen Bevölkerung unterstützt wurden, d.h. als legitime Gegenmacht
zur slowakischen Regierung und zu den Deutschen, die nun offen als Besatzer auftraten, gesehen wurden.

Entgrenzung von Gewalt

Dies leitet über zu einem weiteren Punkt, der zentral für das Verständnis von
Partisanenaufständen ist, und der bereits im spanischen Krieg gegen Napoleon eine wichtige Rolle gespielt hatte. Unabhängig von der Staatsform tendie-
ren alle Partisanenkriege zur schrankenlosen Entgrenzung von Gewalt. Eigentlich sind bereits in der Haager Landkriegsordnung vom Oktober 1907 in
Anlage IV klare Kriterien festgelegt worden, die ein spezielles Kriegsrecht
auch für Guerillabewegungen, Milizen, Freikorps und für Volksaufstände
definieren. Diese Regelungen wurden nach dem Zweiten Weltkrieg in mehreren internationalen Abkommen modifiziert. Derartigen Bewegungen konnte
unter engen Bedingungen der Status als Kombattant zugebilligt werden,
wenn alle folgenden Bedingungen kumulativ erfüllt waren. 1907 war festgelegt worden, dass der Partisan die Waffe offen tragen, dass er ein auch auf

---

15 Vgl. *Josko:* Slowakische Widerstandsbewegung, 394–396; *Hoensch,* Jörg K.: Die slowaki-
    sche Republik 1939–1945. In: *Ders.:* Studia Slovaca. Studien zur Geschichte der Slowa-
    ken und der Slowakei. München 2000, 221–247, hier 245; *Zückert,* Martin: Slowakei.
    Widerstand gegen das Tiso-Regime und nationalsozialistische Vorherrschaft. In: *Ueber-
    schär,* Gerd R. (Hg.): Handbuch zum Widerstand gegen Nationalsozialismus und Fa-
    schismus in Europa 1933/39 bis 1945. Berlin 2011, 243–251, hier 247 f. Grundsätzlich
    zur Opposition vgl. *Venohr,* Wolfgang: Aufstand der Slowaken. Der Freiheitskampf von
    1944. Frankfurt/M 1992, 63–91.

Entfernung erkennbares Abzeichen tragen und dass er in eine Befehlskette eingeordnet sein muss, sodass individueller oder spontaner Widerstand nicht durch das Kriegsrecht geschützt ist. Die Existenz einer Partisanenarmee muss ferner der gegnerischen Seite mitgeteilt werden. Gefangene Partisanen haben, sofern sie sich an diese Regeln gehalten haben, Anspruch darauf, als reguläre Kriegsgefangene behandelt zu werden. Die weitere Bestimmung, dass der Partisan die Gesetze und Regeln des Krieges beachten muss, geht auf das Gewohnheitsrecht des 18. und 19. Jahrhunderts zurück und ist in der Praxis schwer zu definieren. Alle diese Kriterien dienten dazu, Aufständischen einen gewissen Schutz zu geben und sie von Räubern, Plünderern und Banditen zu unterscheiden, die nach wie vor standgerichtlich behandelt werden durften. Die Praxis in allen asymmetrischen Kriegen des 20. und auch des frühen 21. Jahrhunderts hat aber gezeigt, dass diese Bestimmungen kaum beachtet werden bzw. wegen der spezifischen Kampfformen auch gar nicht beachtet werden können. Bei dem Warschauer Aufstand achtete die polnische Heimatarmee darauf, dass ihre Truppen die Bedingungen der Haager Landkriegsordnung einhielten, weil sie hofften, dass die Kämpfer dann von den Deutschen als reguläre Kombattanten behandelt werden würden.

Die oft extreme Eskalation von Gewalt, die sich in zahlreichen Partisanenaufständen findet und die zum ersten Mal eindrucksvoll in den „Desastres de la Guerra" von Francisco de Goya dargestellt worden sind, ist strukturell bedingt. Goya bemühte sich um eine neutrale Position und zeigte auch die Grausamkeiten, die Partisanen an Franzosen begangen haben. Goyas 82 Grafiken, die zwischen 1810 und 1814 entstanden, sind bis heute wirkungsmächtig, aber die enorme Gewalttätigkeit des spanischen Aufstandes gegen Napoleon ist auch durch zahlreiche weitere Quellen eindeutig belegt. Von allen Napoleonischen Kriegen war der spanische zwar nicht der verlustreichste, aber der grausamste. Partisanen setzen häufig Terror als Waffe ein, um die Moral der Ordnungsmacht zu untergraben, eben weil sie die strategisch schwächere Seite darstellen. Die Ordnungsmacht hingegen muss einen Krieg gegen einen oft unsichtbaren Gegner führen. Da erfolgreiche Partisanen einen „war from the shadows"[16] führen bzw. sich in der Bevölkerung bewegen wie Maos „Fisch im Wasser", ist es irgendwann nahezu unvermeidlich, dass sich militärische Maßnahmen auch gegen diese Bevölkerung richten. Nicht-Unterscheidbarkeit wird – in den Worten von Herfried Münkler - fälschlicherweise als Identität ausgelegt.[17] Zudem ist es für Partisanen schwierig bzw. oft unmöglich, Gefangene nach dem Kriegsrecht zu behandeln und Verwundete zu versorgen.

Selbst wenn eine demokratische Öffentlichkeit mit freien, unzensierten Medien existiert, sind derartige Eskalationen von Gewalt nahezu unvermeid-

---

[16] Der Begriff bei *Asprey,* Robert B.: War in the Shadows. The Guerilla in History. London 1975.
[17] Vgl. hierzu: *Münkler*: Vorwort, 7.

bar. Dies zeigt das Massaker von My Lai, das – wie die Forschung inzwischen eindeutig gezeigt hat - im Vietnamkrieg nur die Spitze des Eisberges der amerikanischen Kriegsverbrechen darstellte. Gerade kleine Einheiten, die auf sich allein gestellt in unübersichtliche Kampfsituationen gerieten, waren häufig nicht mehr in der Lage, angemessen auf wirkliche oder vermeintliche Bedrohungslagen zu reagieren.[18] Umso extremer musste die Gewalteskalation ausfallen, wenn ein Regime entschlossen war, jede zivilisatorische Errungenschaft des europäischen Kriegsrechtes vollkommen zu ignorieren und vor keinem Mittel der Unterdrückung zurückzuschrecken. Im 20. Jahrhundert ist kein Fall bekannt, in dem ein Partisanenaufstand gegen einen terroristischen oder totalen Staat langfristig erfolgreich gewesen wäre, gerade weil im totalen, oder in den Worten von Clausewitz „absoluten" Krieg die Ebene der Politik weitgehend fehlt.

In den Kämpfen an der Ostfront hatte die nationalsozialistische Führung von Anfang an deutlich werden lassen, dass sie das geltende internationale Kriegsrecht, das im Westfeldzug und beim Unternehmen „Weserübung", dem Überfall auf Norwegen und Dänemark, noch weitgehend respektiert worden war, vollständig ignorieren würde. Nicht so sehr der Kommissarbefehl, sondern vor allem der Kriegsgerichtsbarkeitserlass vom 13. Mai 1941 ist in diesem Kontext zentral. Er legte fest, dass jeder Offizier zu jeder Zeit auf eigene Verantwortung weitgehende Maßnahmen bis hin zu Erschießungen gegen die Zivilbevölkerung in den besetzten Gebieten anordnen durfte, ohne dass er von der Wehrmachtsjustiz zur Rechenschaft gezogen werden konnte. Dieser Befehl stellte einen Freibrief für die Anwendung und Eskalation von nahezu unbegrenzter Gewalt dar. Hinzu kam, dass die Truppen der Wehrmacht und der SS permanent von der Führung ermutigt wurden, unnachgiebige Härte zu zeigen und lieber zu viele als zu wenige Menschen zu erschießen. Wie die Erfahrungen der Partisanenbekämpfung hinter der Ostfront und auf dem Balkan zeigten, waren große Massaker nicht nur gestattet, sondern ausdrücklich erwünscht. Dadurch hatte die Kriegsführung im Osten von Anfang an eine genozidale Komponente, die ansonsten nur als Folge einer langen und brutalisierenden Auseinandersetzung in einer Armee auftaucht. „Partisanen" wurden ferner von den Einsatzgruppen des Sicherheitsdienstes der SS (SD) seit dem Sommer 1941 bereits in großem Stil exekutiert, als es sie hinter der Ostfront noch gar nicht geben konnte, und in der nationalsozialistischen Terminologie wurde der Begriff häufig synonym zu Juden, Bolschewisten oder anderen potentiellen oder eingebildeten Gegnern des Regimes gebraucht. Als im Sommer 1944 der Slowakische Nationalaufstand begann, bestand in denjenigen deutschen Einheiten, die zur Niederschlagung eingesetzt wurden, ein klares Bewusstsein, dass extremste Brutalität nicht nur gestattet, sondern ausdrücklich von der Führung erwünscht war.

---

[18] Zur Gewalt im Vietnamkrieg vgl. *Greiner,* Bernd: Krieg ohne Fronten. Die USA in Vietnam. Hamburg 2007.

Beispielsweise wurden direkt nach Beginn des Aufstandes neue Einheiten der SS gebildet, die in der Einsatzgruppe H zusammengefasst wurden. Diese stand direkt in der Tradition der berüchtigten Einsatzgruppen, die seit 1941 im Hinterland der Ostfront tätig gewesen waren. Ihr Auftrag lautete unter anderem, nach der Niederschlagung des Aufstandes die noch in der Slowakei verbliebenen Juden, deren Zahl auf etwa 25.000 geschätzt wurde, so schnell wie möglich zu ermorden.[19] Zeitweise wurde auch die berüchtigte Brigade Dirlewanger eingesetzt, die sich aus ehemaligen KZ-Häftlingen, Kriminellen und straffällig gewordenen SS- und Wehrmachtssoldaten zusammensetzte, und die sich zuvor an der Niederschlagung des Warschauer Aufstandes beteiligt hatte. Aber auch die Aufständischen, bei denen einige Gruppen von sowjetischen Offizieren befehligt wurden, tendierten zum Einsatz massivster Gewalt: So sind mehrere Massaker an deutschen Zivilisten wie das im Dorf Sklené (Glaserhau) belegt.[20]

Der Slowakische Nationalaufstand als Beispiel für den Partisanenkrieg

Im Slowakischen Nationalaufstand mischten sich somit mehrere Charakteristika asymmetrischer Kriege. Da von Anfang an Teile der regulären Armee entweder teilnahmen oder zu den Aufständischen überliefen bzw. reguläre slowakische Offiziere den Aufstand vorbereitet hatten, handelte es sich um keinen klassischen Partisanenkrieg, obwohl Partisanen in vielen Fällen wichtige Aufgaben bei der Verteidigung des Aufstandsterritoriums übernahmen. Formen von regulären und irregulären Kriegsaktionen vermischten sich miteinander. Partisanen spielten aber sowohl in der Vorgeschichte als auch nach der Niederschlagung eine wichtige Rolle. Kleine bewaffnete Gruppen, die sich meist in den Wäldern im Bergland versteckt hatten, hatten sich bereits seit 1942 gebildet, doch hatten diese noch keine militärische Bedeutung und wurden auch nicht von der Bevölkerung unterstützt. Dies unterscheidet die Slowakei vom Balkan und von Griechenland, wo bereits seit dem Sommer 1941 starke Partisanenverbände bestanden. Eine Bedrohung für das slowakische Marionettenregime und für die deutschen Etappengebiete entstand erst, als die kommunistischen Partisanen in der Tschechoslowakei im Mai 1944 dem Oberkommando der ukrainischen Partisanen in Kiew unterstellt wurden. Seit Ende Juli 1944 schickte die Sowjetunion gezielt Offiziere in das Land, die mit dem Fallschirm absprangen und die den bewaffneten Kampf im Untergrund effektiv organisierten. Die verstärkte Tätigkeit von Partisanen

---

[19] Vgl. *Šindelářová*, Lenka: Finale der Vernichtung. Die Einsatzgruppe H in der Slowakei 1944/45. Darmstadt 2013, 46 f.

[20] Ergänzende Anmerkung der Herausgeber: Vgl. hierzu die folgende Studie: *Schvarc, Michal*: Masová exekúcia v Sklenom 21. septembra 1944 v širšom dejinnom kontexte [Die Massenexekution in Glaserhau am 21. September 1944 im breiteren historischen Kontext]. In: Pamäť národa 3 (2007), 4–13.

löste auf der deutschen Seite im Sommer 1944 erhebliche Beunruhigung aus, weil die unzuverlässigen slowakischen Polizei- und Armeeeinheiten offenbar nicht in der Lage waren, Gegenmaßnahmen zu ergreifen.

Die Koordination zwischen den Partisanen und dem Slowakischen Nationalrat bzw. denjenigen slowakischen konspirativen Kreisen in der Armee, die gleichzeitig den Aufstand vorbereiteten, funktionierte allerdings nicht. Die Partisanen hielten sich nicht an die Vorgaben, die geheim von den slowakischen Führungsstellen entwickelt worden waren. Die verstärkten Aktivitäten der Partisanen, die Überfälle und Angriffe auf die deutschen Kommunikationslinien intensivierten, alarmierten die deutsche Heeresführung, die sich zuvor nur wenig um die innere Situation in der Slowakei gekümmert hatte. Der Nationalrat hatte ursprünglich darauf hingearbeitet, dass die Partisanen ihm unterstellt wurden und dann in Abstimmung mit Teilen der regulären Armee eingesetzt werden sollten. Die Sowjetunion und das Oberkommando in Kiew verfolgten aber ganz andere Ziele und ermutigten die Partisanen, die jetzt größtenteils ihnen unterstanden, sofort loszuschlagen.

Ursprünglich sollte der Aufstand erst beginnen, wenn die Rote Armee den Rand der Karpaten erreicht hatte. Am 23. August fiel Rumänien von dem Bündnis mit dem Deutschen Reich ab und wechselte auf die Seite der Sowjetunion. In den folgenden Tagen überstürzten sich die Ereignisse in der Slowakei. Entscheidend für den Beginn der Erhebung war wiederum eine ungeplante Partisanenaktion. Am 27. August griffen Partisanen und meuternde reguläre slowakische Truppen im Ort St. Martin einen Zug an, der aus Rumänien zurückkehrte, und erschossen am nächsten Tag 22 deutsche Offiziere. Bereits am folgenden Tag begannen die Deutschen, das Land zu besetzen. Durch diese überraschende Aktion gelang es ihnen, mehrere slowakische reguläre Einheiten zu entwaffnen, die eigentlich bei dem geplanten Aufstand eine zentrale Rolle übernehmen sollten. Damit fiel den Deutschen auch umfangreiches militärisches Material in die Hände, das die Aufständischen zuvor fest für sich eingeplant hatten. Diese Eskalation zwang das konspirative slowakische Hauptquartier, das sich in Banská Bystrica befand, am Abend des 29. August den Aufstand überstürzt auszulösen.[21]

Zwar sind die Zahlenangaben sehr unsicher, aber in der Literatur wird geschätzt, dass an dem Aufstand etwa 60.000 Soldaten der regulären slowakischen Armee und etwa 12.000 bis 18.000 Partisanen teilgenommen haben. Unter diesen fanden sich auch etwa 100 deutsche Kommunisten, die in der Einheit „Ernst Thälmann" zusammengefasst waren.[22] Es handelte sich hier also primär um einen Aufstand der Armee und des Volkes, der durch Partisanen unterstützt wurde. Auch der Zusammenbruch der Aufstandsbewegung bedeutete keineswegs das Ende der Partisanengruppen, von denen es einigen gelang, wieder in den Wäldern der Gebirge unterzutauchen und bis zur Er-

---

21 *Prečan:* Slovak National Uprising, 206.
22 *Šindelářová:* Finale der Vernichtung, 44, 60, 63.

oberung des Landes durch sowjetische Truppen weiterhin Widerstand zu leisten.

Seit dem spanischen Aufstand gegen Napoleon besteht zwischen dem Partisanen- bzw. Volkskrieg und neuzeitlichen Staatsbildungsprozessen ein enger Zusammenhang, der sich in sehr vielen Fällen beobachten lässt. Hierbei finden sich im europäischen und im internationalen Vergleich einige Gemeinsamkeiten, die in den letzten Jahren von der Forschung hervorgehoben worden sind. Oft bildete sich in Partisanenbewegungen der Nukleus eines neuen Staates. Allerdings entwickeln sich typische Partisanenführer nur selten zu demokratischen Staatsmännern, denkt man an sehr erfolgreiche Anführer wie Mao Tse Tung in China, Tito in Jugoslawien, Fidel Castro in Kuba, Ho Chi Min in Vietnam oder an nicht- kommunistische Führer wie Robert Mugabe in Zimbabwe. Der Krieg aus dem Hinterhalt erfordert andere Qualitäten als diejenigen, die ein parlamentarischer Parteiführer benötigt. Deshalb mutieren ehemalige Kämpfer zwar gelegentlich zu Staatsmännern, aber nur selten zu Politikern, die bereit wären, die einmal errungene Macht nach erfolglosen Wahlen auch wieder abzugeben. Dieses typische Merkmal kann aber nur dann auftreten, wenn eine Partisanenarmee erfolgreich war, und spielt deshalb in der Slowakei keine Rolle.

In anderer Hinsicht war der Slowakische Nationalaufstand aber für den Prozess der Nationsbildung zentral. Seit etwa zwei Jahrzehnten interessieren sich Historiker sehr viel stärker als in der Vergangenheit auch für die symbolische Ebene von Staatsbildungsprozessen. Nach dem Ende der Aufstände stellte sich für Machthaber in einem neuen Staat stets das grundsätzliche Problem, erstens ein kohärentes und überzeugendes Narrativ zu kreieren, das den Partisanenkampf in irgendeiner Weise integriert und in die Vorgeschichte des neuen Staates einfügt, diese aber auch gleichzeitig für beendet erklärt. Beispielsweise wurde in der Sowjetunion die Tätigkeit von Partisanen verklärt und auf eine Weise heroisiert, die ihrer wirklichen militärischen Bedeutung überhaupt nicht entsprach. Dieser Befund lässt sich verallgemeinern: In der ehemaligen Konföderation, den Südstaaten der USA nach dem Ende des Bürgerkrieges, entstand ein regelrechter Kult um den „edlen Rebellen", der der grausamen Partisanenkriegsführung in den ehemaligen border-states, die im Falle von Missouri gut erforscht worden ist, in keiner Weise entsprach.[23] Auch wenn Partisanen im Zweiten Weltkrieg zeitweise erhebliche Kräfte der Achse im Hinterland banden, hatten sie – abgesehen von den gut koordinierten Aktionen im Vorfeld der sowjetischen Sommeroffensive 1944 – keine zentrale strategische Bedeutung. Zugleich wurden im Stalinismus aber ehe-

---

[23] Zur Kriegsführung am Beispiel von Missouri vgl. *Fellman*, Michael: Inside War. The Guerilla Conflict in Missouri during the American Civil War. Oxford 1989; ferner: *Ders.*: At the Nihilist Edge. Reflections on Guerrilla Warfare during the American Civil War. In: *Förster*, Stig/*Nagler*, Jörg (Hg.): On the Road to Total War. Cambridge 1997, 519–540.

malige Partisanen mit äußerstem Misstrauen betrachtet und oft auch behandelt, eben weil sie gewohnt und in der Lage waren, militärisch selbständig zu handeln, eigenständig taktische Entscheidungen zu treffen und sich übergeordneten Autoritäten nur eingeschränkt unterzuordnen.

Im Falle der Slowakei stellte sich die Frage, wie ehemalige Partisanen in den neuen Staat der Tschechoslowakei eingegliedert wurden, nur mit Einschränkung, eben weil die Aufstandsbewegung verlustreich von den deutschen Truppen niedergeschlagen worden war. Dennoch musste auch hier ein überzeugendes nationales Narrativ entwickelt werden, denn schließlich hatten Angehörige einer Nation nicht nur gegen eine fremde Besatzungsmacht, sondern auch gegeneinander gekämpft. Eine kommunistische Interpretation war zumindest in der Lage, diesen Widerspruch einigermaßen überzeugend aufzulösen, weil die Kommunisten unbestreitbar innerhalb der Partisanenbewegung eine sehr wichtige Rolle wahrgenommen hatten. Damit wurden die Narrative, die um die Geschichte des Aufstandes entstanden, zugleich ideologisch hoch aufgeladen. Allerdings fiel dabei unter den Tisch, dass es auch einen starken nicht-kommunistischen bzw. demokratischen Widerstand gegeben hatte. Zudem konnte der Widerstand trotz seines Scheiterns heroisiert werden, da es sich neben dem Warschauer Aufstand um die größte geschlossene Volkserhebung gegen die nationalsozialistische Besatzung in ganz Europa handelte. Die Deutschen hatten in sehr schwieriger Lage – anders als ursprünglich geplant – das slowakische Hinterland nicht zur Stützung der zusammenbrechenden Ostfront nutzen können. Strategisch war allerdings die Bedeutung des Aufstandes weniger wichtig, weil für die Bekämpfung fast nur Reserve- und Ersatzeinheiten, sowie Truppen, die sich in der Aufstellung befanden, herangezogen wurden, die allerdings am Anfang amateurhaft von Offizieren ohne Fronterfahrung geführt wurden. Dieser Umstand erklärt auch, warum das Aufstandsgebiet trotz schwerer Verluste und waffentechnischer Unterlegenheit fast zwei Monate lang gehalten werden konnte. Erst gegen Ende des Aufstandes wurde mit der 18. SS-Panzerdivision eine Fronteinheit eingesetzt. Sehr viel wichtiger war die langfristige moralische und politische Wirkung: Deutlich wurde, dass ein großer Teil der Bevölkerung sich vom nationalsozialistischen Deutschland und vom Tiso-Regime abgewandt hatte. Ferner sorgte das sehr scharfe deutsche Vorgehen dafür, dass viele Slowaken, die sich bis zum Sommer 1944 indifferent verhalten hatten, dem klerikal-faschistischen Regime die Unterstützng versagten.[24] Deshalb eignete sich die Erinnerung an den Aufstand hervorragend dafür, ein eigenständiges Narrativ in den wieder errichteten tschechoslowakischen Staat einzubringen. Die führende Rolle der Kommunisten konnte problemlos betont werden, zugleich ließ sich aber auch nach Bedarf eine nationale slowakische Komponente hervorheben.

---

[24] Dieser Punkt wird besonders betont von *Šindelářová*: Finale der Vernichtung, 74; ferner *Zückert*: Slowakei, 249; *Prečan*: Slovak National Uprising, 220.

Martin Zückert

NUR EINE SOWJETISCHE PARTISANENAKTION?
DER SLOWAKISCHE NATIONALAUFSTAND ZWISCHEN
ARMEEERHEBUNG UND IRREGULÄRER KRIEGSFÜHRUNG

Neben dem Warschauer Aufstand von 1944 und dem jugoslawischen Partisanenkrieg war der Slowakische Nationalaufstand die größte organisierte Erhebung, die sich im östlichen Europa während des Zweiten Weltkriegs gegen
die nationalsozialistische Okkupation und ihre Kollaborationsregime richtete. Ein Bündnis aus bürgerlichen Gruppierungen, Sozialdemokraten und
Kommunisten, das sich im sogenannten Weihnachtsabkommen 1943 zusammengeschlossen hatte,[1] stand hinter dem Plan, den sowjetischen Truppen
den Übergang über die Karpaten zu ermöglichen und zeitgleich das Tiso-
Regime in der Slowakei aus eigener Kraft zu bekämpfen.[2] Bereits der erste
Teil des Plans scheiterte: Die im Osten des Landes zur Öffnung der Karpatenpässe zusammengezogene „Ostslowakische Armee" konnte in den letzten
Augusttagen 1944 von deutschen Truppen entwaffnet werden.[3] Dagegen ge-

---

[1] Zum Weihnachtsabkommen vgl. *Jablonický,* Jozef: Z ilegality do povstania. Kapitoly
z občianskeho odboja [Aus der Illegalität zum Aufstand. Kapitel aus dem bürgerlichen
Widerstand]. Zweite ergänzte Auflage. Banská Bystrica 2009 (Erste Auflage 1969), 170–
173. Zur politischen und regionalen Ausgestaltung des Widerstands nach dem Weihnachtsabkommen vgl.: *Fremal,* Karol: Politické prípravy Slovenského národného povstania z hľadiska celoslovenského a regionálneho v roku 1944 [Die politischen Vorbereitungen des Slowakischen Nationalaufstands aus gesamtslowakischer und regionaler
Perspektive]. In: *Syrný,* Marek a kol.: Slovenské národné povstanie – Slovensko a Európa v roku 1944 [Der Slowakische Nationalaufstand – die Slowakei und Europa im
Jahr 1944]. Banská Bystrica 2014, 283–308.
[2] Zu den militärischen Aufstandsplanungen vgl. *Bystrický,* Jozef: Golian a vojenský plán
povstania [Golian und der militärische Plan des Aufstands]. In: *Tóth,* Dezider (Hg.):
Generál Golian a jeho doba. Materiály z odborného seminára k 100. výročiu narodenia
Jána Goliana [General Golian und seine Zeit. Materialien vom Fachseminar zum
100. Geburtstag von Ján Golian]. Banská Bystrica 2006, 61–81, hier 64 f.; *Hrbek,* Jaroslav: Neúspěšný pokus o osvobození Slovenska v roce 1944 [Der erfolglose Versuch
zur Befreiung der Slowakei im Jahr 1944]. In: *Ders./Smetana,* Vít u. a.: Draze zaplacená
svoboda. Osvobození Československa 1944–1945 [Teuer bezahlte Freiheit. Die Befreiung der Tschechoslowakei 1944–1945]. 2 Bde. Praha 2009, Bd. 1, 202–351, hier 236–
238.
[3] *Pažurova,* Helena: Vojensko-partizánske jednotky utvorené z príslušníkov východoslovenskej armády [Aus den Angehörigen der ostslowakischen Armee gebildete militärische und Partisaneneinheiten]. In: Vojenská história 14/4 (2010), 48–70, hier 50 f.; *Letz,*

lang es den auf die Seite des Aufstands gewechselten slowakischen Truppen sowie mehreren Partisanenverbänden, weite Teile der Mittelslowakei zu befreien. Zwei Monate hielten die Aufständischen durch, ehe die Erhebung von deutschen Einheiten und loyalen Truppen des Tiso-Regimes Ende Oktober 1944 niedergeschlagen wurde.[4] Danach konnten Partisanen noch vereinzelt Widerstand leisten und Diversionsakte verüben, auch wenn es für sie im Winter 1944/45 primär nur noch darum gehen konnte, sich der Verfolgung zu entziehen und unter schwierigen Bedingungen zu überleben. Über den militärstrategischen Wert des Aufstands wird immer wieder debattiert.[5] Die symbolische Bedeutung dagegen, die Realität eines breit angelegten und organisierten Widerstands, ist beträchtlich.[6]

Gemessen daran ist der Aufstand im Bewusstsein der deutschen Öffentlichkeit wie auch der westlichen Geschichtsschreibung weiterhin kaum präsent. Das neunbändige, vom Militärgeschichtlichen Forschungsamt herausgegebene Werk mit dem Titel „Das Deutsche Reich und der Zweite Weltkrieg" widmet der „Ostfront 1943/44" in Band acht über 1.200 Textseiten. Die militärische Erhebung in der Slowakei wird – frei von jeglicher Ambition, das Geschehen in seine politischen und gesellschaftlichen Kontexte einzuordnen – auf knapp sechs Seiten abgehandelt.[7] Nur vereinzelt würdigten Zei-

---

Róbert: Slovenské dejiny V (1938–1945) [Slowakische Geschichte V (1938–1945)]. Bratislava 2012, 294 f.

4 *Schönherr,* Klaus: Die Niederschlagung des Slowakischen Aufstands im Kontext der deutschen militärischen Operationen, Herbst 1944. In: Bohemia 42 (2001), 39–61, hier 44 ff.; *Zückert,* Martin: Slowakei. Widerstand gegen Tiso-Regime und nationalsozialistische Vorherrschaft. In: *Ueberschär,* Gerd (Hg.): Handbuch zum Widerstand gegen Nationalsozialismus und Faschismus in Europa 1933/39 bis 1945. München 2011, 241–249, hier 247.

5 František Cséfalvay betont, dass der Aufstand letztlich ein Erfolg war, da es gelungen sei, ein zusammenhängendes Gebiet über zwei Monate zu verteidigen und dabei auch feindliche Kräfte zu binden. *Cséfalvay,* František: O ozbrojených zložkách Slovenského národného povstania [Über die bewaffneten Verbände des Slowakischen Nationalaufstands]. In: *Syrný,* Marek (Hg.): Varšavské povstanie a Slovenské národné povstanie – paralely a rozdiely [Der Warschauer Aufstand und der Slowakische Nationalaufstand – Parallelen und Unterschiede]. Banská Bystrica 2009, 81–89, hier 89.

6 Vgl. hierzu zuletzt: *Prečan,* Vilém: Minulosť a prítomnosť povstaleckého príbehu a jeho nespochybniteľná hodnota (namiesto záveru) [Die Vergangenheit und Gegenwart der Aufstandsgeschichte und ihr unbezweifelbarer Wert (anstelle eines Schlusswortes)]. In: Syrný a kol.: Slovenské národné povstanie – Slovensko a Európa v roku 1944, 679–683. *Syrný,* Marek: Slovenské národné povstanie v kontexte podobných protinemeckých vystúpení v auguste 1944 [Der Slowakische Nationalaufstand im Kontext ähnlicher antideutscher Maßnahmen im August 1944]. In: *Zeman,* Pavel (Hg.): Válečný rok 1944 v okupované Evropě a v Protekorátu Čechy a Morava [Das Kriegsjahr 1944 im besetzten Europa und im Protektorat Böhmen und Mähren]. Praha 2015, 50–68.

7 *Schönherr,* Klaus: Die Kämpfe um Galizien und die Beskiden. In: *Frieser,* Karl-Heinz (Hg.): Das Deutsche Reich und der Zweite Weltkrieg. Band 8: Die Ostfront 1943/44.

tungsberichte Ende August 2014 den siebzigsten Jahrestag des Beginns des Aufstands.[8] Die bis heute einzige deutschsprachige Gesamtdarstellung zum Aufstand stammt von dem Journalisten Wolfgang Venohr aus dem Jahr 1969. Das unter dem Titel „Aufstand in der Tatra" 1979 nochmals neu aufgelegte Buch hat inhaltliche Mängel, basiert vorwiegend auf Zeitzeugenaussagen und ist nicht zuletzt deswegen problematisch, da der Autor als junger SS-Mann und Angehöriger der „Kampfgruppe Schill" als „Zeitzeuge" selbst an der Niederschlagung des Aufstands beteiligt war.[9]

Erwartungsgemäß erfährt der Nationalaufstand in der Slowakei selbst wesentlich größere Beachtung. Schon zwei Jahre nach der Erhebung bemerkte Anton Rašla in einem Erinnerungsband mit den Titel „Nad Tatrou sa blýska" (Über der Tatra blitzt es), wie „strategisch bedeutsam für halb Europa" der Aufstand gewesen sei: „Die Karpaten sind das Gibraltar des Festlands. Derjenige, der die Tschechoslowakei beherrscht, beherrscht auch die Karpaten."[10]

Nach einem Blick auf die Partisanen betreffenden Deutungen des Slowakischen Nationalaufstands sowie auf vorhandene Definitionen des Partisans wird im Folgenden die Partisanenbewegung in der Slowakei auf zwei Ebenen analysiert. Es geht zum einen darum, die Partisanen im Kontext des Nationalaufstands bzw. des Widerstands gegen das faschistische Regime der Slowakei und das nationalsozialistische Deutschland zu verorten. Wie ist ihr Agieren militärgeschichtlich zu bewerten? Welche Rolle nahmen sie im politischen und gesellschaftlichen Gefüge in der zweiten Kriegshälfte ein? Zum anderen muss die Geschichte der Partisanen in der Slowakei im größeren Kontext des Zweiten Weltkriegs bestimmt und als militärisch-politisches

---

Der Krieg im Osten und an den Nebenfronten. Stuttgart 2007, 679–730. Die Darstellung zum Slowakischen Nationalaufstand findet sich auf den Seiten 719–724.

[8] Eine der wenigen Ausnahmen: *Seewald,* Berthold: Der größte Aufstand gegen Hitlers Regime. Die Welt, 29.8.2014. http://www.welt.de/geschichte/zweiter-weltkrieg/article 131695558/Der-groesste-Aufstand-gegen-Hitlers-Regime.html (Abruf am 25.6.2015). Im Herbst 2016 eröffnete die Gedenkstätte Deutscher Widerstand in Berlin eine Sonderausstellung über den Slowakischen Nationalaufstand, die in Kooperation mit dem Historischen Institut der Slowakischen Akademie der Wissenschaften erarbeitet worden war. Das Thema wurde damit erstmals in Deutschland in einer Ausstellung präsentiert. Vgl. hierzu den Ausstellungskatalog: *Gedenkstätte Deutscher Widerstand* (Hg.): „Es lebe unsere gerechte Sache!" Der Slowakische Nationalaufstand, 29. August bis 27. Oktober 1944. Berlin 2016.

[9] *Venohr,* Wolfgang: Aufstand für die Tschechoslowakei. Der slowakische Freiheitskampf von 1944. Hamburg 1969; *Ders.:* Aufstand in der Tatra: der Kampf um die Slowakei 1939–44, Königstein/Taunus 1979. Zur Teilnahme des Autors an der Niederschlagung des Aufstands siehe: *Ders.:* Die Abwehrschlacht. Jugenderinnerungen 1940–1955. Berlin 2002, 146–170.

[10] *Rašla,* Anton: Slovenské národné povstanie – príspevok k štátnosti [Der Slowakische Nationalaufstand – ein Beitrag zur Staatlichkeit]. In: *Oktavec,* František (Red.): Nad Tatrou sa blýska... Slovenské národní povstání [Über der Tatra blitzt es... der Slowakische Nationalaufstand]. Praha, Bratislava 1946, 29–38, hier 36.

Phänomen eingeordnet werden. Bereits den damaligen Akteuren war bewusst, dass das Partisanen-Phänomen länderübergreifend zu beobachten war. In einer Botschaft vom 3. Februar 1944 erklärte der tschechoslowakische Exilpräsident Edvard Beneš in London, dass mit den Partisanen in den böhmischen Ländern, Karpathenrussland und der Slowakei ein kontinuierlicher Kampf „in den Wäldern, in den Bergen, in den Städten, in den Dörfern" durchzuführen sei, „genauso, wie es heute bereits in der Ukraine und in Polen geschieht, in Jugoslawien und in Frankreich [...]."[11] Auch Klement Gottwald, damals Vertreter der Kommunistischen Partei der Tschechoslowakei im Exil in Moskau, forderte einen Partisanenkrieg „nach Vorbild des jugoslawischen Befreiungskampfes".[12] Und bereits 1942 hatte die Komintern (Kommunistische Internationale) die jugoslawische Partisanenbewegung als Vorbild für andere besetzte Regionen und den dortigen Widerstand benannt.[13] Daher wird die Partisanenbewegung in der Slowakei hier nicht isoliert, sondern sowohl im Kontext des Nationalaufstands als auch der Partisanenbewegungen des Zweiten Weltkriegs betrachtet.

Deutungen des Aufstands

Der Aufstand wurde und wird als Symbol des Widerstands gegen den Nationalsozialismus und das faschistische Regime des Slowakischen Staates angesehen – und er stand lange Zeit für einen wichtigen autonomen Impuls der Slowaken, der ihnen im Vergleich zur Ersten Tschechoslowakischen Republik einen größeren politischen Stellenwert im nach dem Zweiten Weltkrieg wieder zu errichtenden tschechoslowakischen Staat sichern sollte. Entsprechend wurden Deutungen des Aufstands immer auch durch das jeweils vorherrschende tschechisch-slowakische Beziehungsgefüge beeinflusst. Edvard Beneš, Präsident im Exil wie auch Präsident der Nachkriegstschechoslowakei 1945–1948, betonte aus seiner zentralstaatlich orientierten Perspektive heraus zwar den tschechoslowakischen Kontext des Aufstands, versuchte aber zugleich, die slowakische Dimension der Erhebung kleinzuhalten, indem er nach dem Krieg lediglich von einer regionalen Erhebung ausging und vom „Aufstand in Banská Bystrica" sprach.[14]

---

11 *Prečan* (Hg.): Slovenské národné povstanie. Dokumenty. Dokument 46: Botschaft von Edvard Beneš vom 3.2.1944, 156 f.

12 Zitiert nach *Husák*, Gustáv: Der Slowakische Nationalaufstand. Berlin (Ost) 1972, 323 f. und 420. Ähnliches findet sich auch auf lokaler Ebene, wenn etwa ein Ausschuss zur nationalen Befreiung in Nová Baňa dazu aufrief, sich am Handeln der Partisanen in Jugoslawien, der Sowjetunion oder Polen zu orientieren. *Jablonický*: Z ilegality do povstania. Kapitoly z občianskeho odboja, 177.

13 *Mazower*, Mark: Hitlers Imperium. Europa unter der Herrschaft des Nationalsozialismus. München 2009 (engl. Original 2008), 440.

14 *Michela*, Miroslav/*Kšiňan*, Michal: Slovenské národné povstanie [Der Slowakische Nationalaufstand]. In: *Kšiňan*, Michal a kol.: Komunisti a povstania. Ritualizácia pri-

Bis in die Gegenwart hinein gibt es aber auch heftige geschichtspolitische Kontroversen um den SNP (Slovenské národné povstanie) – den Slowakischen Nationalaufstand. Nach 1945 waren es zunächst Angehörige des nationalslowakischen Exils, meist ehemalige Protagonisten des faschistischen Staates, die den Aufstand kritisierten. Seit 1989 gibt es in der Slowakei selbst eine Reihe von Politikern, Publizisten und Historikern, die den Aufstand öffentlich negativ beurteilen. Eine Analyse ihrer Argumentation führt zu zwei Kernpunkten der Kritik. Verteidiger des faschistischen Regimes fragen zum einen danach, ob eine Nation das Recht habe, sich gegen den eigenen Staat zu erheben.[15] Konsequenterweise erklärte eine 1994 erschienene Publikation den Beginn des Aufstands zum „dies ater" – zum schwarzen Tag in der slowakischen Geschichte.[16] Es muss an dieser Stelle nicht weiter ausgeführt werden, welche politischen, aber vor allem moralischen Gesichtspunkte durch eine solche Argumentation, die letztlich das Recht auf Widerstand negiert, ausgeklammert werden. Im Fokus der Kritik am Aufstand steht zum anderen, dass der Aufstand nicht nur unnötige Opfer gefordert habe, sondern es insbesondere auch zu Verbrechen, verübt von Partisanenverbänden, gekommen sei.[17] Ein damit verbundener Vorwurf lautet zudem, dass die Partisanen für den Einflussgewinn der Kommunisten bzw. der Sowjetunion in der Slowakei gesorgt hätten.[18]

Der Slowakische Nationalaufstand fußte politisch auf einer breiten Widerstandsbasis. Militärisch war er in erster Linie eine Erhebung, die von Teilen

---

pomínania si protifašistických povstaní v strednej Európe (1945–1960) [Die Kommunisten und der Aufstand. Die Ritualisierung der Erinnerung an antifaschistische Aufstände in Mitteleuropa (1945–1960)]. Krakov 2012, 8–35, hier 21.

[15] Popularisiert wurde diese Deutung, die den Aufstand zu einem Werk von außen macht, durch eine Aussage des Schriftstellers Jozef Cíger-Hronský in seinem 1960 in den USA erschienenen Roman „Svet na trasovisku" (Die Welt am Moorgrund). Darin äußert er, dass es kein Beispiel dafür gäbe, dass eine Nation sich gegen den eigenen Staat erhebe, dass „irgendjemand sein Haus anzündet, in welchem er gut lebt." Zitiert nach: *Rychlík*, Jan: Češi a Slováci ve 20. století. Spolupráce a konflikty 1914–1992 [Tschechen und Slowaken im 20. Jahrhundert. Zusammenarbeit und Konflikte 1914–1992]. Praha 2012, 250.

[16] *Bielik*, Peter/*Mulík*, Peter (Hg.): Dies Ater: nešťastný deň 29. august 1944. Výber príspevkov zo seminára Dies Ater uskutočneného 26.8.1993 v Bratislave, doplnený o výpovede svedkov a dokumenty [Dies Ater: der Unglückstag 29. August 1944. Auswahl von Beiträgen des am 29.8.1993 in Bratislava stattgefundenen Seminars Dies Ater, ergänzt um Zeugenaussagen und Dokumente]. Bratislava 1994.

[17] Vgl. zuletzt zusammenfassend: *Hruboň*, Anton/*Krištofík*, Juraj: Partizáni na Slovensku v zrkadle historiografie [Die Partisanen in der Slowakei im Spiegel der Historiografie]. In: *Dies*. (Hg.): Partizáni a Slovensko [Die Partisanen und die Slowakei]. Krakov 2013, 11–29. Nach Schätzungen ist von etwa 1.500 Toten (darunter 1.200 Angehörigen der deutschen Minderheit), die Repressalien von Partisanen zum Opfer fielen, auszugehen. Vgl. *Letz*: Slovenské dejiny V, 310.

[18] *Hajko*, Jozef: Nezrelá republika. Slovensko v rokoch 1939–1945 [Die unreife Republik. Die Slowakei 1939–1945]. Bratislava 2009, 114 f.

der slowakischen Armee getragen wurde. Es waren reguläre Soldaten, die das Aufstandsgebiet verteidigten, in dem die dortige politische Führung zugleich versuchte, politische und administrative Strukturen zu schaffen und Perspektiven für die Nachkriegszeit zu entwickeln.[19] Ungeachtet dessen sind viele Debatten über den Aufstand bis heute geprägt vom Blick auf die Partisanen. Eine solche Sicht, die den Partisanen im Rahmen des Nationalaufstands eine besondere Rolle zuschreibt, hat eine lange Tradition. Zusätzlich befördert wurde sie dadurch, dass die ideologischen Gegner der Kriegs- und Nachkriegszeit gleichsam spiegelverkehrt die Rolle der Partisanen überbetonten.

„Es war nur eine sowjetische Partisanenaktion." Unter diesem Titel publizierte Ferdinand Ďurčanský, 1939–1940 Außen- und Innenminister des Slowakischen Staates und nach 1945 in Deutschland im Exil lebend, 1969 einen Text in einer Reihe des nationalistisch orientierten sudetendeutschen Witiko-Bundes. Sein Beitrag zielt darauf, den Nationalaufstand selbst kleinzureden und ihn als eine Aktion „von außen" zu interpretieren:

Diese Partisaneneinheiten waren strikt nach sowjetischem Muster organisiert. Ihr Kommandant war regelmäßig ein Offizier der Roten Armee. [...] Genauso wie in Griechenland, in Burma, auf den Phillipinen, in Malaysia, Vietnam und in anderen Ländern ging es auch in der Slowakei nicht um einen Nationalaufstand, sondern um eine kommunistische, aus dem Kreml dirigierte militärische Aktion, die die Beherrschung des Landes durch Fremde zum Ziel hatte.[20]

Ďurčanský griff damit Deutungen des faschistischen Regimes auf, das den Aufstand bereits 1944 als Tat „von außen" interpretiert[21] bzw. zum Werk „tschechoslowakistischer Putschisten und Juden" erklärt hatte.[22] Zugleich

---

[19] Zur politischen Dimension des Aufstands vgl. *Rychlík:* Češi a Slováci ve 20. století, 250–263; *Jablonický:* Z ilegality do povstania, 405 ff.

[20] *Ďurčanský,* Ferdinand: Es war nur eine sowjetische Partisanenaktion. In: Partisanen in der Slowakei 1944. München 1969 (Beiträge des Witikobundes zu Fragen der Zeit, 22), 33 und 38. Ďurčanský verband sein Ziel, die Aufstandsursachen zu externalisieren, neben dem Verweis auf tschechische Beteiligte mit einer drastischen antisemitischen Formulierung, die die Judenverfolgung in der Slowakei ausblendete: „In der Slowakei lebten damals etwa 55.000 Juden, von denen ein Teil die günstige Gelegenheit nützte, um sich in diese Aktion einzuschalten."

[21] *Mičev,* Stanislav/*Stanislav,* Ján: Slovenské národné povstanie ako súčasť európskej protifašistickej rezistencie [Der Slowakische Nationalaufstand als Teil des europäischen antifaschistischen Widerstands]. In: Udalosti 23. augusta 1944 v Rumunsku a Slovenské národné povstanie z 29. augusta 1944. Ich vplyv na oslobodenie Rumunska a Slovenska a na ukončenie druhej svetovej vojny [Die Ereignisse des 23. Augusts 1944 in Rumänien und der Slowakische Nationalaufstand vom 29. August 1944. Ihr Einfluss auf die Befreiung Rumäniens und der Slowakei und die Beendigung des Zweiten Weltkriegs]. Banská Bystrica 2012, 6–22, hier 21.

[22] *Kárpáty,* Vojtech: Reakcie ľudáckej tlače na SNP [Die Reaktion der Volksparteiler-Presse auf den SNP]. In: *Stanislav,* Jan (ed.): Zjednocovanie antifašistických síl na Slovensku v roku 1943 [Die Vereinigung der antifaschistischen Kräfte in der Slowakei im Jahr 1943]. Banská Bystrica 2005, 145–151, hier 146 f.

ordnete er die Partisanen in der Slowakei des Zweiten Weltkriegs in die Geschichte zahlreicher Befreiungsbewegungen des 20. Jahrhunderts ein. Dies ist von Bedeutung, da er damit indirekt auch an Debatten nach 1945 anknüpfte, wie der Partisanenkrieg dieser Befreiungsbewegungen zu kategorisieren sowie militärisch und politisch zu deuten sei. Ganz ähnlich, wenn auch mit konträrer Zielsetzung, bemühten sich kommunistische Interpreten des Aufstands nach 1945, gerade das Bild der „von außen" kommenden Partisanen und ihren Charakter als politische Bewegung zu bestätigen. Stellvertretend für viele Publikationen kann auf das 1964 erschienene Buch des Historikers Samo Falťan, 1944 selbst Partisan, „Über den Slowakischen Nationalaufstand" verwiesen werden:

Der Verlauf des Slowakischen Nationalaufstands zeigte nicht nur die große Kampfentschlossenheit des slowakischen Volkes, sondern auch seine politische Aktivität an der Front mit der Arbeiterklasse. In diesen entscheidenden Stunden, besonders in der Mittelslowakei, zeigte sich die große opferreiche Arbeit der Kommunisten und revolutionären Nationalausschüsse. Eine große Rolle spielten die energischen Eingriffe der Partisaneneinheiten bei der Formierung der militärischen Einheiten und der Kampfverbände der Partisanen, die sogleich in den Kämpfen eingesetzt wurden. [...] In der Entwicklung der Partisanenbewegung spielten die sowjetischen Partisanen eine aktive Rolle, als erfahrene Organisatoren, aber auch als mutige Kämpfer.[23]

Die heutige Kritik am Aufstand baut einerseits auf Interpretationen des Nachkriegsexils auf und wendet sich andererseits gegen die Heroisierung der Partisanen durch die Historiografie in der Tschechoslowakei vor 1989. Zugleich sind es die Partisanen, die bis heute das Bild des Aufstands in der Erinnerungskultur prägen. In Darstellungen und Deutungen kam es hierbei schon früh zu Vermengungen ihrer Aktivitäten mit nationalen Widerstandserzählungen. Erzählungen über den Räuberhauptmann Jánošík und seiner Taten in der slowakisch-polnischen Bergregion wurden mit Berichten über heldenhafte Taten von Partisanen verknüpft.[24] Bereits 1946 formulierte Viliam Lichner, dass die zum Partisanenkampf übergegangenen Soldaten seit Herbst 1944 die Tradition des Jánošíkentums modernisiert hätten.[25] Zugleich sind es die Partisanen, die im Zentrum historischer Kontroversen stehen. Bei

---

[23] *Falťan*, Samo: O Slovenskom Národnom Povstaní [Über den Slowakischen Nationalaufstand]. Bratislava 1964, 15 und 20. Vgl. auch das Buch des Autors: Partyzáni na Slovensku [Partisanen in der Slowakei]. Praha 1960.

[24] Zu Jánošík vgl.: *Raßlof*, Ute: Bier oder Käse? Transformationen des Karpatenräubers Juraj Jánošík als Symptome kultureller Interferenz. In: *Dies.* (Hg.): Wellenschläge. Kulturelle Interferenzen im östlichen Mitteleuropa des langen 20. Jahrhunderts. Stuttgart 2013, 379–436, hier 418. Zur Erinnerungsgeschichte insgesamt vgl.: *Mannová*, Elena: Piruety v inscenování minulosti. Slovenské národní povstání v proměnách času [Pirouetten in der Inszenierung der Vergangenheit. Der Slowakische Nationalaufstand im Wandel der Zeit]. In: Dějiny a současnost 30/8 (2008), 37–40.

[25] *Lichner*, Viliam: Prechod z otvoreného boja do partizánskej činnosti [Der Übergang vom offenen Kampf zur Partisanentätigkeit]. In: *Oktavec* (Red.): Nad Tatrou sa blýska, 189–194, hier 194.

einem Blick auf die slowakische Historiografie lässt sich dabei eine klare Umwertung beobachten. Während Historiker vor 1989 die Rolle der Partisanen im Widerstand überbetonten,[26] folgten danach zahlreiche äußerst kritische Studien. Inzwischen schlägt das Pendel nicht mehr ganz so weit aus: In den letzten Jahren entstanden mehrere fundierte Studien, die das Agieren einzelner Partisanengruppen analysieren.[27] Dabei wurde auch herausgearbeitet, wie unterschiedlich die Wege zu den Partisanen sein konnten. Dies reichte von hoch motivierten, ausgebildeten Kämpfern bis zu politisch oder rassisch Verfolgten, die zunächst lediglich ein Versteck suchten und sich dabei zum Teil bewaffneten Gruppen anschlossen.[28]

Nachdem Publikationen seit den 1950er Jahren die Zahl der Partisanen immer mehr in die Höhe schraubten, haben neuere Forschungen realistischere Angaben erbracht. Für die Zeit der Erhebung im September und Oktober 1944 ist demnach von maximal 18.000 Partisanen auszugehen, während der Aufstand auf übergelaufenen regulären Einheiten der slowakischen Armee in einer Größenordnung von etwa 47.000 Soldaten fußte.[29] Doch wie sind diese

---

[26] Vgl. hierzu: *Jablonický,* Jozef: Glosy o historiografii SNP. Zneužívanie a falšovanie dejín SNP [Glossen über die Historiografie zum SNP [Missbrauch und Fälschung der Geschichte des Slowakischen Nationalaufstands]. Bratislava 1994, 40.

[27] In Auswahl soll auf folgende Studien verwiesen werden, die zugleich die vielfältige Entwicklung des Phänomens verdeutlicht: *Pažurová,* Helena: Slovenský partizánsky zväzok Čapajev [Der slowakische Partisanenverband Čapajev]. Banská Bystrica 2014; *Uhrin,* Marian a kol.: II. slovenská partizánska brigáda M. R. Štefánika [Die II. Slowakische Partisanenbrigade M.R. Štefánik]. Banská Bystrica 2009; *Vitko,* Martin: Partizánska skupina Žiar a jej miesto v dejinách protinacistického odboja na Hornej Nitre [Die Partisanengruppe Žiar und ihr Platz in der Geschichte des antinationalsozialistischen Widerstands im oberen Neutratal]. In *Hruboň,* Anton/*Krištofík,* Juraj (Hg.): Partizáni a Slovensko [Die Partisanen und die Slowakei]. Krakov 2013, 181–198; *Mitáč,* Ján: Odboj a činnosť partizánskeho hnutia v Bánovciach nad Bebravou a okolí v roku 1944 (August-November) [Widerstand und Tätigkeit der Partisanenbewegung in Bánovce nad Bebravou und Umgebung im Jahr 1944 (August-November)]. In: Vojenská história 14/4 (2010), 24–47.

[28] Vgl hierzu allgemein: *Cséfalvay,* František: K začiatkom partizánskeho hnutia na Slovensku [Zu den Anfängen der Partisanenbewegung in der Slowakei] In· *Stanislav* (ed.): Zjednocovanie antifašistických síl na Slovensku v roku 1943, 83–89, hier 83 f. Zur Situation jüdischer Flüchtlinge vgl.: *Zudová-Lešková,* Zlatica: Židia a protinacistický odboj na Slovensku [Juden im antinationalsozialistischen Widerstand in der Slowakei]. In: Acta Judaica Slovaca 2 (1995), 9–44, hier 26–28. Wie schwer es fällt, die Zugehörigkeit zur Partisanenbewegung in der Slowakei zu definieren, zeigt das Beispiel einer Gruppe jüdischer Flüchtlinge in der Ostslowakei, die sich in im Frühjahr 1942 in Erdbunkern versteckte und sich lediglich zur Selbstverteidigung Waffen besorgte. Ungeachtet dessen wurde diese Gruppe lange Zeit als eine frühe Zelle des kommunistischen Partisanenwiderstands interpretiert. *Laborecký,* Peter: Vzbúrenci bezmocných [Rebellen der Machtlosen]. In: Acta Judaica Slovaca 2 (1995), 45–82.

[29] Vilém Prečan erwähnt 60.000 Soldaten und 12.000 Partisanen. *Prečan,* Vilém: The Slovak National Uprising: the Most Dramatic Moment in the Nation's History. In: *Teich,* Mikuláš/*Kováč,* Dušan/*Brown,* Martin D. (Hg.): Slovakia in History. Cambridge 2011,

Zahlen einzuordnen, mit Blick auf die Tatsache, dass sich Partisanen ja gerade durch ihre Irregularität auszeichnen und somit auch nicht von einer vollständigen Dokumentation ihrer Tätigkeit ausgegangen werden kann? Darüber hinaus erschwert auch die Entwicklung des Aufstands und die entstehende Gemengelage zwischen Truppenverbänden des Aufstands und den Partisanen eine klare Zuordnung: Als der Aufstand Ende Oktober 1944 vor der de facto Niederschlagung stand, ordneten die Befehlshaber der übergelaufenen slowakischen Verbände als militärische Führer der Erhebung an, dass diese den Aufstand nach Art des Partisanenkrieges weiterführen sollten.[30] Wie also ist das Phänomen der „Partisanen" im Slowakischen Nationalaufstand einzuordnen?

Definitionen

Doch wer ist eigentlich Partisan? Die Provisorische Nationalversammlung der Tschechoslowakei erklärte hierzu bereits 1946 in einem Gesetz:

Tschechoslowakischer Partisan ist ein staatlich zuverlässiger tschechoslowakischer Staatsbürger, der vor dem 10. Mai 1945
1. mindestens für zwei Monate oder unter besonders gefährlichen Bedingungen mindestens einen Monat einer im Rücken des Feindes eine kämpfende oder schädigende Tätigkeit gegen die nazistischen oder faschistischen Okkupanten oder ihre Helfer verübenden Einheit (das heißt einer Partisaneneinheit) angehörend, sich gegen diese mindestens an einer Aktion mit der Waffe oder mit destruktiven Mitteln beteiligte oder
2. abgesehen davon zur unter Nummer 1 aufgeführten Zeit als Angehöriger einer Partisaneneinheit
a) im Zusammenhang mit einer dort durchgeführten Tätigkeit ums Leben kam, schwer verwundet wurde oder lebensgefährlich erkrankte, sofern er den Tod, eine schwere Verwundung oder eine lebensgefährliche Erkrankung nicht durch eine grobe Verletzung der Pflichten eines Angehörigen einer Partisaneneinheit verschuldete oder
b) eine Heldentat verübt oder sich in herausragender Weise um seine Einheit verdient gemacht hat.[31]

Ausgenommen von der Anerkennung waren gemäß Absatz 2 diejenigen, die in der erwähnten Zeit aus niederen Beweggründen eine Straftat begangen

---

206–228, hier 206. Jan Gebhart und Ján Šimovček sprechen von insgesamt etwa 25.000 Partisanen auf dem Territorium der Tschechoslowakei, davon 7.500 in den böhmischen Ländern. *Gebhart*, Jan/*Šimovček*, Ján: Partisanen in der Tschechoslowakei 1941 bis 1945. Berlin (Ost) 1989, 414 (Tschechisches Original: Partyzáni v Československu. Praha 1984).

30 Befehl von Oberbefehlshaber Rudolf Viest vom 27.10.1944 an die Truppen, zum Partisanenkampf überzugehen. In: Slovenské národné povstanie. Dokumenty [Der Slowakische Nationalaufstand. Dokumente]. Hrsg. von Vilém *Prečan*. Bratislava 1965, Dokument 504, 772–774.

31 Sbírka zákonů a nařízení republiky Československé [Sammlung der Gesetze und Verordnungen der Tschechoslowakischen Republik]. Jahrgang 1946/34. Gesetz vom 14. Februar 1946 über die Eingrenzung des Begriffs „tschechoslowakischer Partisan".

oder aus einem vergleichbaren Grund ihre Einheit verlassen hatten. Eine Bestätigung als tschechoslowakischer Partisan erteilte gemäß § 5 das Ministerium für Nationale Verteidigung nach Anhörung der „Vereinigung tschechischer Partisanen im Verband der Nationalen Revolution" in den Ländern Böhmen und Mähren-Schlesien bzw. der „Verband der slowakischen Partisanen" in der Slowakei.[32]

Bereits dieser Versuch, das Geschehen in der Slowakei mit Blick auf rechtliche und politisch-soziale Kriterien der Nachkriegszeit einzuordnen, verdeutlicht die Schwierigkeit, dem Phänomen des Partisanen in seiner allgemeinen Komplexität wie auch hinsichtlich der Bedingungen des tschechischen und slowakischen Widerstands in den Jahren 1939 bis 1945 gerecht zu werden.

Auch die vorliegenden Definitionen verharren im Unkonkreten: Für den Politologen Herfried Münkler ist der Partisan als Typus nicht fassbar, da dieser wie ein Chamäleon seine Gestalt wechsle und sich dabei zwischen den Idealtypen Soldat (Angehöriger einer nach Befehl und Gehorsam organisierten Truppe) und Terrorist (hochmotivierter Einzelkämpfer im Untergrund, der die bestehende Gesellschaft als solche bekämpft) bewege. Die Haager Landkriegsordnung von 1907 und weitere Regelungen, die darauf zielten, Konventionen für die Kriegsführung zu bestimmen, räumten dem Partisanen unter bestimmten Bedingungen einen Kombattantenstatus ein. Dies trifft demnach zu, wenn diese Kombattanten unter einheitlicher Führung stehen, ein festes, von Weitem erkennbares Abzeichen sowie ihre Waffen offen tragen. Zudem müssten sie ihre Operationen nach den Gebräuchen der Kriegsführung vornehmen.[33] Bereits 1963 stellte Carl Schmitt in seiner „Theorie des Partisanen" diese Zuordnung mit Blick auf den umfassenden Wandel der Kriegsführung infolge der beiden Weltkriege infrage.[34] Modifizierungen in der Genfer Konvention sehen inzwischen diejenigen Kämpfer als Kombattanten an, deren Existenz allen Krieg führenden Parteien bekannt sein muss.[35] Doch auch bei dieser Eingrenzung bleibt der Partisan letztlich der irregulär, oft im Untergrund agierende, schwer fassbare Kämpfer.

Wissenschaftliche Analysen können in dieser Frage allerdings weiterhelfen. Sie lassen sich verkürzt in zwei Richtungen unterteilen: eine militärhistorische und eine phänomenologisch-politische Deutung des Partisans.

---

[32] *Ebenda.*
[33] So nach *Heuser,* Beatrice: Rebellen, Partisanen, Guerilleros. Assymetrische Kriege von der Antike bis heute. Paderborn u. a. 2013, 143.
[34] *Schmitt:* Theorie des Partisanen, 31.
[35] *Barth,* Boris: „Partisan" und „Partisanenkrieg" in Theorie und Geschichte. Zur historischen Dimension der Entstaatlichung von Kriegen. In: Militärgeschichtliche Zeitschrift 64 (2005), 69–100, hier 71.

Der Partisan in der militärhistorischen Deutung

Der Partisan ist nach dem italienischen Herkunftsbegriff *partigiano* ein „Parteigänger", ein Kämpfer, der außerhalb regulärer Einheiten agiert, mit diesen aber in einer Beziehung steht. Er benötigt – so ein Begriff des Militärhistorikers Werner Hahlweg – eine „Anlehnungsmacht" also eine kriegführende Macht in einem Konflikt.[36] Idealtypisch übernimmt der Partisan Spezialaufgaben, in der Regel die Destabilisierung des Gegners durch Sabotageakte im Hinterland. Eine solche Deutung macht den Partisanen zum Spezialisten – unabhängig von den politischen Kontexten.

Doch ist diese Definition auf die Partisanen des Zweiten Weltkriegs, und speziell diejenigen in der Slowakei anwendbar? In seinem Buch „Front im Hinterland" berichtet Alexej Nikolajevič Asmolov, ein sowjetischer Partisanenführer, der zur Koordinierung der Partisaneneinheiten im September 1944 in das slowakische Aufstandsgebiet entsandt worden war, über sein Treffen mit Alexej Semionovič Jegerov, dem Führer einer Partisanengruppe in der Niederen Tatra. „Gegenwärtig sind wir nur dem Namen nach Partisanen", erklärte ihm dieser und fuhr fort:

im Grunde genommen sind wir aber Feldtruppen. Die Kämpfe haben gezeigt, daß man in der entstandenen Lage über eine starke, uneinnehmbare Verteidigung verfügen und in der Taktik zwischen Partisanenmethoden und dem Vorgehen regulärer Truppen abwechseln muss.[37]

Jegerovs Kämpfer hatten feste Schützengräben angelegt und agierten neben den regulären Truppen vom Aufstandsgebiet aus. Asmolov kritisierte, dass Gruppen wie die von Jegerov ihre „Partisaneneigenschaften" verlieren würden und forderte zu aktiver Verteidigung und zu Diversionsakten im Hinterland auf.[38] In der Kernphase des Aufstands, im September und Oktober 1944, war er damit kaum erfolgreich. Es gab meist ein Nebeneinander von slowakischen Truppen des Aufstands, die durch Rekrutierungen und Freiwillige verstärkt wurden, und Partisanenverbänden. Nach Schätzungen befand sich mit 9.000–12.000 Partisanen die Mehrheit von ihnen im Aufstandsgebiet und nicht im klassischen Sinne im Hinterland.[39] Die Führer des Aufstands und die der Partisanen standen wiederum in einem latenten bis zuweilen offenen Gegensatz: Dabei ging es darum, wer den Aufstand dominieren und wem es

---

[36] Peer Schmidt hat zu Recht darauf verwiesen, dass die begriffliche Unterscheidung zwischen „Partisan" und „Guerillero", also dem ohne Verbindung zu einem Heer Kämpfenden, in der Forschung meist nicht beachtet wird. *Schmidt,* Peer: Der Guerillero. Die Entstehung des Partisanen in der Sattelzeit der Moderne – eine atlantische Perspektive 1776–1848. In: Geschichte und Gesellschaft 29 (2003), 161–190, hier 161, Anmerkung 1.

[37] *Asmolov,* Alexej Nikitowitsch: Front im Hinterland. Berlin (Ost) 1987, 242 (russische Originalausgabe Moskau 1977).

[38] *Ebenda,* 243 f.

[39] *Cséfalvay:* O ozbrojených zložkách slovenského národného povstania, 81–89, hier 83.

letztlich gelingen würde, Armee und Partisanen militärorganisatorisch unter einer Führung zu vereinen: die den Partisanen nahestehenden Kommunisten oder die nicht-kommunistischen Widerstandsgruppen.[40] Schließlich bemühte sich auch die tschechoslowakische Exilregierung in London, die Kampfverbände des Aufstands unter ihre Kontrolle zu bringen und die Zugehörigkeit ihrer Angehörigen mit Blick auf die unübersichtliche Lage zu definieren. Am 1. September 1944 erklärte sie, dass alle Kämpfer auf dem Gebiet der Tschechoslowakei Angehörige der tschechoslowakischen Streitkräfte seien. Sie stünden unter dem Befehl ihrer Kommandeure, würden militärischen Regeln folgen und Uniform oder „ein anderes sichtbares Zeichen" tragen.[41]

František Csévalvay, einer der besten Kenner der Aufstandsgeschichte, hat darauf verwiesen, dass die Abstimmungsprobleme zwischen den Streitkräften und einzelnen Partisanengruppen nicht immer allein auf politische Gegensätze zurückzuführen waren. Oftmals habe es schlicht am fehlenden militärischen Sachverstand der beteiligten Akteure gelegen.[42] Das schlecht koordinierte Nebeneinander der beiden Gruppen während des Aufstands führte letztlich dazu, dass die Trümpfe des Partisanenkriegs nicht ausreichend ausgespielt werden konnten. Der am Aufstand beteiligte spätere Generalsekretär der Kommunistischen Partei der Tschechoslowakei und tschechoslowakische Staatspräsident Gustáv Husák beschreibt diese Konstellation in seinen Erinnerungen an den Aufstand als Teufelskreis: Da deutsche Truppen im Hinterland nicht stärker durch Partisanen attackiert und damit gebunden werden konnten, erhöhte sich deren militärischer Druck auf das Aufstandsgebiet, wo deswegen zusätzlich Partisanen zur Verteidigung eingesetzt werden mussten.[43]

Nach Mao Zedong ist ein Partisanenkrieg nur dann endgültig erfolgreich, wenn aus Partisanen reguläre Soldaten geworden sind.[44] So war es im Chinesischen Bürgerkrieg bis 1949 in der Tat der Fall. Für Herfried Münkler ist der Partisan deswegen auch eine „transitorische Gestalt"[45], ein Übergangsphänomen in einem militärisch-politischen Entwicklungsprozess. Das Überwin-

---

40 *Ebenda*, 84: *Hrbek*: Neúspěšný pokus o osvobození Slovenska v roce 1944, 285; *Bystrický*, Jozef: Golian a vojenský plán povstania [Golian und der militärische Aufstandsplan]; *Tóth*, Dezider (Hg.): In: Generál Golian a jeho doba. Materiály z odborného seminára k 100. výročiu narodenia Jána Goliana [General Golian und seine Zeit. Materialien vom Fachseminar zum 100. Geburtstag Ján Golians]. Banská Bystrica 2006, 61–81, hier 64.

41 *Němeček*, Jan: Československá exilová vláda a počátky Slovenského národního povstání [Die tschechoslowakische Exilregierung und die Anfänge des Slowakischen Nationalaufstands]. In: *Syrný* a kol.: Slovenské národné povstanie – Slovensko a Európa v roku 1944, 239–246, hier 242.

42 *Csévalvay:* O ozbrojených zložkách slovenského národného povstania, 84.

43 *Husák:* Der Slowakische Nationalaufstand, 420.

44 *Münkler*, Herfried: Die Gestalt des Partisanen. Herkunft und Zukunft. In: *Ders.* (Hg.): Der Partisan. Theorie, Strategie, Gestalt. Opladen 1990, 14–39, hier 16.

45 *Ebenda.*

den dieses transitorischen Zustands – wie etwa bei mehreren post-kolonialen Guerilla-Bewegungen nach 1945 der Fall – war im Partisanenkrieg des Zweiten Weltkriegs die Ausnahme. Lediglich den jugoslawischen Partisanen gelang es, mit beträchtlicher alliierter Unterstützung in der zweiten Kriegshälfte, reguläre Strukturen aufzubauen und ihr Land weitgehend selbst zu befreien.[46] In den meisten anderen Fällen blieben die Widerstandskämpfer im Schatten der großen Streitkräfte. Mit ihren Sabotageakten und punktuellen Überfällen vollführten sie symbolisch wichtige Akte, die aber für den Kriegsverlauf selten entscheidend waren.

Das transitorische Element war somit meist der Normalfall für den Partisan des Zweiten Weltkriegs. Die entstehenden Widerstandsbewegungen erreichten unterschiedliche Organisationsgrade. In Frankreich führte die nationalsozialistische Rekrutierung junger Männer für den Arbeitseinsatz dazu, dass viele von ihnen in die Illegalität gingen. Vor allem in abgelegenen, schwer kontrollierbaren Regionen schlossen sich seit 1943 viele von ihnen zu bewaffneten Gruppen mit niedrigem Organisationsniveau zusammen.[47] In Italien fußte die Partisanenbewegung seit 1943 auf der zusammengebrochenen Armee und somit auf zum Teil erfahrenen Soldaten und entsprechendem Kriegsmaterial.[48] In Polen waren es ehemalige Armeeoffiziere, die nach 1939 die Armia Krajowa (Heimatarmee) aufbauten. Diese erreichte langfristig planend einen hohen Organisationsgrad.[49] Zunächst verübte sie vor allem Sabotageakte auf die Infrastruktur der deutschen Besatzungsmacht, seit 1943 nahmen Partisanentätigkeiten zu, der Widerstand gipfelte schließlich im langfristig vorbereiteten Warschauer Aufstand vom August 1944.[50]

Im Vergleich dazu kann die Entwicklung in der Slowakei aus zwei Gründen als Sonderfall angesehen werden: zum einen, da das Land bis Ende August 1944 nicht unter Besetzung stand und die slowakische Regierung eher defensiv bis hilflos, im einzelnen Fällen sogar unterstützend auf die sich bildenden Partisanengruppen reagierte;[51] zum anderen, aufgrund des Nebeneinanders von regulären Truppen und Partisanenbewegung während des Aufstands. Im Kontext des Nationalaufstands gab es mehrere Versuche, den transitorischen Charakter der Akteure zu überwinden. Dazu zählte vor allem der Versuch, die Partisanen organisatorisch in die Erhebung einzubinden.

---

46 *Calic*, Marie-Janine: Geschichte Jugoslawiens im 20. Jahrhundert. München 2010, 147–154; *Boot*, Max: Invisible Armies. An Epic History of Guerilla Warfare from Ancient Times to the Present. New York-London 2013, 312.

47 *Mazower*: Hitlers Imperium, 448.

48 *Ebenda*, 454.

49 *Chiari*, Bernhard: Die Heimatarmee als Spiegelbild polnischer nationaler Identität. In: *Ders.* (Hg.): Die polnische Heimatarmee. Geschichte und Mythos der Armia Krajowa seit dem Zweiten Weltkrieg. München 2003, 1–25.

50 *Mazower*: Hitlers Imperium, 466 f.; *Borodziej*, Włodzimierz: Der Warschauer Aufstand 1944. Frankfurt/Main 2001, 57.

51 *Rychlík*: Češi a Slováci ve 20. století, 259.

Hierzu wurde im politischen und militärischen Aufstandszentrum in Banská Bystrica im September 1944 der „Generalstab der Partisanenverbände in der Slowakei" eingerichtet, der zunächst von dem slowakischen Kommunisten Karol Šmidke, ab Ende September dann von dem sowjetischen Partisanenführer Alexej Nikolajevič Asmolov geleitet wurde.[52] Wie erwähnt kämpften viele Partisanen gemeinsam mit den regulären Verbänden. Ihre Integration unter einer militärischen Führung scheiterte jedoch weitgehend.[53] Die Anordnung von General Sergěj Ingr, dem Befehlshaber der tschechoslowakischen Streitkräfte bei der Londoner Exilregierung, von Ende September 1944, wonach wehrpflichtige Partisanen in die offiziellen Armeeverbände einzugliedern seien, lief fast erwartungsgemäß ins Leere.[54] Eine der wenigen verbleibenden Maßnahmen der Erfassung und Strukturierung der Kämpfer war das ebenfalls Ende September 1944 gestartete Bestreben, Ausweise für Partisanen einzuführen.[55] Das Scheitern der Partisanenintegration kann auf politische Hintergründe zurückgeführt werden, teilweise aber auch auf Verbindungsschwierigkeiten. Manchmal könnte es aber auch schlicht daran gelegen haben, dass mehrere Partisanenführer – zwischen den Maßgaben der Aufstandsführung und den Anordnungen des koordinierenden „Ukrainischen Stab der Partisanenbewegung" in Kiew stehend – ihre Freiräume der Irregularität nutzten.

Doch auch der Übergang vom regulären Krieg zum Partisanenkampf schlug weitgehend fehl. Immer wieder wird in der Literatur erwähnt, dass sich zahlreiche Angehörige der Ende August 1944 entwaffneten Ostslowakischen Armee den Partisanen im Osten des Landes angeschlossen hätten.[56] In der Tat wuchs eine dortige Gruppe innerhalb weniger Tage auf knapp 3.000 Kämpfer an, davon ein Großteil ehemalige slowakische Soldaten. Die schweren Bedingungen des Partisanenkampfes, das Leben im Provisorium, führten jedoch rasch dazu, dass ein Großteil von ihnen nach Hause flüchtete.[57] Am 6. Oktober 1944 meldete Ján Golian, der zeitweilige Oberbefehlshaber des Aufstands, der Exilregierung in London, dass das Aufstandsgebiet dauerhaft nicht zu halten sei und man zum Partisanenkrieg übergehen müsse.[58] Als Ende Oktober 1944 deutsche Truppen auf das Aufstandszentrum in Banská

---

52 *Hrbek:* Neúspěšný pokus o osvobození Slovenska v roce 1944, 286.
53 *Husák:* Der Slowakische Nationalaufstand, 403–413. Husák verweist darauf, dass die Kommunistische Partei der Slowakei damals die Partisanen als kommunistische Armee sah, deren Eigenständigkeit beibehalten werden sollte.
54 *Ebenda,* 413.
55 *Asmolov:* Front im Hinterland, 224.
56 Zuletzt *Pažurová,* Helena: Východoslovenská armáda. Horúce leto 1944 na východnom Slovensku [Die ostslowakische Armee. Der heiße Sommer 1944 in der Ostslowakei]. Banská Bystrica 2012; *Dies.:* Vojensko-partizánske jednotky utvorené z príslušníkov východoslovenskej armády.
57 So *Jablonický:* Z ilegality do povstania. Kapitoly z občianskeho odboja, 401.
58 Nach *Hrbek:* Neúspěšný pokus o osvobození Slovenska v roce 1944, hier 301.

Bystrica vorrückten, folgte das, was bis zum heutigen Tag „Rückzug der Armee in die Berge" und „Übergang zum Partisanenkampf" genannt wird. Diese Begriffe sollen eine Kontinuität des Aufstands suggerieren, der freilich zu diesem Zeitpunkt militärisch niedergeschlagen worden war.[59] Der Begriff geht zurück auf einen von General Rudolf Viest am 28. Oktober im Bergdorf Donovaly erlassenen Befehl, zum Partisanenkampf überzugehen und dafür kleine, aus 100–200 Mann bestehende Einheiten zu bilden.[60] Immerhin waren im Vorfeld in den Bergen Material- und Verpflegungslager eingerichtet worden, die ein Weiterkämpfen der Truppen ermöglichen sollten.[61] Unter dramatischen Bedingungen flohen die verbliebenen Armeeverbände in die Niedere Tatra, die Große Fatra und das Poľana-Gebirge. Doch nur ein kleiner Teil schloss sich tatsächlich den Partisanen an, die nun unter schwierigsten Bedingungen in den Bergen um ihr eigenes Überleben kämpfen mussten und nur noch vereinzelt Nadelstiche gegen die feindlichen Besetzter vornehmen konnten. Stattdessen gingen nun SS-Verbände gemeinsam mit kollaborierenden slowakischen Einheiten mit aller Härte gegen die Partisanen und die Zivilbevölkerung vor. Unter dem Begriff der „Bandenbekämpfung" brannten diese etwa 90 Dörfer nieder und ermordeten mehrere tausend Menschen.[62] Im nationalsozialistischen Kampf gegen die Partisanen vermengten sie ganz bewusst das Vorgehen gegen Reste des Widerstands mit Terrorakten und dem Judenmord.

Es gelang somit weder den „transitorischen Charakter" der Partisanen in der Slowakei zu überwinden und diese organisatorisch in die Aufstandsarmee einzubinden. Noch glückte es, aus regulären Truppen Partisanen zu machen.[63] Es bleibt somit bei einem vergleichenden Blick auf die Partisanenbe-

---

59 *Cséfalvay,* František: O takzvanom druhom období SNP [Über die sogenannte zweite Phase des SNP]. In: *Tóth,* Dezider/*Kováčiková,* Katarína (Hg.): SNP 1944 – Vstup Slovenska do demokratickej Európy [SNP 1944 – der Eintritt der Slowakei in das demokratische Europa]. Banská Bystrica 1999, 212–218.

60 *Hrbek:* Neúspěšný pokus o osvobození Slovenska v roce 1944, 309; *Prečan* (Hg.): Slovenské národné povstanie. Dokument 504: Befehl von General Viest vom 27.10.1944, zum Partisanenkampf überzugehen, 772–774. Viest sprach zudem davon, dass es sich nach Möglichkeit nur um Freiwillige handeln sollte, die entschlossen seien, für die Heimat zu kämpfen.

61 *Lichner:* Prechod z otvoreného boja do partizánsky činnosti, 189.

62 Vgl. hierzu: *Šindelářová,* Lenka: Finale der Vernichtung. Die Einsatzgruppe H in der Slowakei 1944/1945. Darmstadt 2013, 74 ff.; *Hrbek,* Jaroslav: Osvobození Slovenska [Die Befreiung der Slowakei]. In: *Ders./Smetana,* Vít u. a.: Draze zaplacená svoboda. Osvobození Československa 1944–1945 [Teuer bezahlte Freiheit. Die Befreiung der Tschechoslowakei 1944–1945]. 2 Bde. Praha 2009, Bd. 2, 72–120, hier 106.

63 Als einen der Gründe für das Scheitern eines gemeinsamen Kampfes von Partisanen und Armeeverbänden, für die es im Verlauf des Slowakischen Nationalaufstands freilich punktuell gelungene Beispiele gab, nennt Marian Uhrin neben politischen Gegensätzen und organisatorischen Problemen falsche Vorstellungen bei den sowjetischen Partisaneninstrukteuren über die Bedingungen in der Slowakei. Den slowakischen Armeever-

wegungen in Europa für den slowakischen Fall nur die kontrafaktische Überlegung, wie sich die Partisanengruppen in Verbindung mit den Resten der Aufstandsarmee weiter entwickelt hätten, wenn der Krieg noch länger gedauert hätte.

Der Zweite Weltkrieg war, deutlich stärker als der Erste Weltkrieg, ein Kampf um Weltanschauungen und Gesellschaftsordnungen. Der nationalsozialistische Vernichtungskrieg war ein ideologischer Krieg. Erst er lässt Partisanenbewegungen auf breiter Basis entstehen, da dieser Krieg jegliche Trennung von Kombattant und Nicht-Kombattant – oder das, was bedingt durch die Erfahrung des Ersten Weltkriegs von dieser Trennung geblieben war – aufgebrochen hatte.[64] Trotz der in vielen Fällen stattgefundenen Steuerung durch sowjetische Stellen verfügten die Partisanen über eine hohe Eigenmotivation. Es ging um politische Ideale, oft aber schlicht um das Überleben. Letztlich ähnelten sich deswegen auch die Ideologien in der Beschreibung des Partisans. Für den deutschen Staatsrechtler Carl Schmitt, wird der „Partisan zum Träger der absoluten Feindschaft gegen einen absoluten Feind".[65] Gustáv Husák wiederum beschreibt den slowakischen Partisanen als „bewussten Kämpfer" in einem Krieg der Ideologien. Deswegen, so Husák, scheidet der konventionell kämpfende Soldat, der lediglich über militärische Routine verfügt, in Krisensituationen wie beim Rückzug im Herbst 1944 in den Bergen aus.[66] Dies zeigt, dass es nicht ausreicht, den Partisan des Zweiten Weltkriegs allein militärhistorisch als „Spezialisten" zu beschreiben.

Phänomenologisch-politischer Ansatz

Im Herbst 1944 startete die SS ihr „Werwolf"-Projekt. Mit Blick auf die heranrückenden Truppen der Alliierten sollten nach Heinrich Himmlers Vorstellung in Deutschland Partisanenstrukturen aufgebaut werden, um den Gegner auf Reichsgebiet bekämpfen zu können. Eine Widerstandsbewegung sollte, so zeigen es die überlieferten Planungen, gewissermaßen auf dem

---

tretern hätten wiederum, abgesehen von einigen 1941–1943 an der Ostfront eingesetzten Verbänden, Erfahrungen mit dem Partisanenkrieg gefehlt. *Uhrin,* Marian: Július Nosko v partizánskej vojne v slovenských horách. K niektorým aspektom pôsobenia Júliusa Noska v partizánskej vojne [Július Nosko im Partisanenkrieg in den slowakischen Bergen. Zu einigen Aspekten der Tätigkeit von Július Nosko im Partisanenkrieg]. In: *Tóth,* Dezider (Hg.): Generál Július Nosko. Materiály z odborného seminára k 100. výročiu narodenia Júliusa Noska [General Július Nosko. Materialien des Fachseminars zum 100. Geburtstag von Július Nosko]. Banská Bystrica 2011, 46–51, hier 47.

[64] Vgl. hierzu *Neitzel,* Sönke: Der historische Ort des Ersten Weltkriegs in der Gewaltgeschichte des 20. Jahrhunderts. In: Aus Politik und Zeitgeschichte 64/16–17 (2014), 17–23.

[65] *Schmitt,* Carl: Theorie des Partisanen. Zwischenbemerkung zum Begriff des Politischen. Berlin 1963, 91.

[66] *Husák:* Der Slowakische Nationalaufstand, 594.

Reißbrett organisiert werden. Gesucht wurde nach Freiwilligen mit naturnahen Berufen wie Jäger, Förster oder Landwirte mit Ortskenntnis; BDM-Mädchen und Angehörige der Hitlerjugend waren als Kundschafter vorgesehen. Als bevorzugte Einsatzgebiete sah die SS Ostpreußen, die waldreiche Eifel sowie den Schwarzwald vor.[67] Bekanntlich kam der Werwolf – mit Ausnahme einiger besonders brutaler Terrorakte – kaum zum Einsatz und entwickelte sich stattdessen zur gefürchteten Legende der unmittelbaren Nachkriegszeit. Der Aktion fehlte ganz offensichtlich nach zwölf Jahren nationalsozialistischer Herrschaft das Potential für eine Bewegung jenseits des Mechanismus von Befehl und Gehorsam.[68]

Partisanenbewegungen benötigen demnach andere Voraussetzungen als allein die Bereitstellung von militärischen Spezialisten und die Unterstützung durch eine „Anlehnungsmacht". Jan Gebhart und Ján Šimovček haben berechnet, dass im Sommer 1944 nur die Hälfte der Partisanen in der Slowakei über eine militärische Ausbildung verfügte.[69] Ein solches Verhältnis scheint durchaus typisch für neuzeitliche Partisanenbewegungen zu sein. Als die Sowjetunion nach dem deutschen Überfall im Jahr 1941 versuchte, im besetzten Gebiet eine Partisanenbewegung aufzubauen, dachte man zunächst daran, kleinere, geschulte Gruppen einzusetzen. In der Zwischenkriegszeit konspirativ aufgebaute Partisanenstrukturen hatte man in den 1930er Jahren beseitigt.[70] Auch wenn es zur Bildung von Spezialkräften kam, die effektiv Militärschläge im Hinterland der Wehrmacht verüben sollten, wurde diese Entwicklung doch von einer anderen überholt:[71] Versprengte Soldaten, entflohene Kriegsgefangene, aber auch rassisch und politisch Verfolgte sowie Menschen, deren Lebensgrundlage durch die Verbrechen der Wehrmacht entzogen worden war, schlossen sich zu Gruppen zusammen, die bereit waren, ihr Leben zu verteidigen und Widerstand zu leisten.[72] Es entstanden Verbände mit enger Anbindung an die sowjetische Kriegsführung und solche, die weitgehend unabhängig agierten. Hier tat sich zwischen dem Schutz für Verfolg-

---

67 *Etscheit,* Georg: Der deutsche „Werwolf" 1944/45. In: *Münkler,* Herfried (Hg.): Der Partisan, 148–165, hier 155; *Koop,* Volker: Himmlers letztes Aufgebot. Die NS-Organisation „Werwolf". Köln, Weimar, Wien 2008.

68 *Etscheit:* Der deutsche „Werwolf" 1944/45, 163.

69 *Gebhart/Šimovček:* Partisanen in der Tschechoslowakei 1941 bis 1945, 147.

70 *Musial,* Bogdan: Sowjetische Partisanen 1941–1944. Mythos und Wirklichkeit. Paderborn 2009, 37 und 55; *Brakel,* Alexander: „Das allergefährlichste ist die Wut der Bauern." Die Versorgung der Partisanen und ihr Verhältnis zur Zivilbevölkerung. Eine Fallstudie zum Gebiet Baranowicze 1941–1944. In: Vierteljahrshefte für Zeitgeschichte 55/3 (2007), 393–424, hier 399.

71 Entsprechend schwierig umzusetzen ist das von Beatrice Heuser formulierte Ziel, begrifflich zwischen professionellen „Partisanen" und allgemeinen „Aufständischen" zu differenzieren. *Heuser:* Rebellen, Partisanen, Guerilleros, 20 f.

72 Vgl. zur Entwicklung in der Sowjetunion: *Musial:* Sowjetische Partisanen 1941–1944, 148–155.

te, dem Verüben von Raubüberfällen sowie politischen Aktivitäten und Kampfeinsatz ein breites Spektrum auf.

Diese Konstellation relativiert auch den „sowjetischen Mythos vom Partisanenkrieg" als erfolgreichen Volkskrieg, da dieser sich vor allem durch Unübersichtlichkeit und sehr begrenzte Effizienz auszeichnete.[73] Erst am 5. September 1942 erklärte Stalin den Partisanenkrieg zu einer „Angelegenheit des ganzen Volkes".[74] Dass er dies erst über ein Jahr nach Beginn des deutsch-sowjetischen Krieges tat, kann situationsbedingte taktische Gründe gehabt haben. Vieles spricht aber dafür, dass es hierbei auch um die Frage der politischen Kontrolle ging. Partisanen konnten sich im Zweiten Weltkrieg Spielräume als „freie Bürger in besetzten Gebieten" schaffen.[75] Unter gewissen Umständen – wieder ist an den jugoslawischen Fall zu erinnern – können Partisanen Proto-Staaten aufbauen, in denen sich bereits Perspektiven für eine neue Gesellschaft in der Nachkriegszeit abzeichnen.[76] Nach dem zunächst weiten Vorrücken der deutschen Verbände konnte nur noch bedingt von einer Kontrolle der Partisanenbewegung im besetzten Teil der Sowjetunion gesprochen werden. Hier konnte einer Krieg führenden „Anlehnungsmacht" wie der Sowjetunion eine nicht gewünschte Eigendynamik drohen. Möglicherweise ist dies auch eine zusätzliche Erklärung für das Bestreben sowjetischer Instrukteure und slowakischer Kommunisten, den Partisanenkrieg mit Blick auf die Erfahrungen des Krieges straff zu organisieren.[77]

Auch in der Slowakei entstand letztlich eine unübersichtliche Konstellation: Neben professionellen Kampfverbänden gab es auch Gruppen, die kaum zum Kampf beitrugen. Im ideologisch polarisierten Umfeld des Zweiten Weltkriegs hatten Partisanen somit eine doppelte Funktion: Sie markierten den Widerstand gegen die nationalsozialistische Herrschaft und das verbündete faschistische Regime der Slowakei, sie stehen aber auch für Überlebensstrategien vieler bedrohter Menschen. Regionale Kommandostellen des faschistischen Staates berichteten im Herbst und Winter 1944 regelmäßig über die mutmaßliche Zusammensetzung einzelner Partisanengruppen. Mehrfach wurde in den Berichten erwähnt, es handle sich um „Slowaken, Tschechen,

---

[73] Vgl. die kritischen Anmerkungen bei: *Stopper*, Sebastian: „Die Straße ist deutsch." Der sowjetische Partisanenkrieg und seine militärische Effizienz. In: Vierteljahrshefte für Zeitgeschichte 59 (2011), 385–411.

[74] *Brakel*: „Das allergefährlichste ist die Wut der Bauern.", 409. Stalins Erklärung hatte freilich auch militärstrategische Hintergründe. Die breit angelegte Partisanenfront im Hinterland konnte potentiell dazu dienen, die zu diesem Zeitpunkt von den Alliierten im Westen noch nicht eröffnete zweite Front zu ersetzen. Vgl. *Mazower*: Hitlers Imperium, 445.

[75] *Heuser*: Rebellen, Partisanen, Guerilleros, 51 f.

[76] *Mazower*: Hitlers Imperium, 471.

[77] Vgl. u. a.: *Vaněk*, Oldřich: Orgány riadenia spravodajských, partizánskych a špeciálnych výsadkových skupín na území bývalého Československa. In: Vojenská história 9/3 (2005), 105–129.

Russen, Juden und Jüdinnen".[78] In der Tat setzten sich die Partisanengruppen vor dem Aufstand neben illegalen kommunistischen Funktionären vor allem aus slowakischen Deserteuren, verfolgten Juden, Flüchtlingen aus dem Protektorat und entflohenen sowjetischen Kriegsgefangenen zusammen.[79] Hier liegt auch die Signalwirkung der Partisanen: Nicht die tatsächlichen militärischen Erfolge, allein ihre vielfältige Existenz stellte die bestehende Ordnung und ihre Zielsetzungen infrage.[80] Die Offenheit einer Partisanenbewegung schafft somit Freiräume und Schutz für politisch Engagierte und Verfolgte. Diese Offenheit bedingt es aber auch, dass Einzelne diese Freiräume für persönliche Bereicherungen oder brutale Gewaltakte nutzen. Entsprechende Vorfälle zeigen die Schwierigkeit, einen in die Mitte der Gesellschaft getragenen Konflikt zu steuern.

Heutige Kritiker des Aufstands verweisen immer wieder darauf, dass der Partisanengewalt zahlreiche Menschen zum Opfer fielen, darunter ein hoher Anteil sogenannter Volksdeutscher.[81] Sie treffen damit insofern einen wunden Punkt in der slowakischen Historiografie, da diese Gewalttaten in Darstellungen zum Nationalaufstand fast keine Erwähnung fanden. Wenn Kritiker diese mit den Gewaltakten der Nationalsozialisten und der Hlinka-Garde versuchen zu verrechnen, übersehen sie freilich zwei zentrale Aspekte. Zum einen war die Slowakei vor dem Jahr 1944 nicht die manchmal beschriebene Oase der Ruhe und der Nationalaufstand kein isoliertes Phänomen. Vielmehr trafen die Folgen einer mehrjährigen Gewaltspirale nun ein Land, das aufgrund seiner Kriegsteilnahme an der Seite Deutschlands und seines repressiven politischen Systems Teil der eskalierenden deutschen Gewaltherrschaft über weite Teile Europas war. Zum anderen gibt es einen kategorischen Unterschied: Die von Partisanen verübte Gewalt beinhaltete punktuelle Terrorakte, die den Ausbruch eines Aufstands im Sommer 1944 evozieren sollten, sowie das Fehlverhalten Einzelner. Die Partisanen kämpften jedoch für die Befreiung von einem Herrschaftssystem, das strukturell für Gewalt und Vernichtung, insbesondere den Holocaust, stand.[82] Es bleibt freilich die Frage,

---

[78] *Syrný,* Marek/*Uhrin,* Marian (Hg.): Situačné hlásenia okresných náčelníkov (September 1944 – Február 1945). Dokumenty [Situationsberichte der Bezirkshauptleute (September 1944 – Februar 1945). Dokumente], Bericht des Bezirkshauptmanns von Ilava, zweite Novemberhälfte 1944, 71–75.

[79] *Cséfalvay:* K začiatkom partizánskeho hnutia na Slovensku, 83. Vgl. zu den jüdischen Partisanen im Slowkischen Nationalaufstand ausführlicher *Jelinek,* Yesbayabu: The Role of the Jews in Slovakian Resistance. In: Jahrbücher für Geschichte Osteuropas 15 (1967), 415–422 und *Ders.:* Židia v Slovenskom národnom povstaní: bojovníci a civilisti. Reflexie [Die Juden im Slowakischen Nationalaufstand: Kämpfer und Zivilisten. Eine Reflexion. In: *Syrný* a kol.: Slovenské národné povstanie – Slovensko a Európa v roku 1944, 349–362.

[80] *Barth:* „Partisan" und „Partisanenkrieg" in Theorie und Geschichte, 91.

[81] *Hajko:* Nezrelá republika, 114 f.

[82] Zur Bewertung vgl. *Rychlík:* Češi a Slováci ve 20. století, 266.

inwieweit eine nicht unmittelbar auf die Kriegsführung gerichtete Gewalt ein immanenter Bestandteil des Partisanen-Phänomens ist.

Sind Partisanen Verteidiger der Heimat oder Revolutionäre? Nicht nur der ideologische Hintergrund des Zweiten Weltkriegs, sondern auch der beschriebene Freiraum von Partisanenbewegungen spricht für die letztere Deutung. Ein moderner Guerillakrieg zielt meist auf die Veränderung bestehender politisch-sozialer Verhältnisse.[83] Auch in der Slowakei zeigte sich dieses politische Potential. Die Präsenz der Kommunisten unter den Partisanen dürfte hierbei nicht ohne Folgen geblieben sein, doch ergibt sich insgesamt ein vielfältiges Bild. So ging eine Partisanengruppe in der nordwestslowakischen Region um Bánovce nad Bebravou bei der Besetzung des Dorfes Uhrovec folgendermaßen vor: Zunächst stellte sie vorhandene Fahrzeuge sicher, dann verhafteten sie Angehörige der Hlinka-Garde. Schließlich wurde die Tschechoslowakische Republik ausgerufen, die Flagge gehisst und ein revolutionärer Nationalausschuss gebildet.[84] Dieses Beispiel verdeutlicht zudem noch etwas anderes: Den meisten Beteiligten ging es um die Wiederherstellung der Tschechoslowakei, wenn auch unter anderen Bedingungen als vor dem Jahr 1938. Hier findet sich noch eine weitere Dimension der Partisanenbewegung. Nicht ohne Grund warnte Karl Hermann Frank, Reichsprotektor in Böhmen und Mähren, bereits Anfang September 1944 vor dem Übergreifen des Aufstands auf das Protektorat sowie Kämpfen mit einsickernden „Banden" in „unübersichtlichen Berggebieten".[85] In der Tat gab es Planungen, Partisanengruppen aus der Slowakei zur Unterstützung des tschechischen Widerstands nach Westen zu verlegen.[86] Das Ziel von Partisanen ist die Ausweitung des Krieges in Raum und Zeit.[87] Auch wenn dies im tschechisch-slowakischen Fall nur bedingt gelang, steht er als Beispiel für die Verbindung militärtaktischen Vorgehens mit politischen Zielen.

Werden Partisanen als Verteidiger ihrer Heimat interpretiert, wird oft auf den von Carl Schmitt zitierten „tellurischen Charakter" des Partisans verwiesen. Er meinte damit dessen Verbindung mit dem Boden und der autochthonen Bevölkerung sowie die Vertrautheit mit den geografischen Bedingungen des Landes.[88] Schmitt selbst nahm an, dass der Partisan diesen tellurischen Charakter bedingt durch den modernen Krieg bereits weitgehend verloren habe. Die Beweglichkeit und die Zusammensetzung der Partisanengruppen

---

83　*Schmidt:* Der Guerrillero, 162.

84　*Mitáč:* Odboj a činnosť partizánskeho hnutia v Bánovciach nad Bebravou, 27–29.

85　*Prečan* (Hg.): Slovenské národné povstanie. Dokument 237. Mitteilung Karl Hermann Franks an Heinrich Himmler vom 3.9.1944, 419 f.

86　*Poláková,* Miroslava: Osudy skupiny navrátilců ze Slovenského národného povstání na Uherskobrodska od podzim 1944 do jara 1945 [Schicksale der Gruppe von Rückkehrern vom Slowakischen Nationalaufstand im Gebiet von Uherský Brod vom Herbst 1944 bis zum Frühjahr 1945]. In: Studia historica Nitriensia 15 (2010), 171–191, hier 172–174.

87　*Barth:* „Partisan" und „Partisanenkrieg" in Theorie und Geschichte, 26 f.

88　*Schmitt:* Theorie des Partisanen, 26.

in der Slowakei sprechen für diese Annahme. Bis zum heutigen Tag finden sich jedoch Ansätze, die bestimmten Regionen, insbesondere dem Balkan, „eine Kultur des bewaffneten Widerstands" zuschreiben.[89] Doch ob es eine historisch bedingte Affinität zum Partisanentum gibt, erscheint mit Blick auf den Zweiten Weltkrieg zweifelhaft. Meist waren es eher die Art der Kriegsführung und ihre Folgen für die Zivilbevölkerung sowie die variierende Dichte der Besatzungsherrschaft, durch die die Bildung von Widerstandsgruppen evoziert wurde. Zudem waren verkehrstechnisch weniger erschlossene Gebiete besser für diese Art der Kriegsführung (oder des sich Versteckens) geeignet. Partisanenbewegungen entstanden deswegen überwiegend in peripheren Räumen, was meist ihre militärische Bedeutung relativierte. Denkbar sind allerdings Auswirkungen auf die *mental maps* von Gesellschaften. So argumentiert Marco Amiero in seinem Buch über die italienischen Bergregionen, dass diese durch die Präsenz der Partisanen als Orte der Freiheit kurzzeitig ins Zentrum der italienischen Wahrnehmung gerückt seien.[90] Auch für die Slowakei mit ihrer lange umstrittenen Hauptstadtfrage könnte dies zutreffen. So gab es nach 1945 Forderungen, die Landeshauptstadt an einen mit dem Aufstand verbundenen Ort zu verlegen – gedacht wurde dabei meist an das von Bergen umgebene Banská Bystrica.[91]

Für das revolutionäre Potential von Partisanen spricht im slowakischen Fall schließlich ihre Rolle in der Nachkriegszeit. Jede Nachkriegszeit kennt das Problem der Re-Integration der Kriegsteilnehmer. Soldaten sind durch ihre Erlebnisse und den Kriegsalltag geprägt. Zugleich fordern sie die Anerkennung ihrer Leistungen und fragen nach den gesellschaftlichen Folgen ihres Einsatzes. Noch mehr als bei regulären Soldaten gilt dies für Partisanen. Sie hatten zum Teil über lange Zeiträume unter großen Gefahren und außerhalb eines geregelten Alltags gelebt, sich an den Kampf gewöhnt und daran, sich Verpflegung und Material notfalls mit Gewalt zu beschaffen. Der tschechoslowakische Staat konnte, wie im Gesetz von 1946 geschehen, definieren, wer Partisan war. Und er konnte soziale Unterstützung bereitstellen. Aber er stand auch vor der Frage, wie er gesellschaftlich mit den Partisanen, ihrem politischen Impetus und ihrem Gewaltpotential umgehen sollte. Der bereits erwähnte ehemalige Partisan Samo Falťan forderte 1946 den Staat auf, die Partisanentradition zu pflegen und die Formen des Partisanenkampfs zu optimieren, um in Zukunft möglichen Gefahren gewachsen zu sein.[92]

Wie neuere Studien zeigen, war es in der Nachkriegszeit möglich, Partisanen gesellschaftspolitisch zu mobilisieren. Dies betraf zum Beispiel das Ziel,

---

[89] *Neitzel:* Der historische Ort des Ersten Weltkriegs in der Gewaltgeschichte des 20. Jahrhunderts, 20.

[90] *Amiero,* Marco: A Rugged Nation. Mountains and the Making of Modern Italy. Cambridge 2011, 8.

[91] *Michela/Kšiňan:* Slovenské národné povstanie, 16.

[92] *Falťan,* Samo: Partizánske hnutie na Slovensku [Die Partisanenbewegung in der Slowakei]. In: *Oktavec* (Red.): Nad Tatrou sa blýska, 195–199, hier 199.

unter dem Stichwort „druhýkrát do hôr" (das zweite Mal in die Berge) ehe-malige slowakische Partisanen gegen die sich in der Nachkriegszeit im Lande befindlichen nationalistischen ukrainischen Partisanen („Banderovci") einzu-setzen.[93] Neben der militärischen Überlegung, „Experten" des Partisanen-kriegs zur Partisanenbekämpfung einzusetzen, ging es bei dieser Maßnahme wohl primär darum, eine Gruppe zu organisieren und mit Waffen auszustat-ten, zumal die vorhandene Bedrohung durch die ukrainischen Kämpfer of-fensichtlich geringer als von den kommunistisch dominierten Sicherheitsbe-hörden dargestellt war. Auch die Rolle des Zväz slovenských partizánov (Verband der slowakischen Partisanen) während der kommunistischen Machtübernahme im Februar 1948 muss in diesem Zusammenhang betrach-tet werden.[94] Debatten über das Gewaltpotential ermöglichen aber auch die Ausgrenzung und Verfolgung ehemaliger Partisanen, wie das Vorgehen der Kommunisten gegen Viliám Žingor und andere Partisanen nach 1948 zeigt.[95] Eine wichtige Frage für die Forschung bleibt jedoch, welchen Stellenwert die Partisanen in der slowakischen Gesellschaft nach 1945 insgesamt hatten. Über die konkrete Geschichte des Partisanenverbandes hinaus geht es um Aspekte wie Mobilisierung, Gewalt und Integration.

Fazit

Die Partisanen des Zweiten Weltkriegs waren in der Regel keine Verbände militärischer Spezialisten, wie sie militärstrategisch vorgesehen waren. Sie ähnelten aber auch nur bedingt den militärisch-politischen Bewegungen der Entkolonialisierungskämpfe nach 1945. Vielmehr waren sie Akteure in einem großen Krieg, der zwischen Militär und Gesellschaft stand. Die Partisanen bildeten ein asymmetrisches Element in einem Konflikt, in dem vom natio-nalsozialistischen Aggressor insbesondere im östlichen Europa von Beginn an keine Einhegung auf einen regulären Krieg vorgesehen war.

Im Unterschied zu anderen Partisanenbewegungen des Zweiten Welt-kriegs zeichnete sich diejenige in der Slowakei zumindest für die Kernphase des Aufstands durch den prägenden Dualismus zwischen Armee und Parti-sanen aus. Der Aufstand selbst war in erster Linie ein von politischen Wider-standsgruppen initiierter Armeeaufstand. Einzelne Partisanengruppen er-schwerten durch ihr Agieren eine Erfolg versprechende Planung. Insbeson-

---

[93] *Lacko*, Martin: Najhorlivejší pomocníci komunistov (Zväz slovenských partizánov a udalosti na Slovensku v rokoch 1945–1948) [Die eifrigsten Helfer der Kommunisten (Der Verband der slowakischen Partisanen und die Ereignisse in der Slowakei in den Jahren 1945–1948)]. In: *Podolec*, Ondrej (Hg.): Február 1948 a Slovensko [Der Februar 1948 und die Slowakei]. Bratislava 2008, 519–556, hier 536–537.

[94] *Lacko:* Najhorlivejší pomocníci komunistov, 538–541.

[95] *Uhrin a kol.:* II. Slovenská partizánska brigáda M.R. Štefánika, 146–150. Vgl. auch den Beitrag von Marian Uhrin im vorliegenden Band.

dere einige von ihnen im August 1944 in der Mittelslowakei verübte Diversions- und Terrorakte provozierten den Einmarsch deutscher Truppen und damit die verfrühte Ausrufung des Aufstands.[96] Umgekehrt war das Zusammenwirken von Aufstandstruppen und Partisanen punktuell durchaus erfolgreich.[97] Ein Großteil der Partisanen büßte dadurch freilich das sonst für Partisanenbewegungen übliche militärspezifische Profil ein, denn statt im Hinterland des Feindes zu agieren, kämpften sie von einem Aufstandsgebiet aus. Militärisch blieben ihre Erfolge zwar begrenzt, doch hatte ihre Präsenz eine übergreifende Funktion: Die vielfältigen Wurzeln der Bewegung und ihr Einsatz stehen für den „politischen Charakter des Widerstands".[98]

Mit Blick auf die Entwicklung des Partisanenwiderstands in der Slowakei wurde zuletzt der Begriff der Partisanenbewegung kritisch hinterfragt. Demnach sei die Bezeichnung ein Versuch der kommunistischen Geschichtsschreibung vor 1989 gewesen, den vielfältigen Widerstand für eigene Zwecke zu vereinnahmen.[99] Nach dem klassischen Verständnis einer Bewegung, für die Merkmale eines kollektiven Akteurs verbunden mit einer politischen Zielrichtung prägend sind, mag diese Kritik zutreffen. Fasst man den Begriff jedoch offener auf, kann er mit Blick auf die slowakische Entwicklung durchaus genutzt werden. Verbindendes Element war die Aktionsform des irregulären Kampfes, der sich trotz aller erkennbaren Unterschiede gegen die Bedrohung der nationalsozialistischen Suprematie und das Kollaborationsregime vor Ort richtete. So verbanden sich in diesem Kampf trotz latenter oder offen aufbrechender Gegensätze die professionell agierenden, aus der Sowjetunion kommenden Partisanen-Instrukteure mit politisch motivierten Akteuren in der Slowakei wie etwa dem charismatischen Führer Viliam Žingor. Und er verband die Genannten mit aus dem „Protektorat Böhmen und Mähren" geflohenen tschechischen Aktivisten, vor der Einberufung in die Armee ausweichenden Slowaken, aus deutschen Lagern geflohenen sowjetischen Kriegsgefangenen sowie rassisch und politisch Verfolgten, die – zunächst gar keine Widerstandsaktivität planend – Anschluss an die Partisanenbewegung fanden. Der Nationalaufstand dynamisierte die seit 1941/42 beobachtbaren Entwicklungen, was schließlich zu einem offenen Partisanenkampf und brutalen Gewalttaten vonseiten des nationalsozialistischen Regimes und regimetreuen slowakischen Verbänden führte. Die Zielsetzung der Partisanen und die Möglichkeiten des irregulären Kampfes einschließlich seiner transitorischen Elemente bildeten den gemeinsamen Fluchtpunkt, an dem sich die Teilnehmer des Partisanenkrieges ungeachtet unterschiedlicher Voraussetzungen trafen.

---

96 *Rychlík:* Češi a Slováci ve 20. Století, 261.
97 *Hrbek:* Neúspěšný pokus o osvobození Slovenska v roce 1944, 269 f.
98 *Mazower:* Hitlers Imperium, 470.
99 *Hruboň/Krištofík:* Partizáni na Slovensku v zrkadle historiografie, Anmerkung 1.

Marek Syrný

DIE KOMMUNISTISCHE PARTEI DER SLOWAKEI UND DIE PARTISANENBEWEGUNG WÄHREND DES ZWEITEN WELTKRIEGES

Während des Krieges ging die kommunistische Bewegung in der Slowakei schrittweise von gewaltfreien sozialen Protesten über Sabotage- und Diversionsbemühungen zum militärischen Widerstand im Rahmen von Partisanenverbänden über. Ähnlich wie im Fall der wirtschaftlichen Diversion bzw. der Sabotage im Verkehrswesen begann sich auch die Idee der Bildung von Partisanengruppen erst nach dem Überfall auf die Sowjetunion in der kommunistischen Rhetorik und Tätigkeit ihren Weg zu bahnen. Sie wurde dabei unmittelbar von der mobilisierenden Rede Josef Stalins am 3. Juli 1941 inspiriert.[1] Dabei ist anzumerken, dass der Aufbau der Partisanenbewegung im Unterschied zu den einfacheren, materiell wie auch personell weniger anspruchsvollen Sabotageaktionen bedeutend komplizierter war. Die zum bewaffneten Kampf gegen das nationalsozialistische Deutschland und seine Verbündeten in der Slowakei entschlossenen Anhänger der Kommunistischen Partei mussten nämlich nicht nur in die Berge gehen, sondern auch in der Lage sein, dort monatelang zu überleben, im Widerstand aktiv zu sein und dabei erfolgreich dem Sicherheitsapparat der „Ľudáci" – Anhänger der Hlinka-Partei (Hlinkova slovenská ľudová strana, HSĽS) – zu trotzen.

Mittlerweile ist bekannt, dass die Partisanenbewegung in den Jahren 1941 bis 1943 ein ähnliches Fiasko erlebte wie das damalige Bemühen um zahlreichere bzw. wirksamere Sabotageaktionen. Auf ihre Sternstunde musste sie bis zum Jahr 1944 warten, in dem die gesellschaftlichen Rahmenbedingungen und die Kriegskonstellation weitaus günstiger waren. Dennoch wäre es falsch, die dürftigen Anfänge der aus der Kommunistischen Partei der Slowakei (Komunistická strana Slovenska, KSS) hervorgegangenen slowakischen Partisanenbewegung zu ignorieren. Man muss sich bewusst machen, dass es sich bei ihr um eine völlig neue Form des Widerstands handelte – nicht nur in der Slowakei, sondern auch in vielen anderen in den Krieg involvierten Staaten. Zudem erhielt die Partisanenbewegung in diesen Jahren – anders als diejenige in der Sowjetunion oder in den von Großbritannien unterstützten okkupierten Staaten – nicht die nötige Unterstützung von „außen". Stützen konn-

---

[1] Der Aufruf Stalins zum Partisanenkampf findet sich bei: *Ueberschär*, Gerd R./*Wette*, Wolfram (Hg.): „Unternehmen Barbarossa". Der deutsche Überfall auf die Sowjetunion 1941. Berichte, Analysen, Dokumente. Paderborn 1984, 326–329.

ten sich die slowakischen Kommunisten nur auf einige allgemeine Appelle Moskaus und eine sehr unkonkrete Vorstellung davon, was der Partisanen-Widerstand sei und wie er zu organisieren wäre. Daraus ergab sich, dass bei seiner Organisation aus Unerfahrenheit viele Fehler begangen wurden, die seine Funktionsfähigkeit beeinträchtigten. Es ist jedoch anzumerken, dass sich die weitaus erfolgreichere Partisanenbewegung der Jahre 1944/45 ohne die bitteren Lektionen aus der Zerschlagung der ersten, auf Basis der KSS organisierten Partisanengruppen in der Slowakei nicht so gut entwickelt hätte, da sie nicht aus deren Fehlern hätte lernen und auf deren Erfahrungen hätte aufbauen können.

Als ersten Versuch der KSS-Führung, eine Partisanenbewegung zu organisieren, kann man die im Sommer 1941 unternommenen Sondierungen betrachten. Ende Juli und Anfang August 1941 instruierte Ľudovít Benada im Namen des Zentralkomitees der KSS die Funktionäre, mit denen er damals in Kontakt kam, dass sie versuchen sollten, Partisanengruppen zu gründen. In Trenčín (Trentschin) traf er sich mit dem ehemaligen Interbrigadisten Ján Špánik sowie mit Jozef Kolařík, einem untergetauchten Flüchtling aus dem Protektorat. Er schickte sie nach Ružomberok (Rosenberg) zu Václav Černý, um gemeinsam mit ihm und anderen Kommunisten an einem geeigneten Ort in der Niederen Tatra ein Basislager für Partisanen einzurichten. Špánik und Kolařík erkundeten das Terrain, besprachen ihren Auftrag mit den örtlichen Kommunisten und fanden auch einen zeitweiligen Unterschlupf für sich selbst. Kurz darauf kehrten sie nach Trenčín zurück, um Sprengkapseln, TNT und anderes Material zu beschaffen. Zur Bildung einer Kampfgruppe kam es jedoch nicht mehr, weil Černý am 7. September 1941 von der Gendarmerie in Ružomberok verhaftet wurde. Die von ihm geplanten Aktionen wurden aufgedeckt, womit der erste Versuch der KSS zur Initiierung einer Partisanenbewegung endete.[2]

Nach dem gescheiterten Versuch zur Errichtung von Partisanenlagern in der Region Liptov (Liptau) konzentrierte sich die kommunistische Führung zunächst auf die Ausarbeitung von organisatorischen Richtlinien für den Widerstandskampf. Das theoretische Rüstzeug für die Partisanenbewegung wurde im Herbst 1941 vorbereitet, als in den besetzten Gebieten der Union der Sozialistischen Sowjetrepubliken (UdSSR) bereits die ersten Partisanenformationen in Erscheinung zu treten begannen und die Nachrichten über sie auch in die Slowakei drangen. Zu Beginn des Jahres 1942 entstand das „Organisationsstatut der Jánošík-Kampftrupps" (Organizačný štatút Bojových jánošíkovských družín), das der KSS-Führung als Richtlinie beim Aufbau der Partisaneneinheiten dienen sollte. Der Mangel an Informationen und praktischen Erfahrungen sowie die eigene ideologisch-parteiliche Abgeschlossenheit begründeten die deutlichen Beschränkungen dieser Richtlinien.

---

2   Detailliert dazu: *Jablonický,* Jozef: Samizdat o odboji [Samizdat über den Widerstand]. Bd. 2. Bratislava 2006, 468–470.

Die grundlegende Einheit der Partisanenbewegung sollte der aus vier Partisanen und einem Kommandanten bestehende Trupp (Družina) sein. Die nächsthöhere Einheit war die Gruppe (gebildet aus vier Trupps), danach folgten die Staffel (vier Gruppen) und die Standarte (vier Abteilungen mit insgesamt 320 Mitgliedern: 256 einfachen Partisanen und 64 Truppenkommandanten).[3] Wie das damalige und insbesondere spätere Schicksal der Partisanenbewegung zeigte, bestanden Trupps wie auch übergeordnete Einheiten in der vorgesehenen Personalstärke nur formell, ganz abgesehen von der minimalen Kampfkraft eines fünfköpfigen Trupps. Auf der politischen Ebene war die KSS-Führung – nachdem die übrigen Oppositionsgruppen die Zusammenarbeit mit den Kommunisten abgelehnt hatten – von ihrer ideologischen und organisatorischen Exklusivität in der Widerstandsbewegung überzeugt. Die von der Führung der slowakischen Kommunisten als Jánošík-Kampftrupps[4] bezeichnete Partisanenbewegung war somit vor allem eine Angelegenheit von KSS-Mitgliedern. In den Richtlinien finden sich deutliche Anklänge, den Widerstand als bewaffneten Klassenkampf gegen die deutschen Imperialisten, die gegen die kommunistische Sowjetunion kämpfen würden, zu deuten.[5] Dementsprechend bestanden die ersten Partisanengruppen nur aus Kommunisten bzw. aus Personen, die aus politischen oder rassischen Gründen auf der Flucht vor den Sicherheitsorganen waren.[6]

---

3 Der Entwurf des Statuts wurde von Vincent Škrabala ausgearbeitet, der ihn anschließend den zwei verbliebenen Mitgliedern der zweiten illegalen KSS-Führung, Otto Klein und Ján Osoha, zur Bearbeitung übergab. Kurz darauf kam es jedoch zur Zerschlagung dieses Führungszirkels, und so wurde das Statut erst von der neuen, das heißt der III. illegalen Führung, bestehend aus Ján Osoha, Štefan Dubček und Jozef Lietavec, definitiv verabschiedet. Seinen endgültigen Wortlaut verdankt es vor allem Osoha. Vgl. dazu: Organizačný štatút partizánskych skupín (rukopisné poznámky) [Organisationsstatut der Partisanengruppen (handschriftliche Anmerkungen)]. Archív Múzea Slovenského národného povstania v Banskej Bystrici (Archiv des Museums des Slowakischen Nationalaufstands in Banská Bystrica, weiter A MSNP), f. III, k. 2; Slovenský národný archív v Bratislave (Slowakisches Nationalarchiv in Bratislava, weiter SNA), f. Ilegálna KSS [Illegale KSS], a. j. 366.

4 Das Adjektiv „jánošíkovské" verweist auf Juraj Jánošík. Er gilt als eine Art slowakischer Robin Hood, der sich um die Wende des 17. und 18. Jahrhunderts den damaligen „Herren" entgegenstellte. Die Figur dieses Räuberhauptmanns fand Eingang in zahlreiche Legenden. Vgl. hierzu: *Hlôšková*, Hana: Národný hrdina Juraj Jánošík [Der Nationalheld Juraj Jánošík]. In: *Krekovič*, Eduard (Hg.): Mýty naše slovenské [Unsere slowakischen Mythen]. Bratislava 2005, 94–103.

5 Vgl.: Organizačný štatút bojových jánošíkovských družín [Organisationsstatut der Jánošík-Kampftrupps]. A MSNP, f. III, k. 3.

6 Vgl. hierzu: *Cséfalvay*, František: K začiatkom partizánskeho hnutia na Slovensku [Zu den Anfängen der Partisanenbewegung in der Slowakei]. In: *Stanislav*, Ján/*Tóth*, Dezider (Hg.): Zjednocovanie antifašistických síl na Slovensku. Vznik a činnosť ilegálnej SNR. Zborník z odborného seminára. [Die Vereinigung der antifaschistischen Kräfte in der Slowakei. Entstehung und Tätigkeit des illegalen Slowakischen Nationalrats. Sammelband des Fachseminars]. Banská Bystrica 2005, 83–89, hier 83, 86 f.

Im Herbst 1941 betraute die zweite illegale Führung der KSS Jozef Lietavec, einen jungen agilen Komsomol-Aktivisten aus Vorkriegszeiten, mit der
Organisation der Partisanenbewegung. Für ihn sprach, dass er als junger
Kommunist den Ämtern nicht so bekannt oder verdächtig war wie die führenden Akteure der KSS. Er konnte sich legal in der Slowakei bewegen und
hierfür auch seine zivile Beschäftigung als Versicherungsagent nutzen. Dazu
erhielt er von der KSS eine beträchtliche finanzielle Unterstützung und verfügte zudem über einen Halbjahresfahrschein für die Eisenbahn.[7] Lietavec
vernetzte sich schrittweise mit mehreren lokalen kommunistischen Aktivisten, die bereit waren, sich in der Partisanenbewegung zu engagieren. Im Gebiet um Ružomberok waren dies – nach der Verhaftung von Václav Černý –
Ernest Otto und Jaroslav Šolc, in der Gegend um Martin – bis 1950 Turčiansky Svätý Martin (Turz-Sankt Martin) – Jozef Danek, in der Umgebung
von Veľká Bytča (Groß-Bitsch) Jozef Podhorányi, im Gebiet um Liptovský
Svätý Mikuláš (Liptau-Sankt-Nikolaus) Daniel Polóny, Vladimír Nemec und
weitere.[8] Auf überregionaler Ebene engagierte sich neben Jozef Lietavec auch
Pavol Stahl in der Partisanenbewegung. Er war der ehemalige Leiter des technischen Apparates der KSS-Führung und war aus der Haft im Sicherheitsge-
fängnis von Ilava (Illau) geflohen. Im Jahr 1942 hatten die kommunistischen
Aktivisten, die sich für die Organisation der Partisanengruppen begeisterten,
sehr gewagte Pläne. Sie wollten eine Basis für bis zu 1.000 Personen schaffen,
die in die Berge gehen und dort den Vortrupp eines breit angelegten bewaffneten Widerstandes bilden sollten. Eines der Basislager sollte in der alten
Bergbausiedlung Magurka pod Chabencom entstehen. In deren Umgebung
befanden sich verlassene Stollen und Schächte, die als Versteck für Lebensmittel, Munition, Waffen und Sprengstoffe dienen sollten – und im Notfall
auch als kurzfristiger Unterschlupf für Menschen. Ansonsten waren für die
Unterbringung das Dorf selbst sowie die Holzhütten in den Bergen um Partizánska Ľupča, bis 1945 Nemecká Ľupča (Deutschliptsch), vorgesehen. Die
zweite Basis wurde in Veľká Boca vorbereitet. Gegründet wurde sie von Daniel und Benjamín Polóny aus Liptovský Svätý Mikuláš. Für die Verpflegung
sollten die Polónys sorgen, Waffen und Munition sollte Jozef Lietavec beschaffen. Auch Jaroslav Šolc, Ernest Otto und Jozef Danek beteiligten sich an
der Beschaffung der Lebensmittel. Hierher sollte zu gegebener Zeit der bislang in den Kleinen Karpaten aktive Kampftrupp „Janko Kráľ" übersiedeln,
dessen Schicksal noch detailliert behandelt wird. Diese vorbereiteten Basisla-

---

[7] Zápisnica ÚŠB s Jozefom Lietavcom [Protokoll der Zentralen Staatssicherheit (Ústredňa
    štátnej bezpečnosti, ÚŠB) mit Jozef Lietavec] vom 24.7.1942. SNA, f. Ilegálna KSS,
    a. j. 363.
[8] *Gažo*, Emil: Partizánske hnutie na Slovensku (Pomocná kniha) [Die Partisanenbewe-
    gung in der Slowakei (Hilfsbuch)]. Bratislava 1984, 6–8. A MSNP. Unveröffentlichtes
    Manuskript.

ger wurden jedoch letztendlich nicht genutzt, weil es zu Massenverhaftungen kam.[9]

Ende Mai und im Sommer 1942 kam der kommunistische Untergrund der Schaffung der ersten tatsächlichen Partisanengruppe am nächsten: Auf das Drängen mehrerer, von Verhaftung oder Deportationen (im Fall jüdischer Kommunisten) bedrohter Kommunisten aus Bratislava stimmte das Zentralkomitee der Partei zu, dass diese in die Berge flüchten und dort eine Partisanengruppe bilden sollten, um vor allem Sabotageakte durchzuführen. Unter der Führung von Jaroslav Hlinenský erhielt diese erste bewaffnete Formation des kommunistischen Untergrunds die Bezeichnung „Jánošík-Kampftrupp Janko Kráľ" (Bojová jánošíkovská družina Janka Kráľa). Sie bestand aus lediglich zehn bis 15 entschlossenen Kommunisten, die überwiegend nur mit Pistolen und einigen Granaten bewaffnet waren. Mehr als sechs Wochen weilten sie in den Bergen der Kleinen Karpaten, unweit von Bratislava, wobei sie sogar in die Stadt gingen, um Einkäufe zu erledigen oder Instruktionen und Hilfe vonseiten der kommunistischen Führung einzuholen. Den Großteil der Zeit verbrachten sie mit parteipolitischen Schulungen oder dem Erlernen des Umgangs mit den verfügbaren Waffen. Zu wirklichen Partisaneneinsätzen kamen sie nicht, obwohl sie Vorbereitungen zur Durchführung von gegen den Eisenbahnverkehr oder Kommunikationseinrichtungen gerichteten Sabotageakten trafen.[10] Mitte Juli 1942 genügten nur drei Dorfgendarmen, um die Gruppe zu verhaften.[11] Dieser erste erfolglose Versuch zum Aufbau einer Partisanenbewegung fand sein Nachspiel in der Enttarnung des Zentralkomitees der Partei (schon des dritten in Folge) und der mit ihm verbundenen Kommunisten. Dieses Mal geriet jedoch auch Ján Osoha, der sich schon seit langem auf der Flucht befindliche ehemalige Anführer der KSS, in die Fänge der Polizei.

Mit dem Misserfolg der Hlinenský-Gruppe waren die Bemühungen der KSS zur Entwicklung einer Partisanenbewegung in der Slowakei jedoch auch im Jahr 1943 nicht beendet. Ganz im Gegenteil: Auch das neue, vierte Zentralkomitee der slowakischen Kommunisten strebte nicht nur die Bildung einer Partisanenbewegung an, sondern verfolgte deren Aufbau mit Blick auf

---

9 *Gebhart,* Jan/*Šimovček,* Ján: Partizáni v Československu 1941–1945 [Partisanen in der Tschechoslowakei 1941–1945]. Bratislava 1984, 92; *Gažo,* Partizánske hnutie na Slovensku, 6–8.

10 Zápisnica ÚŠB s Jaroslavom Hlinenským [Protokoll der ÚŠB mit Jaroslav Hlinenský] vom 22.7.1942. SNA, f. Ilegálna KSS, a. j. 361; Výpoveď Alexandra Markuša [Aussage von Alexander Markuš] vom 2.2.1943. *Ebenda,* a. j. 391; Správa o zatknutí J. Hlinenského a spoločníkov [Nachricht von der Festnahme Jaroslav Hlinenskýs und seiner Komplizen]. A MSNP, Pozostalosť J. Šolca [Nachlass von Jaroslav Šolc], k. 9.

11 Rozsudok Krajského súdu v Bratislave nad J. Osohom a spol. [Urteil des Kreisgerichts Bratislava über Ján Osoha und Komplizen] vom 31.3.1944. A MSNP, f. III, k. 4.; *Medvecký,* Matej: Spravodajské eso slovenského štátu: Kauza Imrich Sucký [Das Geheimdienst-Ass des slowakischen Staates: Die Causa Imrich Sucký]. Bratislava 2007, 124.

die Entwicklung an der Ostfront sogar mit besonderem Nachdruck. Um den im Untergrund lebenden Róbert Donáth entstand eine Gruppe von Partei-Anhängern aus der Umgebung von Banská Bystrica (Neusohl) und Ružomberok, die in Zusammenarbeit mit den örtlichen kommunistischen Aktivisten im oberen Neutratal die materiell-technischen Voraussetzungen des bewaffneten Widerstands planten (Bau eines Verstecks/Bunkers, Beschaffung von Waffen und Ausrüstung, Finanzen etc.). Donáth bereitete auch den theoretischen Rahmen zur Bildung von Partisanengruppen vor. In Nováky fanden schließlich zwei Beratungen statt, an denen Vertreter der zentralen Führung der KSS teilnahmen und auf denen gerade die Fragen der Partisanenbewegung Resonanz fanden. All diese gewichtigen Pläne endeten jedoch dank einer Polizeimaßnahme ähnlich unrühmlich wie die Versuche der vorherigen Parteiführungen.[12]

Im Sommer 1943 entsandte die Moskauer Exilführung den tschechoslowakischen Kommunisten Karol Šmidke[13] in die Slowakei. Dort sollte er nach Maßgabe der für die Tschechoslowakei bestimmten Januar-Resolution des Präsidiums des Exekutivkomitees der Kommunistischen Internationale die dezimierten Reihen der slowakischen Kommunisten im Sinne der neuen protschechoslowakischen Orientierung und der Bildung einer politisch breiten „Nationalen Front" aktivieren.[14] Die neue KSS-Führung, die Šmidke schaffen sollte, sollte eine enge Zusammenarbeit mit dem nichtkommunistischen Widerstand aufnehmen und durch die Unterstützung der Partisanenbewegung einen Beitrag zum allgemeinen bewaffneten Aufstand leisten. Im August etablierte Šmidke tatsächlich das in der Reihe fünfte Zentralkomitee der illegalen KSS, wobei die Vertreter der jungen kommunistischen Intelligenz, Gustáv Husák und Ladislav Novomeský, seine engsten Mitarbeiter wurden. Zur Zeit der Entstehung der fünften illegalen Parteiführung liefen schon die Vorbereitungen für die Moskau-Reise des tschechoslowakischen Exilpräsidenten Edvard Beneš. Auch der nichtkommunistische Widerstand in der Slowakei bemerkte sowohl die Annäherung des Londoner Exils an die potentiell in Mitteleuropa dominierende Sowjetunion, wie auch die Mäßigung des Radi-

---

[12] *Jablonický*, Jozef: Samizdat o odboji [Samizdat über den Widerstand]. Bd. 1. Bratislava, 2004, 247–263; Obžaloba proti Štefanovi Bašťovanskému a spol. [Anklage gegen Štefan Bašťovanský und Komplizen] vom 26.7.1944. A MSNP, f. III, k. 1.; Pokyny pre tvorenie Rudých gárd [Anweisungen zur Schaffung Roter Garden]. *Ebenda*, k. 3; Dokument Nr. 197. In: *Plevza*, Viliam (Hg.): Dejiny Slovenského národného povstania [Die Geschichte des Slowakischen Nationalaufstands]. Bd. 3: Dokumenty [Dokumente]. Bratislava 1984, 264.

[13] Detailliert dazu: *Kováčiková*, Terézia: Karol Šmidke. Bratislava 1979, 66–70.

[14] Vgl.: Dokument Nr. 118. In: *Plevza* (Hg.): Dejiny Slovenského národného povstania. Bd. 3, 147.

kalismus und die politische Annäherung der Kommunisten an den übrigen Widerstand.[15]

In der Slowakei führte diese beidseitige Suche nach einer möglichen Kooperation später zur Entstehung des illegalen Slowakischen Nationalrates (Slovenská národná rada, SNR) als gemeinsames Führungsorgan des kommunistischen und nichtkommunistischen Widerstands. Diese Lockerung der bisherigen radikalen Kampfrhetorik der Kommunisten, die insbesondere die massenhafte Gründung und den sofortigen Kampfeintritt der von der Partei geschaffenen Partisanengruppen propagiert hatte, wurde schon im Herbst 1943 sichtbar. Šmidke – im Untergrund lebend und gut informiert über die vorläufigen Verhandlungen von Husák und Novomeský mit den Agrariern um Ján Ursíny (der den nichtkommunistischen Teil des SNR bildete) – reiste durch die Slowakei und unterrichtete die regionalen Strukturen des kommunistischen Widerstands über die neue Taktik. Diese fußte auf diskreten und langfristigen Vorbereitungen für einen Aufstand, die in Zusammenarbeit mit dem übrigen Widerstand durchgeführt werden sollten. In diesem Zusammenhang warnte er auch vor den bisherigen Aktivitäten der KSS – dazu gehörten sowohl die leicht aufzudeckende Propaganda und Verbreitung von Drucksachen, wie auch die unvorbereitete, sektiererisch gespaltene Partisanenbewegung. Schrittweise nahmen die Hinweise auf die Erneuerung des tschechoslowakischen Staates als Ziel des Widerstands zu. Sofern noch die Schaffung von Partisanenabteilungen oder der Eintritt in die Jánošík-Kampftrupps erwähnt wurde, geschah dies schon ohne irgendwelche Hinweise auf deren Verbindung mit der KSS. Betont wurden nun eher der gemeinsame Kampf für die Tschechoslowakei und den Sieg über den Faschismus unter Führung der Sowjetunion und Stalins, ergänzt um den Appell an gemeinsame „slawische" Ziele.[16]

Die neue Rhetorik des Widerstands und die politischen Verhandlungen und Abkommen der neuen kommunistischen Führung in der zweiten Hälfte des Jahres 1943 zeigten, dass die in der Illegalität tätigen Kommunisten aus ihren früheren Misserfolgen gelernt hatten. Sie waren sich der außenpolitischen Konsequenzen der Beziehungen zwischen der tschechoslowakischen Exilregierung und der Sowjetunion ebenso bewusst wie der Notwendigkeit, das parteiliche Sektierertum zu überwinden und sich an die Realitäten des Widerstands anzupassen. Die Kommunisten mochten zwar die am besten organisierte und fanatischste Widerstandsgruppe sein, doch solange sie strikt auf ihren radikalen Positionen beharrten, hatten sie keine Chance, einen stärkeren Einfluss in der Slowakei oder gar die Führungsrolle im Widerstand zu erlangen. Nun erreichte ihre taktische Wendung den Höhepunkt und wurde

---

15 *Ursíny*, Ján: Spomienky na Slovenské národné povstanie [Erinnerungen an den Slowakischen Nationalaufstand]. Liptovský Mikuláš 1994, 48.

16 Dokumente Nr. 180 und 181. In: *Plevza* (Hg.): Dejiny Slovenského národného povstania. Bd. 3, 251–252.

zum Jahresende 1943 im sogenannten Weihnachtsabkommen verbindlich festgeschrieben. Darin verzichteten die Kommunisten auf jegliche Forderungen nach einer „führenden" Stellung im Widerstand und gaben ihren politischen Radikalismus auf. Sie versöhnten sich auch damit, dass nicht mehr die von der Partei geführte Partisanenbewegung,[17] sondern der vom nichtkommunistischen Widerstand beeinflusste Teil der Armee das Rückgrat des bewaffneten Widerstands sein würde.

Das einzige, was die Kommunisten in diesem Programm des gemeinsamen Widerstands durchsetzten und was als Zugeständnis der Ursíny-Gruppe gegenüber den Kommunisten gewertet werden kann, war die Deklaration wirtschaftlicher und sozialer Reformen in der Nachkriegszeit bzw. die außenpolitische Orientierung an der UdSSR.[18] Dies war jedoch eine recht fragliche Konzession, da über diese „Neuerungen" zum Teil schon auf internationaler Ebene entschieden worden war oder, wie im Fall der gesellschaftlichen Reformen, die Nicht-Kommunisten ebenfalls bereits seit längerer Zeit von entsprechenden Veränderungen ausgingen.

Doch auch unabhängig von den oben erwähnen politischen Abkommen begann die Partisanenbewegung seit der zweiten Hälfte des Jahres 1943 eine diametral andere Entwicklung zu nehmen, als es sich die damalige KSS-Führung in den Jahren 1941 und 1942 ursprünglich vorgestellt hatte. So sammelten sich bereits seit dem Frühjahr in den slowakischen Bergen in zunehmender Zahl Flüchtlinge, bei denen es sich überwiegend um aus deutschen Gefangenenlagern geflohene Bürger der Sowjetunion handelte. Dort trafen sie auf überwiegend politisch motivierte Vertreter des slowakischen Widerstands, zum Beispiel ehemalige slowakische Soldaten wie Viliam Žingor oder Ľudovít Kukorelli. Die entstehenden Gruppen entwickelten sich ohne wesentliche Eingriffe der kommunistischen Strukturen, weswegen der Einfluss der KSS gering blieb. Zwar kam es auf regionaler Ebene bei der materiellen Sicherung, der Logistik und dem Aufbau von Kontakten zu unterstützenden Maßnahmen,[19] doch dabei lässt sich von keiner politischen Infiltration oder gezielten politischen Arbeit sprechen. Obwohl die Kommunisten in den Partisanengruppen, die in der Anfangszeit entstanden und häufig nur einige Dutzend Mitglieder zählten, stärker repräsentiert waren als in der Gesellschaft insgesamt, entwickelten sie dort keinerlei politische Strukturen oder stärker richtungsgebende parteiideologische Aktivitäten. Dies war nahe-

---

[17] Vgl.: *Jablonický*, Jozef: Príprava a vznik Slovenskej národnej rady [Vorbereitung und Entstehung des Slowakischen Nationalrats]. In: *Pekník*, Miroslav (Hg.): Pohľady na slovenskú politiku. Geopolitika, slovenské národné rady, čechoslovakizmus [Perspektiven auf die slowakische Politik. Geopolitik, slowakische Nationalräte, Tschechoslowakismus]. Bratislava 2000, 366–396, hier 381.

[18] Erstmals veröffentlicht wurde das Weihnachtsabkommen in der Pravda Nr. 3 vom 12.9.1945, 1.

[19] *Pažurová*, Helena: Slovenský partizánsky zväzok Čapajev [Der slowakische Partisanenverband Čapajev]. Banská Bystrica 2014, 34.

liegend, denn die ersten Partisanengruppen hatten gänzlich andere Probleme als Politik – sie mussten sich materiell und personell absichern und stabilisieren sowie Waffen, Kontakte und Ähnliches beschaffen. Bis zum Sommer 1944 entstanden in der Slowakei Partisanengruppen, die überwiegend von einheimischen nichtkommunistischen Widerständlern geführt wurden oder unter der Führung von sowjetischen Soldaten standen, die aus deutscher Gefangenschaft geflohen waren und sich in der Slowakei versteckten. Die Partisanengruppen entstanden auch mit Hilfe der örtlichen Kommunisten, jedoch nicht ausschließlich auf ihre Initiative hin oder unter ihrem dominanten politischen Einfluss.[20] Es handelte sich um eine große Breite bewaffneter Gruppen, zusammengesetzt aus Personen verschiedener politischer Überzeugungen und sozialer Schichten, die nur durch das gemeinsame Ziel vereint wurden, das nationalsozialistische Deutschland bzw. den Faschismus im breiteren Sinne, einschließlich des slowakischen Kollaborationsregimes, zu besiegen.

Zu dieser entstehenden Partisanenbewegung stießen im Juli und August 1944 Fallschirmjäger aus der Sowjetunion, die als Instrukteure die bisherigen Verhältnisse radikal veränderten. Der Beschluss zur Bereitstellung dieser Organisationsgruppen der Partisanenbewegung hatte zwei Ursachen: Die erste war das Bemühen der sowjetischen Seite, mit Hilfe von Partisanengruppen das Hinterland der deutschen Front in den von Deutschland direkt oder indirekt beherrschten Staaten (Slowakei, Protektorat Böhmen und Mähren, Polen, Ungarn, Rumänien) zu destabilisieren. Im Fall der Tschechoslowakei (wahrscheinlich das einzige dieser Länder, in dem grundsätzlich die Voraussetzungen für die Entwicklung dieser sowjetischen Aktivitäten vorlagen, weil hier keine historisch bedingte Antipathie gegenüber Moskau existierte) gab es aber auch die Initiative, die aus dem tschechoslowakischen Exil selbst hervorging – besonders vonseiten der Moskauer Kommunisten, aber auch aus dem Londoner Exil um Edvard Beneš. Die Exilvertreter ersuchten die sowjetische Führung, den einheimischen Widerstand (im Vorfeld der herannahenden Front) durch die Entsendung ausgebildeter Experten für die Organisation bewaffneter Gruppen zu unterstützten.[21] Präsident Beneš und sein Umfeld gingen bei dieser Initiative freilich von anderen Ausgangsbedingungen und insbesondere auch anderen Zielen aus. Das Londoner Exil stellte sich die Entsendung dieser Gruppen ähnlich vor wie zuvor die Entsendung von Fallschirmjägern aus Großbritannien – das heißt den Einsatz speziell ausgebildeter tschechoslowakischer Exilsoldaten, mit dem ausschließlichen, politisch indifferenten Ziel der technischen Realisierung und Unterstützung des einheimischen Widerstands. Die tschechoslowakische kommunistische Führung in der Sowjetunion, ähnlich wie auch die sowjetische Führung selbst, hatte jedoch überhaupt nicht vor, nur politisch farblose Fallschirmjäger in die Slo-

---

[20] *Ebenda,* 18 f.
[21] *Armstrong,* John Alexander (Hg.): Soviet Partisans in World War II. Madison 1964, 60 f.

wakei oder das Protektorat zu entsenden, wo sie dem Befehl des tschechoslowakischen Verteidigungsministers unterstehen würden. Sie betrachteten die
Partisanen-Instrukteure im Gegenteil von Anfang an als Vorauskommando,
als erste Multiplikatoren pro-sowjetischer Stimmungen und der kommunistischen Ideologie. Aus diesem Grund setzten sie schließlich gegen das Londoner Exil durch, dass auch die von den Sowjets aus den Reihen der tschechoslowakischen Armee ausgebildeten Fallschirmjäger in der Sowjetunion eine
politische Vorbereitung absolvierten, die von Vertretern des tschechoslowakischen kommunistischen Exil durchgeführt wurde.[22]

Bis zum Beginn des Slowakischen Nationalaufstandes (Slovenské národné
povstanie, SNP), das heißt bis Ende August 1944, wurden bis zu 30 Partisanengruppen aus der Sowjetunion eingeflogen. Sie umfassten neben dem
Kommandanten[23] und dessen Stellvertreter einen Stabsführer, einen Chiffrie-
rer bzw. Funker, gegebenenfalls einen Gesundheits- und manchmal auch einen Politkommissar. In den solchermaßen zusammengesetzten und mit Fall-
schirmen über der Slowakei abgesetzten Organisationsgruppen befanden sich
ca. 220 Tschechen und Slowaken sowie 450 Sowjets.[24] Insbesondere die Funk-

---

22 Ende März 1944 schuf der Stab der 1. Tschechoslowakischen Selbständigen Brigade in
    der UdSSR (1. československá samostatná brigáda v SSSR) mit Genehmigung der sowje-
    tischen Führung im Übungszentrum der neu geschaffenen 2. Tschechoslowakischen
    Luftlandebrigade in der UdSSR (2. československá samostatná paradesantní brigáda
    v SSSR) in Jefremow die sogenannte Schule besonderer Aufgaben. Es wurden ungefähr
    120 Teilnehmer ausgewählt. Zu Beginn wurden in der „Schule" keine sowjetischen Offi-
    ziere eingesetzt. Die Ausbildung wurde von tschechoslowakischen Offizieren durchge-
    führt, die mithilfe der Tschechoslowakischen Militärmission in der UdSSR aus Großbri-
    tannien berufen worden waren. Nach schwierigen Verhandlungen willigte das Londo-
    ner Exil schließlich ein, dass sich die tschechoslowakischen Spezialisten unter Aufsicht
    der sowjetischen Streitkräfte für den Kampf im Hinterland vorbereiteten. Auf Grundla-
    ge dessen wurden die Teilnehmer nach Swjatoschin bei Kiew geschickt, wo der Partisa-
    nenkurs des Ukrainischen Stabs der Partisanenbewegung unter Führung der Kommu-
    nistischen Partei der Ukraine (KPU) stattfand. Zugleich wurde Rudolf Slánský, ein füh-
    render Vertreter des tschechoslowakischen kommunistischen Exils, zum ständigen Ver-
    treter der Kommunistischen Partei der Tschechoslowakei (Komunistická strana Českoslo-
    venska, KSČ) beim ukrainischen Partisanenstab ernannt. In der Schule wurde ein geson-
    dertes tschechoslowakisches Ausbildungsbataillon unter Führung von Kpt. A. M. Koz-
    lov eingerichtet; sein Stellvertreter für politische Fragen wurde der Kommunist Au-
    gustín Schramm. Die Ausbildung wurde so auch um eine von Slánský und Schramm
    durchgeführte politische Vorbereitung ergänzt. Bestandteil der Schulung waren auch
    Gespräche mit berühmten sowjetischen Partisanenführern. So erfuhren die Teilnehmer
    alles, was sie wissen mussten: wie man Partisaneneinheiten gründet, wie man politisch
    auf die Bevölkerung einwirkt, wie man die Versorgung organisiert u. ä. Vgl. dazu:
    Vimmer, Pavel: Partizánska brigáda kapitána Jána Nálepku [Die Partisanenbrigade Ján
    Nálepka]. A MSNP. Unveröffentlichtes Manuskript.
23 Mit Ausnahme von Michal Sečanský, Ernest Bielik, Ladislav Kalina, T. Póla und Jan
    Ušiak stammten die Anführer der großen Partisanengruppen mehrheitlich aus der Sow-
    jetunion.
24 *Armstrong*: Soviet Partisans in World War II, 62 f.

tion des Politkommissars (respektive des politischen Stellvertreters des Kommandanten) war nahezu ausschließlich mit sowjetischen Kommunisten besetzt. Die so entsandten Gruppen kamen in die Slowakei, wo deutlich andere Verhältnisse herrschten als die, an die sie aus der Ukraine gewöhnt und auf die sie vorbereitet worden waren. Für die slowakischen Kommandanten war es kein Problem, sich schnell zu etablieren und an die slowakischen Bedingungen anzupassen. Den sowjetischen Kommandanten dagegen fiel es deutlich schwerer, die Forderungen des einheimischen Widerstandes zu verstehen, der in der Vorbereitungsphase des Aufstands keine deutschen Eingriffe provozieren wollte. Hier halfen auch nicht die Mitteilungen von Gustáv Husák, dem Repräsentanten der obersten kommunistischen Führung, an Piotr Alexejevič Veličko, den Kommandanten der großen Partisanenbrigade „M.R. Štefánik", die im August 1944 größere Diversionsaktionen in der Region des Turztals unternahm. Einerseits erklärten die sowjetischen Kommandanten den einheimischen Kommunisten und Nicht-Kommunisten wie auch den Offizieren des Widerstands, dass sie die slowakischen Argumente für eine möglichst ungestörte Vorbereitung des Aufstands respektierten. Andererseits machten sie jedoch keinerlei Anstalten, ihr Handeln in irgendeiner Hinsicht anzupassen und damit gegen die Direktiven zu verstoßen, die sie schon zuvor aus Kiew erhalten hatten. Diese zielten darauf, das deutsche Hinterland in der Slowakei zu destabilisieren.[25]

Der alltägliche Kontakt zwischen den örtlichen Kommunisten und den entsandten Partisanengruppen war dagegen gut und intensiv. Es waren hauptsächlich die örtlichen Kommunisten, die sich bemühten, den aus der Sowjetunion gesandten Gruppen zu helfen.[26] Ihre Möglichkeiten zur materiellen Absicherung und Bewaffnung der entsandten und weiter anwachsenden Partisanengruppen wären jedoch nicht denkbar gewesen ohne die Hilfe des nichtkommunistischen Widerstands und der widerständigen Offiziere der slowakischen Armee. Selbst die politische Beeinflussung der neu entstehenden und schnell anwachsenden Partisanengruppen durch (kommunistische) Politkommissare im Sommer 1944, aber auch während des Aufstands, ist diskutabel.[27] Nach dem November 1989 – also nach dem Sturz des kommunisti-

---

[25] Vgl. bspw.: *Veličko*, Piotr Alexejevič.: Tatry pamjatajut [Die Tatra erinnert sich]. Kyjiv 1983, 108–114.

[26] *Vimmer:* Partizánska brigáda kapitána Jána Nálepku.

[27] Zur Illustration der Lage in der legendären und II. slowakischen Partisanenbrigade „M. R. Štefánik": Über die politische Arbeit des ersten Politkommissars der Brigade Karol Bacílek – des späteren organisatorischen Sekretärs für Parteiorganisation der KSS und führenden kommunistischen Akteurs der 1950er Jahre – lässt sich nicht viel sagen. Niemand von den überlebenden Brigademitgliedern erinnert sich an sie und auch in den vor 1989 veröffentlichten Erinnerungen wurde sie nicht besonders konkretisiert. Nachdem Bacílek in das Aufstandszentrum in Banská Bystrica wechselte, wurde Anton Sedláček, ein ehemaliges Mitglied der Bezirksleitung der illegalen KSS in Žilina (Sillein), sein Nachfolger. Gemeinsam mit einer Gruppe ähnlich radikaler Personen stand er au-

schen Regimes und seiner 40-jährigen einseitigen Deformation der historischen Auslegung des Aufstands und der Partisanenbewegung – lassen sich in den neuen Monographien über die Partisanengruppen nur schwer Informationen über den politischen Einfluss der Kommunisten finden. Ganz im Gegenteil: Alle stimmen darin überein, dass von einer umfassenden oder zielbewussten politischen prokommunistischen Tätigkeit in den Gruppen keine Rede sein kann. Dies gilt selbst im Fall der Politkommissare, die eindeutige (und radikale) Anhänger der kommunistischen Bewegung waren.[28] Nach dem November 1989 konstatieren sämtliche Monografien über die Partisanenbewegung, dass die politische Aktivität der Kommunisten in den Partisanengruppen auf einen verschwindend kleinen, größtenteils aus vor dem Krieg aktiven Kommunisten bestehenden Kreis begrenzt war, bzw. dass die Mannschaft nichts von irgendeiner kommunistischen Gruppe oder Tätigkeit in den Brigaden wusste.[29] Selbst von der Teilnahme der Politkommissare und

genscheinlich hinter der Verhaftung und Ermordung von mehreren Dutzend Zivilisten, die von seinem Partisanen-Gerichtstribunal des Faschismus bzw. des Verrats beschuldigt worden waren. Tatsächlich handelte es sich jedoch wahrscheinlich nur um die Begleichung persönlicher Rechnungen. Ab Anfang Oktober 1944 blieb die Funktion des Kommissars unbesetzt, erst im Januar 1945 wurde Alexander Ťahúň, ein Kürschner aus Turčiansky Svätý Martin, zum neuen Politkommissar der Brigade ernannt. Ende März 1945 wurde dann die neu geschaffene Funktion des Bildungsoffiziers mit Ján A. Sitár besetzt, der ebenfalls kein Kommunist war und dieses Amt nur auf Aufforderung des Brigadekommandanten Viliam Žingor übernahm, damit ihnen niemand einen „Russen" schickte. Vgl. dazu: *Uhrin*, Marian: KSS a Druhá partizánska brigáda generála M. R. Štefánika [Die KSS und die Zweite Partisanenbrigade „General M. R. Štefánik"]. In: *Šoltés*, Peter (Hg.): V tieni červenej hviezdy. Prenikanie sovietizácie do slovenskej (československej) armády v rokoch 1944–1948. [Im Schatten des roten Sterns. Das Durchdringen der Sowietisierung in die Slowakische (Tschechoslowakische) Armee in den Jahren 1944–1948]. Bratislava 2007, 93–106, hier 94–102.

28 *Ebenda.*

29 Die folgenden Erinnerungen des Chefarztes der II. Stalin-Brigade (die einige hundert Mitglieder zählte und unweit der Grenze zum Protektorat operierte) sind vielleicht sogar zu stark von dem postkommunistischen Bemühen gezeichnet, die Beteiligung der Kommunisten an der Partisanenbewegung zu negieren. In vielem jedoch stimmen sie mit zahlreichen weiteren Erinnerungen überein, die ohne Druck der vorherigen kommunistischen Propaganda aufgezeichnet wurden: „Ich habe gesagt, dass die Partisanenbewegung aus dem Widerstand gegen Gewalt und Ungerechtigkeit erwuchs. Ich kehre zu dieser Auslegung zurück und stelle mit Verwunderung fest, dass ich eine solche bislang nirgendwo gehört habe. Es heißt, dass die kommunistische Ideologie die entscheidende Rolle gespielt habe und sofern es um die eigentlichen Kampfhandlungen ging – diese vor allem auf den Schultern der Träger dieser Ideologie, auf den Schultern der Kommunisten geruht habe. Wie aber lässt sich die Existenz unserer Brigade erklären, in der es keine Kommunisten gab? Das wurde von einem aus der Versorgungsgruppe behauptet, dem zweiundfünfzigjährigen Kulíšek. Aber das ist jedoch recht unsicher. Er selbst hat nie darüber gesprochen und auch keinerlei Ansichten geäußert, die auf seine Zugehörigkeit zur kommunistischen Partei oder wenigstens eine ideologische Verwandtschaft mit ihr hingedeutet hätten. So war es in unserer Brigade. Wie es hinsicht-

Repräsentanten ihrer Brigaden am Vereinigungskongress der Sozialdemokraten mit den slowakischen Kommunisten bzw. von diesem Akt selbst erfuhren sie erst nach dem Krieg.[30] Zudem schätzte Karol Bacílek – vor dem Aufstand Politkommissar der Partisanenbrigade Žingors und während des Aufstands Sekretär für Parteiorganisation in der KSS-Führung – noch in den 1960er Jahren, als der in den 1950er Jahren stattgefundene Prozess gegen die sogenannten bourgeoisen Nationalisten kritisch untersucht wurde, den Anteil der Kommunisten in den Partisanengruppen auf maximal zehn Prozent.[31] Diese Zahl lässt sich leider weder explizit bestätigen noch widerlegen, da keine relevanten zeitgenössischen Listen vorliegen, die die Angehörigen der Partisanengruppen einschließlich ihrer Mitgliedschaft in der KSS ausweisen.[32] Soweit irgendwo in den Mitgliedslisten der Partisanengruppen angeführt ist, ob sie Kommunisten waren oder nicht, handelt es sich um Ergänzungen in nach Kriegsende und oft erst nach der kommunistischen Machtübernahme im Februar 1948 ausgearbeiteten Listen. Ihre Zuverlässigkeit ist daher mehr als problematisch. Nach Meinung des Autors ist auch der von Bacílek genannte Prozentsatz eher über- als untertrieben. Es genügt sich zu vergegenwärtigen, dass es vor dem Krieg nur einige tausend organisierte Kommunisten in der Slowakei gab. Nur ein Teil von ihnen befand sich auf dem Aufstandsgebiet bzw. auf dem Gebiet, wo die Partisanen aktiv waren – und wiederum nur ein

---

lich der Parteizugehörigkeit in anderen Partisanengruppen aussah, weiß ich nicht. Ich kann und will meine Erfahrungen nicht verallgemeinern. Es ist jedoch unwahrscheinlich, dass es in unserer Brigade, die zu den größten gehörte, durch einen bewundernswerten Zufall keine Kommunisten gab, während sie in anderen Partisanengruppen die Mehrheit bildeten, oder wenigstens in deren Führung waren." *Placák,* Bedřich: Partyzáni bez legend. Život a boje partyzánské brigády na západním Slovensku [Partisanen ohne Legenden. Leben und Kämpfe der Partisanenbrigade in der Westslowakei]. Praha 1992, 25 f.

30 Vgl. bspw.: *Uhrin:* KSS a Druhá partizánska brigáda generála M. R. Štefánika, 94–104.

31 Národní archiv v Praze (Nationalarchiv in Prag, weiter NA), f. ÚV KSČ – barnabitská komise [Barnabiten-Kommission], sv. 8, a. j. 187.

32 Am häufigsten haben sich sogenannte otčoty [russ. Berichte] erhalten, also zusammengefasste Nachrichten, die von den einzelnen Partisanengruppen an den ukrainischen Stab der Partisanenbewegung übermittelt wurden, den alle aus der Sowjetunion entsandten Instrukteurs-Gruppen (und noch einige weitere) als höchstrangige Institution betrachteten. Diese otčoty sind randvoll mit allgemeinen Informationen über die große Zahl der Partisanen, die – motiviert durch die politische Tätigkeit der Gruppenführung und der Politkommissare – scharenweise in die Kommunistische Partei eingetreten seien. Ebenfalls ausgewiesen wird eine enorme Menge von politischen Vorträgen sowie von in den Dörfern gegründeten Revolutionären Nationalräten und kommunistischen Organisationen; dazu kommen tausende publizierte und verbreitete propagandistische Flugblätter u. ä. Den Verfassern der otčoty war jedoch sehr bewusst, an wen sie ihre Berichte schrieben und wie sie nach dem Krieg auf deren Basis beurteilt würden. Ähnlich schamlos wie sie unrealistische Zahlen von Kampfoperationen und liquidierten Feinden angaben, übertrieben sie auch ihre prokommunistischen politischen Aktivitäten und Erfolge. Vgl.: A MSNP, f. IV, k. 14.

Teil von jenen trat den Partisanengruppen bei, die insgesamt 12–15.000 Angehörige umfassten.

Anders zu beantworten ist jedoch die Frage nach dem gesamten politischen Einfluss der Kommunisten bzw. der KSS, oder gegebenenfalls der
kommunistischen Ideologie auf die Partisanenbewegung bzw. auf die einfachen Partisanen. Die Ideen einer sozial egalitären Gesellschaft ohne „Herren"
und ohne Ausbeutung waren zweifelsohne auch unter den Partisanen sehr
populär,[33] insbesondere, wenn man sich die soziale Mischung innerhalb der
Partisanengruppen vergegenwärtigt, in denen die Arbeiter sowie die generationell jüngeren (und damit auch radikaleren) Jahrgänge stark vertreten waren.[34] In Verbindung mit dem Einsatz des eigenen Lebens für die nationale
Befreiung – aber natürlich auch für „volksnahe" gesellschaftliche Veränderungen nach dem Krieg – machte dies die Partisanen zu einer geeigneten und
von der kommunistischen Nachkriegs-Rhetorik einer radikalen gesellschaftlichen Säuberung leicht zu beeinflussenden Gruppe. Signifikant für die Partisanenbewegung in der Slowakei war demnach weniger der eigentliche Kommunismus als vielmehr der Radikalismus, der jedoch nicht prioritär mit der
Radikalität der kommunistischen Ideen verbunden sein musste. Er bringt
eher die allgemeinen Charakterzüge der Teilnehmer am Widerstand bzw.
Bürgerkrieg zum Ausdruck.[35] Wenn man sich dabei vergegenwärtigt, dass die
Nicht-Kommunisten es während des Krieges und kurz danach prinzipiell
ablehnten, die Politik in die bewaffneten Einheiten zu tragen – in die Armee,
aber auch unter die Partisanen – ist es nicht überraschend, dass es den Kommunisten trotz ihrer geringen zahlenmäßigen Stärke in den Partisanengruppen und einer oft nur symbolischen politischen prokommunistischen Führung und Parteiarbeit gelang, die Partisanenbewegung virtuos für ihre
Machtinteressen auszunutzen. Es war nämlich die KSS, die die Partisanenbewegung der Realität zum Trotz als ihre „Armee" propagierte, sie bei verschiedenen Feierlichkeiten protegierte,[36] ihre gesellschaftliche Stellung hob und sie

---

33 *Vimmer:* Partizánska brigáda kapitána Jána Nálepku.

34 So bestand beispielsweise die Partisanenbrigade „Ján Nálepka", die von dem Slowaken
    Michal Sečanský (der nach dem kommunistischen Putsch in die USA floh) geführt
    wurde, aus 691 Arbeitern, 61 Kleingewerbetreibenden sowie 40 Landwirten und Forstarbeitern. Zu Beginn der Entstehung der Partisaneneinheit im August 1944 ist das Bemühen zu beobachten, die Brigade wie eine bewaffnete Einheit der illegalen KSS aufzubauen – dann jedoch verliert sie diesen Charakter durch einen massenhaften Zulauf und
    eine spontane Entwicklung. *Vimmer:* Partizánska brigáda kapitána Jána Nálepku.

35 Außerdem ist zu beachten, dass die Radikalität vieler Partisanen durch ihr jugendliches
    Alter begründet war. Mehr als 52 Prozent von ihnen waren jünger als 23 Jahre (vgl.
    Gebhart/Šimovček: Partizáni v Československu 1941–1945, 379), also durch die natürliche „generationelle" Impulsivität, die zusätzlich durch die überspitzte gesamtgesellschaftliche Situation gespeist wurde, geprägt.

36 Signifikant war beispielsweise, dass zu Beginn des Vereinigungskongresses der Sozialdemokratie und der KSS die sogenannte Partisanenhymne gespielt wurde, wie auch die
    Tatsache, dass bei dieser Aktion deutlich mehr Repräsentanten der zahlenmäßig gerin

gegen die Kritik von Nicht-Kommunisten und aufständischen Offizieren verteidigte, die ihr mangelnde Disziplin und Exzesse gegen die Zivilbevölkerung
vorwarfen. Die Nicht-Kommunisten dagegen verzichteten auf jegliche Beeinflussung der Partisanenbewegung und verließen sich lediglich auf die nichtkommunistische Orientierung der Armee bzw. auf die minimale Position der
Kommunisten in ihr.

Nach diesem Exkurs in die Nachkriegsrealitäten und -entwicklungen nun
zurück zur Analyse der Kriegs- bzw. Aufstandsgeschichte: Mit Blick auf die
Entwicklung der Beziehungen von slowakischen Kommunisten und Partisanen ist festzuhalten, dass sich die fünfte KSS-Führung um Gustáv Husák und
Karol Šmidke während des Slowakischen Nationalaufstandes vom 29. August
bis 27. Oktober 1944 von einer allzu parteilichen Sicht auf die Problematik
der Partisanenbewegung freimachen konnte. Sie bemühte sich zwar immer
noch, unter den Partisanen einen entscheidenden politischen Einfluss zu ver-
breiten,[37] und verteidigte sie gegen die Kritik der nichtkommunistischen politischen bzw. militärischen Aufstandsführung,[38] doch sie war sich auch der
unzulässigen Aggressivität und Undiszipliniertheit einiger Gruppen bewusst.
Die aufständischen Kommunisten, insbesondere Husák, hatten kein Problem
damit, sich etwa der exemplarischen Verurteilung und Hinrichtung derjenigen Partisanen anzuschließen, die die Zivilisten des Dorfes Hájniki nahe Zvolen (Altsohl) ausgeraubt und ermordet hatten.[39] Mit Šmidke stimmten sie
dann auch der faktischen (tatsächlich jedoch auf Dauer nur schwer realisier-
baren) Unterordnung der Partisanen unter die Bedürfnisse der von der Armeeführung organisierten Verteidigungsmaßnahmen zu. Der kritische Umgang mit negativen Entwicklungen in der Partisanenbewegung war schließlich auch in ihrem eigenen politischen Interesse, ging es doch auch darum zu
verhindern, dass sich in der Gesellschaft eine negative Wahrnehmung der

---

geren Partisanenbewegung anwesend waren als Offiziere, die die um ein Vielfaches
größere aufständische Armee repräsentierten. A MSNP, f. III, k. 8.

[37] Jan Šverma, ein ins Aufstandsgebiet entsandtes Mitglied der engsten Exilführung der
KSČ, schrieb am 14.10.1944 aus Banská Bystrica wie folgt an Klement Gottwald und Jan
Kopecký nach Moskau: „Die Partisanenbewegung ist in unseren Händen [...] Die Mobi-
lisierung zum Volkskrieg – das bleibt jedoch unsere wesentliche und stete Aufgabe. Zu
Beginn war die Situation sehr schwierig, jetzt ist es dank der Hilfe der Partei etwas ange-
laufen [...] man schickt Leute zur Armee oder in die Partisaneneinheiten und beruft
nach dem vor einer Woche veröffentlichten Aufruf der Partei Versammlungen ein."
A MSNP, f. III, k. 1.

[38] *Rákoš*, Elo (Hg.): Slovenské národné orgány v dokumentoch. [Die slowakischen Volks-
organe in Dokumenten]. Bd. 1: Obdobie Slovenského národného povstania [Die Zeit
des Slowakischen Nationalaufstands]. Bratislava 1977, 46 f.; Dokument Nr. 337. In:
Prečan, Vilém (Hg.): Slovenské národné povstanie. Dokumenty [Der Slowakische Nationalaufstand. Dokumente]. Bratislava 1965, 558.

[39] Detailliert dazu: A MSNP, f. VI., k. 1, prír. č. 37/63; *Teren*, Štefan: Národohospodár
Peter Zaťko spomína [Der Volkswirt Peter Zaťko erinnert sich]. Liptovský Mikuláš
1994, 259.

KSS aufgrund einer negativen Wahrnehmung der Partisanen etablierte. Da die KSS, im Unterschied zu den aufständischen Demokraten, in der Armee nur einen verschwindend geringen Einfluss hatte, bemühte sie sich, gerade die Partisanenbewegung zu ihrem „Schaufenster" zu machen, zu einer von der Partei initiierten und geführten bewaffneten Einheit, derer man sich rühmen und auf die man sich verlassen konnte. Dies war jedoch keine leichte Aufgabe – und später zeigte sich, dass sie in vielerlei Hinsicht auch nicht zu bewältigen war. Abhilfe brachte weder die Bildung des Hauptstabs der Partisanenbewegung (Hlavný štáb partizánskeho hnutia)[40] mit Karol Šmidke an der Spitze noch die Einrichtung des Rates für die Verteidigung der Slowakei (Rada na obranu Slovenska), der hauptsächlich die Aktionen der Partisanen mit denen der Armee koordinieren bzw. ihnen unterordnen sollte.[41] Selbst

[40] Schließlich bestand selbst die oberste Führung der Partisanenbewegung nur zum Teil aus Kommunisten. Eindeutig zu ihnen gehörte neben Šmidke nur noch Anton Rašla, der Chef der Nachrichtenabteilung. Die weiteren vier Abteilungschefs des Hauptstabs der Partisanen waren von der aufständischen Armeeführung zugewiesene Offiziere, mit denen die örtlichen Kommunisten zwar schon zuvor zusammengearbeitet hatten (so etwa bei der Versorgung der Partisanen vor dem Aufstand), die politisch jedoch lediglich als linksorientiert oder indifferent bezeichnet werden können. Zur Zusammensetzung und Arbeit des Hauptstabs der Partisaneneinheiten während des Aufstands siehe *Kuchta*, Cyril: Vznik a činnosť Hlavného štábu partizánskych oddielov na Slovensku [Entstehung und Tätigkeit des Hauptstabs der Partisaneneinheiten in der Slowakei]. In: Zborník Múzea SNP. Bd. 11. Hg. v. *Museum Slovenského Národného Povstania Banská Bystrica*. Banská Bystrica 1986, 73–156, hier 80.

[41] Zur Errichtung des Rates zur Verteidigung der Slowakei sowie den Gründen seiner Entstehung siehe zum Beispiel: Dokument Nr. 277. In: *Prečan* (Hg.): Slovenské národné povstanie, 479. Der Hauptstab der Partisanenbewegung war im Rat zur Verteidigung der Slowakei anfänglich durch seinen Chef, Karol Šmidke, repräsentiert, der bei den Sitzungen jedoch häufig von seinem ersten Stellvertreter, (dem ehemaligen Sozialdemokraten) Branislav Manica, vertreten wurde. Weitere Repräsentanten der Partisanenführung waren Cyril Kuchta als Leiter der operativen Abteilung des Stabes sowie Viktor Ivanovič Chrapko und Alexej Semjonovič Jegorov als Vertreter der sowjetischen Partisanenführer bzw. Berater. Sie alle waren ehemalige Angehörige der slowakischen respektive sowjetischen Armee, was nur das Interesse der obersten Partisanenführung unterstreicht, den Partisanen einen militärischen Organisationsgrad und Disziplin zu verleihen. Nachdem der sowjetische Kommandant Aleksej Nikitič Asmolov und der Vertreter der Exil-KSČ, Rudolf Slánský und Jan Šverma, Ende September 1944 aus der Ukraine in die Slowakei gekommen waren, wurden die Partisanen im Rat hauptsächlich von Asmolov (dem neuen Führer des Hauptstabs der Partisaneneinheiten) und Slánský vertreten. Asmolov kannten insbesondere die sowjetischen Partisanenkommandanten noch aus der Sowjetunion als bedeutenden Partisanenführer, Slánský dagegen kannten vor allem die slowakischen Kommandanten, die in der Partisanenschule in der Ukraine geschult worden waren. Beide sollten ausreichend autoritative Persönlichkeiten sein, damit die untergeordneten Brigaden- und Gruppenkommandanten ihnen Gehorsam leisteten, denn zuvor war die Disziplin auch gegenüber dem Hauptstab der Partisanen nur schwach gewesen. *Kuchta*: Vznik a činnosť Hlavného štábu partizánskych oddielov, 77, 92, 143 f.

das Engagement sowjetischer Kommandanten und Sonderoffiziere zur Verhinderung von Vergehen der Partisanen konnte die negativen Begleiterscheinungen der Partisanenbewegung letztendlich nicht vollständig beseitigen.[42] Ende Oktober 1944, nach der Generaloffensive der Besatzungsarmee gegen das Zentrum des Aufstands, war es schon offenkundig, dass Banská Bystrica nicht zu halten war und der Aufstand als solcher damit militärisch niedergeschlagen werden würde. In dieser Situation beschloss auch die Führung der aufständischen Armee, die Soldaten nicht länger mit dem Befehl zum Widerstand zu binden, sondern nur noch auf freiwilliger Basis an sie zu appellieren, in den Bergen zu bleiben und weiterzukämpfen. Gemeinsam mit den bisherigen Partisaneneinheiten blieben so im Winter 1944/45 einige Tausend Partisanen und ehemalige Aufständische auf dem Gebiet der Slowakei aktiv. Es begann die Periode des sogenannten Partisanenkrieges. Zu Beginn hatte die Partisanenbewegung enorme existentielle Probleme und konnte sich unter dem Ansturm der „Säuberungsaktionen" der Wehrmacht bzw. der speziellen Jagdkommandos nur schwer halten. Im Januar 1945 verzeichnete der Ukrainische Stab der Partisanenbewegung nur 6.000 slowakische Partisanen. Mit dem zunehmenden Herannahen der Front begann diese Zahl jedoch schrittweise auf mehr als das Doppelte anzuwachsen.

---

[42] Hierzu vermerkte Gustáv Husák: „Während des Aufstandes schlossen sich der Partisanenbewegung, außer rechtschaffenen Leuten, auch alle möglichen anderen an [...] es gab genügend Fälle von Plünderungen, genügend Fälle von Bandenunwesen, genügend Fälle von Disziplinlosigkeit, mit denen wir hart zu kämpfen hatten [...] Die Schwierigkeit lag darin, dass es über die ganze Zeit des Aufstands nicht gelang, eine faktische Einheit der Führung der Partisaneneinheiten auf dem Aufstandsgebiet zu erreichen. Es gab den Partisanenstab, aber der koordinierte nur, verhandelte, musste bitten [...] als danach Slánský und Šverma kamen, hatten sie sehr hart damit zu kämpfen, auch die sowjetischen Offiziere [...] Es gab auch Fälle (in denen die Bürger den Einmarsch der Deutschen gegen die Partisanen forderten) und davon gab es mehrere [...] sie gingen in diese Dörfer und organisierten dort Verpflegung und das übrige, aber auf solche Art und Weise, dass die Einwohner Schutz forderten. Ich weiß, dass auch in der Nähe von Dobšiná oder in der Zips etwas war, auch dort irgendwo gab es solche Fälle. [...] Die beste Autorität hatten die sowjetischen Offiziere, die aus der Sowjetunion gekommen waren. Die bemühten sich wirklich, Disziplin in das Ganze zu bringen, wozu sie auch stärker von ihrem Stab angehalten wurden. Und sie hatten es auch im Blut [...] aber man muss sagen, dass es auch in ihren Abteilungen manchmal solche Ausmaße annahm, dass auch sie es einfach nicht schafften. [...] Solche Gruppen, die sich herumtrieben, die eigene Maßnahmen ergreifen wollten, gab es überaus viele. Šmidke forderte den Nationalrat auf, ein Gesetz für alle Nationalausschüsse zu erlassen, dass sich keine Partisanengruppe auf eigene Faust Verpflegung beschaffen dürfe. Dass nur registrierte Gruppen alles akquirieren werden, was sie brauchen, über die Armee [...] diese Anordnung wurde veröffentlicht, konnte sich aber nie völlig durchsetzen, weil jeder, der wollte und ein Maschinengewehr hatte, seine eigene Politik machte [...] Und es gab überaus viele derartige Erscheinungen, die der Bevölkerung Blut kosteten, auch Parteifunktionären [...]". NA, f. ÚV KSČ – barnabitská komise , sv. 2, a. j. 25.

Selbstverständlich waren – neben dem elementaren Bemühen, sich trotz der überaus unfreundlichen Bedingungen in die Berge zu retten und dort zu überleben – die Voraussetzungen für eine weitere kommunistische politische Tätigkeit schwierig. Doch für eine Handvoll immer noch aktiver Parteivertreter beim Hauptstab der Partisanenbewegung[43] bzw. bei einigen Partisanengruppen war gerade dies die günstigste Zeit für die pro-kommunistische Mobilisierung. Trotz der allgemein schlechten Voraussetzungen der Partisanenbewegung trugen in den ersten Wintermonaten zwei Umstände dazu bei: zum einen das Herannahen der Roten Armee und zum anderen die Tatsache, dass die Partisanenführung im Hinblick auf ihre nichtkommunistischen Partner in den aufständischen Organen schon nicht mehr so restriktiv war wie während des Aufstands. Bemühungen zum Aufbau rein kommunistischer Strukturen und eine gewisse Rückkehr zu dem Bestreben, aus den Partisaneneinheiten ein Vorauskommando oder eine bewaffnete Hilfsmacht der KSS zu schaffen, zeigten sich etwa in einem Dokument des Hauptstabs der Partisanen, das das Vorgehen bei der Aufnahme von Mitgliedern der kommunistischen Partei in die Partisaneneinheiten regelte. Der Text forderte, dass sich in den Partisanengruppen in politischer Hinsicht nur Organisationen der kommunistischen Partei bilden sollten, damit die „notwendige Einheit des Willens" in der Partisanentätigkeit gewahrt bleibe. Zur Aufnahme eines Parteimitglieds genügte dessen aktiver Kampf gegen den Faschismus und die Empfehlung zweier Kommunisten, die schon seit mindestens drei Monaten in der Partei waren. Diese Richtlinie befahl auch die Bildung einer kommunistischen Organisation (bzw. einer mindestens dreiköpfigen Parteigruppe/-zelle) in jeder Partisanenstaffel.[44] Angesichts der nur als Torso erhaltenen Archivalien aus dieser Zeitphase ist es freilich unmöglich, den Erfolg dieser Richtlinien zu bewerten. Sie blieben wohl eher ein frommer Wunsch der kommunistischen Funktionäre (mit Rudolf Slánský an der Spitze) in der Partisanenführung.

[43] Er entstand durch die Umbildung des Hauptstabes der Partisaneneinheiten, der während des Aufstands aktiv war. Gegründet wurde er am 29.10.1944 auf einer Beratung von Militärs bzw. Partisanenführern (Asmolov, Vladimír Přikryl, Ivan Skripka-Studenskij) und kommunistischen Akteuren (Karol Šmidke, Jan Šverma, Rudolf Slánský, Bohumil Laušman) im Lager der 1. Partisanenbrigade „J. W. Stalin" am Fuße des Prašiva. Tatsächlich begann er seine Tätigkeit erst nach einem Monat des Zurückweichens und Kämpfens mit den nachdrängenden deutschen Einheiten, als er sich für längere Zeit im Lomnistá-Tal ansiedelte. In den militärischen Führungspositionen saßen nun schon fast ausschließlich sowjetische Partisanen. Eine Art politische Abteilung des Stabes bildeten insbesondere Rudolf Slánský (Jan Šverma erfror am Chabenec), Jozef Lietavec als ehemaliger Chef der Nachrichtenabteilung des aufständischen Beauftragten für Inneres sowie J. Šafránek, der Chefredakteur der aufständischen kommunistischen Pravda. Vgl. dazu: *Plevza* (Hg.): Dejiny Slovenského národného povstania. Bd. 5: Encyklopédia odboja a SNP [Enzyklopädie des Widerstands und des SNP]. Bratislava 1984, 159 f.

[44] Smernice o postupe na prijatie do KSS v partizánskych jednotkách [Richtlinie über das Aufnahmeverfahren in die KSS in Partisaneneinheiten]. A MSNP, f. III, k. 8.

Aus dieser Initiative entstand jedoch auch der sogenannte Arbeitsausschuss der KSS (Pracovný výbor KSS), der im Januar 1945 beim Stab der Partisanenbrigade „Tod dem Faschismus" im Dorf Baláže gegründet wurde. Das Dorf befand sich in der sogenannten Partisanenrepublik, das heißt auf dem Gebiet einiger Bergdörfer in der Niederen Tatra bei Banská Bystrica, die während einiger Wochen im Winter 1944/45 ohne größere deutsche Eingriffe von den dortigen Partisanengruppen beherrscht wurden. Der „Arbeitsausschuss" der KSS entstand auf Initiative der dort versammelten bedeutenden regionalen Vertreter der Kommunistischen Partei (Jozef Hojč, František Kubač, J. Telúch). Ähnlich wie in den Richtlinien des Hauptstabs der Partisanenbewegung spiegeln auch die Dokumente dieser Gruppe das Bestreben zur Entwicklung der Partisanenbewegung und zum Aufbau einer lokalen, schon de facto ausschließlich von der KSS geführten und dominierten Nachkriegsverwaltung.[45] Noch stärker als für die Richtlinien der Partisanenführung galt für sie die unverletzliche Regel ihrer minimalen, maximal auf die Dimensionen der „Partisanenrepublik" beschränkten Reichweite.

Auf Basis der obigen Ausführungen lässt sich die Beziehung zwischen der KSS und der Partisanenbewegung in der Slowakei folgendermaßen bewerten: Die Partisanenbewegung begann unter den gegebenen slowakischen Verhältnissen ursprünglich als rein parteiliche, überwiegend „sektiererische" und eng kommunistisch ausgerichtete Aktivität unter der Führung der slowakischen Kommunisten. Diese reagierten damit auf die nach dem Überfall auf die Sowjetunion ergangenen Aufrufe Stalins bzw. Moskaus zur Aktivierung des Widerstandes im deutschen Hinterland. Die ersten konkreten Versuche der Kommunisten zur Bildung von Partisaneneinheiten – zeitgenössisch Jánošík-Kampftrupps genannt – endeten sehr unrühmlich, noch bevor sie es zu irgendeiner aktiven Widerstandtätigkeit gebracht hätten. Ihr Misserfolg beruhte auf der (in der Zeit der größten deutschen Kriegserfolge) mangelnden Bereitschaft der slowakischen Gesellschaft zu solchen von vornherein zum Misserfolg verurteilten Widerstandsaktivitäten. Die passive Reaktion der Bevölkerung wie auch der übrigen nichtkommunistischen Widerstandsgruppen auf diese Versuche war zugleich auch ein Abbild der damaligen politischen Isolation der Kommunisten und eine Zurückweisung ihres systemischen Radikalismus. Ähnlich unrühmlich endeten auch die späteren Bemühungen der KSS zur Entwicklung der Partisanenbewegung. Der Umschwung trat erst in den Jahren 1943 und 1944 ein. Dank der veränderten Lage auf den Kriegsschauplätzen und der sich den slowakischen Grenzen nähernden Front, bzw. dank dem veränderten Umgang der neuen kommunistischen Führung mit dem nichtkommunistischen Widerstand und der Mäßigung ihrer bisherigen politischen Agenda, begannen sich zahlenmäßig stärkere

---

45 Vgl. zum Beispiel: Pracovné smernice pre vedenie organizácií Komunistickej strany Slovenska [Arbeitsrichtlinien für Verwaltungsorganisationen der Kommunistischen Partei der Slowakei]. A MSNP, f. III, k. 2.

Partisanengruppen zu bilden. Damit wuchs auch die Akzeptanz der KSS als gesellschaftlicher Akteur des Widerstands.

Im Vergleich zu den vorherigen Jahren und den Bemühungen des kommunistischen Untergrunds nahm die Partisanenbewegung in der Slowakei im Jahr 1944 somit enorme Ausmaße an und zählte einige tausend Mitglieder. Dies war jedoch nicht hauptsächlich der Verdienst der KSS oder einer kommunistisch gesinnten Bevölkerung. Vielmehr handelte es sich dabei um eine der Folgen der zunehmenden Ablehnung des Kollaborationsregimes und der deutschen Kriegsmaschinerie sowie der immer näher an das slowakische Staatsgebiet heranrückenden alliierten (in diesem Fall sowjetischen) Streitkräfte. In der politisch und sozial vielfältigen Partisanenbewegung des Jahres 1944 waren die Kommunisten nicht mehr die ausschließlichen und nur selten die politisch dominierenden Akteure. Nur wenige Partisanen gehörten der KSS bereits an, bevor sie zu den Widerstandsgruppen stießen, bzw. traten, befördert durch die Aktivitäten der politischen Kommissare in diesen Gruppen, in die Kommunistische Partei ein. Dabei handelte es sich jedoch nur um einen geringen Prozentsatz der Partisanen in der Slowakei. Die KSS hatte in der Partisanenbewegung zwar einen bedeutenden politischen Einfluss (im Unterschied zur Armee, wo dieser nur minimal war), doch gründete dieser eher auf der politisch schwachen Organisation der nichtkommunistischen Widerständler als auf die tatsächliche Neigung der Partisanen zum Kommunismus. Gerade diese Zurückhaltung der Nicht-Kommunisten, ihrerseits die Politik in die bewaffneten Einheiten des Widerstands bzw. in das Nachkriegsregime zu tragen, beförderte die Entwicklung, dass die Massenorganisationen des Widerstands überwiegend von Kommunisten beherrscht wurden. Diese machten sich den durch die Kriegsentwicklung forcierten Radikalismus solcher gesellschaftlichen Gruppen wie der Partisanen auch nach dem Jahr 1945 zunutze.

Aus dem Slowakischen von Iris Engemann

Marian Uhrin

DIE II. SLOWAKISCHE PARTISANENBRIGADE „GENERAL MILAN RASTISLAV ŠTEFÁNIK"

In der seit ihrer Gründung im März 1939 mit dem nationalsozialistischen Deutschland verbündeten Slowakei gab es von Beginn an Gruppen, die die Entwicklung des Landes kritisierten. Ihre oppositionelle Tätigkeit intensivierte sich allmählich durch die sich ändernde Lage an den Fronten des Zweiten Weltkriegs. Die Anfänge des bewaffneten Widerstands gegen die Politik der damaligen Slowakischen Republik (Slovenská republika, SR) und des nationalsozialistischen Deutschlands stehen im Zusammenhang mit der Bildung von Partisanengruppen in den slowakischen Bergen. Die ersten Versuche, Partisanengruppen bzw. eine Partisanenbewegung zu bilden, hatten zunächst kaum Erfolgsaussichten. Die Bedingungen zur Bildung solcher Gruppen entwickelten sich erst im Jahr 1944, insbesondere auch im Zusammenhang mit den Vorbereitungen zum Slowakischen Nationalaufstand (Slovenské národné povstanie, SNP) im Rahmen der Widerstandsgruppen und eines Teils der slowakischen Armee. Diese Bemühungen, die auch im Kontext der Aktivitäten der tschechoslowakischen Exilregierung in London und der sowjetischen Führung zu sehen sind, ermöglichten die Bildung und Unterstützung von Partisanengruppen in den Jahren 1944/45. Den größten Impuls für die Partisanenverbände brachte dann die Entwicklung nach dem 29. August 1944, als der Slowakische Nationalaufstand ausgerufen und seine bewaffneten Einheiten als Teil der alliierten Koalition anerkannt wurden. In dieser Situation entstand im Jahr 1944 auch die II. Slowakische Partisanenbrigade „General Milan Rastislav Štefánik".[1]

Entstehung

Seit Beginn des Jahres 1944 befanden sich die Angehörigen des Widerstands in der Slowakei in einem Schwebezustand: Einerseits waren der Staat und

---

[1] Milan Rastislav Štefánik (21.7.1880 Košariská – 4.5.1919 Ivanka pri Dunaji) – slowakischer Astronom und Meteorologe. Während des Ersten Weltkriegs französischer Pilot, Gründer der militärischen Luftwaffen-Meteorologie, Ritter der Ehrenlegion, französischer General, tschechoslowakischer Diplomat, Kriegsminister und Organisator tschechoslowakischer Einheiten aufseiten der Entente. Er kam bei der Rückkehr in sein Heimatland bei einem Flugzeugunglück ums Leben.

seine Organe weiterhin Verbündete Deutschlands, andererseits wurden die aufständischen Gruppen von der Mehrheit des Staatsapparates toleriert, wenn nicht sogar direkt unterstützt. Besonders günstig war die Lage in der Region Turiec (Turz), wo sich einige Dutzend aus deutschen Kriegsgefangenenlagern entflohene sowjetische Flüchtlinge versteckten.[2] Sowohl Widerstandsgruppen wie auch Teile der Bevölkerung unterstützten sie und ermöglichten so die Bildung einer ersten organisierten und bewaffneten Gruppe in der Region. Diese Entwicklung wurde durch mehrere Faktoren begünstigt. Dazu zählte auch, dass panslawistische Ideen, aber auch die tschechoslowakische Orientierung in der Region eine historisch relativ starke Bedeutung hatten. Zudem war die Region Turiec seit dem 19. Jahrhundert ein Zentrum der slowakischen Nationalbewegung.

Eine der ersten Partisaneneinheiten in der Slowakei war die Gruppe um Viliam Žingor.[3] Sie bildete sich im Winter 1943/44 und wuchs schrittweise zu einer der größten und bedeutendsten Widerstandsgruppen der Slowakei heran. Die charismatische Persönlichkeit Žingors beeinflusste die Entstehung der Partisaneneinheiten in der Region Turiec in bedeutendem Maße – und das nicht nur während des Zweiten Weltkrieges: Auch im Rahmen der politischen Auseinandersetzungen zwischen Demokraten und Kommunisten nach 1945 spielte Žingor eine einzigartige Rolle, die zur Entstehung einer in der Region Turiec bis heute präsenten Partisanenlegende beitrug.

Kehren wir jedoch in das Jahr 1943 zurück: Im Sommer 1943 erhielt Viliam Žingor, Artillerieleutnant der Reserve, den Einberufungsbefehl zum Einsatz an der Ostfront. In Anbetracht seiner Fronterfahrungen aus dem Jahr 1941 und seiner Familienverhältnisse beschloss er, dem Befehl nicht Folge zu leisten.[4] Mit Hilfe von Freunden versteckte er sich in den Bergwäldern der Kleinen Fatra (Malá Fatra) in der Mittelslowakei. Er hatte über mehrere Personen Kontakt zu Widerstandstruppen. Schrittweise sammelte er um sich eine Gruppe, die vor allem aus Gefangenen- und Arbeitslagern geflohenen

---

[2]   Vojenský ústřední archiv – Vojenský historický archiv Praha (Zentrales Militärarchiv – Historisches Militärarchiv Prag, weiter VÚA–VHA), Zbírka partizánské odbojové hnutí v Československu (Sammlung Partisanenbewegung in der Tschechoslowakei), kr 33, i. j.) 485.

[3]   Viliam Žingor (30.7.1912 Bystrička – 18.12.1950 Bratislava) – Artillerieleutnant der Reserve, in verschiedenen Berufen tätig. Er ging im Sommer 1943 in den Untergrund und organisierte später Partisanengruppen. Von August 1944 bis April 1945 Kommandant der II. Slowakischen Partisanenbrigade „General M. R. Štefánik". Nach der Befreiung trat er der Kommunistischen Partei der Slowakei (Komunistická strana Slovenska, KSS) bei, wurde Vorsitzender des Verbands slowakischer Partisanen (Zväz slovenských partizánov, ZSP) und Mitglied des Slowakischen Nationalrats (Slovenská národná rada, SNR). Nach dem Austritt aus der KSS wurde er Gutsverwalter. Nach der kommunistischen Machtübernahme in der Tschechoslowakei im Februar 1948 verfolgt und in einem konstruierten Prozess gemeinsam mit seinen Mitstreitern verurteilt und hingerichtet, wurde er 1968 rehabilitiert.

[4]   Brief Viliam Žingors vom 2.8.1941 an seine Frau Anna Žingorová. Sammlung des Autors.

sowjetischen Bürgern bestand. Bis zum Februar 1944 zählte diese Gruppe 15 Personen, die allerdings nur über eine minimale Bewaffnung verfügte und somit nicht handlungsfähig war. Zudem gab es niemanden, gegen den die Gruppe hätte kämpfen können. Die Slowakische Armee und die slowakischen Sicherheitsorgane bezogen zur Existenz dieser Gruppe nur alibihaft Stellung, wenn sie diese nicht sogar direkt unterstützten. Zudem befanden sich in der Region keine deutschen Einheiten. Dieser Zustand änderte sich erst ab dem 23. März 1944, als es den Sicherheitsorganen gelang, zwei russische Flüchtlinge festzunehmen, die sich unvorsichtig in der Umgebung bewegt hatten. Die Gendarmerie durchsuchte daraufhin die Wälder und stieß dabei auf weitere Partisanen. Bei dem daraus resultierenden Schusswechsel wurde einer von ihnen verwundet und gefangen genommen. Der Leiter des Gendarmerie-Einsatzes kam bei dem Schusswechsel ums Leben. In dem entstandenen Chaos brach die geschwächte Partisaneneinheit de facto auseinander.[5]

Schrittweise wurden die Kontakte erneuert und die Partisanen – belehrt durch den ersten Zusammenstoß – planten ihre Aktivitäten nun gründlicher. In der Folgezeit begannen die dem Widerstand nahestehenden Offiziere der Armee und der Sicherheitseinheiten, Viliam Žingor zu unterstützen und mit Vorräten zu versorgen. Mit der Entwicklung der Lage und der sich verstärkenden Aktivität der Widerstandsgruppen wuchs die Zahl der Mitglieder der Partisanengruppe. Zu Beginn des Sommers 1944 bildete sie eine relevante bewaffnete Einheit, mit der auch die politische und militärische Führung des Widerstands in der Slowakei rechnen musste.[6]

Personen

Die anfangs kleine Gruppe war bis zum Ende des Sommers auf 330 Partisanen angewachsen, deren Zahl stetig weiter zunahm. Unter der Führung von Žingor und Vladimír Jonovič Jeršov[7] erwuchs aus ihnen eine organisierte

---

5   *Dvořák*, Pavel: Kto zabil Viliama Žingora? Cisár, deväť prezidentov a jeden ľudský osud [Wer hat Viliam Žingor umgebracht? Der Kaiser, neun Präsidenten und ein menschliches Schicksal]. Budmerice 1994, 23.

6   Archív Múzea Slovenského národného povstania Banská Bystrica (Archiv des Museums des Slowakischen Nationalaufstands in Banská Bystrica, weiter A MSNP), fond pozostalosť Jaroslava Šolca, Protipartizánske opatrenia slovenskej armády pred SNP [Fonds Nachlass von Jaroslav Šolc, Antipartisanenmaßnahmen der Slowakischen Armee vor dem SNP], prírastkové číslo S 223/86; *Brtáň*, Rudolf: Partizánske akcie v národnom povstaní [Partisanenaktionen im Nationalaufstand]. Turčiansky Svätý Martin 1945, 7.

7   Vladimír Jonovič Jeršov (31.1.1894 Moskau – 5.9.1968 Martin) – russischer Emigrant, Offizier der zarischen Armee. In der Slowakei gab er private Französisch- und Klavierstunden. Im Jahr 1943 begann er den sowjetischen Flüchtlingen aus den Gefangenenlagern zu helfen. Mitorganisator der Partisanenlager in der Region Turiec und der Partisaneneinheiten unter Führung von Piotr Alexejevič Veličko und Viliam Žingor. Bis

Gruppe, die in der gesamten Region Turiec in mehreren Waldlagern verteilt war.

Mitte April 1944 beschlossen Žingor und Jeršov, das erste Waldlager nahe des Dorfes Valča zu gründen. Jeršov übernahm die Versorgung, Žingor die Führung der gesamten Gruppe. Ende April 1944 kam auch Ján Repta in die Region Turiec und wurde der Finanzfachmann und Waffenmeister der gesamten Gruppe, die Mitte Mai 1944 einen Umfang von ungefähr 50 Männern erreicht hatte. Auch die Zahl der Slowaken wuchs an – die Mehrheit der Lager-Besatzung bestand jedoch weiterhin aus Bürgern der Sowjetunion.[8] Aufgrund des Anwachsens der Gruppe beschlossen Žingor und Jeršov, weitere Waldlager zu gründen. So entstanden nach dem 20. Mai 1944 fünf neue Verstecke. Der Stab der Gruppe befand sich im Forsthaus „Pod Stráňami" von Ladislav Frimmel bei Turčiansky Svätý Martin (Turz-Sankt Martin) und umfasste folgende Mitglieder: Kommandant Viliam Žingor, 1. Adjutant Grigorij Sološenko, 2. Adjutant Ladislav Peške, Versorgungsoffizier Vladimír J. Jeršov, 2. Versorgungsoffizier Bohuš Žingor und Waffenmeister Ján Repta.[9]

Die Waldlager waren wie folgt verteilt: Das Lager bei Valča stand unter Führung von Pavel Kolesnikov und zählte ungefähr 15 Mann. Für seine Versorgung waren die Dörfer Dulice, Belá und Žabokreky bestimmt. Später siedelte diese Gruppe in den Raum oberhalb von Necpaly um, womit sich das Valča-Lager leerte.[10] Das Lager in Kantor oberhalb von Sklabiňa führte Ivan Vysockij. Es wurde von den Dörfern Sklabiňa, Podzámok, Štiavnička, Sučany, Dražkovce, Dolný Kalník, Záborie und Horné Jaseno versorgt. Das dritte Lager oberhalb von Vrútky wurde von Nikolaj Surkov geführt und sollte sich aus den Ortschaften Vrútky, Priekopa und Záturčie versorgen. Das vierte unter Führung von Nikolaj Poľakov stehende Lager befand sich oberhalb von Trebostovo und versorgte sich aus Trebostovo, Trnové, Príbovce, Košťany und Sväty Peter. Das fünfte, temporäre Lager befand sich oberhalb von Bystrička und wurde von Emil Kohútik geführt. Dorthin wurden die Neulinge gebracht und dann vom Stab den einzelnen Lagern, Brigaden und Mannschaften zugeteilt. Insgesamt zählte die Partisanengruppe zum 30. Juni 1944 bereits um die 180 Mann.[11] Ende Juli 1944 wurde das letzte Lager gegründet, das jedoch nicht lange genutzt wurde. Geführt wurde es von František Pergtold, versorgt aus Turčianska Blatnica und Sebeslavce.[12]

Kriegsende Mitglied der französischen Staffel der I. Partisanenbrigade „General M. R. Štefánik".

[8] VÚA–VHA, Zb. part. odbojové hnutí v ČS, kr. 33, i. j. 485.

[9] *Žingor*, Viliam (Hg.): Príspevky k dejinám SNP v Turci [Beiträge zur Geschichte des SNP in der Region Turiec]. Turčiansky Svätý Martin 1947, 46–59; Memoiren von Ján A. Sitár. Sammlung des Autors.

[10] *Žingor* (Hg.): Príspevky k dejinám SNP v Turci, 46.

[11] *Brtáň*: Partizánske akcie v národnom povstaní, 10.

[12] *Žingor* (Hg.): Príspevky k dejinám SNP v Turci, 46.

Ab Mai 1944 ist auch ein Zustrom von Slowaken und Tschechen in die Partisanenlager der Region Turiec zu beobachten. In Anbetracht der Kapazität der Standorte wurden ortsansässige Bewohner nicht aufgenommen, sondern nur von den Sicherheitsorganen gesuchte Menschen sowie aus der Armee desertierte Personen – und letztlich auch nur diejenigen, die Waffen mitbrachten. Dieselbe Anzahl sowjetischer Flüchtlinge kam bei den Bewohnern der einzelnen Dörfer unter, teils aus Kapazitätsgründen, hauptsächlich jedoch aufgrund des Unwillens, die dortige Bequemlichkeit mit dem Leben in den Bergen zu tauschen. Die Funktionen im Stab wie auch in den einzelnen Lagern waren klar verteilt. Es wurden Schulungen durchgeführt, Waffen jedoch gab es nur sehr wenige – sie reichten kaum für Wach- und Schulungszwecke. Die seit dem März 1944 nicht bedeutend erweiterte Bewaffnung der Gruppe blieb also weiterhin ein Problem. Die größten Sorgen jedoch machten die sowjetischen Flüchtlinge, die durch einen Mangel an Disziplin auffielen.

Für die weitere Entwicklung der Partisanen in der Region Turiec bedeutete es einen zentralen Wendepunkt, als in der Nacht vom 25. auf den 26. Juli 1944 die vom „Ukrainischen Stab der Partisanenbewegung" (Ukrajinský štáb partizánskeho hnutia, ÚŠPH) in Kiew gesandte Organisationsgruppe von Piotr Alexejevič Veličko im Gebiet um Liptovská Osada abgesetzt wurde.[13] Nachdem die Partisanen Žingors Kontakt mit den Fallschirmjägern aufgenommen hatten, folgte deren Umsiedlung in die Region Turiec. Mit der Ankunft der Sowjets übernahmen Piotr Alexejevič Veličko und Jurij Černogorov Ende Juli 1944 die Führung der Partisanen. Man hatte die Sowjets erwartet und bewunderte sie, aber dennoch bedeutete ihre Ankunft auch eine gewisse Enttäuschung über ihr Vorgehen. Dennoch wurde im August 1944 die Partisanenbrigade „General Milan Rastislav Štefánik" geschaffen, die alle in der Region Turiec entstehenden Partisaneneinheiten unter dem Kommando der Sowjets vereinte. Neben Slowaken und Tschechen bildeten sowjetische Staatsbürger die zahlenmäßig stärkste Gruppe innerhalb der Brigade, dazu kamen einige Dutzend Franzosen unter Kommando von Georges de Lannurien. Anschließend wurden in Kantor in der Zeit vom 13. bis 18. August 1944 drei Partisanenstaffeln organisiert: eine 123 Mann starke Staffel aus entflohenen sowjetischen Gefangenen unter Führung von Nikolaj Alexandrovič Surkov, eine 90 Mann zählende Einheit aus Franzosen unter Führung von Georges de Lannurien und eine ungefähr 120 Mann umfassende Gruppe aus Slowaken unter Führung von Viliam Žingor. Gemeinsam ergab dies eine Mannschaftsstärke von 333 Partisanen.

---

[13] Detailliert dazu: *Vaněk,* Oldřich: Orgány riadenia spravodajských, partizánskych a špeciálnych výsadkových skupín na území bývalého Československa [Führungsorgane der nachrichtendienstlichen, Partisanen- und speziellen Fallschirmjäger-Gruppen auf dem Gebiet der ehemaligen Tschechoslowakei]. In: Vojenská história 9/3 (2005), 105–129.

Am 25. August 1944 übernahm Žingor erneut das Kommando über die Einheit. Nachdem die Zahl der Partisanen rapide angestiegen war und unter den Kommandanten erste Konflikte aufzutreten begannen, bildete sich eine weitere Einheit: die II. Slowakische Partisanenbrigade „General M. R. Štefánik". Deren Führungspositionen übernahmen hauptsächlich Žingors Männer, ergänzt von einigen Russen unter Führung von Konstantin K. Popov aus Veličkos Truppe. Die Einheit zählte bei ihrer Gründung ungefähr 350 Mitglieder. Ihre Mannschaftsstärke wuchs besonders in den Tagen vom 3. und 4. September 1944, als die angeordnete Mobilisierung in der Region Rajec die Gruppe um 1.097 Männer anwachsen ließ. Insgesamt zählte die II. Slowakische Partisanenbrigade „General M. R. Štefánik" auf dem Papier über 1.542 Mitglieder, in der Realität verfügte jedoch maximal die Hälfte von ihnen über Waffen, was ihre Kampfkraft einschränkte. Im Verlauf des Septembers 1944 bildete sich im Rahmen der Brigade auch eine aus slowakischen Deutschen gebildete Staffel. Die Zahl der Sowjets sank in dieser Zeit. Nach Aufzeichnungen vom 24. September 1944 wurden in den Mitgliederlisten der Brigade 1.087 Männer erfasst, davon 995 Slowaken, 74 Tschechen, neun Deutsche, fünf Juden und vier Russen.[14]

Im Anschluss an die Besetzung der Region Rajec durch deutsche Einheiten und die Niederschlagung des Slowakischen Nationalaufstands sank die Zahl der Brigademitglieder. Zudem kam es zum Zerwürfnis zwischen Žingor und Popov, der sich mit einer kleineren Gruppe absetzte und eine eigene Partisaneneinheit bildete. Unter Žingors Führung blieben nur einige der entschlossensten Partisanen in den Bergen zurück. Ihre Zahl wuchs erst mit dem Vorrücken der Front wieder an. Insgesamt hatte die II. Slowakische Partisanenbrigade „General M. R. Štefánik" im Januar 1945 ungefähr 180, Anfang April 1945 dann ungefähr 350 Mitglieder.[15]

Organisation

Im Mai 1944 war die Gruppe Viliam Žingors in einen Stab und sechs sogenannte Waldlager, also de facto Staffeln, organisiert. Nach der Ankunft der Sowjets wurden im August 1944 drei Partisanenstaffeln geschaffen. Die Bildung der slowakischen Partisanenbrigade „General M. R. Štefánik" wurde anschließend am 23. August 1944 in Kiew genehmigt.[16] Danach wurde auch die Organisationsstruktur festgelegt. Die I. Partisanenbrigade begann sich in einen Stab und fünf Staffeln zu gliedern: die sogenannte russische, slowakische und französische Staffel sowie die Diversions- und Kremnica-Staffel. Die

---

14 A MSNP, f. IV, kr. 41, pr. č. S 25/2003.
15 *Žingor* (Hg.): Príspevky k dejinám SNP v Turci, 191–199; Memoiren von Ján A. Sitár. Sammlung des Autors.
16 *Prečan*, Vilém (Hg.): Slovenské národné povstanie. Dokumenty [Der Slowakische Nationalaufstand. Dokumente]. Bratislava 1965, 1012.

seit dem 25. August 1944 bestehende II. Slowakische Partisanenbrigade „General M. R. Štefánik" wurde aus dem Stab und zwei Staffeln gebildet. Bei ihrer Übersiedlung in die Region Rajec schlossen sich ihr weitere Gruppen an. Im Verlauf des Septembers 1944 hatte die Brigade folgende Zusammensetzung: Kommandant Viliam Žingor, stellvertretender Kommandant Ján Repta, Stabschef Ladislav Nosák, Politkommissar Anton Sedláček, Versorgungsoffizier Jozef Fraňo und Militärberater Konstantin K. Popov. Die Kampfeinheiten waren in acht Staffeln geteilt und standen unter Führung von Imrich Bugár, Alojz Ritnošík, Pavel Duháček, Matej Hruška, Rovňák, Viliam Záthurecký und Karol Stráňai. Die größte Kampfkraft der Brigade besaß die Staffel Bugárs, dazu hatten auch die Staffeln von Ritnošík und Hruška einen höheren Wert für den Kampf. Die übrigen Staffeln waren aus verschiedenen Gründen nicht auf dem erforderlichen militärischen Niveau. Ergänzt wurde die Brigade von einer Ersatzkompanie, einer Versorgungsstaffel, einer motorisierten Kolonne und weiteren Hilfseinheiten.[17]

Die Kämpfe Ende September und Oktober 1944 führten fast zum Untergang der Einheit. Die Konsolidierung und Reorganisation der II. Slowakischen Partisanenbrigade „General M. R. Štefánik" endete im Januar 1945. Die Brigade bestand nun aus einem Stab und sechs sogenannten *odriady* (russ. Staffel). Nach der Reorganisation war die Brigade im Januar 1945 erneut kampfbereit und folgendermaßen organisiert: Kommandant Viliam Žingor, I. Stellvertreter Ján Repta, II. Stellvertreter Andrej Ťahúň, Stabschef Eduard Hurta, Bildungsoffizier Ján A. Sitár, Nachrichtenoffiziere Emil Šútovec und Miroslav Knoško, Waffenmeister Viliam Felcan und Slavomír Sýkora, Proviantoffiziere Miloš Frkáň und Andrej Jančovič, Gesundheitsdienst Dr. med. Eduard Sitár und Dr. Sergej Kulikov.[18]

Nach Maßgabe der letzten, seit dem 7. März 1945 geltenden und am 28. März 1945 modifizierten Organisationsstruktur umfasste der Stab folgende Mitglieder: Kommandant Viliam Žingor, Kommissar Andrej Ťahúň, stellvertretender Kommissar und Adjutant des Brigadekommandanten Ivan S. Ibin, Bildungsoffizier Ján A. Sitár, stellvertretender Kommandant und Stabschef Eduard Hurta, Versorgungsoffizier Miloš Frkáň, Waffenmeister Viliam Felcán, Nachrichtenoffizier Milan Šútovec, Kommandant der Stabskompanie Ladislav Felcán, Gesundheitsdienst Dr. med. Eduard Sitár und Dr. Sergej Kulikov. Schon seit Ende Januar 1945 war die Brigade in die folgenden Staffeln unterteilt: Staffel Helena – Kommandant Alojz Ritnošík, Staffel Fatranský Kriváň – Kommandant Ladislav Nosák, Staffel Ľudmila – Kommandant Rudolf Maršala, Staffel Samo – Kommandant Samuel Bibza, Staffel František – Kommandant František Kriegera und Staffel Emília –

---

[17] VHA Praha, Zbírka partizánské odbojové hnutí v ČS, kr. 33. i. j. 487; *Žingor* (Hg.): Príspevky k dejinám SNP v Turci, 81.

[18] *Žingor* (Hg.): Príspevky k dejinám SNP v Turci, 190.

Kommandant Ladislav Felcán.[19] In dieser Form bestand die II. Slowakische Partisanenbrigade „General M. R. Štefánik" bis Mitte April 1945, also bis zur Beendigung ihrer Tätigkeit nach dem Durchzug der Front.

Kampf

Die II. Slowakische Partisanenbrigade „Gen. M. R. Štefánik" ist eine der wenigen Partisaneneinheiten, die während des Slowakischen Nationalaufstandes im Rücken der deutschen Besatzungsarmee kämpfte. Auch im Jahr 1945 griff sie im Rahmen ihrer Möglichkeiten vor der Ankunft der Front mit Diversionsaktionen in das Geschehen ein. In der Zeit des Aufstands lag die Bedeutung der Brigade in der Verteidigung der relativ großen Gebiete von Rajec und Kleiner Fatra, die sie nicht nur einen Monat lang hielt, sondern dabei auch deutsche Einheiten an sich band, die andernfalls für andere Aufgaben eingesetzt hätten werden können. Ihre Tätigkeit wurde von mehreren Faktoren eingeschränkt, wie zum Beispiel der Mannschaftsstärke, der Bewaffnung, Ausrüstung oder Versorgung. Dies machte ihr letztlich größere Aktionen und einen deutlicheren Erfolg unmöglich. Der Spielraum der Brigade hing in hohem Maße davon ab, welche Möglichkeiten den deutschen Einheiten in der Region zur Verfügung standen. Im Verlauf einer Woche vernichteten die deutschen Einheiten die Verteidigungspositionen der Brigade, die damit im Grunde zerfiel. Der Rest der Brigade, der sich in die Berge der Kleinen Fatra und zu einem geringeren Teil auch auf das Aufstandsgebiet zurückzog, war lange Zeit nicht kampfbereit. Er stellte aber weiterhin ein Risiko im Rücken der operierenden deutschen Einheiten dar.[20]

Um den 21. September 1944 – nach dem Rückzug der aufständischen Kräfte aus der Region Turiec und dem Beginn der Aktivitäten der deutschen Staffeln gegen das Rajec-Tal – wurde die Situation der II. Partisanenbrigade „General M. R. Štefánik" kritisch. Es war klar, dass sie das ganze Tal mit ihrer Kampfstärke nicht länger als einige Tage würde halten können. Der Kontakt zum Aufstandsgebiet war in diesen Tagen unmöglich und die Verlagerung der gesamten Brigade nach Osten kam nicht in Frage. Der Brigadestab wandte sich daher mit einem Funkspruch an den ÚŠPH In Kiew mit der Forderung, das Rajec-Tal verlassen und sich in die Berge zurückziehen zu dürfen. Obwohl der Funkspruch zweimal abgesetzt wurde, kam keine Antwort.

---

19 Slovenský národný archív Bratislava (Slowakisches Nationalarchiv Bratislava, weiter SNA), Zbierka Slovenské národné povstanie (Sammlung Slowakischer Nationalaufstand, weiter Zb. SNP), fasc. 13, č. 437; A MSNP, f. XII, pr. č. S 29/84; Vojenský historický archív Bratislava (Militärhistorisches Archiv Bratislava. weiter VHA), Zbierka partizánske hnutie, i. j. 482 und i. j. 483; VÚA–VHA, Zb. part. odbojové hnutí v ČS, kr. 33, i. j. 485; VÚA–VHA, Zbírka dokumentů z Ústředního štábu partizánského hnutí Kyjev (Dokumentensammlung aus dem Zentralen Stab der Partisanenbewegung in Kiew, weiter Zb. dokumentů z ÚŠPH Kyjev), kr. 26, sign. 115–2.

20 *Žingor* (Hg.): Príspevky k dejinám SNP v Turci, 153–155.

Nachdem die deutschen Einheiten der Panzerdivision „Tatra" ihre Hauptaufgabe – die Niederschlagung des Aufstands in der Region Turiec und der Freigabe der Eisenbahnstrecke von Žilina (Sillein) nach Ružomberok (Rosenberg) – erfüllt hatten, konnten sie größere Kräfte gegen die II. Slowakische Partisanenbrigade „General M. R. Štefánik" einsetzen. Dies geschah nach dem Plan des deutschen Kommandanten in der Slowakei, des Obergruppenführers der Schutzstaffel (SS) Hermann Höfle, der Folgendes vorsah: „[...] die Säuberung des Bandengebiets im Raum Žilina sowie östlich und nordöstlich von Trenčín durch Einheiten der Pz. Div. [Panzerdivision, die Hg.] Tatra und der SS-Kampfgruppe Schill".[21] Was die deutschen Einheiten zuvor einen Monat lang nicht geschafft hatten, erreichten sie jetzt binnen einer Woche. Ab dem 22. September 1944 unternahmen sie mehrere Angriffe mit Unterstützung der Panzertechnik. Die Kämpfe zeigten, dass die eingekesselte Brigade nicht in der Lage sein würde, dem Ansturm der stärkeren deutschen Einheiten langfristig standzuhalten. Der Stab der Brigade gab den Einheiten den Befehl, sich unter dem Ansturm in die naheliegenden Bergregionen zurückzuziehen. Die einzelnen Staffelkommandanten der Brigade wurden – für den Fall, dass sie vom Stab getrennt werden sollten – mit Anweisungen und Bargeld ausgestattet. Die zerschlagenen Einheiten sollten sich in drei Gebieten sammeln: Súľov – Babkov – Hradno (12 Kilometer südwestlich von Žilina), Fačkov – Domaniža – Pružina (28 Kilometer südwestlich von Žilina) und im Gebiet der Martiner Alm, in 1.477 Meter Höhe auf dem Berg Veľká Lúka. Bis zum 26. September 1944 konnten die Einheiten der Panzerdivision Tatra relativ leicht Rajecké Teplice, Kunerad, Rajec und Fačkov besetzen und das gesamte Rajec-Tal unter ihre Kontrolle bringen.[22] Infolge des konzentrierten Angriffes von drei Seiten kam es dabei zum vollständigen Zerfall der Organisation der II. Slowakischen Partisanenbrigade „General M. R. Štefánik". Die Brigade war nicht fähig, diesem Angriff die Stirn zu bieten, und nur ihre fähigeren Staffeln bzw. deren Teile zogen sich kämpfend zurück, mehrheitlich in den Raum der Kleinen Fatra. Dennoch kam es nicht zur vollständigen Zerschlagung der Einheiten der Brigade, die der Gefangenschaft und Vernichtung entgingen. Dies ist auch in der Abendmeldung des SS-Obergruppenführers Hermann Höfle vom 20. September 1944 belegt: „Bei den Säuberungsmaßnahmen im Raum südlich von Žilina entkam eine Masse von Banden in die Waldgebiete im Osten und Westen von der Chaussee von Žilina – Fačkov."[23] Deswegen plante die Führung der Division „Tatra" für den 27. September 1944 eine Aktion im Raum des Kunerad-Tals, die auf die völlige Liquidierung der Partisaneneinheiten in diesem Gebiet abzielte.

---

[21] *Bosák,* Pavel: Z bojových operácií na fronte SNP [Von den Kampfoperationen an der Front des SNP]. Bratislava 1979, 91.

[22] *Prečan,* Vilém (Hg.): Slovenské národné povstanie. Nemci a Slovensko 1944. Dokumenty [Der Slowakische Nationalaufstand. Die Deutschen und die Slowakei 1944. Dokumente]. Bratislava 1971, 546.

[23] *Ebenda,* 547.

Bis zum 5. Oktober 1944 zerfiel die Brigade als organisatorische Einheit und ihre Reste kämpften unter schwierigen Gebirgs- und Klimabedingungen unter den ständigen Angriffen der deutschen Einheiten ums Überleben. Die Mehrheit der Vorräte war beim Rückzug aus Rajec verloren gegangen und die Reste verdarben in der voranschreitenden Winterwitterung schnell.[24]

In den Monaten November und Dezember 1944 ging die personelle Stärke der Brigade stark zurück. In den Bergen verblieb nur ein kleiner Teil der Partisanen, die lediglich einige wenige Diversionsaktionen unternehmen konnten. Ansonsten bestand ihre Kampftätigkeit aus der Verteidigung gegen Anti-Partisanen-Operationen der deutschen Einheiten. Der gefährlichste Gegner in dieser Periode waren die Einheiten der 14. Waffen-Grenadier-Division der SS „Galizien" und der aufgrund ihres brutalen Vorgehens gegen die Zivilbevölkerung zur traurigen Bekanntheit gelangten Anti-Partisanen-Einheit „Edelweiss".

Nach der Konsolidierung der Verhältnisse und im Zusammenhang mit dem Herannahen der Front begann erneut ein Zustrom von Kämpfern in die Staffeln der Brigade. Ab Januar 1945 erhöhte sich die Zahl der Partisanen und die Situation konsolidierte sich. Nach Ankunft der sowjetischen Partisanengruppe „Pogudin" gelang es erneut, eine Verbindung mit dem Stab der Partisanenbewegung an der 4. ukrainischen Front zu knüpfen. Auch die Diversionstätigkeit konnte schrittweise wieder aufgenommen werden. In Anbetracht dieser neuen Verhältnisse konnte die Brigade es sich erlauben, ihre Tätigkeit zu intensivieren. Die einzelnen Staffeln operierten mehrheitlich selbstständig, die Verbindung war aufgrund der klimatischen Verhältnisse recht problematisch. Am besten beschrieben wird die Situation in einem im März 1945 verfassten Brief Viliam Žingors:

Bislang bereiten wir uns auf die kommenden Ereignisse vor, also auf das wahrscheinliche Eintreffen der feindlichen Kampfeinheiten in unserem Land. Wir bauen neue Lager und Depots, damit wir im Falle einer Übermacht unbemerkt an einen neuen Ort wechseln können. Die Verlagerung an einen vereinbarten Ort ziehe ich nur für den äußersten Notfall in Betracht.
Aktionen führen wir in dieser Zeit vorläufig nicht durch. Die letzten Fälle erwiesen sich nahezu als bedeutungslos. Die Transporte fahren langsam und das Herausreißen der Schienen richtet nur unnötig die Aufmerksamkeit auf unser Gebiet und lässt sich schnell beheben. Durchs Gebirge gibt es kein Durchkommen und der uns dennoch gelieferte Astralit [ein Bergbausprengstoff, die Hg.] hat schon zweimal nicht gezündet. Stattdessen führen wir verstärkt Aufklärertätigkeiten durch und sammeln Waffen, an denen es uns mangelt, insbesondere leichte Maschinengewehre. Ich warne Euch vor übereilten Aktionen, besonders vor dem Überfall feindlicher Patrouillen in den Dörfern. Besser sind Überfälle im freien Terrain. Wenn wir zu offen auftreten, wendet sich der Feind gegen uns, und unsere Dörfer

---

[24] *Žingor* (Hg.): Príspevky k dejinám SNP v Turci, 184–187.

bekommen es am stärksten zu spüren. Wir haben immer noch nicht genügend Verteidigungsmittel und in den Bergen liegt viel Schnee.[25]

Der Stab gab ebenfalls den Befehl, die deutschen Überfallkommandos nicht in der Nähe der Dörfer zu überfallen, damit die Deutschen keinen Grund hatten, sich an der Zivilbevölkerung zu rächen. Diese sorgte zudem für die Versorgung der Brigaden und ein bedeutender Teil der Partisanen hatte in diesen Dörfern Angehörige.

Die Brigade unternahm ab Januar 1945 Dutzende Diversionsaktionen und lieferte sich auch einige kleinere Scharmützel mit den deutschen Einheiten. Bei den Diversionsaktionen zielte sie vor allem auf die Verkehrswege, auf die Eisenbahn und auf Industrieobjekte. In den Kämpfen traf sie mit verschiedenen deutschen und ungarischen Einheiten zusammen, die im frontnahen Bereich aktiv waren, und anschließend vor allem mit der 320. Volks-Grenadier-Division, die für die Verteidigung der Region Turiec zuständig war. Anfang April 1945 hatte die II. Slowakische Partisanenbrigade „General M. R. Štefánik" zudem mit dem Tschechoslowakischen Armeekorps Kontakt aufgenommen und beteiligte sich gemeinsam mit diesem an der Befreiung des Gebiets um Martin und am weiteren Vormarsch der Armee in Richtung Žilina.[26]

Leben

Die Bedingungen in den Partisanenlagern der Brigade waren hart. Während der Sommerzeit von Juni bis September 1944 litten die Partisanen unter einer mangelhaften Versorgung. In dieser Periode gab es zwar verhältnismäßig ausreichend Lebensmittel, doch der Mangel an militärischer Ausrüstung dauerte an. Nicht alle Partisanen konnten mit Uniformen ausgestattet werden und mussten sich deshalb mit Uniformteilen und Zivilbekleidung begnügen. An Ausrüstung gab es nie genug, aber bis zum Oktober 1944 konnte die Belieferung zumindest aus den Lagern der aufständischen Armee erfolgen. Die folgende Periode dagegen war die schwierigste: Die Brigade wurde nicht mehr zentral beliefert und musste sich mit ihren bescheidenen Vorräten und der Hilfe der Zivilbevölkerung begnügen. Besonders im Laufe des Winters 1944/45 geriet die Brigade hinsichtlich der materiellen Ausstattung in Schwierigkeiten. Waffen und Munition litten unter dem Mangel an Konservierungsmitteln und unter der Feuchtigkeit. Die Schmieröle der Waffen froren im starken Frost ein – andererseits führte deren geringer Einsatz wiederum zum vorzeitigen Verschleiß. Insgesamt kämpfte die Brigade mit einem Mangel an automatischen Waffen. Wie die Bewaffnung litt auch die allgemeine Ausrüstung unter den Witterungsbedingungen und konnte in Erman-

---

[25] Brief Viliam Žingors vom 15.3.1945 an Konstantin Karpovič Popov. VÚA–VHA, f. Zb. dokumnentů ÚŠPH Kyjev, kr. 27, sign. 115-2.

[26] *Žingor* (Hg.): Príspevky k dejinám SNP v Turci, 199 und 213–215.

gelung von Reserven nicht ersetzt werden. Deshalb wurden strenge Strafen
für diejenigen angeordnet, die nicht angemessen für ihre Ausrüstung Sorge
trugen. Für die Einhaltung war jeder Kommandant persönlich verantwortlich. Die Kleidung unterlag ebenfalls einem schnellen Verschleiß und konnte
nicht ersetzt werden. Deshalb trugen die Partisanen in dieser Periode eine
bunte Mischung von Kleidung – von slowakischen Uniformen über Zivilbekleidung einschließlich Skihosen bis hin zu erbeuteten Teilen deutscher Uniformen. Aufgrund der Schneemassen, die jede Bewegung erschwerten, konnten sie sich nur auf Skiern fortbewegen. Da es jedoch auch hieran fehlte, gab
es auch Versuche, aus den Kisten von Handgranaten Schneeschuhe herzustellen.[27]

Ein ebenso großes Problem war der Mangel an Lebensmitteln, besonders
im Winter 1944/45.[28] Die Versorgung der einzelnen Staffeln der Brigade
wurde durch die umliegenden Dörfer gesichert und oblag dem leitenden Versorgungsoffizier Miloš Frkáň. In der Zeit des Mangels kam es auch zu Unzu-
friedenheitsbekundungen hinsichtlich der Verpflegung. Dazu gab es auch
Fälle egoistischen Handelns, die Žingor persönlich klären musste.

Aufgrund der unzureichenden Möglichkeiten zur Wahrung der persönlichen Hygiene breiteten sich verschiedene Parasiten aus. Der Kommandant
ordnete daher eine tägliche Kontrolle der Mannschaft an. Wer die Hygiene-
vorschriften nicht einhielt, konnte mit dem Verlust der Funktion und ggf.
auch des Ranges bestraft werden. Was sich im Fall der Ausrüstung irgendwie
realisieren ließ, war in diesem Fall deutlich problematischer. Der starke Frost
und die Schneemassen ermöglichten keine ausreichende persönliche Hygiene, nur manchmal boten sonnige Tage die Gelegenheit, sich im Schnee zu
säubern. Trotz dieser Komplikationen gelang es – bis auf Einzelfälle – in allen
Lagern der II. Partisanenbrigade den Ausbruch von Epidemien oder anderen
Krankheiten zu vermeiden, die die Kampfkraft der Staffeln respektive der
Brigade als Ganzes geschwächt hätten.[29]

Politik

Während des Kampfeinsatzes der II. Slowakischen Partisanenbrigade „General M. R. Štefánik" spielte die Politik eine relativ geringe, jedoch nicht unbe-
deutende Rolle. Unter dem sowjetischen Einfluss wurde die Organisationsstruktur um die Institution des Politkommissars erweitert, die in der Gruppe
Žingors zuvor nicht existiert hatte. Als erster Kommissar wurde Karol Bacílek

---

27 Memoiren von Ján A. Sitár. Sammlung des Autors.
28 Memoiren von Juraj Dubovec.. A MSNP, f. XII, pr. č. S 117/89.
29 VÚA–VHA, Zbírka partizánské odbojové hnutí v ČS, kr. 33, i. j. 486; Memoiren von Ján
    A. Sitár. Sammlung des Autors; Memoiren von Milan Šútovec. Sammlung des Autors.

bestimmt.[30] Er übte seine Funktion jedoch praktisch nicht aus, obwohl er gemeinsam mit der Brigade in das Rajec-Tal umsiedelte. Anfang September ging er dann nach Banská Bystrica (Neusohl), wo er im „Hauptstab der Partisaneneinheiten" (Hlavný štáb partizánskych oddielov) tätig war. Zu seinem Nachfolger wurde – unter nicht ganz geklärten Umständen – am 14. September 1944 Anton Sedláček ernannt.[31] Nach dem Rückzug der Brigade aus Rajec auf die Martiner Alm und ihrer am 5. Oktober 1944 vollzogenen Aufteilung schloss sich Sedláček der Gruppe von Konstantin K. Popov an, der schon länger gegen Žingor intrigiert hatte.[32] Dies war logisch, denn das Vertrauen der Žingor-Gruppe hatte Sedláček nie gewonnen.[33]

In der von Anfang Oktober 1944 bis Januar 1945 dauernden Reorganisationsphase der Brigade blieb die Funktion des Kommissars unbesetzt. Erst nach der Konsolidierung der Verhältnisse wurde im Januar Alexander Ťahúň zum Politkommissar der Brigade ernannt. Er war in dieser Funktion bis Ende März 1945 tätig, obwohl er kein Mitglied der Kommunistischen Partei war und zudem gar nicht im Partisanenlager lebte. Er war stattdessen weiter in seinem Zivilberuf in Martin tätig und sicherte die Versorgung der Brigade.[34] Abgelöst wurde er schließlich von Ján Alexander Sitár[35], der ebenfalls kein

---

[30] Karol Bacílek (12.10.1896 Chotánky – 19.3.1974 Bratislava) – langjähriger Funktionär der Kommunistischen Partei der Tschechoslowakei in der Slowakei. Während des Zweiten Weltkriegs im Exil in der Sowjetunion. Im Juli 1943 wurde er gemeinsam mit Karol Šmidke in Polen abgesetzt, mit der Aufgabe, in die Slowakei zu gelangen. Der Aufstand ereilte ihn in der Region Turiec, wo er Kommissar der II. slowakischen Partisanenbrigade „General M. R. Štefánik" wurde. Ab Mitte September wirkte er im Hauptstab der Partisaneneinheiten in Banská Bystrica.

[31] Anton Sedláček (13.6.1901 Žilina – 15.11.1944 Žilina) war in der illegalen Bezirksleitung der KSS in Žilina aktiv und wurde für seine Tätigkeit mehrfach inhaftiert. Im Oktober 1944 wurde er Mitglied der II. Slowakischen Nationalen Partisanenbrigade „Konstantin K. Popov", später nahm ihn die Anti-Partisanen-Einheit „Kampfgruppe Edelweiss" gefangen und übergab ihn dem Einsatzkommando 14 in Žilina. Für seine Tätigkeit wurde er zum Tode verurteilt und am 15.11.1944 in Žilina öffentlich hingerichtet.

[32] Konstantin K. Popov verfügte über ein Funkgerät zur Verbindung mit dem Kiewer Partisanenstab. Diesen Umstand nutzte er zu seinen Gunsten, indem er sich ohne Wissen des tatsächlichen Stabs der Brigade als deren Kommandant ausgab und in diesem Geist auch nach dem Krieg Bericht erstattete. Darin wird aufgeführt, dass die Gruppe Viliam Žingors nur ein Teil seiner Brigade gewesen sei. Dies entspricht jedoch nicht der Wahrheit.

[33] Memoiren von Milan Šútovec. Sammlung des Autors.

[34] Memoiren von Ján A. Sitár. Sammlung des Autors.

[35] Ján A. Sitár (9.4.1924 Priekopa – 14.4.2006 Prag) knüpfte als Gymnasialstudent Kontakte mit den Widerständlern um Vladimír Jeršov. Im Sommer 1944 übernahm er die Versorgung von Partisanenlagern und war Verbindungsmann des Stabs. Während des Aufstands kämpfte er in der Strečno-Schlucht sowie in Priekopa und Pohronská Polhora. Im Dezember 1944 kehrte er zur II. Slowakischen Partisanenbrigade „General M. R. Štefánik" zurück – zunächst als reguläres Staffelmitglied, später als Politkommissar der Brigade. Nach Kriegsende wurde er im Zusammenhang mit dem Žingor-Prozess zu 20 Jahren Gefängnis verurteilt, von denen er zehneinhalb Jahre in verschiedenen Gefängnissen verbüßte, einschließlich in dem für den Uranbergbau errichteten Straflagerkomplex Jáchymov (Sankt Joachimsthal). Im Jahr 1968 wurde er rehabilitiert.

Mitglied der Kommunistischen Partei war. Viliam Žingor übertrug ihm diese Funktion mit den Worten: „Nimm an, sonst schicken sie uns irgendeinen Russen her"[36]. Diese Aussage zeugt von der Meinung Žingors über die Wirkung der Sowjets im Stab der Brigade und beruht sicherlich auf seinen vorausgegangenen Erfahrungen. Die Funktion des Kommissars beeinflusste die Tätigkeit Sitárs in der Einheit nicht: Abgesehen davon, dass er als Mitglied des Stabes galt, handelte er wie ein normaler Partisan und beteiligte sich an fast allen Kampfeinsätzen. Er verblieb in dieser Funktion, bis die Brigade ihre Tätigkeit beendete.

Noch im September 1944 entstand bei der II. Slowakischen Partisanenbrigade „General M. R. Štefánik" in Kunerad eine Organisation der Kommunistischen Partei der Slowakei. Den Vorsitz übernahm Karol Stráňai, der zudem auch die Funktion des stellvertretenden Stabschefs und Staffelkommandanten innehatte. Die KSS-Organisation begann auch die Zeitschrift „Partizán" (Partisan) herauszugeben, in deren Redaktion neben Stráňai auch Anton Sedláček, Rudolf Pribiš und Helena Fridmanová tätig waren. Es wurde jedoch nur eine einzige zweiseitige Ausgabe veröffentlicht.[37]

In den Memoiren der Partisanen finden sich keine Angaben über irgendeine konkrete Aktivität der KSS-Organisation. Die Partisanen hatten völlig andere Sorgen, als sich mit Politik zu befassen, auch wenn der Kommunismus in ihren Reihen zunehmend zu einer sehr modischen Angelegenheit wurde. Nach Angaben vom 24. September 1944 umfasste die Brigade 1.087 Männer, davon waren jedoch nur 135 Mitglieder irgendeiner politischen Partei. 56 Partisanen waren KSS-Mitglieder, dazu gab es 33 Sozialdemokraten. 26 Partisanen waren Mitglieder der Hlinka-Partei (Hlinkova slovenská ľudová strana, HSĽS), weitere 15 Agrarier und fünf Mitglieder der Tschechoslowakischen Volkssozialistischen Partei (Československá strana národně socialistická, ČSNS). Der reale Einfluss der Kommunisten auf die II. Slowakische Partisanenbrigade „General M. R. Štefánik" war also im September 1944 minimal und später während des Winters quasi nicht existent. Die Wirkung der KSS-Organisation im September 1944 im Rajec-Tal war auf einen engen Kreis von Menschen begrenzt. Die Politkommissare der Brigade übten ihre Funktion entweder nicht im Alltag aus oder beschäftigten sich unter dem Einfluss der Ereignisse mit anderen Aufgaben. Einen wirklich massiven Zustrom von Partisanen aus der genannten Brigade verzeichnete die KSS erst nach Kriegsende.

---

[36] Memoiren von Ján A. Sitár. Sammlung des Autors.
[37] *Plevza*, Viliam (Hg.): Dejiny slovenského národného povstania 1944 [Geschichte des SNP 1944]. Bd. 5: Encyklopédia odboja a SNP [Enzyklopädie des Widerstands und des SNP]. Bratislava 1985, 375.

Verbrechen

Krieg und revolutionäre Ereignisse – und ein solches war der Slowakische Nationalaufstand im Sommer des Jahres 1944 zweifelsohne – bringen Begleiterscheinungen mit sich, die den moralischen Prinzipien des Lebens in Friedenszeiten zuwiderlaufen: brutal ausgetragene Feindseligkeiten, die Begleichung persönlicher Rechnungen sowie mit rücksichtslosen Methoden durchgesetzte politische Ziele. Den führenden Kräften solcher Bewegungen schließen sich zudem Elemente an, die nur ihren persönlichen Vorteil verfolgen, weshalb es zu Rache-, Plünderungs- und Mordaktionen kommt. Die Partisanenbrigade „General M. R. Štefánik" war dabei keine Ausnahme. Auch ihr schlossen sich Menschen an, deren Charakter man als zweifelhaft oder direkt verbrecherisch bezeichnen kann.

Die sowjetische Führung in der Region Turiec hatte Morde an der Zivilbevölkerung zu verantworten. Die Partisanen beziehungsweise die verschiedenen kriminellen Elemente, die sich ihnen anschlossen, verübten in mehreren Fällen ebenfalls Plünderungen und Morde. So kam es im Stab der Partisanen im Dorf Sklabiňa zu zahlreichen Mordtaten, besonders an der Bevölkerung deutscher Nationalität und an Vertretern des Regimes. Dies vollzog sich unter der Regie sowjetischer Partisanen und verursachte große Empörung unter den Slowaken und Franzosen. Obwohl Viliam Žingor mehrfach zugunsten verhafteter Personen intervenierte, wurden in Sklabiňa dennoch mehr als 100 Menschen ermordet.[38]

Zu einem ähnlichen Vorfall kam es später in der Region Rajec. Während der Abwesenheit von Kommandant Žingor im Stab wurde Konstantin K. Popov mit dem Kommando betraut. Allem Anschein nach beging die Gruppe um Popov und den Politkommissar Anton Sedláček in der Zeit vom 15. bis 19. September 1944 mehrere Verbrechen und sogar auch Morde nahe der Ortschaft Konská.[39] Diese Taten sind dem sogenannten Tribunal unter Führung von Popov und Kommissar Anton Sedláček zuzurechnen, dessen Aufgabe „[...] die Verurteilung gefangener Spione und verdächtiger Elemente" war.[40] Die Zahl der Ermordeten ist nicht gänzlich geklärt, es handelt sich vermutlich um 15 bis 20 Personen, in überwältigender Mehrheit unschuldige Zivilisten und einige Gefangene.

Die Zahl der Opfer der Partisanen in der Region Turiec ist bislang nicht umfassend aufgearbeitet und kann daher lediglich auf Grundlage der bislang bekannten Informationen auf ungefähr 200 Personen – überwiegend slowa-

---

[38] *Žingor* (Hg.): Príspevky k dejinám SNP v Turci, 104; Memoiren von Ján Garaj. Sammlung des Autors; Vgl. auch: Považský, Jozef: Koniec legendy o misii generála Paula von Otta [Das Ende der Legende über die Mission des Generals Paul von Otto]. Martin 1996.

[39] A MSNP, f. Nachlass Jaroslav Šolec, kr. 11, pr. č. S125/86, Hlásenie hlásky číslo 4 a číslo 24 z 3.10.1944 [Mitteilung Nr. 4 und Nr. 24 vom 3.10.1944]; Obete židoboľševických vrahov [Opfer jüdisch-bolschewistischer Mörder]. In: Nový svet Nr. 43 v. 21.10.1944, 2.

[40] A MSNP, f. IV, kr. 41, pr. č. S25/2003.

kische Deutsche – beziffert werden. Auf das Konto der II. Slowakischen Partisanenbrigade geht nur ein geringer Teil dieser Opferzahlen. Für diesen trägt zwar der Stab der Brigade die Führungsverantwortung, verursacht wurde er jedoch von Individuen, die die Atmosphäre und die gelockerte Disziplin in den Partisaneneinheiten nutzten, um ihrem verbrecherischen Charakter freien Lauf zu lassen. Dass es sich nicht bei allen Opfern in Sklabiňa und Kunerad um wirkliche Feinde, sondern auch um unschuldige Opfer handelte, haben teilweise auch die Partisanen in der Region Turiec zugegeben – sicherlich als erste, wenn nicht sogar als einzige in der Slowakei. So schrieb Žingor schon im Jahr 1947:

> Unter den Hingerichteten waren auch Personen, die eine solche Strafe vielleicht überhaupt nicht verdient hatten. Solche Fälle gab es jedoch nur sehr wenige, sie lassen sich erklären durch die nicht-objektive Voreingenommenheit der Bevölkerung gegenüber diesem oder jenem Individuum sowie dem großen Hass auf die Deutschen und die ganz klar verständliche Situation, die damals entstand. [41]

Nach der Aufteilung der Brigade im Oktober 1944 begingen deren Mitglieder keine weiteren Verbrechen. Grund hierfür war vor allem die Beziehung zu der Zivilbevölkerung im Wirkungskreis der II. Slowakischen Partisanenbrigade „General M. R. Štefánik". Diese Beziehung war dadurch beeinflusst, dass die Mehrheit der Partisanen aus den Ortschaften stammte, die ihre Versorgung sicherten, oder starke familiäre Bindungen dorthin hatten. Diese Dörfer unterstützten sie daher, sofern es um ihre Nächsten ging, was im Rajec-Tal keine ganz alltägliche Erscheinung war.

So unmenschlich und verurteilenswert die Repressionen vonseiten der Partisanen auch waren, so sind sie doch nicht mit dem Terror zu vergleichen, den die deutschen Einheiten nach der Besetzung der Region entfesselten. Die Staffeln des Sicherheitsdienstes (SD), die in der Slowakei der „Einsatzgruppe H Sipo" und dem SD unterstanden, haben allein auf dem Gebiet der Bezirke Martin und Žilina, in denen die II. Slowakische Partisanenbrigade „General M. R. Štefánik" aktiv war, über 400 Personen ermordet, eine Vielzahl weiterer verhaftet und in Gefangenen- und Konzentrationslager verschleppt.[42] Dazu muss erwähnt werden, dass kaum eines der Opfer der deutschen Repressalien im Umfeld der Personen der II. Partisanenbrigade mit der Waffe in der Hand gegen die deutsche Armee gekämpft hatte. In der Mehrheit der Fälle handelte es sich um völlig unschuldige Opfer der deutschen Sicherheitseinheiten während des Anti-Partisanen-Krieges in der Slowakei.

---

[41] *Žingor* (Hg.): Príspevky k dejinám SNP v Turci, 104.
[42] Vgl. detailliert dazu: *Pažúr*, Štefan (Hg.): Fašistické represálie na Slovensku [Faschistische Repressalien in der Slowakei]. Bratislava 1982; *Halaj*, Dušan (Hg.): Fašistické represálie na Slovensku [Faschistische Repressalien in der Slowakei]. 2. erg. und erweit. Aufl. Bratislava 1990.

Frieden

Die Nachkriegsschicksale der Mitglieder der II. Slowakischen Partisanenbrigade „General M. R. Štefánik" verliefen ebenso interessant wie ihre Kampftätigkeit. Zum 11. April 1945 zählte die II. Slowakische Partisanenbrigade „General M. R. Štefánik" 487 Mitglieder. Nach dem Ende der Kämpfe kehrte ein Teil von ihnen nach Hause zurück – der andere Teil der II. slowakischen Partisanenbrigade blieb bestehen und sammelte sich bei der Führung des 1. Tschechoslowakischen Armeekorps in der UdSSR in Martin. Hier verhandelte die Brigadeführung mit den tschechoslowakischen und sowjetischen Armeeführungen. Im Verlauf des 11. bis 12. April 1945 übernahm die sowjetische Führung auch die sowjetischen Mitglieder der II. Slowakischen Partisanenbrigade „General M. R. Štefánik", die schnellstmöglich in Gewahrsam genommen, in Waggons verladen und in die UdSSR transportiert wurden. Auch Viliam Žingor verließ die Slowakei und begab sich zwecks Abgabe eines Berichts, eines sogenannten *otčot* (russ. Bericht), den er im Hauptstab der Partisanenbewegung geschrieben hatte, nach Polen. In die Slowakei kehrte er am 4. Mai 1945 zurück.[43]

Die Partisanen behielten eine relativ große Zahl von Waffen in ihrem persönlichen Besitz. Im Verlauf des Sommers 1945 versteckten sie diese heimlich auf einen Bauernhof in Trebostovo.[44] Dort blieben die Waffen unentdeckt, bis sie die kommunistische Staatssicherheit (Štátna bezpečnosť, weiter ŠTB) im Jahr 1949 beschlagnahmte.[45] Dies ist paradox, da die Waffen ursprünglich nach einem Plan der Kommunisten versteckt worden waren. Letztendlich dienten sie ihnen, wenn auch auf völlig andere Art und Weise. Unmittelbar nach der Befreiung begannen sich Viliam Žingor und viele weitere Partisanen in der Politik zu engagieren. Im Jahr 1945 wurde Žingor Mitglied der Kommunistischen Partei der Slowakei. Im Juli 1945 übernahm er die Funktion des Generalsekretärs und im August 1945 den Vorsitz im Verband slowakischer Partisanen. In derselben Zeit wurde er Mitglied des Slowakischen Nationalrates. Hier begannen sich jedoch bereits seine von der Politik der KSS abweichenden Ansichten zu zeigen. Er wurde ein Bewunderer von Josip Broz Tito und dessen Politik in Jugoslawien. Da sich seine Meinung parallel zur Verschärfung der Politik der KSS veränderte, entschied sich Žingor am 28. Februar 1947, seine Funktion im Verband slowakischer Partisanen aufzugeben,

---

43 Archiv bezpečnostních složek Praha (Archiv der Sicherheitsdienste Prag, weiter ABS), H-543-III-2, Viliam Žingor a spol.

44 Memoiren von Ján A. Sitár. Sammlung des Autors.

45 Schon im Jahr 1945 wurde eine Waffensammlung bei den Partisanen durchgeführt, doch viele gehorchten diesem Aufruf nicht und behielten die Waffen illegal in ihrem persönlichen Besitz. In dieser Periode meldete auch Jozef Kubík, dass auf seinem Grundstück Waffen gelagert waren – der nationale Sicherheitsdienst reagierte auf diese Information jedoch nicht und „entdeckte" sie erst aufgrund einer Anzeige im Jahr 1949. Dabei handelte es sich um eine offensichtliche Ausnutzung des Waffenfundes im inszenierten politischen Prozess gegen Viliam Žingor und die Personen aus seinem Umfeld.

und trat am 17. Juni 1947 auch aus dem Klub der KSS-Vertreter im SNR und aus der Kommunistischen Partei aus. Dies alles geschah nach verschiedenen Missverständnissen, unerfüllten Ambitionen und Kontakten mit Mitgliedern der Demokratischen Partei, beispielsweise mit Martin Kvetko und anderen. Die Tageszeitung „Čas" (Die Zeit) kommentierte damals:

[...] weil er nicht mit ihrer katastrophalen Politik [d. h. der Politik der KSS, Anm. d. A.]. übereinstimmt [...] hatte er seinen nächsten Freunden schon vor längerer Zeit erklärt, dass er diese Partei verlässt, da er sieht, dass sie das Volk in den Untergang treibt und dass man hier keine Verbesserung erwarten könne.[46]

Der charismatische Viliam Žingor wurde so Teil des politischen Kampfes in der Slowakei, was ihm die KSS-Führung nicht verzieh. Unmittelbar nach der Machtübernahme der Kommunisten am 5. März 1948 enthob sie ihn all seiner Funktionen. Anschließend arbeitete Žingor in wechselnden Berufen. Er nutzte daher die Möglichkeit, in die Hütte im Račková-Tal überzusiedeln, was später als Gang in die Berge – als zweiter Aufstand – dargestellt wurde. Im November 1949 endete die von der ŠTB organisierte Aktion Turiec mit der Verhaftung von ungefähr 200 Personen aus dem Umfeld Žingors.[47] Sie wurden der staatsfeindlichen Tätigkeit und der Vorbereitung eines bewaffneten Aufstands beschuldigt. Belastet wurden sie auch durch die in Trebostovo versteckten Waffen, von denen es paradoxerweise dieses Mal hieß, dass sie angeblich gegen das kommunistische Regime eingesetzt werden sollten.

Von den Angehörigen der II. Partisanenbrigade und ihrem Umfeld wurde nicht nur Viliam Žingor verhaftet, inhaftiert wurden auch Ladislav Nosák, Samuel Bibza, Jozef Kubík, Alexander Pavlis, Jozef Hrušák, Elena Bolubášová, Ján Lichner sowie Ján Alexander Sitár und viele weitere Personen. Man beschuldigte sie, bewaffneten Widerstand geplant zu sowie Kontakte mit General Heliodor Píka und westlichen „Imperialisten" aufgebaut zu haben. Die Betroffenen wurden in unmenschlichen Verhören in Bratislava und Prag gebrochen und gestanden alles, selbst Žingor war „bereit auszusagen, dass mit ihm anständig verfahren worden war".[48] Die Fotografien aus dem Gerichtsprozess bezeugen jedoch etwas anderes. Der vom 18. bis 21. Oktober 1950 vor dem Staatlichen Gericht in Bratislava geführte politische Prozess endete mit Todesurteilen für Žingor, Nosák und Bibza. Die übrigen Partisanen erhielten langjährige Gefängnisstrafen in den härtesten Gefängnissen und Arbeitslagern. Die Todesurteile wurden am 18. Dezember 1950 vollstreckt.

Aus den gefeierten Helden waren innerhalb weniger Jahre Verbrecher sowie Agenten westlicher Imperialisten und des verbrecherischen Tito-Regimes geworden. Während in den Jahren 1945 bis 1947 die Tätigkeit der Brigade

---

[46] *Halaj,* Dušan: Generálmajor Viliam Žingor. 30.7.1912 –18.12.1950. Banská Bystrica 1990, 27.
[47] Vgl. detailliert zur Polizeiaktion Turiec und zum Prozess gegen Viliam Žingor: *Jablonický,* Jozef: Podoby násilia [Formen der Gewalt]. Bratislava 2000, 131–194.
[48] ABS Praha, H-543-IV, Viliam Žingor a spol.

und auch die Leistung von Žingor selbst heroisiert und die Kampferfolge überbewertet worden waren, trat nach Beendigung der Provokationsaktion der ŠTB das genaue Gegenteil ein. Die Partisanen der Brigade wurden mehrheitlich kriminalisiert und ihre Kampftätigkeit bagatellisiert. Im Jahr 1968 wurden einige Gerichtsverhandlungen durchgeführt, die alle Teilnehmer der „Žingoriade" rehabilitierten. Mit Erlass des Urteils am 29. April 1968 erfuhren sie somit eine Rehabilitation. Die verlorenen Leben, die vernichtete Gesundheit und das zerstörte Familienleben konnte dieses Urteil jedoch niemandem ersetzen; zudem kam es erst nach dem Jahr 1990 zur Akzeptanz ihrer Tätigkeit und zu ihrer vollständigen Rehabilitierung. Nun wurde Viliam Žingor auch der Rang des Generalmajors postum verliehen und – was am wichtigsten ist – auch seine Familie erhielt eine Entschädigung.

Die Tätigkeit der II. Slowakischen Partisanenbrigade „General M. R. Štefánik" kann man als erfolgreich und – im Rahmen der auf dem Gebiet der Slowakei aktiven Partisaneneinheiten – auch als einzigartig beschreiben. Die Entstehung dieser Einheit reicht an den Anfang des Jahres 1944 zurück, als sich um Viliam Žingor die erste Gruppe von Partisanen konzentrierte. Aus ihr formten sich im Laufe der Zeit schrittweise drei Partisanenbrigaden. Hinsichtlich der militärischen Erfolge bleibt sie zwar hinter anderen Partisanenbrigaden zurück, andererseits handelt es sich im Prinzip um reale Zahlen und nicht um in der Nachkriegszeit aufgebauschte Erfolge, obwohl die Mitglieder der II. Slowakischen Partisanenbrigade „General M. R. Štefánik" auch dem nicht entgingen. Diese Partisanenbrigade wurde in der Vergangenheit oft verkannt und verdient angesichts des Schicksals ihres Kommandanten eine historische Würdigung, weil sie sich im Rahmen ihrer Möglichkeiten als eine der wenigen sowohl an den Partisanenkämpfen im Winter 1944/45 als auch den Frontkämpfen während des Slowakischen Nationalaufstands im September 1944 beteiligte.

Aus dem Slowakischen von Iris Engemann

Martin Vitko

DIE PARTISANENGRUPPE „ŽIAR"
ZWISCHEN MYTHOS UND REALITÄT

Zum Jahreswechsel 1944/1945 organisierten sich in der Slowakei Partisanen in verschiedenen Gruppen zum Widerstand, von kleineren Einheiten bis zu größeren Brigaden und Verbänden.[1] Die Aufmerksamkeit der Historiker richtet sich vor allem auf die zahlenmäßig stärkeren Formationen, die größere Aktionen gegen den Feind unternehmen konnten.[2] Weniger Beachtung finden dagegen die kleineren Gruppierungen, die einen überwiegend regionalen Wirkungskreis hatten, mehr oder weniger mit weiteren Partisaneneinheiten zusammenarbeiteten und ihren Möglichkeiten entsprechende Aktivitäten entwickelten. Zu dieser zweiten Gruppe zählt auch die Partisanengruppe „Žiar"[3], die in dem gleichnamigen Gebirge in der Mittelslowakei, an der Grenze zwischen dem oberen Neutratal und dem Turzer Becken aktiv gewesen sein soll. Obwohl es sich um ein lokales Phänomen handelt, lassen sich an diesem Beispiel mehrere, mit dem Partisanenwiderstand in der Slowakei verbundene Aspekte verdeutlichen. Der vorliegende Beitrag konzentriert sich vor allem auf die Frage der Motivationen und Gründe, die zur Ansammlung einer größeren Zahl von Menschen im Žiar-Gebirge führten, sowie auf die Frage ihrer Beziehungen zu bzw. ihrer Zusammenarbeit mit der Zivilbevölkerung der Region. Ebenfalls untersucht werden die in der Nachkriegszeit vorgenommenen Interpretationen der Widerstandstätigkeit der Menschen in der Region des Žiar.

---

[1] Detailliert dazu: *Vimmer*, Pavel: Organizačné formy partizánskych jednotiek na Slovensku počas Slovenského národného povstania [Organisationsformen der Partisaneneinheiten in der Slowakei während des Slowakischen Nationalaufstandes]. In: *Korček*, Ján (Hg.): Vojenské aspekty Slovenského národného povstania. Zborník príspevkov a materiálov z medzinárodnej vedeckej konferencie v Bratislave 23.–24.8.1994 [Militärische Aspekte des Slowakischen Nationalaufstandes. Sammelband der Beiträge und Materialien der internationalen wissenschaftlichen Konferenz in Bratislava 23.–24.8.1994]. Žilina 1994, 103–115.

[2] Unter den neueren Arbeiten siehe etwa *Uhrin*, Marian: II. slovenská partizánska brigáda M. R. Štefánika [Die II. Slowakische Partisanenbrigade „M. R. Štefánik"]. Banská Bystrica 2009; *Pažurová*, Helena: Slovenský partizánsky zväzok Čapajev [Der slowakische Partisanenverband „Čapajev"]. Banská Bystrica 2014; *Hruboň*, Anton/*Krištofík*, Juraj (Hg.): Partizáni a Slovensko [Die Partisanen und die Slowakei]. Kraków 2013.

[3] Es treten auch andere Namensvarianten auf, zum Beispiel „Žiar – Budiš", „Žiare".

Vor der Untersuchung der genannten Aspekte ist es zunächst erforderlich, auf einige grundlegende Informationen über die Widerstandsaktivitäten im Žiar-Gebirge einzugehen. Bereits in der Periode vor dem Ausbruch des Slowakischen Nationalaufstands (Slovenské národné povstanie, SNP), in der ersten Hälfte des Jahres 1944, sammelten sich in den slowakischen Bergen schrittweise aus den deutschen Gefangenenlagern entkommene Flüchtlinge wie auch einheimische Bürger, die sich aus verschiedenen Gründen verstecken mussten. So wurde auch das Žiar-Gebirge ein Zufluchtsort für eine gewisse Zahl von Menschen, die hier die ersten Waldlager gründeten.[4] Schon in dieser Periode waren sie abhängig von der Unterstützung der Zivilbevölkerung in der näheren Umgebung. Ein Teil der Zivilbevölkerung zögerte nicht, das Risiko einzugehen und mit den versteckt Lebenden zusammenzuarbeiten.

Noch stärker bevölkerten sich die Wälder des Žiar nach dem Ausbruch des offenen bewaffneten Widerstandes – des Slowakischen Nationalaufstands – in der zweiten Septemberhälfte 1944. Das Žiar-Gebirge befand sich im Aufstandsgebiet, und gerade mit der Verteidigung seiner Kämme bemühte sich die Führung der „Ersten Tschechoslowakischen Armee in der Slowakei" (Prvá československá armáda na Slovensku, 1. ČSAS), den weiteren Vormarsch des Feindes zu verhindern. Nach dem Einbruch der aufständischen Front bei Prievidza (Priwitz) und dem anschließenden Eindringen deutscher Verbände nach Nemecké Pravno (Deutschproben)[5] bezwangen die nationalsozialistischen Einheiten auch den Widerstand der Aufständischen des Žiar und gelangten so weiter in die Region des oberen Turztals.[6] Schon einen Monat später, ab Ende Oktober 1944, also nach der Niederschlagung des Aufstandes, kehrten dessen aktive Teilnehmer wieder aus den Bergdörfern in diese Region zurück. Hinzu kamen auch weitere illegale Aktivisten, die dort bereits vor dem Aufstand aktiv gewesen waren. Sie erneuerten zum Teil die

---

4 Um ihre Entstehung machten sich insbesondere die illegalen Widerstandsaktivisten Gejza Lacko und Adolf Předák verdient. Sie befanden sich im Gemeindegebiet der Dörfer Budiš (Budisch) und Dubové (Daun). Die Bewohner dieser Orte traten nach dem Ausbruch des Aufstands mehrheitlich der 5. Staffel der 1. Partisanenbrigade „M. R. Štefánik" bei, in deren Reihen sie an mehreren Kampfeinsätzen beteiligt waren Vgl, *Giač,* Michal (Hg.): Turčianske obce v odboji (1938–1945) [Die Turzer Dörfer im Widerstand (1938–1945)]. Martin 1989, 237 f.; *Kubovčík,* Jozef (Hg.): Z minulosti a prítomnosti Turca [Aus Gegenwart und Vergangenheit der Turz]. Bd. 2. Martin 1974, 103 f., 207 f.; *Žingor,* Viliam (Hg.): Príspevky k dejinám Slovenského národného povstania v Turci [Beiträge zu der Geschichte des Slowakischen Nationalaufstandes in Turz]. Turčiansky Svätý Martin 1947, 46 f.

5 Heute Nitrianske Pravno. Siehe: Nemecké Pravno. In: *Majtán,* Milan: Slovenské slovníky. Názvy obcí Slovenskej republiky.Vývin v rokoch 1773–1997 [Slowakische Lexika. Die Ortsnamen der Slowakischen Republik. Entwicklung in den Jahren 1773–1997], URL: http://slovniky.korpus.sk/?w=Nemeck%C3%A9+Pravno&s=exact&c=Cb87&d=sss&d=obce&ie=utf-8&oe=utf-8 (am 16.6.2016).

6 Detailliert dazu z. B. *Bosák,* Pavel: Z bojových operácií na fronte SNP [Aus den Kampfoperationen an der Front des SNP]. Bratislava 1979, 90–102.

ursprünglichen Unterkünfte, schufen aber schrittweise auch weitere Verstecke. Im Verlauf einiger Monate, bis zum Januar 1945, sammelten sich hier Menschen in insgesamt fünf Verstecken bzw. Bunkern, wobei schrittweise weitere dazukamen.[7]

Doch welche Gründe trieben die Menschen überhaupt in das Žiar-Gebirge? Mit der faktischen militärischen Niederschlagung des Aufstands war für dessen aktive Teilnehmer eine schwierige Situation entstanden. Die oberste Führung der 1. ČSAS hatte zwar offiziell den Befehl gegeben, zum Partisanenkampf in den Bergen überzugehen – dieser war jedoch nicht konsequent vorbereitet worden und wurde letztlich nicht realisiert. Ein nicht unbedeutender Teil der Aufständischen bemühte sich daher, aus dem Zentrum des Aufstandsgebiets um Banská Bystrica (Neusohl) in ihre Heimatorte zu gelangen und so der Gefangennahme zu entgehen. Nicht jeder war gewillt, den riskanten bewaffneten Widerstand fortzusetzen, noch dazu mit der Aussicht auf einen Überlebenskampf irgendwo in den Bergen unter den schwierigen Bedingungen des Winters.

Zudem beeinflusste noch ein weiterer Faktor die Überlegungen der Betroffenen. Die Slowakische Republik (Slovenská republika, SR) existierte prinzipiell weiter und benötigte zu ihrer Existenz auch eine Armee bzw. bewaffnete Einheiten, da die ursprünglich bestehenden mit dem Beginn des Aufstandes praktisch verschwunden waren. Zum Jahreswechsel 1944/45 wurden daher Maßnahmen zur Wiederbelebung der slowakischen Armee eingeleitet, die fortan die Bezeichnung „Domobrana" (Heimwehr) trug.[8] Aufgefüllt werden sollten ihre Mannschaften durch die Einberufung von zehn Jahrgängen der Reserve in den aktiven Dienst. Nicht jeder war jedoch bereit, in eine Armee einzutreten, die ein Verbündeter des nationalsozialistischen Deutschlands war – insbesondere da sich die deutschen Truppen quasi

---

[7] Vier Bunker befanden sich auf der Turzer Seite des Žiar, ein weiterer auf der Seite zum oberen Neutratal hin. Im Verlauf des Winters 1944/45 und des folgenden Frühjahrs hielten sich dort insgesamt ungefähr 50 Menschen auf. Die Bewohner dieser Verstecke sollen nach Angaben aus der Nachkriegszeit die Partisanengruppe „Žiar" gebildet haben, die der Partisanenstaffel „Slovan" (Kommandant Bohuslav Majzlík) untergeordnet gewesen sein soll. Es muss jedoch erwähnt werden, dass es noch drei weitere Bunker im südöstlichen Teil des Gebirges gab, deren Bewohner in der Partisanenstaffel „Slovan – Ráztočno" organisiert waren, die ebenfalls Majzlíks Staffel „Slovan" unterstellt war. Vgl. *Majzlík,* Bohuslav: Kronika ilegálnej KSS v Kláštore pod Znievom a partizánskeho oddielu Vorošilov a Slovan [Chronik der illegalen KSS in Kláštor pod Znievom sowie der Partisanenstaffel „Vorošilov" und „Slovan"]. Vojenský historický archív Bratislava (Militärhistorisches Archiv Bratislava, weiter VHA Bratislava), fond Špeciálne zbierky (Bestand Spezialsammlungen, weiter f. ŠZ), č. X–172, 250–270.

[8] Detailliert zur Domobrana siehe *Korček,* Ján: Slovenská republika 1943–1945. K pôsobeniu mocensko-represívneho aparátu a režimu [Die Slowakische Republik 1943–1945. Zur Funktion des Macht- und Unterdrückungsapparates und -regimes]. Bratislava 1999, 158–212.

an allen Fronten im Rückzug befanden und die Kämpfe auch bereits auf dem Gebiet der Ostslowakei stattfanden.[9]

Auf Basis der oben genannten Fakten lassen sich zwei „Gruppen" von Personen unterscheiden, die im Winter 1944/45 Gründe zur Flucht in die Berge hatten, und das nicht nur in Bezug auf das Žiar-Gebirge. Bei der ersten handelte sich vor allem um ehemalige aufständische Soldaten und Partisanen, die aus der näheren Umgebung stammten und es aufgrund ihrer vorherigen Widerstandtätigkeit nicht wagten, sich an ihrem Wohnort aufzuhalten. Obwohl sie denselben Grund hatten, in den Bergen auszuharren, waren ihre Schicksale in vielem verschieden und kompliziert. Stellvertretend für alle anderen soll zumindest an Jozef Šovčík[10] erinnert werden – den selbsternannten Kommissar von Nemecké Pravno zur Zeit des Aufstands; ebenso an Július Kohn, einen illegalen Aktivisten jüdischer Abstammung;[11] des Weiteren an

---

[9] Zur Bewegung der Frontlinie respektive der Chronologie der Befreiung der Dörfer in der Slowakei siehe *Halaj*, Dušan/*Bosák*, Pavel/*Golemová*, Marta/*Pažur*, Štefan/*Dudáš*, Peter (Hg.): Protifašistický odboj na Slovensku v rokoch 1938–1945 [Der antifaschistische Widerstand in der Slowakei in den Jahren 1938–1945]. Martin 1980, 103–132.

[10] Jozef Šovčík (1916–?) – ursprünglich Landarbeiter, später Arbeiter im Sägewerk. Im August 1944 trat er der 1. Partisanenbrigade „M.R. Štefánik" bei (Kommandant Piotr Alexejevič Veličko) und wurde dort mit der Funktion des Kommissars in Nemecké Pravno betraut. Nach deutschen Meldungen und Zeugenaussagen wurde dort unter seiner „Herrschaft" ein wahrer Terror entfesselt. Neben der Plünderung von Eigentum sollen auf seinen Befehl auch einige Dutzend der ortsansässigen vermögenden Deutschen verhaftet worden sein, die schließlich erschossen und in einem Massengrab bei Horná Mičiná verscharrt wurden. Nach der Besetzung des Gebiets durch deutsche Einheiten stand er im Fokus ihres Interesses und es wurde eine bedeutende finanzielle Belohnung für seine Ergreifung ausgeschrieben. Vgl. Kmeňový list (Stammblatt) Jozef Šovčíks von 1916. VHA Bratislava, f. Osobné spisy (Personalschriften, weiter OS); Korrespondenz von Bohuslav Majzlík und Jozef Šovčík von 1985. Osobný archív (Privatarchiv, weiter OA) Ľudmila Domancová; *Prečan*, Vilém (Hg.): Slovenské národné povstanie. Nemci a Slovensko 1944. Dokumenty [SNP. Die Deutschen und die Slowakei 1944. Dokumente]. Bratislava 1971, 278–280, 577 f.; *Groß*, Broisl/*Wohland*, Ludwig: Schicksal Hauerland. Untergang des deutschen Siedlungsgebietes in der Mittelslowakei. Eine Dokumentation. Stuttgart 1989, 58, 74 f.

[11] Július Kohn [nach dem Krieg änderte er seinen Nachnamen zu „Koreň" – Anm. M. V.] (1908–1979) wurde in der 1. Slowakischen Republik (Slovenská republika, SR) aufgrund seiner jüdischen Abstammung mehrfach interniert. Seit 1942 versteckte er sich vor den Deportationen und engagierte sich verstärkt im illegalen Widerstand im Umfeld seines Heimatortes. Mit dem Ausbruch des SNP schloss er sich den aufständischen Einheiten an und übernahm als Unterleutnant in Reserve das Gesundheitsressort bei der Gruppe von Hauptmann Ján Gonda. Nach den Aktionen in den von der deutschen Minderheit bewohnten Gebieten der Region im oberen Neutratal wurde er später dem Bataillon „Orech" bei Čremošné zugewiesen. Ende Oktober 1944 gelangte er auf den Krížna, wo er Gejza Lacko, seinen ehemaligen Kollegen und Organisator der Partisanenbewegung im oberen Turztal traf. In Absprache mit ihm kehrte er dann in das Žiar-Gebirge zurück. Vgl. Kmeňový list (Stammblatt) J. Koreňa-Kohna von 1908. Vojenský archív – centrálna registratúra Trnava (Militärarchiv – Zentralregistratur Trnava, weiter VA–

die zeitgenössisch bekannten Widerständler Ján Gulis[12] und Matej Gašpar[13] sowie Štefan Gürtler[14] und Ernst Greschner[15] – zwei Bürger deutscher Natio-

CR), f. OS; Ministerstvo obrany Slovenskej republiky (Verteidigungsministerium der Slowakischen Republik, MO SR), Oddelenie vojnových veteránov a vydávania osvedčení (Abteilung Kriegsveteranen und Ausstellung von Bescheinigungen, OVVaVO), spisy č. 5810/57, 5700/66, 52283/70; Dôstojníci a štáby povstaleckej armády: Organizačná štruktúra 1. československej armády na Slovensku [Offiziere und Stäbe der aufständischen Armee: Die Organisationsstruktur der 1. ČSAS]. Hg. v. *Múzeum Slovenského národného povstania.* Banská Bystrica 1994, 120.

12 Ján Gulis (1887–?) – Landwirt. In der Zeit der 1. SR an illegaler Widerstandstätigkeit beteiligt. Während des SNP Mitglied der 2. Slowakischen Partisanenbrigade „M. R. Štefánik" (Kommandant Viliam Žingor), mit der er an der Aktion im Hauerland teilnahm. Nach dem Rückzug der Aufständischen aus diesem Gebiet zog er sich in einen Unterschlupf im Žiar zurück, da er von deutschen Einheiten gesucht wurde. Vgl. MO SR, OVVaVO, č. 14257/69.

13 Matej Gašpar (1913–?) – Lehrer. In der 1. SR illegaler Widerstandsaktivist, in den Jahren 1940/41 war er für diese Tätigkeit zwei Monate inhaftiert; nach seiner Entlassung bis zur Urteilsfällung suspendiert. Seit 1942 Lehrer in Budiš, wo er sich erneut illegalen Aktivitäten anschloss. Vor dem Ausbruch des Aufstands half er Gejza Lacko und anderen bei der Organisation von Sammlungen für die sich bildenden Partisanengruppen. Während des SNP Offizier, Kommandant der 2. Kompanie des 52. Infanteriebataillons „JELEŇ" der VI. Taktischen Gruppe der 1. ČSAS. Nach Niederschlagung des SNP zog er sich in die Niedere Tatra zurück, kehrte jedoch, nachdem er den Kontakt zu seinen Kampfgenossen verloren hatte, in die Region Turz zurück. Da ihm die Verhaftung drohte, versteckte er sich im Žiar-Gebirge. Vgl. MO SR, OVVaVO, č. 211112/76; Dôstojníci a štáby povstaleckej armády, 129.

14 Štefan Gürtler (1902–1972) – Zimmermann. Seit 1923 Mitglied der Kommunistischen Partei; nach deren Verbot wurde er aufgrund seiner illegalen Tätigkeit mehrfach verhaftet, inhaftiert und aus Gajdel (Gaidel, seit 1948 Kľačno) und Nemecké Pravno ausgewiesen. In der Zeit des Ausbruchs des SNP schloss er sich der aufständischen Einheit von Leutnant Ján Litvanský an und beteiligte sich an den Kämpfen von Zemianske Kostoľany über Prievidza bis Banská Bystrica. Sein 17-jähriger Sohn fiel im Aufstand. Anschließend kämpfte Gürtler bis Ende November 1944 als Mitglied der Staffel „Thälmann" der Partisanenbrigade „Stalin" (Kommandant Alexej Afanasjevič Martynov). Gemeinsam mit weiteren Kämpfern gelang es ihm, aus der Einkesselung der Besatzungseinheiten auszubrechen; anschließend zog er sich in die Berge des Žiar zurück. Vgl. MO SR, OVVaVO, č. 13421/69; Antrag Štefan Gürtlers auf Beibehaltung der tschechoslowakischen Staatsbürgerschaft. Štátny archív Nitra (Staatliches Archiv Nitra, weiter ŠA), pobočka Bojnice, f. Okresný národný výbor v Prievidzi (Bezirksnationalausschuss in Prievidza, weiter ONV Prievidza), spis č. 14263/1947 adm.; *Petráš,* Jozef: Zoznam občanov Československej republiky a zahraničných bojovníkov, ktorí položili životy v boji proti fašizmu počas II. svetovej vojny [Liste der Bürger der Tschechoslowakischen Republik und der ausländischen Kämpfer, die im Kampf gegen den Faschismus während des Zweiten Weltkriegs ihr Leben gaben]. CD-ROM. Trnava 2005, 43.

15 Ernst Greschner (1911–?) – Zimmermann. Seine anti-nationalsozialistische Gesinnung war angeblich schon vor dem Ausbruch des Aufstands bekannt. Nach der Besetzung von Gajdel durch die Partisanen am 28.8.1944 wurde er einer der führenden lokalen Akteure und soll – nach einigen Aussagen – an der dortigen deutschen Bevölkerung gewisse Ungerechtigkeiten begangen haben. Später wurde er Mitglied der Partisanen-

nalität und Sympathisanten der Kommunistischen Partei. Diesen Personen ging es selbstverständlich in erster Linie um das Überleben. Sie verfügten jedoch auch über genügend Motivation zur Fortsetzung des Kampfes und wurden daher von den Führern der verschiedenen Partisanengruppen, mit denen sie im Laufe ihres Aufenthalts in den Bergen in Kontakt kamen, in die Widerstandtätigkeit einbezogen. Für die Menschen im Žiar-Gebirge war Bohuslav Majzlík, der an der Spitze der Partisanenabteilung „Slovan" stand, ein solcher Führer.[16]

Das Žiar-Gebirge diente nicht nur ehemaligen Teilnehmern des massenhaften bewaffneten Widerstands als Zufluchtsort, sondern auch einer nicht unbedeutenden Zahl von Männern, die sich weigerten, dem Einberufungsbefehl in die neu geschaffene „Domobrana" Folge zu leisten. Diese zweite Gruppe ging vor allem in der Zeit in die Berge, in der die einzelnen Jahrgänge der Reserve zum aktiven Dienst einberufen wurden.[17] Einige der Männer kamen auch später, wenn sie nach der Einberufung bei geeigneter Gelegenheit desertiert waren und sich einen geeigneten Zufluchtsort suchen mussten. Die so Motivierten versteckten sich in dem einzigen zum Neutratal gelegenen Bunker (dem sogenannten Nedožerer-Bunker[18]) sowie in dem Unterschlupf

---

staffel „Thälmann". Nach der Niederschlagung des SNP gelangte er in den Bunker im Žiar-Gebirge. Vgl. Antrag Ernst Greschners auf Beibehaltung der tschechoslowakischen Staatsbürgerschaft. ŠA Nitra, p. Bojnice, f. ONV Prievidza, č. 14252/1947 adm.; Bestätigung des Brigadekommandanten für Ernst Greschner. ŠA Nitra, p. Bojnice, zbierka Hornonitrianska partizánska brigáda (Sammlung Partisanenbrigade des oberen Neutratals, weiter HNPB), p. č.) 94; _Groß/Wohland:_ Schicksal Hauerland, 56.

16 Partisanenstaffel „Slovan" – Kommandant: Bohuslav Majzlík; Kommissar: Ján Vajdiak. Sie entstand Mitte Dezember 1944 als lokale Partisanenstaffel und war aktiv im Raum des Sloviansky-Tals, in der Nähe von Kláštor pod Znievom, woher auch die Mehrheit ihrer Mitglieder stammte. Seit dem 14.1.1945 arbeitete sie enger mit der 2. Slowakischen Nationalen Partisanenbrigade (Kommandant Konstantin Karpovič Popov) zusammen. Einige Quellen geben an, dass sie als II/3. Bataillon auch organisatorisch ein Teil der Brigade wurde. Vgl. _Gažo,_ Emil: Partizánske hnutie na Slovensku. Organizácia a bojová činnosť jednotiek II [Die Partisanenbewegung in der Slowakei. Organisatorische und kämpferische Tätigkeit der Einheiten II]. 2. erg. Aufl. Bratislava 1984, 362 f,; Denník vedený odd. Slovan [Tagebuch der Staffel „Slovan"]. VHA Bratislava, Zbierka písomností z partizánskeho hnutia (Sammlung Schrifttum aus der Partisanenbewegung, weiter zb. PH), inv. j.) 474; Rozkaz č. 10 [Befehl Nr. 10]. VHA Bratislava, zb. PH, inv. j. 483.

17 Die Mobilisierung wurde am 12.1.1945 ausgerufen. _Lacko,_ Martin: Slovenská republika 1939–1945 [Die Slowakische Republik 1939–1945]. Bratislava 2008, 194; detailliert dazu: _Baka,_ Igor/_Cséfalvay,_ František/_Dangl,_ Vojtech/_Klein,_ Bohuš: Vojenské dejiny Slovenska [Militärgeschichte der Slowakei]. Bd. 5: 1939–1945. Bratislava 2008, 208–220.

18 Die Mehrheit der Bunker-Bewohner stammte aus dem Dorf Nedožery – daher die Bezeichnung „Nedožerer-Bunker". Insgesamt verließen sieben Personen aus diesem Grund den Ort. Vgl. MO SR, OVVaVO, č. 67378/63; Partizánska brigáda M.R. Štefánika – oddiel Žiar [Partisanenbrigade „M. R. Štefánik" – Staffel „Žiar"]. ŠA Nitra, p. Bojnice, Zbierka dokumentov o Slovenskom národnom povstaní (Sammlung von Dokumenten über den nationalen Befreiungskampf, weiter zb. SNP), p. č. 57; Gespräche

nahe der Turzer Ortschaft Za Háj.[19] Es muss erwähnt werden, dass sich diese Personen – anders als die ehemaligen Teilnehmer des Aufstands, die sich im Gebirge aufhielten – mehrheitlich nicht dem bewaffneten Widerstand anschlossen und auch nicht vorhatten, dies zu tun. Sie wollten lediglich die unruhige Zeit abwarten und nach dem Durchzug der Front in ihre Heimatorte zurückkehren.[20]

So wurde das Žiar-Gebirge im Verlauf des Winters 1944/45 zu einem Zufluchtsort, an dem eine größere Anzahl von Menschen ein kärgliches Leben fristete. Allein und ohne Hilfe hätten sie jedoch unter den strapaziösen Bedingungen kaum überleben können. Daher war es für sie lebenswichtig, mit zuverlässigen Personen in den Dörfern Kontakte zu knüpfen und aufrechtzuerhalten – diese Personen dienten dann als Einkäufer oder Verbindungsleute. Dies führt zu der Frage der Zusammenarbeit der sich in den Wäldern des Žiar Aufhaltenden mit der Zivilbevölkerung der umliegenden Dörfer. Mit Blick auf die zwei grundlegenden Motive zum Rückzug in die Berge kann man sagen, dass sich auch bei den Dorfbewohnern, die die Flüchtlinge unterstützten, zwei verschiedene „Gruppen" unterscheiden lassen. Gemeint ist damit zum einen die uneigennützige Versorgung der Widerständler durch Personen, die auch schon zuvor mehr oder weniger in die illegale Tätigkeit eingebunden gewesen waren. Diese hatten zumeist keinerlei familiäre Beziehungen zu den Personen, die sich in den Bergen versteckten. Sie bemühten sich, auf ihre Weise ein wenig dazu beizutragen, dass die Teilnehmer des Widerstands dort überlebten. Demgegenüber bestand die zweite „Gruppe" von Unterstützern aus den Familienangehörigen der sich in den Bergen Aufhaltenden. Sie bemühten sich im Rahmen ihrer eigenen Möglichkeiten, ihre Nächsten soweit wie möglich zu unterstützen – unabhängig davon, ob diese

---

mit Gustáv Polčík, Prievidza vom 1.11.2008, 28.1.2009 und 2.9.2010. Privatarchiv des Autors.

[19] Hier versteckten sich Männer aus dem Dorf Dubové, von denen 15 den Dienstantritt verweigerten. Sie verschanzten sich in einem zuvor gebauten Bunker unweit der Ortschaft Za Háj, wo sie sich – ohne jedoch größere Widerstandsaktivitäten zu entwickeln – bis zum Durchzug der Front versteckten. Neben ihnen floh in der Zeit kurz vor der Befreiung eine weitere größere Anzahl von Männern aus den umliegenden Dörfern in andere, nahe gelegene Verstecke. Vgl.: Slovenský národný archív Bratislava (Slowakisches Nationalarchiv Bratislava, weiter SNA), zb. SNP, šk. 45, fasc. 2, spis č. 89; *Majzlík:* Kronika ilegálnej KSS, 254, 256; Maschinenschriftliche Ergänzung zum Text von Bohuslav Majzlík von Július Koreň-Kohn. OA Ľudmila Domancová, 3; *Majzlík, Bohuslav:* Partizánska skupina ŽIAR [Die Partisanengruppe ŽIAR], Maschinenschrift von 1974. *Ebenda,* 2; *Giač* (Hg.): Turčianske obce v odboji, 127.

[20] Liste der Personen, die einrücken sollten – Nedožery. ŠA Nitra, p. Bojnice, f. Obvodný úrad miestnych národných výborov Nedožery (Bezirksamt der örtlichen Nationalausschüsse Nedožery, weiter OÚ MNV), č. 93/1945 adm.; Gespräche mit Gustav Polčík, Prievidza 2008–2010. Privatarchiv des Autors; *Giač* (Hg.): Turčianske obce v odboji, 127.

irgendeine Art der Widerstandstätigkeit entwickeln wollten oder nicht.[21] Gerade die von ihren Familienangehörigen Versorgten waren deutlich besser mit Lebensmitteln ausgestattet als die anderen, die sich im Žiar versteckten. Sie teilten ihre Vorräte dann mit der Besatzung anderer Bunker oder mit den Mitgliedern organisierter Partisanengruppen, die das Žiar-Gebirge passierten.[22]

Diejenigen, die sich im Žiar aufhielten, achteten sehr sorgfältig darauf, den Ort ihres Verstecks nicht zu enttarnen, und ließen bei der Zusammenarbeit mit ihren zivilen Unterstützern größte Vorsicht walten. Nur selten begaben sie sich aus ihren Verstecken direkt in die Dörfer, und das auch nur in Fällen, in denen die Umstände es ihnen gestatteten.[23] Die Kooperation verlief für gewöhnlich so, dass die illegalen Unterstützer ihre Vorräte heimlich an einen gewissen, zuvor vereinbarten Ort brachten, sie dort verbargen und die sich versteckenden Menschen sie in der Nacht selbst in ihre Unterschlupfe brachten. Oft wurden auch Verbindungsleute eingesetzt, also überprüfte, mit dem örtlichen Terrain vertraute Personen, für gewöhnlich Familienangehörige der sich Versteckenden, die ihnen die Vorräte selbst in geringen Mengen heranbrachten.[24]

Die genaue Lage der Bunker selbst kannten außer den sich Versteckenden nur wenige Personen, auf die vollständig Verlass war. Die Lebensmittelvorräte stammten direkt von den Familien oder den örtlichen Händlern, oder auch von den Angestellten der größeren Lebensmittelbetriebe, wie etwa der Firma „Carpathia"[25] aus Prievidza. Die in die Berge Geflüchteten verfügten auch über eine bescheidene Zahl an Waffen, die sie zum Teil selbst mitgebracht hatten; zum Teil sammelten sie auch noch zu Aufstandszeiten versteckte

---

[21] Im Fall des „Nedožer" Bunkers ist die Hilfe von Familienangehörigen am markantesten. Andererseits erhielten die sich dort Versteckenden notwendige Dinge auch von anderen, ihnen bislang unbekannten Quellen.

[22] Vgl. Gespräche mit Gustav Polčík, Prievidza 2008–2010. Privatarchiv des Autors; Erwähnung verdient an dieser Stelle ein Zwischenfall, der von der sicherlich nicht vollständig geklärten Beziehung zwischen den sich im Žiar versteckenden Flüchtlingen und den Partisanen der ihnen angeblich übergeordneten Staffel „Slovan" zeugt. Die Diversionsgruppe dieser Staffel begann während einer ihrer Aktionen ohne jegliche Nachfrage die Lebensmittelvorräte im Nedožer-Bunker zu „plündern" und ließ erst nach wiederholter, ausdrücklicher Aufforderung der Bunker-Bewohner davon ab. Vgl. *ebenda.*

[23] Dies betraf vor allem Betroffene aus den Bunkern auf der Turzer Seite des Gebirges, wie beispielsweise Ján Gulis, Július Kohn und Jozef Šovčík, aber auch weitere. Vgl. MO SR, OVVaVO, č. 14257/69; Denník vedený odd. Slovan.

[24] Gespräche mit Gustav Polčík, Prievidza 2008–2010. Privatarchiv des Autors. Siehe auch beispielsweise MO SR, OVVaVO, č. 56728/70: Karol Flimel (1905); MO SR, OVVaVO, č. 11871/69: Juraj Filc (1901).

[25] Die Angestellten der „Carpathia" lieferten vor allem Zucker, Konfitüre und Marmelade. Vgl. Gespräche mit Gustav Polčík, Prievidza 2008–2010. Privatarchiv des Autors. Zu Details bzgl. Mengen und Art der Lebensmittel im Nedožer-Bunker vgl. Trestné oznámenie [Strafanzeige]. ŠA Nitra, p. Bojnice, f. ONV Prievidza, č. 3062/1945 adm.

Waffen ein.[26] Eine erhebliche Unterstützung stellte auch die Tätigkeit der Gendarmeriestation in Prievidza dar, deren Mitglieder mehrheitlich auch noch nach der Niederschlagung des Aufstands ihre Widerstandstätigkeit fortsetzten und illegal konfiszierte Waffen sowie Munition in die Berge lieferten.[27]

Da auf strengste Geheimhaltung geachtet wurde, gab es nicht viele Fälle, in denen die Zivilbevölkerung aufgrund der Unterstützung, die sie den Menschen im Žiar leistete, von den Besatzungstruppen in größerem Umfang verfolgt wurde. Es ist jedoch an das Turzer Dorf Dubové zu erinnern, dessen Bewohner verdächtigt wurden, die Partisanen zu unterstützen. Aus diesem Grund wurde das Dorf für eine gewisse Zeit von den Okkupationstruppen besetzt und einer verschärften Überwachung unterstellt. Mehrere Bewohner wurden verhaftet.[28] Angesichts der Tatsache, dass sich in der Nähe des Žiar-Gebirges mehrere Dörfer mit mehrheitlich deutschsprachigen Bewohnern befanden und ein Teil von diesen aktiv in die Kollaboration mit den Besatzungstruppen involviert war, bestand stets das Risiko von gegen die Partisanen gerichteten Aktionen.[29] Einige von ihnen zielten auch auf das Žiar-

---

[26]　Der Nedožerer-Bunker beispielsweise verfügte neben einigen, zuvor „schwarz" zu Hause aufbewahrten Waffen und Jagdgewehren auch über ein leichtes Maschinengewehr tschechoslowakischer Produktion (ZB vz. 26) und einige Armeegewehre (vz. 24). Es gab sogar ein schweres Maschinengewehr (ZB vz. 35), das jedoch nicht schussbereit war. Vgl. MO SR, OVVaVO, č. 34359/49: Jozef Richter (1923); Gespräche mit Gustav Polčík, Prievidza 2008–2010. Privatarchiv des Autors; Vyjadrenie kádrovému odboru Krajskej správy Ministerstva vnútra [Erklärung der Kaderabteilung der Bezirksverwaltung des Innenministeriums] vom 10.7.1958. OA Gustáv Polčík. Mit dem Sammeln von Waffen und Munition in den letzten Wochen vor dem Eintreffen der Front hatte der Kommandant der Partisanenstaffel „Slovan" auch Jozef Šovčík betraut, der zu diesem Zweck vor allem die umliegenden Dörfer der Region Turiec aufsuchen sollte. Vgl. Rozkaz č. 41 [Befehl Nr. 41]. VHA Bratislava, zb. PH, inv. j. 483; Denník vedený odd. Slovan.

[27]　Die Gendarmeriestation in Prievidza war in dieser Hinsicht keine Ausnahme. In vielen Orten der Slowakei unterstützten Gendarmen die Teilnehmer des Widerstands bzw. die Partisanen. Detailliert dazu etwa *Lacko,* Martin/*Sabo,* Ján: Žandár troch režimov. Gustáv Polčík a jeho služba v Prievidzi v rokoch 1942–1972 [Gendarm dreier Regime. Gustáv Polčík und sein Dienst in Prievidza in den Jahren 1942–1972]. Bratislava 2011.

[28]　Vgl. MO SR, OVVaVO, č. 4054/69: Ján Puškár (1907); *Giač* (Hg.): Turčianske obce v odboji, 123–126.

[29]　Zahlreiche Angehörige der deutschen Minderheit in der Slowakei waren im sogenannten Heimatschutz (HS) organisiert, einer Art Ortswehr. Aufgebaut wurde der HS seit Juli 1944, doch seine Bewaffnung verzögerte sich mehrfach. In der Zeit des Nationalaufstandes und nach dessen Niederschlagung beteiligten sich die schon teilweise bewaffneten HS-Einheiten in mehreren Fällen am Kampf gegen Aufständische und Partisanen. Vgl. *Jablonický,* Jozef/*Kropilák,* Miroslav: Slovník Slovenského národného povstania [Das Lexikon des Slowakischen Nationalaufstandes]. 2. erg. und verb. Aufl. Bratislava 1970, 88; detailliert dazu *Schvarc,* Michal: Heimatschutz – medzi realitou a ilúziou (organizácia a formovanie nemeckej domobrany) [Heimatschutz – zwischen Realität und Illusion (Organisation und Aufbau der deutschen Ortswehr)]. In: *Lacko,* Martin (Hg.): Slovenská republika 1939–1945 očami mladých historikov [Die Slowakische Republik

Gebirge, doch mehrheitlich kam es dabei nicht zum Zusammenstoß mit den Partisanen, weil diese sich bemühten, Kampfkontakte mit den zahlenmäßig überlegenen Feinden zu vermeiden. Die sich im Žiar aufhaltenden Gruppen hatten es vor allem ihren Verbindungsleuten zu verdanken, dass sie in der Regel schon im Voraus über die durchgeführten Aktionen informiert waren und sich angemessen vorbereiten konnten. Die tragischste aller Razzien fand am 2. November 1944 statt: Dabei hatten die Verfolger der Partisanen Führer bei sich, dank derer sie sozusagen auf Nummer sicher gingen.[30] Die Einheiten der deutschen paramilitärischen Verbände – des „Heimatschutzes" – aus Nemecké Pravno und Horná Štubňa (Oberstuben) umringten die Ortschaft Za Háj und beschuldigten die dortigen Bewohner, sie hätten Waffen versteckt und würden mit den Partisanen zusammenarbeiten. Obwohl keine Waffen gefunden wurden, plünderten sie die Ortschaft und verschleppten auch acht der männlichen Bewohner. Es überlebten nur diejenigen, die rechtzeitig fliehen konnten oder zu diesem Zeitpunkt außerhalb der Ortschaft weilten. Alle acht verhafteten Bewohner von Za Háj wurden am 23. Dezember 1944 nach einem Verhör erschossen und in einem Massengrab nahe dem Dorf Dolný Turček (Unter-Turz) beerdigt.[31] Es ist unzweifelhaft davon auszugehen, dass diese Aktion die Menschen im Žiar zu noch größerer Vorsicht anregte, dank derer es zu keinen weiteren Ereignissen dieser Art mehr kam.

Dem aufmerksamen Leser ist sicher nicht entgangen, dass im Text bislang die Bezeichnung Partisanengruppe „Žiar" vermieden wurde. Der Grund hierfür ist einfach: Um die Organisation der Menschen bzw. Partisanen im Žiar-Gebirge in einem einheitlichen Ganzen ranken sich viele Fragen, die diesbezüglich zu berechtigten Zweifeln führen. Daher empfiehlt es sich zunächst, die Angaben der aus den 1980er Jahren stammenden Materialien mit den Informationen aus der unmittelbaren Nachkriegszeit zu vergleichen.

In den 1980er Jahren wurde das umfangreiche Werk „Dejiny Slovenského národného povstania 1944" (Die Geschichte des Slowakischen Nationalauf-

---

1939–1945 mit den Augen junger Historiker]. Bd. 3: Povstanie roku 1944 [Der Aufstand des Jahres 1944]. Trnava 2004, 301–326; *Halaj*, Dušan (Hg.): Fašistické represálie na Slovensku [Faschistische Repressalien in der Slowakei]. 2. erg. und erw. Aufl. Bratislava 1990.

30 Geführt wurden sie von zwei deutschsprachigen Spionen. Diese waren zuvor aufgrund ihres angeblichen Widerstands gegen den Faschismus als Flüchtlinge von den Bewohnern des Dorfs Dubové versteckt worden. Von dort gelangten sie später zur Gruppe von Ján Gulis, die sie jedoch, nachdem sie eruiert hatten, wer im Dorf die Partisanen unterstützte (auch aus der Ortschaft Za Háj), verließen. Vgl. *Giač* (Hg.): Turčianske obce v odboji, 123–126, 141.

31 Tatsächlich waren unweit dieser Siedlung Waffen, vor allem Gewehre und Munition, versteckt gewesen, die nach dieser Razzia an Július Kohn übergeben wurden. Vgl. Liste der im Aufstand Gefallenen von 1945. ŠA Bytča, p. Martin, f. OÚ MNV v Slovenskom Pravne, spisy adm., šk. 3, inventárne č. 25; *Majzlík*: Kronika ilegálnej KSS, 252 f.; *Majzlík*: Partizánska skupina ŽIAR, 1–3.; *Petráš*: Zoznam občanov Československej republiky, 22, 53, 151.

stands 1944)[32] herausgegeben. Dessen fünfter Band enthält mehrere Stich-worte, in denen von der Existenz der Partisanengruppe „Žiar"[33] berichtet wird: Als Anführer dieser Gruppe wird Július Koreň-Kohn[34] genannt, Jozef Šovčík als deren Kommissar. Weiterhin ist vermerkt, dass die Gruppe seit März 1945 der Staffel „Slovan" der 2. slowakischen nationalen Partisanenbri-gade untergeordnet war.[35] Neben diesem Werk finden sich auch in der hand-schriftlichen Arbeit von Emil Gažo grundlegende Informationen: Dieses Ma-nuskript enthält ganz ähnliche Angaben über die Gruppe „Žiar"[36]; erstellt wurde es für den inneren Gebrauch im Ministerium der nationalen Verteidi-gung anlässlich der Realisierung des „Gesetzes Nr. 255/1946".[37]

Für den Vergleich stehen Materialien aus der unmittelbaren Nachkriegs-zeit zur Verfügung: Am 20. April 1945, nach dem Durchzug der Front durch die Region der oberen Turz (Horný Turiec), veranlasste Bohuslav Majzlík, der Kommandant der Staffel „Slovan", die offizielle Auflösung der ihm unter-stellten Partisaneneinheit. Dabei übergab er seinem damaligen Vorgesetzten Viliam Žingor Dokumente, die die Widerstandtätigkeit seiner Partisanen dokumentierten – insbesondere das Tagebuch sowie die Mitgliederliste der Staffel. Bei der Durchsicht dieser Materialien finden sich jedoch keinerlei Hinweise auf die Existenz einer ihm unterstellten Partisanengruppe „Žiar".[38]

Auf Grundlage der angeführten Fakten stellt sich daher die Frage, wie es möglich ist, dass Majzlík in den offiziellen Dokumenten über die Tätigkeit seiner Partisanen keinerlei Angaben über die ihm angeblich unterstellte Gruppe macht.[39] Der Versuch einer teilweisen Erklärung findet sich in seiner

---

32 *Plevza,* Viliam (Hg.): Dejiny Slovenského národného povstania 1944 [Geschichte des Slowakischen Nationalaufstands 1944]. 5 Bde. Bratislava 1984.

33 Vgl. Žiar. In: *Ebenda,* Bd. 5: Encyklopédia odboja a SNP [Enzyklopädie des Widerstands und des SNP], 644.

34 Vgl. Koreň-Kohn Július. In: *Ebenda,* 245.

35 Vgl. Slovan. In: *Ebenda,* 478 f.

36 Interessant ist jedoch die folgende Wortwahl: „Zur Staffel ‚SLOVAN' meldet sich auch die ‚Partisanengruppe ŽIAR' [...]". Vgl. *Gažo:* Partizánske hnutie na Slovensku, 362. Hervorhebungen des Autors.

37 Das „Gesetz Nr. 255/1946 Zb." vom 19.12.1946 über die Angehörigen der tschechoslo-wakischen Armee im Ausland und über einige andere Teilnehmer des nationalen Be-freiungskampfes definierte die Kategorien der am Widerstand im Zweiten Weltkrieg Beteiligten legislativ und sprach ihnen gewisse soziale Vorteile zu. Vgl. Zákon č. 255 ze dne 19. prosince 1946, o příslušnících československé armády v zahraničí a o některých jiných účastnících národního boje za osvobození [Gesetz Nr. 255 vom 19. Dezember 1946, über die Angehörigen der tschechoslowakischen Armee im Ausland und über ei-nige andere Teilnehmer des nationalen Befreiungskampfes]. In: Sbírka zákonů a naří-zení republiky Československé 107 (1946), 1677–1685.

38 Vgl. VHA Bratislava, zb. PH, inv. j. 474.

39 Es wirkt kurios, dass im Nachlass von Majzlík eine Kopie des Tagebuchs erhalten ist, in der er selbst zu einzelnen Ereignissen später Angaben ergänzt hat – u. a. auch bezüglich der Gruppe „Žiar". Dies ändert jedoch nichts an der Tatsache, dass das ursprüngliche authentische Tagebuch keinerlei Informationen über diese Gruppe enthält, was hin-

Arbeit „Kronika ilegálnej KSS v Kláštore pod Znievom a partizánskeho oddielu Vorošilov a Slovan" (Chronik der illegalen KSS – in Kláštor pod Znievom sowie der Partisanenstaffel „Vorošilov" und „Slovan"), die er Mitte der
1970er Jahre verfasste.[40] Dass weder eine Mannschaftsauflistung noch andere
Aufzeichnungen über die Tätigkeit der Partisanen im Žiar angefertigt wurden, hatte demnach der Kommissar der Gruppe, Jozef Šovčík, zu verantworten, der kein Interesse daran zeigte.[41] Ähnlich schreibt auch Július Koreň-
Kohn in einem seiner an Majzlík adressierten Briefe: „Er [Šovčík, M. V.] hatte
komplette Listen und Tagebücher, die er abgegeben hat, aber ich weiß nicht
an wen."[42] Dagegen erfährt man an anderer Stelle von Majzlíks grundlegen-
der Arbeit, dass schon am 20. Januar 1945 „die Kommandanten beider
Gruppen [‚Žiar' und ‚Ráztočno', M.V.][43] sich verpflichtet haben, eine Aufstellung der Mannschaften und Waffen zu erstellen, um diese dem Brigadekommandanten vorzulegen und die Evidenz der Staffel SLOVAN – II/3. Bataillon zu präzisieren"[44]. Zudem wurden im Verlauf der folgenden Monate
(Januar–April 1945) mehrere Partisanenaufklärer mit eben dieser Aufgabe in
den Žiar geschickt, doch die geforderte Mannschaftsaufstellung gelangte
nicht zur Kommandantur der Staffel „Slovan".[45]

Interessant ist, dass eine andere Gruppe, die im südöstlichen Teil des Žiar
oberhalb des Dorfes Ráztočno aktiv war, sowohl Materialien über ihre Tätigkeit wie auch eine Mannschaftsliste anfertigte und diese unmittelbar nach
dem Durchzug der Front an den Kommandanten der Staffel „Slovan" über-

---

sichtlich ihrer Existenz zumindest verdächtig ist. Vgl. Abschrift aus dem Tagebuch der
lokalen Partisanengruppe SLOVAN [ergänzt um Bemerkungen von Bohuslav Majzlík.
OA Ľudmila Domancová.

[40] Vgl. *Majzlík: Kronika ilegálnej KSS.*

[41] Vgl. *ebenda*, 256.

[42] Kohn-Koreň behauptete auch in anderen Dokumenten, dass die Mitgliedsverzeichnisse
tatsächlich ausgefertigt und von Jozef Šovčík verwaltet wurden. Dem Autor dieser Studie ist es jedoch nicht gelungen, diese Listen in slowakischen oder tschechischen Archi-
ven zu finden. Vgl. Brief von Július Koreň an Bohuslav Majzlík vom 15.10.1974. OA
Ľudmila Domancová. Maschinenschriftliche Ergänzungen zum Text von Bohuslav
Majzlík von Július Koreň]. *Ebenda*, 2.

[43] Detailliert dazu siehe Anmerkung 7 dieser Studie.

[44] *Majzlík: Kronika ilegálnej KSS*, 263.

[45] Vgl. *ebenda*, 268 f. Mit der Erstellung des Mannschaftsverzeichnisses wurden Ondrej
Strýček, ein Partisan der Staffel „Slovan", wie auch Jozef Šovčík beauftragt. Nach dem
Krieg gab Majzlík an, dass sich Strýček vor dieser Aufgabe gedrückt habe, wofür er ge-
rügt worden sei – wenn auch ohne weitere Folgen. Demgegenüber erwähnt Majzlík in
der im April 1945 ausgefertigten „Charakteristik" Strýčeks diese Angelegenheit überhaupt nicht. Eher im Gegenteil: Demnach hat sich Strýček „während der gesamten Zeit
des Aufenthalts diszipliniert verhalten, seine Pflichten gewissenhaft erfüllt und jeden
Befehl ausgeführt. Bestraft wurde er nicht." Charakteristik Ondrej Strýčeks von 1923.
VHA Bratislava, zb. PH, inv. j. 429.

gab. Man kann also behaupten, dass sie nachweislich ein Teil der Staffel „Slovan" war und gewöhnlich die Bezeichnung „Slovan – Ráztočno" trug.[46] Wenn man davon ausgeht, dass die Gruppe „Žiar" trotz der fehlenden Überlieferung authentischer Aufzeichnungen dennoch organisiert war, soll nach den erwähnten Quellen Július Kohn, damals im Rang eines Reserveoffiziers, ihr Kommandant gewesen sein.[47] Er hatte das Žiar-Gebirge jedoch am 21. März 1945 verlassen und bis zur Befreiung mit den Partisanen Majzlíks im Sloviansky-Tal ausgeharrt.[48] In der vom Kommandanten der Staffel „Slovan" nach dem Durchzug der Front verfassten „Charakteristik" wird Kohn keinesfalls als Kommandant irgendeiner untergeordneten Gruppe dargestellt. Ganz im Gegenteil, er wird erst ab der zweiten Märzhälfte 1945, also ab dem Zeitpunkt seines Eintreffens im Sloviansky-Tal, als reguläres Staffelmitglied in der Funktion des Arztes/Sanitäters aufgeführt.[49] Majzlík schreibt über ihn weiter: „Er kam aus dem Žiar-Gebirge, wo mir über seine Tätigkeit nichts bekannt war."[50] Dabei hätten – nach den späteren Behauptungen des Kom-

---

[46] Detailliert dazu siehe: Miestna skupina Ráztočno. VHA Bratislava, zb. PH, inv. j. 474.

[47] Vgl. Stammblatt Július Koreň-Kohns von 1908. VA–CR, f. OS.

[48] Vgl. Denník vedený odd. Slovan. Angeblich blieb der zur Staffel „Slovan" gehörende Oldřich Hošek als Vertreter des Kommandanten bei den Partisanen im Žiar, wobei dieser jedoch nach wenigen Tagen in das Gebiet um Kláštor pod Znievom zurückgekehrt sei. Vgl. *Majzlík:* Kronika ilegálnej KSS, 266. In anderen Erinnerungen erklärt Majzlík, dass die Gruppe „Žiar" fortan von Matej Gašpar und Jozef Šovčík geführt werden sollte. Vgl. *Majzlík,* Bohuslav: Spomienky na činnosť partizánskej skupiny Slovan [Erinnerungen an die Tätigkeit der Partisanengruppe „Slovan"]. VHA Bratislava, f. ŠZ, č. X–257, 133.

[49] Vgl. Charakteristik –Július Kohns (1908). VHA Bratislava, zb. PH, inv. j. 429; Likvidovanie oddielu – Určenie mužstva [Auflösung der Staffel – Bestimmung der Mannschaft]. VHA Bratislava, zb. PH, inv. j. 429; Bestätigung č. 25/45 für Július Kohn. OA Ľudmila Domancová. In seiner zum Jahresende 1947 verfassten Bestätigung zur Anerkennung des Status als tschechoslowakischer Partisan korrigiert Majzlík seine bisherigen Angaben und erklärt, dass Koreň-Kohn schon seit dem 20.12.1944 in Verbindung mit seiner Staffel stand und zu diesem Zeitpunkt mit Kundschafter-Aufgaben und der Organisation der örtlichen Bevölkerung betraut war. Nach Erfüllung dieser Aufgabe sei er in das Lager im Sloviansky-Tal berufen worden: „Die Legitimation, in der ihm der Aufenthalt im Žiar bestätigt wird, wurde ihm unter der Nr. 25 ausgestellt, der Zeitraum aber wurde irrtümlich ab dem 20. März 1945 angegeben, sollte jedoch ab dem 20. Dezember 1944 sein." Bestätigung Bohuslav Majzlíks für Július Kohn vom 17.12.1947. OA Ľudmila Domancová. Es ist wahr, dass die vorherige, also zwei Jahre alte Bestätigung den Aufenthalt Kohns im Žiar erwähnt. Keinesfalls aber geht aus ihr hervor, dass er in dieser Region auf irgendeine Art leitend tätig war. Eher im Gegenteil: Majzlík gibt an, dass die Verbindung mit Kohn während der Durchführung von Aktionen gegen den Eisenbahnverkehr am Abschnitt Prievidza – Handlová (Krickerhau) geknüpft wurde, deren erste jedoch erst am 27.2.1945 realisiert wurde. Insofern darf man also die Glaubwürdigkeit des auf Ende Dezember 1944 korrigierten Datums bezweifeln.

[50] Charakteristik Július Kohns von 1908. VHA Bratislava, zb. PH, inv. j. 429.

mandanten der Staffel „Slovan" – seine und Kohns Gruppe schon seit dem 20. Dezember 1944 in Kontakt stehen sollen.[51]

Eine andere bedeutende Funktion, und zwar die des Kommissars der Partisanengruppe „Žiar", soll Jozef Šovčík bekleidet haben. Abgesehen von der Tatsache, dass er überhaupt nicht unter den Mitgliedern der Staffel „Slovan" aufgeführt ist,[52] sind im Tagebuch der Gruppe doch zumindest seine Besuche bei der Kommandantur im Sloviansky-Tal erwähnt – der erste jedoch erst am 29. März 1945, das heißt, eine Woche vor dem Durchzug der Front.[53] Außerdem soll Šovčík von Majzlík auch einige Befehle entgegengenommen haben, die jedoch nicht immer ausgeführt worden seien.[54] Als er in der ersten Aprilhälfte von einem Offizier der Roten Armee als Gefangener herbeigeführt wurde, sorgte der Kommandant der Staffel „Slovan" nicht für seine Freilassung. Er soll dies nach eigenen Worten wie folgt begründet haben: „Ich fühle mich nicht als sein Kommandant, denn er hat von mir drei Befehle erhalten und nicht einen davon ausgeführt. Soll er sich einen anderen Kommandanten suchen."[55] Andererseits existieren Aussagen, die Šovčíks ungeschriebene Autorität unter den sich damals im Žiar-Gebirge aufhaltenden Menschen bestätigen.[56]

Eine grundlegende Frage ist auch, wer genau als Mitglied der Partisanengruppe „Žiar" zu betrachten ist. Nach Angabe der Arbeiten von Bohuslav

---

51 Vgl. *Majzlík:* Kronika ilegálnej KSS, 261; *Majzlík:* Spomienky na činnosť, 52. Der 20.12.1944, an dem es zum Treffen von Kohn mit Ján Vajdiak (also dem Mitarbeiter von Majzlíks Staffel) gekommen sein soll, wird als Entstehungsdatum der organisierten Partisanengruppe „Žiar" betrachtet. Wenn dies der Wahrheit entspräche, warum sollte dann Majzlík in der „Charakteristik" Kohns angeben, dass er über dessen vorherige Tätigkeit nichts wisse? Wenn Kohn-Koreň der Kommandant der Gruppe gewesen wäre, mit dem die Angehörigen seiner Einheit ganze drei Monate in Kontakt standen, hätte er doch sicher von dessen Führungsposition gewusst.

52 Vgl. Likvidovanie oddielu – Určenie mužstva.

53 „Šovčík Jozef, der ins Lager kam, um eine Verbindung für die Berge um Budiš anzuknüpfen, wurde betraut, für uns Waffen zu konfiszieren [...]". Denník vedený odd. Slovan. Auf Grundlage dieser Erklärung stellt sich die Frage, in welchem Maße überhaupt Kontakte zwischen den Partisanen im Sloviansky-Tal und im Žiar Gebirge aufrechterhalten wurden. Zielte Kohns Weggang ins Lager der Staffel „Slovan" auf irgendeine Art in diese Richtung? In den Nachkriegsarbeiten Majzlíks wird diese Frage nicht besonders berücksichtigt.

54 Dazu sollte beispielsweise die schon erwähnte Erstellung der Mannschaftsauflistung und der Waffen gehören, wie auch die Organisation kampffähiger Männer im Žiar-Gebirge. Vgl. *Majzlík:* Kronika ilegálnej KSS, 268 f.

55 *Ebenda,* 269 f. Entgegen dieser Erklärung stellte ihm Majzlík in den 1980er Jahren eine Bestätigung über die Tätigkeit im Žiar aus. Vgl. Zeugenaussage Bohuslav Majzlíks für Jozef Šovčík von 1985. OA Ľudmila Domancová.

56 Diese beruhte jedoch eher auf der Furcht vor der Unberechenbarkeit seines Handelns. Solchen Respekt hatte vor ihm angeblich auch der „Kommandant" Kohn. Vgl. Gespräche mit Gustáv Polčík (1918), Prievidza 2008–2010. Privatarchiv des Autors; *Lacko/ Sabo:* Žandár troch režimov, 150, 154.

Majzlík bestand sie einerseits aus bewaffneten Partisanen, die sich in fünf verschiedenen Verstecken aufhielten, andererseits aber auch aus unbewaffneten Mitarbeitern in einzelnen Dörfern. Im Laufe der Zeit und mit der Erlangung weiterer Informationen veränderten sich die in Majzlíks Arbeiten genannten Mitgliederzahlen; sie schwankten aber stets um einen Wert von 45 Partisanen und 35 Mitarbeitern, also von insgesamt ungefähr 80 im Widerstand engagierten Personen.[57] Diese Zahlen kann man jedoch nicht als vollkommen der Realität entsprechende Werte betrachten. Sie sind vielmehr mit Distanz zu betrachten – also lediglich als ungefähre Angaben. Beeinflusst wurden sie vor allem durch den Erlass des Gesetzes Nr. 255/46 Zb., mit dem die Anerkennung von Personen als Teilnehmer am nationalen Befreiungskampf geregelt wurde. Infolgedessen beschönigten viele Menschen ihre Widerstandtätigkeit stark, um die im Gesetzestext festgelegten Bedingungen zu erfüllen.[58] Diese Praxis bestand jedoch nicht nur im Zusammenhang mit der Partisanengruppe „Žiar", sondern stellt ein gesamtgesellschaftliches Phänomen der Nachkriegstschechoslowakei dar.

Personen, denen im Rahmen dieses Gesetzes der Status eines „Teilnehmers am nationalen Befreiungskampf" zuerkannt werden sollte, mussten ihre Widerstandtätigkeit auf unterschiedliche Weise belegen. Eines der Kriterien war, dass eine nicht nur zufällige, sondern systematische und organisierte Widerstandtätigkeit vorliegen musste. Und gerade darin liegt der Kern der „Entstehung" der Partisanengruppe „Žiar": Die Personen, die sich während des Krieges im Žiar-Gebirge aufhielten, mussten ihre Beteiligung an irgendwelchen Aktivitäten unter Führung einer größeren Partisaneneinheit nachweisen, der sie als organisierte Gruppe untergeordnet waren. Angesichts der nachgewiesenen Zusammenarbeit eines Teils dieser Personen (insbesondere Koreň-Kohn und Šovčík) mit der Partisanengruppe „Slovan" begannen allmählich Informationen aufzutauchen, die die Gruppe „Žiar" als organisierter Teil der Staffel „Slovan" unter Führung von Bohuslav Majzlík darstellten. Die bewaffneten Partisanen dieser Gruppe „Žiar" sollen sich laut Majzlíks Nach-

---

[57] Vgl. *Majzlík*: Kronika ilegálnej KSS, 230.; *Majzlík*: Spomienky na činnosť, 194. Aus den persönlichen Bemerkungen und Listen Bohuslav Majzlíks, die den aktuellen Stand seiner Untersuchungen berücksichtigen, ist ersichtlich, dass sich die Gesamtzahl zwischen 65 bis 86 Personen bewegt haben soll. Gažo zitiert seine spätere Angabe von 47 Partisanen und 37 Helfern. Vgl. fascikel Partizánska skupina ŽIAR [Faszikel Partisanengruppe „ŽIAR"]. OA Ľudmila Domancová; *Gažo*: Partizánske hnutie na Slovensku, 363. Nur zur Illustration: Die Staffel „Slovan" zählte nach der ersten zitierten Arbeit insgesamt 146 Mitglieder und Mitarbeiter; die ihr untergeordnete Gruppe „Ráztočno" sollte aus 44 und die ebenfalls „Slovan" untergeordnete Gruppe „Vädžer" aus 25 aktiven Widerständlern bestehen. Vgl. *Majzlík*: Kronika ilegálnej KSS, 230.

[58] Wie Július Koreň-Kohn in einem seiner Briefe an Bohuslav Majzlík bemerkt: „Mach Dir keinen Kopf um diese Gruppe Žiar, betrachte es einfach so, dass die Leute von selbst ‚aufgetaucht' sind, als es um die Bearbeitung der Renten ging." Brief von Július Koreň an Bohuslav Majzlík vom 15.10.1974. OA Ľudmila Domancová.

kriegsschriften in fünf Bunkern aufgehalten haben, die sich in verschiedenen Teilen der gleichnamigen Bergregion befanden.[59] Interessant daran ist jedoch, dass die Bewohner dieser Bunker nicht nur als Teil der Staffel „Slovan" ausgewiesen, sondern in derselben Epoche auch als Untereinheit anderer organisierter Partisanengruppen beschrieben wurden, die in dieser Region aktiv waren oder durch sie hindurchzogen.[60] So gehörte beispielsweise der von Majzlík ausgewiesene „Bunker Nr. 2" nach Angabe einiger Dokumente zum 11. Bataillon (Kommandant Vasil Stanko) des Partisanenverbandes „Ján Žižka" (Kommandant Teodor Pola) und bildete dort eine Staffel mit der Bezeichnung „Štefánik" (Kommandant Jozef Fontány). Zudem gibt es Erwähnungen einer Partisanengruppe mit der Bezeichnung „Vyšehrad" (Kommandant Vladimír Gulis[61]), deren angebliche Mitglieder identisch mit den Personen sind, die Majzlík im Bunker Nr. 2 anführt. Aus diesen Angaben ergibt sich also, dass die Besatzung eines Bunkers in der stets gleichen Epoche, im Frühjahr 1945, in drei verschiedenen Staffeln organisiert gewesen sein sollte, was selbstverständlich unmöglich ist.[62]

Der Theorie der einheitlichen Widerstandsorganisation im Žiar-Gebirge widersprechen auch verschiedene, manchmal widersprüchliche Behauptungen aus der Nachkriegszeit, die verschiedene Namen des angeblichen Gruppenkommandanten angeben. Im Fall einer regulär funktionierenden Staffel wäre dies sicher nicht der Fall.[63] Allmählich jedoch verschwanden die obig angeführten Unstimmigkeiten aus den Anträgen zur Anerkennung des Status eines „Teilnehmers am nationalen Befreiungskampf" im Rahmen der Gruppe „Žiar". Grund hierfür war die Vorlage einer Mitgliederliste, die sowohl von dem angeblichen Kommandanten (Koreň-Kohn) wie auch dem Politkommissar (Šovčík) dieser Gruppe bestätigt worden war.[64]

Aus den oben angeführten Informationen geht eindeutig hervor, dass die Organisation der Partisanengruppe „Žiar" in der Zeit vom November 1944 bis April 1945 nicht auf dem Niveau war, wie in der Mehrheit der Nach-

---

59 Vgl. *Majzlík: Kronika ilegálnej KSS*, 251–256.

60 An dieser Stelle ist zu überlegen, wie diese Unterordnung überhaupt realisiert werden konnte, wenn die Menschen im Žiar mit diesen Einheiten keine regelmäßige Verbindung aufrecht hielten.

61 Der Sohn des im Text erwähnten Ján Gulis.

62 ŠA Bytča, p. Martin, f. Miestny národný výbor v Rudne, šk. 7, inv. č. 106, spis č. 602/1967; *Majzlík: Kronika ilegálnej KSS*, 230, 252 f.; Maschinenschriftl. Bemerkungen von Bohuslav Majzlíks zur Studie „Turčianske obce v odboji" (IV. úsek). OA Ľudmila Domancová, 84 f.; Vyšehrad. In: *Plevza* (Hg.): Dejiny Slovenského národného povstania 1944, Bd. 5., 612; *Gažo: Partizánske hnutie na Slovensku*, 130, 519; *Giač* (Hg.): Turčianske obce v odboji, 127.

63 Vgl. bspw. MO SR, OVVaVO, č. 56728/70: K. Flimel (1905); *ebenda*, č. 42832/74: Štefan Humaj (1914); *ebenda*, č. 54826/70: Jozef Krško (1913); *ebenda*, č. 8198/67: Jozef Mokrý (1902); *ebenda*, č. 34359/49: J. Richter (1923); *ebenda*, č. 67378/63: P. Richter (1925); *ebenda*, č. 141843/47: Jozef Solárik (1922).

64 Vgl. *Majzlík: Kronika ilegálnej KSS*, 251–256.

kriegsarbeiten dargestellt. Im Lichte verschiedener Dokumente kann daher zu Recht vermutet werden, dass die Partisanengruppe „Žiar" während des Kriegs im Gegenteil formal überhaupt nicht existierte.

Neben der Entmythologisierung der Partisanengruppe „Žiar" richtete sich das Augenmerk der vorliegenden Studie jedoch auch auf weitere Teilaspekte, wie beispielsweise die Motivation der Menschen zum Rückzug in die Berge. Dieser begründete sich einerseits durch deren vorherige Widerstandtätigkeit, in vielen Fällen aber auch durch den Unwillen, in die reguläre slowakische Armee einzurücken. Untersucht wurde außerdem die Frage der Kooperation der sich Versteckenden mit der Zivilbevölkerung, ohne deren Hilfe sie die harten Bedingungen in den Bergen nicht hätten überleben können. Aufgrund der großen Bedeutung, die der Geheimhaltung zugemessen wurde, wie auch dank der Geschicklichkeit der konkret beteiligten Personen, kam es zu keiner größeren Verfolgungsaktion gegen die Bewohner der umliegenden Dörfer. Abschließend bleibt zu konstatieren, dass die Partisanengruppe „Žiar" – trotz aller angeführten Tatsachen – ihren festen Platz in der Geschichte des Widerstands hat: Ihre fabulierte Darstellung ist in sich selbst ein Zeugnis der Nachkriegszeit. Und auch darin liegt ihre Bedeutung im Rahmen der Geschichte des Partisanenwiderstands auf dem Territorium der Slowakei.

Am Beispiel der Partisanengruppe „Žiar" wurde versucht zu zeigen, dass in der Nachkriegstschechoslowakei in der Tat vonseiten einzelner Teilnehmer des Widerstands eine bedeutende Beschönigung der eigenen Widerstandtätigkeit stattfand – und zwar im Hinblick auf die Erfordernisse des Gesetzes Nr. 255/46 Zb. Dies spiegelte sich auch in einer Verdrehung der Geschichte des Partisanenkampfes an sich. Es stellt sich daher die Frage, wie viele weitere „Partisanengruppen" auf diese Weise nach dem Krieg „entstanden" sind. Ist dies in der Verworrenheit widersprüchlicher Quellen mit einem zeitlichen Abstand von mehr als 70 Jahren überhaupt noch festzustellen? Zu beantworten wäre dies nur durch eine umfassende Untersuchung der Tätigkeit der damaligen Partisanengruppen wie der aus der Žiar-Region, die beim Studium und der bei Kritik der Quellen sehr gründlich vorging. Eine solche Studie könnte mehrere überraschende Schlussfolgerungen erbringen, die unser Wissen über die Geschichte des Widerstands in der Slowakei etwas näher an die Wahrheit rücken würde.

Aus dem Slowakischen von Iris Engemann

Olga Baranova

WAS BELARUS A PARTISAN REPUBLIC?
Soviet Partisan Resistance in the Nazi Occupied Belarus during World War II

The Second World War had disastrous consequences for Belarus: the German occupation of the territory inflicted the most tremendous human and material losses in its history.[1] Due to its geographical position, Belarus experienced two movements of the front through its territory. By the time of the liberation in July 1944, the population of Belarus had fallen by more than two million people, a figure representing almost 25 percent of the pre-war population.[2] While more people died from the indirect effects of German rule as opposed to direct combat and executions, the death rate among the Jews in Belarus during the Holocaust was among the highest in Europe: as much as 80 percent of the pre-war Jewish population was wiped out.[3]

---

[1] This article benefited from a EURIAS Fellowship at the *Institut für die Wissenschaften vom Menschen* (IWM) in Vienna, Austria.

[2] The standard claim of Soviet historiography was that one in four residents of Belarus perished during the war, and the figure of 2.2 million people killed in Belarus was officially accepted. This number included 1.409,225 civilians – so called 'peaceful inhabitants' – and 810,091 military casualties, including Soviet prisoners of war who perished in camps. These numbers originally appeared in the report of the Extraordinary Commission for the Investigation of the Crimes of the German Fascist Occupiers for 1944. See *Kravchenko*, Ivan: Nemetsko-fashistskij okkupatsionnyj rezhim v Belorussii [The German fascist occupation regime in Belarus]. In: *Boltin* Evgenij et al. (ed.): Nemetsko-fashistskij okkupatsionnyj rezhim, 1941 – 1944 gg [The German fascist occupation regime, 1941–1944]. Moscow 1965, 63. Belarusian scholar Alexej Litvin estimates the number of Belarusian losses at between 1.95 and 2 million people. This number includes Belarusians who perished on Belarusian territory both at the front and in the course of forced labor in Germany. See *Litvin*, Alexej: K voprosu o kolichestve ljudskih poter Belarusi v gody Velikoj Otechestvennoj voiny, 1941-1945 gg. [The question of the number of casualties in Belarus during the Great Patriotic war, 1941–1945]. In: *Basin*, Yakov (ed.): Belarus u XX stagodzi [Belarus in the twentieth century]. Minsk 2002, 136–137.

[3] It is difficult to establish the exact number of Belarusian Jews who perished in the Holocaust. An additional difficulty lies in the fact that many researchers until recently have treated Eastern and Western Belarus separately and often Jews from eastern part of Belarus were defined as Russian Jews while western Belarusian Jews were defined as Polish Jews. According to *Enzyklopädie des Holocaust*, on the eve of the German-Soviet war, more than one million Jews lived in the two parts of Belarus, while in the first postwar

The national economy was left in ruins. By 1945 the industrial capacity of the country was reduced to just 20 percent of its pre-war level, while agricultural activity and the cattle population was running at about 30 percent of the pre-war level.[4] Most cities and towns, including the capital Minsk and large regional centers like Vitebsk, Brest, Grodno, Mogilev and Gomel, lay in ruins. Several thousand kilometers of railroads and bridges were completely destroyed due to both German and partisan actions and entire villages were burned down as retaliation by the German forces during anti-partisan operations. An American observer, after six months of travel across Belarus, called it "the most devastated territory in the world."[5] Reflection on the tremendous scale of human losses and the catastrophic destruction of the country's economy during the war should give us an understanding of the importance of task of reconstructing a complete picture of events on the occupied territory of Belarus, and of submitting the experience of the resistance movement to reevaluation.

The beginnings of the partisan movement in Belarus

The fact that by the end of the war the partisan resistance movement in Belarus was the second largest in Europe, only exceeded by that of Tito in Yugoslavia, led British historian Gerald Reitlinger to remark that the history of Belarus under German occupation "must be sought in the annals of partisan

census only 150,000 were registered. The statistics provided by German historian Bernhard Chiari are quite similar: Chiari states that of 820,000 Belarusian Jews, only 120,000–150,000 survived the war. Moreover, Belarus became the graveyard not only of local Jews but also of Jews transported there from Bohemia and Moravia (parts of the former Czechoslovakia), the General Government (parts of the pre-war Poland) and the Warthegau (Polish territories that were directly incorporated into the Third Reich). See *Rein*, Leonid: "Local Collaboration in the Execution of the 'Final Solution' in Nazi-Occupied Belorussia". In: Holocaust Genocide Studies 20/3 (2006), 381–409.

4   Polish historian Jerzy Turonek blames Soviet authorities as much as the Germans for the deliberate destruction of the Belarusian economy in the first weeks of the war. Turonek states that the greatest destruction of Belarusian industry occurred as a result of the evacuation to the east of machines and equipment, that the destruction of agriculture was the result of the Soviet scorched earth policy and that partisan activity led to the elimination of small enterprises and farms in the periphery. See *Turonek*, Jerzy: Belarus pad niametskaj akupatsiej [Belarus under the German occupation]. Minsk 1993, 198.

5   *Fedor*, Helen (ed.): Belarus: A Country Study. Washington: the Library of Congress 1995 from URL: http://www.countrystudies.us/belarus/10.htm (13.3.2008).

warfare."[6] My research challenges this traditional representation of Belarus as a 'partisan republic', in which the popular resistance movement was genuine, strong, continuous and supported by the entire local population right from the first days of the occupation. Based on various German and partisan reports on the situation in the occupied territories, my paper demonstrates that at the initial stage of the war small and dispersed partisan units were neither particularly well-organized nor well-led, faced serious problems in getting supplies, armament and ammunition, and lacked popular support. It argues that only at the second stage of the war, starting in the spring and summer of 1943, did the partisan units begin to receive the full support of the local population and did resistance action come to have a significant effect on the German occupation. Moreover, my research demonstrates that the reasons and motives that people had in joining the resistance movement were very different from those advanced in Soviet and present day Belarusian historiography.[7]

After their occupation of Belarus in the summer of 1941, in order to maintain control and to govern the occupied area and exploit local resources more effectively, the German authorities established a new set of administrative arrangements in the territory. The German territorial division for administrative purposes divided Belarus in the following manner. The central and western territories of Belarus formed *Generalbezirk Weißrussland,* which became a part of the *Reichskommissariat Ostland.* The *Generalbezirk* covered about one third of the pre-war Belarusian Soviet Socialist Republic (BSSR) and contained a total population of 3.1 million. It was broken up into ten districts (*Gebiete*): Baranovichi, Borisov, Vilejka, Gantsevichi, Glubokoe, Lida, Novogrudok, Slonim, Slutsk, and the district of Minsk, with the capital Minsk itself being accorded the same status as a separate district. The eastern territories: Vitebsk, Mogilev, part of Gomel and some Palessie regions were placed under military command so that they became a part of the rear area of Army Group Center. The Belastok and Grodno regions (the most western territories of Belarus) were incorporated into the German *Reich* as new territories of

---

6   *Reitlinger*, Gerald: The House Built on Sand. New York 1960, 155. Cited in *Rein:* "Local Collaboration in the Execution of the 'Final Solution' in Nazi-Occupied Belorussia", 382.

7   The traditional representation of the history of partisans in Belarus (though not only in Belarus) is also challenged in German-language studies relating to Partisan warfare and German reactions: *Musial*, Bogdan: Sowjetische Partisanen 1941–1944. Mythos und Wirklichkeit. Paderborn 2009; *Brakel*, Alexander: Unter Rotem Stern und Hakenkreuz: Baranowicze 1939 bis 1944. Das westliche Weißrußland unter sowjetischer und deutscher Besatzung. Paderborn 2009. For details on German occupation policy in Belarus in general, see *Gerlach*, Christian: Kalkulierte Morde. Die deutsche Wirtschafts- und Vernichtungspolitik in Weißrussland 1941 bis 1944. Hamburg 1999.

East Prussia. Meanwhile, Brest, Pinsk and the rest of the Gomel region in the south, together with the southernmost districts of Palessie were included in the *Reichskommissariat Ukraine*. Vilna and some of the nearby north-western territories remained within the *Generalbezirk Litauen*.[8]

What is notable about this partition is that the territory of Belarus was divided into two zones: *Generalbezirk Weißrussland*, a civilian zone under the command of the *Generalkommissar*, Wilhelm Kube, who was appointed by Hitler in July 1941, and the eastern part of the country, which was made into a military zone and placed under the command of Army Group Center. The boundary between the two zones ran along the line of the Berezina River.[9]

The response of the various segments of the indigenous population of Belarus to the occupation in its initial stages was very varied – and in some cases very polarized. Among the major factors that influenced the loyalty or disloyalty of the Belarusian population towards their own Soviet regime were geographical location and pre-war experiences of Soviet rule.

German reports clearly indicate that during the early stages of the war the local population of Belarus put up very little resistance, with some peasants, especially in the western part of the republic, even greeting the German troops warmly and celebrating their liberation from the Communist regime, entirely unaware of the hardships that were to follow. Among the most important factors for the initially neutral, and in many cases fairly friendly, acceptance of the Germans by local people were their relatively untraumatic memories of the German occupation of 1917 during the First World War, during which time the occupiers were seen as not only having behaved correctly towards the Belarusian civilian population, but even sometimes went so far as to have approved, supported and patronized a number of national projects and cultural initiatives. Another factor was the positive personal experiences that some ordinary Belarusians had with German soldiers in their encounters with them, which provided evidence of the higher standards of Western culture, education and hygiene, among other indications of better living conditions in Germany.

Another factor helping to explain the initial inertia and unwillingness to resist was the local population's confusion, shock and, in the majority of cases, sheer inability to fight the heavily armed invader. Yet another important factor that contributed to the confusion among the Belarusian population left behind by the retreating Red Army, and that further heightened the potential impulses to defect from the Soviet side during the early weeks of the occupation, was the evacuation eastward of practically all the most active Com-

---

8   *Lubachko, Ivan:* Belorussia under Soviet Rule, 1917–1957. Lexington 1972, 151.

9   See *Kovalenya, Alexander:* Belarus v gody Velikoj Otechestvennoj vojny 1941–1945 [Belarus during the Great Patriotic war, 1941–1945]. Minsk 2005, 59.

munists, including a large proportion of the territory's bureaucratic elite. Moreover, in some western districts of Belarus, as the Germans rapidly advanced through the region, a number of local Party representatives and officials in the state administration fled to the rear, often without official sanction from above. In Minsk, for example, the leading party and Soviet officials had escaped the city as early as 24 June, leaving looters to roam the streets. Witnesses reported that "they dragged anything they could find from shops, factories and warehouses, especially those where flour, butter, cereals and wine were kept." The citizens of Minsk, left completely without leadership, felt abandoned by and disillusioned with the Soviet authorities.[10]

In addition, the absence from their home place of the large number of young men presumably loyal to the Soviet cause who had been recruited for military service in the Red Army in the first days of the war played a role in the initial feelings of disorientation, disloyalty and in anti-Soviet sentiment and attitudes within the population. In addition, the destruction of valuable resources and food supplies as a result of the disorganized evacuation during the retreat of the Red Army, combined with the scorched-earth policy pursued by the Soviets, which was to cause particular suffering to the local population left behind the front lines, caused bitter resentment against the Communist authorities. The deliberate destruction of local stores on orders from above, from bakeries to hospital supplies, left the civilian population bereft of reserves and key resources even before the Germans had arrived. According to British historian Alexander Hill, these measures – whether officially sanctioned or not, and whether or not they were justified by the state of war – could have done little for the Soviet government's reputation, and to some extent deadened the negative impact of German excesses on the attitudes of the civilian population.[11]

The *Wehrmacht*'s successful offensives during the first months of the war, with its initial victories and rapid advances, contributed to the myth of German invincibility, whilst the evacuation of members of the Soviet authorities contributed to the widespread belief among the majority of the Belarusian population who remained behind in the occupied territories that the Soviet system had proven itself weak and would inevitably collapse under the German onslaught. Many local Belarusians concluded that the Soviet regime had been shattered and could not be reestablished, and that it would be replaced

---

[10] *Gartenschlager*, Uwe: Living and Surviving in Occupied Minsk. In: *Thurston*, Robert W./*Bonwetsch*, Bernd (eds.): The People's War: Responses to World War II in the Soviet Union. Urbana 2000, 13–22.

[11] *Hill*, Alexander: Between Two Fires – Explaining Local Responses to German Occupation and the Soviet Partisan Movement on the Territory Occupied by the German Army Group North, 1941–1944. Unpublished paper presented to the Soviet Industrialisation Project Series, University of Birmingham, March 1999, 8.

by another system, and that it was thus sensible to adjust to the new circumstances. The Soviet retreat and evacuation and the general destruction and disorganization caused by the German onslaught thus tended to weaken the institutional and emotional channels of command and loyalty as felt by the population left behind in the territory.[12]

Moreover, the overwhelming impact of the disruptions of war generated a deep popular yearning for tranquility that also influenced the attitudes and loyalties of the indigenous population. German reports clearly indicate that in rural areas of Belarus sympathy with any political regime was traditionally weak:

because of constant oppression from a series of (Polish and Russian) states and political regimes, Belarusian peasants lacked any national and political consciousness and were ready to offer their allegiance to whichever side was most likely to best meet their selfish interests.[13]

The bulk of the population of occupied Belarus therefore seemed to be ready to put its fate in the hands of whichever side would guarantee better living conditions, security and peace.

However, despite the limited resistance and relatively neutral reception accorded, initially at least, to the German troops by the Belarusian population, the destructive effects of the German onslaught were considerable.

In the first days of the invasion, the Germans encircled huge bodies of Soviet troops and captured a great many prisoners. However, the wooded and marshy terrain in much of the northern and central area of the country meant that there in many cases encircled troops managing to disperse into the forests, thus avoiding capture. At this stage in the war, few of these men had any intention of heeding Stalin's call to continue resistance: they simply put on civilian clothes, returned home and continued their normal life or took jobs in their local area, hoping that the war would soon be over. A typical example is the story of one man whose unit was encircled during the first days of the invasion:

In June 1941 our unit was surrounded by a group of German troops in one of the forests near the town of Belaya Tserkov. The political commissar mustered the remaining troops and ordered us to escape the encirclement in groups. Together with two other soldiers from our unit ... I changed into civilian clothes and decided to go back home to where we used to

---

12 *Armstrong*, John: Soviet Partisans in World War II. Madison 1964, 320.
13 Report from the occupied eastern territories № 1 to the head of the SD in Berlin from the head of the SD of the Generalkommissariat Weißruthenien Obersturmbannführer SS Strauch. The national and political situation in the occupied Belarus, 01 May 1942. National Archives of the Republic of Belarus in Minsk (Nacional'nyj Archiv Republiki Belarus', NARB), fond 4683: Institute of History of the Communist Party, opis 3, delo 947, 3–5.

live. We took this decision because we had heard the rumor that the German troops had now advanced far away to the east.[14]

Despite the fact that by-passed Red Army units in many cases either surrendered and were captured as Prisoners of War (POWs) or dispersed and melted back into the countryside, among such soldiers there were also many convinced communists who had managed to avoid capture and decided to continue the resistance struggle. These men had the real potential to become a substantial cadre of combat-ready guerilla units. Indeed, there were numerous examples of partisan units being created and led by by-passed Red Army officers and soldiers. The communications of the *SD* (*Sicherheitsdienst der SS*) security police in the occupied territories of Belarus clearly demonstrated the awareness and preoccupation among the German authorities with such events.

After the defeat of the Red Army at Bryansk and Vyazma, some Soviet officers who had managed to escape from the battlefields headed to Minsk; there they managed to find civilian clothes and forged documents. Furthermore, there is a risk that these people may come to constitute a command staff and the core of the partisan movement if they are not dealt with immediately. In August and September 1941 Jews were among those who joined, reinforced and united partisan circles.[15]

Thus, in the light of this danger, in the period from July to December 1941, the bulk of the German rear area forces were employed primarily for the extermination of the Jews and for rounding up by-passed Soviet military forces.

Organized resistance and the attitude of the local population

The establishment, with support from the Communist Party, of an official Soviet partisan organization in Belarus in September 1941 was one of the most significant events to occur in the region during the war. The main goal of this organization was to help to organize Red Army forces trapped behind German lines as well as to raise guerilla sabotage units from among the local population. From the autumn of 1941 onwards, partisan units were increasingly sent in from behind Soviet lines, often including Party and People's Commissariat for Internal Affairs (*Narodnyi Komissariat Vnutrennikh Del, NKVD*) personnel who had previously retreated with the Red Army. It is important to highlight that the partisan movement in Belarus was thus not the spontaneous expression of the resistance of the local population against the

---

[14] LMP-WCU D8867, 1941. Cited in *Dean*, Martin: Collaboration in the Holocaust: Crimes of the Local Police in Belorussia and Ukraine, 1941–44. New York 2000, 26.

[15] Report from the occupied eastern territories № 2 to the head of the SD in Berlin from the head of the SD of the *Generalkommissariat Weißruthenien Obersturmbannführer SS* Strauch, 08 May 1942. NARB, fond 4683, opis 3, delo 947, 10.

invader, but was largely organized, directed and supported from the political center in Moscow.

Despite the attempts by the official Soviet historiography of the Great Patriotic War to give the impression that the partisan movement was wholeheartedly supported by local populations in enemy-controlled territory, and that was constantly growing in strength from the very beginning of the war, both German reports and the accounts of the partisans themselves clearly show that in the first months of war partisan units, hastily established before the Soviet retreat, were experiencing serious problems in securing provisions, armament and ammunition, and were unable to recruit significant numbers from local populations. Ordinary partisan units on the ground were neither well led nor well coordinated. This was the case partially because it had been decided by the center in Moscow that the leadership for the partisan movement was to be created, wherever possible, out of Communist Party and Red Army cadres. However, not all Soviet officers and commissars were unconditionally ready to follow Stalin's order to organize an armed resistance movement behind German lines. Secondly, communications were still rudimentary, which meant that small dispersed partisan units did not have regular radio contact with the main headquarters in Moscow. In fact, as of 10 June 1942, for a total of 387 partisan detachments there were only 37 radios.[16] Consequently, and in particular during the first year of the war, even the leaders of the partisan units in the occupied areas often had no real idea either of the situation at the front or of general progress of the war and political decisions emanating from Moscow. During 1941 and into 1942, partisan strength was poor and their propaganda activity severely limited, in the first instance by a lack of equipment for the production of printed materials. In addition, the partisan units almost entirely lacked material support from the center, and the armaments available to them and supply of ammunition was very poor – for example, the total number of weapons supplied from the center or captured by the Belarusian partisans themselves in 1941 could barely equip a single rifle division.[17] These units also had severe difficulties in getting the support they needed in terms of food and clothing either from the center or from the local population, which posed yet another serious obstacle to their successful operation. Partisan reports clearly show that during the

---

[16] Rost partizanskih otriadov na territorii SSSR, vremenno okkupirovannoj nemetskimi zahvatchikami, 10.06.1942 [Growth of partisan units on the territories of the Soviet Union temporarily occupied by the German invaders, 10 June 1942] Russian State Archive of Social Political History in Moscow (Rossiiski Gosudarstvennyi Arkhiv Sotsial'no-Politihceskoi Istorii, RGASPI), fond 625: Materials collected by Pantelejmon Ponomarenko – First Secretary of the Communist Party of Belarus and Head of Communist Partisan resistance movement in Belarus, opis l, delo 18, 345.

[17] *Grenkevich,* Leonid: The Soviet Partisan Movement 1941–1944. London 1999, 127, 166.

end of 1941 and beginning of 1942 the bulk of partisans had infiltrated in from the Soviet rear and did not draw significantly from local recruitment.

The lack of popular support was a serious problem of which both the Germans and the Soviet authorities were well aware. For example, several partisan reports of the first months of the war indicate the extent to which the civilian population was unwilling to provide any support. One partisan detachment reports that during the autumn of 1941

for the first days of activity of the partisan detachment no support whatsoever was forthcoming from the remaining civilian population: indeed the opposite was the case. Former kulaks and groups repressed by the organs of Soviet power, as well as sections of the population put under particular pressure from the Germans, actively assisted them by showing German units where partisans were hiding.[18]

Moreover, the very fact that during the winter of 1941–1942 most partisan detachments were forced by dire food shortages and the sheer cold to attempt to break-through to the Soviet side of the front provides another indication that they were neither widely welcomed nor willingly supplied by the local population.

Another partisan report confirms the presence of anti-Soviet and anti-partisan feelings among some elements of the Belarusian rural population, who not only refused to support the partisans but actually assisted the Germans in disclosing the location of partisan units with a degree of enthusiasm.

[An] anti-Soviet organization of individual farmers created in opposition to the *kolkhoz* (Soviet collective farm) system was revealed in the town of Berezino, Begomelsk region. It was created in December 1941 and consists of 32 members, who followed all the economic instructions of the German occupiers, thus actively assisting them in carrying out measures for the exploitation of local resources. These people, who held leading positions in the local administration of the occupied territories – in town councils, cooperatives, the police – were made responsible for dividing up and sharing out meadows and arable land, and for providing loans, consumer goods and special aid among the local peasants. The organization assisted the Germans in collecting wool and warm clothes for the German army and was responsible for re-opening the church in Berezino. These people also informed the German police of places where partisans were hiding and, through spying and denunciation, carried out secret service duties for the Begomelsk police. The leaders of this group are the brothers Voronovich Ivan and Mikhail and Seuko Alexander. All members of this organization are former *kulaks* dispossessed and repressed by the Soviet authorities in the 1930s.[19]

As can be seen in these reports, in 1941 the Germans enjoyed certain support from the local population, and were especially successful in securing volunteer informants. However, the people who willingly assisted the Germans at

---

18 Communication to the head of *Kalininskiy obkom* on the activity of partisan units from instructor of VKP obkom Ermochenkov, 19 November 1941. RGASPI, fond 69, opis l, delo 347.1, 54.

19 The report of the head of NKVD criminal investigation group to comrade Kirsanov, 20 April 1944. NARB, fond 3500, opis, 2 delo 44, 4–6.

the initial stage of the occupation included more than just open opponents of the Soviet system, but also local civilians whose decision to cooperate with the occupation authorities was determined by either rational choice or simple opportunism. For example, in exchange for the identification of partisans, commissars and Jews, the Germans offered such material rewards as land or a share in confiscated Jewish property.[20]

Initial hostility toward the partisans in the villages arose for a variety of reasons. The peasantry, which had no involvement in politics during the occupation, was striving hard to achieve a return to normal life and wanted no part in the struggle between the Soviets and the Nazis. At the same time, the partisan groups, even if they still were small and poorly armed, nevertheless imposed an unwelcome burden by their continuous raids, agent infiltration, and attempts to convince the local population to join their units. Even their very presence contributed to an atmosphere of insecurity. In fact, local Belarusian peasants often felt it necessary to take their own measures to protect themselves from the partisans. Since the partisans sought to extract help in goods and services from a population largely unwilling to support them, they could only achieve their aim through forced requisitioning and violence, which of course provoked resentment and rebellion.

One Soviet partisan of Jewish origin who found himself fighting in Belarus, clearly emphasizes this point in his memoirs.

Any former partisan leader who speaks of the problems of feeding his men must admit that most of the food, clothes, horses and tools had to be looted from the peasants [...]. Most villages had strong police or home guard garrisons, which greeted us with machine-gun and rifle fire. Looting pigs and horses and robbing the peasants of their bread and potatoes was a very mundane task, totally lacking in heroics or glory.[21]

Aside from the effects on popular opinion of the partisans openly requisitioning supplies, an additional black mark on the partisans' reputation in the eyes of the local population was provided by their attacks on settlements under German control and their destruction of German food stocks. Alexander Hill argues that partisan detachments, by attacking the German garrisons, taking cattle, and destroying tons of corn, though such attacks were aimed at depriving the Germans of resources, also caused enormous harm to the remaining civilian population because that population frequently shared to some extent in the benefit of that corn, which had been gathered under German orders and stored in collective grain stores.[22]

---

[20] See *Chiari*, Bernhard: Has there been a People's War? The History of the Second World War in Belarus, 60 years after the surrender of the Third Reich. In: *De Wever*, Bruno/*Van Goethem*, Herman/*Wouters*, Nico (eds.): Local Government in Occupied Europe, 1931–1945. Gent 2006, 233–234.

[21] Cited in *Dean*: Collaboration in the Holocaust, 26.

[22] *Hill*: Between Two Fires, 9.

In addition, by their continuous raids, the partisans created a sense of insecurity wherever they were active. They severely punished any civilians who complied with German orders, considering all such people to be collaborators and thus traitors to the Soviet cause. Further, while the Germans were advancing rapidly during the summer and autumn of 1941, it very much seemed to many that the they were winning the war, and the presence of partisans attracting unnecessary German attention could do no more than bring trouble down on the local population. German retribution for supporting the partisans was swift, brutal and frequently collective in accordance with Operation Barbarossa's *Kriegsgerichtsbarkeitserlass* (military jurisdiction order), issued by General Wilhelm Keitel on behalf of Hitler on 13 May 1941. The order provided for reprisals to be carried out against entire villages whenever the actual perpetrators of attacks could not be found.[23] For instance, on 13 December 1941, in response to the loss of an officer and seven other German soldiers of II Corps, 16th Army to partisan action, *Feldgendarmerie* and support troops were ordered to raze to the ground a number of settlements marked on a map and to shoot the entire male population aged between 16 and 50.[24] Thus, intimidation and collective reprisals inspired fear in the local population, not only for their own lives, but also for those of their relatives and friends, and forced them to obey German orders and to cooperate with their administration. At the same time, the partisans were still so few in 1941 that many civilians reckoned that it would make more sense to support the Germans, as they were convinced the partisans would be eliminated in their turn relatively easily, since at the time they were neither militarily nor politically formidable or numerous enough to represent any real menace.[25]

However, despite general disaffection or disillusion with, and even hostility to the Soviet regime and the partisans as local representatives of that regime, it was nevertheless quite a widespread occurrence for ordinary Belarusian peasants in 1941 to extend help with food, clothes or information to partisans hiding in neighboring woods or to soldiers of the Red Army troops who had been cut off behind the front lines. However, it is important to highlight that local people often provided such help not out of conviction, admiration and sympathy for the resistance activity or for fear of punishment from that quarter, but out of sheer human compassion – simply because they recognized such partisans and Red Army stragglers as normal human beings, often

---

23 *Dean:* Collaboration in the Holocaust, 19. See also *Anderson,* Truman: Incident at Baranivka: German Reprisals and the Soviet Partisan Movement in Ukraine, October–December 1941. In: The Journal of Modern History 71 (1999), 585–623.

24 Befehl des II. Armeekorps zur Niederbrennung von Ortschaften und Erschießung ihrer männlichen Einwohner als Vergeltung fur eine Partisanenaktion. 13.12.1941 In: *Müller,* Norbert: Okkupation, Raub, Vernichtung. Berlin 1980, 116–117.

25 *Hill:* Between Two Fires, 10.

young and confused, in need of help, putting particular emphasis on the fact that they were Russian; that is to say "our" people.

The partisan movement begins to stabilize

Another problem that the partisan movement faced during 1941 was desertion: there were quite frequent cases of individuals who had initially joined the partisan units abandoning their groups and returning to live in the villages as civilians, attempting to submerge themselves among the remaining indigenous population. One perfect example of a partisan unit of the time was the 'Shmyrev otryad', which was operating quite successfully in Belarus in the area west of Smolensk. In July 1941 the unit lost 14 men to desertion, while in August it had managed to increase its numbers to 88 men, though by that stage 38 other partisans had either deserted the unit or been expelled for cowardice.[26]

Despite all the problems that the partisans encountered at the beginning of the occupation, the German reports indicated that as early as the autumn of 1941 several genuine partisan groups were managing to cause considerable concern by their activity and inflicting real damage on the Germans. However, taken as a whole, the period between June and December 1941 was the quietest phase that the Germans were to experience throughout their entire occupation of Belarus. A German map of partisan locations for late 1941 listed the sites of the most important partisans attacks that had occurred from the date of the German invasion, but none of the incidents listed (in most cases field reconnaissance work and acts of sabotage) were of any major consequence to the essential stability of the German rear area in Belarus.[27]

However, from the spring of 1942 on, the activity of partisan groups began to provoke serious concern in the German authorities. The partisans were agitating the local population, threatening the supply of provisions to the German army. The German report on the situation and the mood of the population on the territory occupied by the Army Group Centre from the end of April – beginning of May 1942 comments as follows:

Stabilization on the central part of the front and the consequent reinforcement by new troops and refreshment of provisions by the German forces positively affected the behavior of the locals. Counteracting this, however, partisan actions have had a negative influence on the mood of the population; partisans have been able not only to cause damage to local populations through continuous pillage and requisitioning of cattle but also are now able to threaten and disrupt the supply of provisions to the German Army. German forces are quite often helpless to deal with the problem and to take the appropriate swift measures against

---

26 *Munoz*, Antonio J./*Romanko*, Oleg: Hitler's White Russians: Collaboration, Extermination and Anti-Partisan Warfare in Byelorussia, 1941–1944. Bayside, NY 2003, 140.
27 *Ibidem*, 140.

dispersed partisan units, which are now turning into a strong, well-organized military movement. If the German forces suffer losses during actions against the partisans, the population draws the wrong conclusions and spreads rumors of the weakness and breakdown among the Germans. In addition, some maneuvers and relocations of German troops are viewed and interpreted by the population as German retreats. Thus in order to show our real military power, to instill confidence in the population, to regain its support and thus to secure the supply of the German Army, it is absolutely necessary to detach more forces for the struggle against the partisans.[28]

Another report by Security Police *SD Obersturmbannführer SS (Schutzstaffel)* Eduard Strauch to the *Generalkommissar für Weißruthenien* on 1 May 1942 indicates some of the damage caused by the partisans to the German war effort.

Despite the warmer weather, and the associated floods and impassible roads, partisan activity has not diminished. Strong and well-armed partisan groups were detected in the forest area close to the villages of Raia-Kova and Chernitsa, where a group of 35 partisans disrupted a peasants meeting for the dismantling of the local kolkhoz. Close to Molodechno, partisans demolished three lines of railway track, causing the derailment of a German train carrying military provisions and thus doing great damage to the Wehrmacht. On the Gomel-Minsk railway sector, close to Rudensk, the partisans blew up a bridge and a part of the track.[29]

In the initial period of the occupation, during which the Germans did not encounter severe resistance and while they were winning on the battlefronts, they did not see the necessity of winning the allegiance of the indigenous population, even going so far as to reject out of hand the possibility of receiving military support from them. However, at the end of 1941 and the beginning of 1942, after Hitler's planned *Blitzkrieg* had clearly failed to achieve its objectives, the growing partisan movement forced them to reconsider their previous strategy. The Germans realized that guerilla activity was not simply made up of isolated manifestations of resistance in the rear areas as they had first thought: on the contrary, it had become a politically organized resistance movement, one which it would require significant military effort to contain and one that could not simply be tackled by the German police alone. In Belarus this problem was of even more acute importance to the German command and occupation authorities as the regions in which the partisans were operating were in the immediate vicinity of important lines of communica-

---

28 Report from the occupied eastern territories № 2 to the head of the SD in Berlin from the head of the SD of the Generalkommissariat Weißruthenien Obersturmbannführer SS Strauch, 08 May 1942. General situation and the mood of population in Belarus on the territory occupied by the Army Group Centre. NARB, fond 4683, opis 3, delo 947, 19.

29 Report from the occupied eastern territories № 1 to the head of the SD in Berlin from the head of the SD of the Generalkommissariat Weißruthenien Obersturmbannführer SS Strauch, 01 May 1942. NARB, fond 4683, opis 3, delo 947, 3–5.

tion and near the rear areas of troops actually in combat, which meant that they were of critical importance from an operational and strategic point of view.

As the war went on, the gap between the occupiers and occupied population began to widen noticeably. Already by mid-1942 a combination of various German actions and policies brought about the first strong stirrings of disillusionment among those segments of the Belarusian population whose response to the occupation had been passive at first, adopting a wait-and-see attitude, and even among those who had initially accepted the German presence with sense of optimism.

Within a relatively short period of time, the negative German stereotypes about Eastern *Untermenschen*, their disrespect, arrogance, and increasing physical abuse, combined at the same time with the insecurity generated by the confusion and quarrels of German soldiers who were operating in the difficult and unknown conditions of Belarus, began to alienate the local population from the Germans. Moreover, information spread rapidly on German maltreatment and neglect of the Soviet Prisoners of War (POWs) and on the atrocities committed by *SD Einsatzgruppen* against Jews and civilians that occurred every day in plain view of the region's inhabitants. Such news had the effect of instilling terror but at the same time increased popular disillusionment with the occupiers and began to provoke a hatred against them. Understandably horrified by what it was seeing, the civilian population became restless and uncooperative.

Another factor that contributed substantially to the alienation of the local population from the Germans was the constant largescale requisitioning of provisions for the *Wehrmacht* troops. As one *SS* officer wrote in a report denouncing the activities of the Army:

Positive attitudes towards the Germans were being jeopardized by indiscriminate requisitioning by the troops, acts which are becoming familiar to the local people, and were further threatened by instances of rape, and by the way the army treated POWs and the civilian population, which felt treated as if it were an enemy people.[30]

A report of the *Oberkommando des Heeres* stressed that "force, brutality, looting and deception should be avoided in order to win over the population."[31]

Moreover, the failure and/or inability of the German occupation authorities to satisfy popular aspirations and immediate needs in such a crucial area as dissolution of the collective farms and the redistribution of land freed up

---

[30] *Dallin,* Alexander: German Rule in Russia, 1941–1945: A Study of Occupation Policies. 2ⁿᵈ edition, London 1981, 215.

[31] Another subsidiary factor was the behavior of the Axis troops fighting with the Germans. Hungarian, Romanian and Slovak units were less given to ideologically driven mass extermination, but aroused hostility among the locals by their widespread looting and abuse. See *ibidem,* 215.

by that dissolution provoked disillusionment among the Belarusian peasants and alienated them from their "new masters".[32] One of the strongest sentiments among the peasantry in occupied Belarus who initially greeted the arrival of the Germans with optimism as a result of their disaffection with the Soviet policies was their rejection of the collective farms, especially the system of compulsion and expropriation that was typical of the manner in which collectivization was introduced. Therefore, it was clearly a source of disillusionment for the Belarusian rural population to see that the Germans not only sought to maintain this system, but even continued with the process of collectivization started by the Soviets in the western regions.[33] It was clearly not in German interests to utterly destroy collective farms, as the system provided them with better opportunities for requisitioning and plundering local resources.

Finally, in the cities, a considerable worsening of the general economic situation, a deterioration in the material conditions in which people lived and the appearance of famine in many towns and cities of Belarus, especially as winter approached, contributed to the negative attitudes of the urban population towards the German authorities.

The continuous ravaging and pillaging of the local population by the SS units and *Wehrmacht* troops, neither of which were under the command or obeyed the orders of *Generalkommissar* Kube, the compulsory recruitment and transfer of young Belarusians for forced labor in Germany, the brutal methods used in fighting against the partisans, collective reprisals that included burning of entire villages with innocent civilians inside, and the mass extermination of the territory's Jews, which crime was being conducted very much in the open, instilled terror in the civilian population and had a much greater influence on the mood of the population than any German propaganda and any of Kube's concessions to Belarusian nationalists could hope to achieve. The brutality and severity of the measures introduced by the Germans considerably increased anti-German feelings and were fundamental in generating the change in attitude towards the Germans from an either friendly or neutral position to one of hostility.

Thus the Belarusian case corroborates the view elaborated by Istvan Deak and Jan T. Gross that collaboration and resistance are essentially occupier-driven phenomena – that the attitudes and behaviors of the populations of

---

[32] See *Anikeev*, A.A: Agrarnaya politika Natsiskoj Germanii v gody Vtoroj Mirovoj voiny [Agrarian policy of the Nazi Germany during the Second World war]. Rostov 1990 and *Armstrong:* Soviet Partisans in World War II, 75.

[33] *Chiari:* Has there been a People's War?, 233.

occupied countries towards the Germans were not generated spontaneously, but were rather a response to the behavior of the occupation authorities.[34]

The hostility and alienation of the Belarusian local population from the Germans enabled the partisans to recruit new members and agents among the local men who had initially refused to support them. However, in this respect it is crucial to highlight that it was not from the very beginning of the war but only from about mid-1942 or even the spring of 1943, after the battle of Stalingrad and after the population had extensive negative experience with the German authorities – who were now losing on the battlefronts and failing to satisfy popular grievances in the rear – when the partisan units began to be substantially reinforced and supported by a large part of the indigenous Belarusian population and when their activity began to have a significant effect.

Nevertheless, the increase in power of the partisan movement to some degree also intensified the level of terror and counter-terror in which much of the local population was soon caught up, particularly in rural areas. Partisans threatened the local population with immediate executions for cooperation with the forces of occupation, and even for obedience to German orders, and held before them the prospect of post-war retribution against collaborators and their families. The partisans also actively intimidated the local population by destroying *volostnye upravy* (village council) buildings, by killing local leaders – *Bürgermeister* (town mayors) and *starosty* (village elders appointed by the Germans), local policemen and civilians suspected of collaboration with the occupiers, together with their families.[35]

On the other side of the equation, as a result to the now very real ability of the partisans to challenge German authority, many civilians became caught up in Nazi retribution against those who provided assistance to the partisans. Moreover, the Germans' frequent failure to discriminate between actual partisans and ordinary civilians, and their collective punishment for individual acts of resistance brought costly reprisals against a large number of innocent people and caused huge civilian losses. As a result, in many 'twilight zones' where neither the Germans nor the partisans were dominant, the civilian population found itself caught in a tragic stalemate in which there was hardly any way of devising a successful survival strategy· the local people were simply caught between two powerful fighting groups, constantly exposed to attacks and retribution from both sides, but without enjoying any protection or guarantee of security from either side against the other.

At the same time civilians were exhausted by the war and by the never-ending partisan raids and German reprisals. A popular yearning naturally

---

[34] *Gross*, Jan T.: Themes for Social History of War Experience and Collaboration. In: *Deak*, Istvan/*Gross*, Jan T./ *Judit*, Tony (eds.): The Politics of Retribution in Europe. World War II and Its Aftermath. Princeton 2000, 25.

[35] *Hill*: Between Two Fires, 9.

developed along the lines of a desire to be left free of politics and conflict. They often rejected the policies and modes stances of either side, preferring simply to concentrate on their most obvious material and physical concerns, such as ensuring their own survival and securing their property and produce. However, despite this popular quest for tranquility, it could hardly be expected to be possible for them to remain neutral and uninvolved in the larger struggle.

The desperate conditions and attitudes of the peasantry is well reflected in the following report by a leader in an administrative body addressed to the German authorities. Despite the fact that this report is written from the occupiers' point of view, it presents the situation very realistically and shows considerable insight:

In the struggle that the German *Wehrmacht* is waging against the partisans, the population cannot remain neutral, since, as the experiences of the recent times show, a neutral attitude of the population will lead to repressive measures from both sides and, in the end, to the destruction of civilian life. There can be no doubt that the overwhelming majority of the population is unequivocally hostile to the partisans and would be prepared to fight against them. This is quite natural, as the partisans rob, burn, murder, and prevent the development of normal life. In addition, they claim to represent the despised Bolshevik system. The population declares that if there were no partisans they could already live well under the Germans even while the war continued. However, the peasantry is unfortunately placed in circumstances which compel it either to join the partisans directly or at any rate to give aid to them. Unfortunately, when the peasant faces the problem of whether to go along with the partisans or with the Germans he frequently realizes that it is impossible to support the German troops and refuse all help to the partisans, since he sees the partisans almost daily and the Germans seldom. Even if he wishes to fight the partisans how should he do so? It is clearly a nonsense to throw him into direct struggle with them, unarmed as he is. When the peasant reports to German *kommandantura* on the activity of the partisans, the fact rapidly becomes known, as almost nothing remains secret in the village, and retribution ensues swiftly. Moreover, the population has become convinced that its reports to the Germans in the overwhelming majority of cases lead to no action whatever. The *kommandantura* receives, day after day, reports about the presence of partisans from all parts of the region, but can react to them in only a few instances, because of their shortage of forces. On the other hand, joining the *OD* (*Ordnungsdienst*, i.e. the local police) means depriving his land of the only manpower available to work it and exposing his family to annihilation by the partisans. The above state of affairs is extremely dangerous, as it alienates the local population, promotes the growth of the partisan movement and hence entails the complete disintegration of the German administrative and economic system.[36]

Given this situation, by the end of 1942 many elements of Belarusian society, who had initially either adopted a wait-and-see approach or had sought to escape making a choice by simply standing apart from the wider struggle and getting on with their everyday life, were gradually forced under the impact of

---

[36] GMDS, 201 ID 29196/4, FK(V)181, Abt. VII, Auszugsweise Abschrift aus Lagebericht fuer die Zeit vom 30.09. 1942, cited in *Hill:* Between Two Fires, 9.

overwhelming external factors to make a decision and choose one side or the other.

As can be expected, the range of motives that determined the choice of an individual on which side to offer his allegiance varied from case to case and from area to area, but as is clear from the above discussion, in the majority of cases it was connected to the following major considerations: pre-war experience with the Soviet regime (disaffection with Bolshevik economic and cultural polices, deportations and political repressions); experience with the German authorities during the occupation (the behavior of individual soldiers, requisitioning, forced labor programs, the maltreatment of prisoners, brutal mass executions of Jews, the treatment of one's own relatives and neighbors); experience with partisan and anti-partisan activities (raids, lootings, sabotage of German facilities, assassination of collaborators and, as the German response, the public hanging of partisans and those suspected of assisting the Soviet side, as well as collective reprisals followed by the burning of villages) and, finally, the quest for survival, the drive for advancement, recognition and wealth.

By the end of 1942 the majority of the local populations in Belarus had begun to realize on the basis of previous experience that neither the Soviets nor the Germans were likely to satisfy their basic aspirations to enjoy such benefits as security, peace of mind, higher standards of living, cultural opportunities or the acquisition of property.

However, in the majority of cases, after seeing German atrocities, collective executions and extensive plundering of local resources, the Belarusian population realized that though Stalin's government had little to offer to its people, the Germans were likely to provide absolutely nothing other than death and enslavement. Therefore, by the end of 1942 the result of the process of weighing up all considerations was the emergence of a greater alienation from the Germans than from the Soviets, who thus began to be seen as the lesser evil.

Another important factor that contributed to sympathies towards the Soviet partisans was the fact that they were Russian (or Belarusian) – "our" people – who spoke a familiar language and shared a similar background to the local population, while the Germans were perceived as foreign invaders. Moreover, it seemed that the partisans were more discriminating in their terror tactics against civilians and collaborators, and they were increasingly looking to the common people as being likely to be on the eventual victorious side.

In addition, the changing situation on the front also greatly influenced the choice of allegiance. During the spring and summer of 1942 the German advance came to a standstill and the Red Army began to regain the initiative and to go on the attack. The prolongation of war brought with it a severe deterioration in the state of morale of the German soldiers. Moreover, due to the lack of materials and human resources of their own, the Germans in-

creased the amount of goods and services commandeered from the indigenous population in order to help the German war effort. This showed the
weaknesses of the German army and discredited its previous image as being
invincible in the minds of the population, which feared allying itself with the
losing side and often sought simply to join the side it saw as being the strongest. But German victory was now no longer a certainty and previous experiences of Soviet rule suggested that there would be retributions for any collaboration with the invaders. Therefore, by the end of 1942, the aim of being
seen not to comply with German wishes became an increasingly important
consideration for many civilians.

Therefore, the overall effect of German and Soviet measures adopted in
the crucial second half of the year of 1942 was to further divide and polarize
Belarusian society into two mutually hostile camps, with a minority rallying
definitively around the German forces of occupation and a greater number
turning against the Germans and supporting the Soviet resistance movement.

For the reasons discussed above, I would go so far as to say that the con-
frontation between partisans and collaborators in Belarus at the time could be
seen as a civil conflict superimposed on top of the Soviet-German struggle.

Changes from 1943 on

By the spring of 1943, it had become apparent that the Soviet regime was not
about to fall and that it now had good prospects of ultimately winning the
war. So from that time onwards, military developments on the fronts and
news of the Red Army's successful offensives became the primary factors in
determining the attitudes and behavior towards the German occupation authorities of the civilians who remained in occupied Belarus.[37] This change of
attitude was reinforced by a drastic increase in the activity of partisan and
Komsomol underground organizations and in the intensity of Soviet propaganda, which declared that after the undoubted victory of the Red Army at
the front, the Bolsheviks would soon return to Belarus and that all those who
had collaborated with the Germans would be severely punished by
SMERSH.[38]

As the eventual victory of the Red Army became clear, indigenous Belarusians no longer saw any reason to cooperate with the Nazis. During the
summer and autumn of 1943, a significant number of Belarusian peasants,

---

[37] *Zaprudnik,* Jan: Belarus at a Crossroads in History. Oxford 1993, 99.
[38] *SMERSH* – Smert shpionam [Death to spies], a nickname given to the operation
launched by the Soviet Commissariat of Defence, which implied severe punishment of
anyone who harbored anti-Soviet sentiments. See, for example, *Birstein,* Vadim: Smersh:
Stalin's Secret Weapon, Soviet Military Counterintelligence in WWII. London 2011.

who at the beginning of the war had passively accepted and even supported German authority, were compelled to take part, or at least to be seen to be taking part, in the fight against the German occupiers.

In the clear realization that Germany was definitely going to lose the war, many servicemen from the various military and police units that had been created by the occupying authorities defected to the partisans. In August 1943 the 2,000-strong unit of collaborators known as the First SS Russian National Brigade under the command of lieutenant-colonel Gil-Rodionov, who had been awarded a special honor by the German command for his successful actions against the partisans in the Smolensk district, went over *en masse* to the Belarusian partisans and was renamed as the First Anti-Fascist Partisan Brigade. Its leadership explained their conversion by the fact that the German garrisons had been defeated by the Red Army in Dokshitsy and Kruleschizna in Vitebsk region and that the *Wehrmacht* no longer hand any chance of winning the war, and that they therefore saw no sense in being involved with the Germans.[39]

By the end of 1943, the German forces, realizing that the war was lost, and as their units were retreating, started to increase the level of plundering of local resources by evacuating livestock and by deporting humans for forced labor or to concentration camps on still occupied territory. In addition, they implemented a policy of 'scorched earth in retreat', just as the Soviets had done at the beginning of the occupation: all material resources that could not be transported to Germany were to be destroyed in order to leave nothing to the enemy. Following this policy, the Germans began bombing towns, burning villages and robbing the remaining civilian population. The indigenous population, horrified by these actions and by previous German atrocities, when informed that the Germans were approaching, fled their village homes and ran into the forests to save their lives. As a result of German actions and partisan attacks, very few men remained in Belarusian villages by the mid-1943. The Jews had been almost completely exterminated, while non-Jews capable and suitable for work were sent to Germany.

Often during German attempts to recruit the local population by force for labor in Germany, civilians refused to comply with orders, escaped into the forests and joined the partisans. Moreover, the partisans themselves used subversion and active propaganda in their efforts to disrupt efforts to round

---

[39] Military reports and instructions, 08-12.1943. NARB, fond 4P: Party Archive, Institute of History, opis 33A, delo 444, 26. It is interesting that this brigade later operated as an independent partisan unit and remained commanded by Gil-Rodionov – the same colonel who had led the group under the Germans. This curious fact has led American scholar John Armstrong to presume that such cases provide grounds to suspect that several leaders of this unit, including its commanding officer, may have been infiltrated Soviet agents. See *Armstrong: Soviet Partisans in World War II*, 323.

up forced labor. According to a partisan report, in the Rogachiov *rayon* in December 1943, Germans and local police had compiled lists of all young people born between 1923 and 1928 and very soon all of them had been conscripted to be deported to Germany. Partisans then blew up the railway bridge over the Ptich River, disrupting this mobilization and deportation of Belarusian peasants.[40]

In such situations, many civilians were forced to go over to the partisans in an attempt to avoid deportation. It is not at all surprising that partisan units found themselves suddenly swamped with new recruits during this period. In May 1943 more than 75,000 Soviet partisans were operating in occupied Belarus and in autumn of the same year, partisan units – previously 100 to 150-strong –grew to number up to 600–700 members within a period 10 to 15 days as the population of many regions came increasingly under partisan protection.[41] By the end of 1943 the whole of Belarus was nominally under partisan control. For Belarusian civilians living in the partisan districts the survival and victory of the partisans became the prerequisite for their own survival, since their fate was certain should the Germans ever reoccupy the area. As John Armstrong puts it

the mutual relations and support of partisans by the local population in many cases was not so much the product of great affection or admiration, rather it could be characterized as 'an involuntary marriage' with no chance of divorce except by suicide.[42]

While many of the civilians who managed to escape to the forests joined the partisans, there were frequent cases where peasants preferred not to make any connections with the partisans, fearing that the Germans would punish relatives who had remained in the village. Thus there were cases of local men spontaneously creating so called "green squads", whose existence was mentioned and described in one partisan report on the situation in the still occupied territories of Belarus.

In the Polotsk and Vitebsk regions – in the north eastern part of Belarus, Soviet rear area – frequent cases were observed of local peasants escaping into the forests without joining the partisan units, but instead forming so called 'green squads' which fought neither the Germans nor the Soviets, but simply lived in the forests trying to survive and go on with their everyday life. However, these squads could represent a danger for the partisan movement since they rob the remaining local population in the neighboring villages to get provisions;

---

[40] Report about the situation on the occupied territories to the Head of Central Headquarters of Partisan Movement P.K. Ponomarenko, 10 March 1944. NARB, fond 3500, opis, 2 delo 44, 15.

[41] *Hill:* Between Two Fires, 14.

[42] *Armstrong:* Soviet Partisans in World War II, 329.

civilians are quite often confused and identify them as partisans, which creates a negative image of partisan activity in the eyes of the local population.[43]

From all this, therefore, the conclusion may be drawn that at the end of 1943 the key factors that influenced the above-described change in attitudes and caused the dramatic increase in the numbers abandoning the German side and joining the partisans were, firstly, a clear understanding that the Germans were losing the war and desperately seeking to take what they could in human and material terms out of the occupied territory, while destroying the rest; secondly, there was no longer any doubt that the Soviet regime would be victorious and many realized that by joining the partisan units, which were offering amnesties to collaborators who were willing to change sides and to contribute to the resistance struggle against the Germans, they were improving their chances of survival and advancing their future prospects in the post-war world to come.

---

[43] Political and economical situation on the occupied territory of Belarus, general survey. 01.1944. NARB, fond 3500, opis, 2 delo 44, 1-3.

Ekaterina Makhotina

„KRIEG NACH DEM KRIEG"
Die antisowjetische Partisanenbewegung in Litauen im und nach dem Zweiten Weltkrieg

Einleitung

Die antisowjetische Widerstandsbewegung im Nachkriegslitauen kann man als eines der am meisten politisierten und strittigsten Themen der osteuropäischen Geschichte bezeichnen. Ihre Erforschung war mehrere Jahrzehnte durch Mystifizierungen und Verfälschungen geprägt und ist es zum Teil noch heute. Zwei Deutungen der antisowjetischen Widerstandskämpfer standen einander gegenüber. Die sowjetische Historiografie schilderte den antisowjetischen Untergrund als eine Gruppe von Großgrundbesitzern („Kulaken") und sozial randständigen Kriminellen,[1] gegen die das litauische Volk geschlossen den Klassenkampf austrug. Dagegen wurde in den in Kanada und den USA erschienenen Selbstzeugnissen der Exillitauer das Bild eines Freiheitskampfes von litauischen Märtyrern gegen die sowjetischen Besatzungsorgane gezeichnet, die einen Genozid am litauischen Volk begingen.[2]

Die Historiografie im unabhängigen Litauen ab 1991 teilte sich in eine heroisch-romantisierende und eine (selbst)kritische Strömung auf, wobei die erstere bis heute tonangebend ist. Studien, die in den ersten Jahren der Unabhängigkeit erschienen, umgingen Themen wie Angriffe der Partisanen auf vermeintliche „Kollaborateure" der Sowjetmacht. Die Fälle von tatsächlichen Gewalt- oder Vernichtungsaktionen gegen die Zivilbevölkerung wurden oft zu adäquaten Reaktionen auf die Kollaborationstätigkeit der „Verräter" erklärt, oder es hieß, dass die Zivilisten von verkleideten Agenten des Komitees für Staatssicherheit/Ministerium für Staatssicherheit (Komitet Gosudarstvennoj Bezopasnosti/Ministerstvo Gosudarstvennoj Bezopasnosti, KGB/MGB)

---

[1] Siehe zum Beispiel: *Erslavaitė*, G.: Neužmiršime: Apie buržuazinių nacionalistų nusikaltimus hitlerinės okupacijos metais Mažeikių apskrytyie [Wir werden nicht vergessen. Über Verbrechen der bourgeoisen Nationalisten im Kreis Mažeikai während der hitlerschen Okkupation]. Vilnius 1960.

[2] Siehe die Erinnerungen von Daumantas: *Daumantas,* Juozas (Lukša): Fighters for Freedom. Lithuanian Partisans Versus the U.S.S.R. 2. Aufl. Toronto 1988.

umgebracht worden seien, um zu provozieren und die breite Bevölkerung gegen die Partisanen aufzuwiegeln.[3]

Eine romantisierende Perspektive auf den Untergrundkampf mit dem Fokus auf die Einzelschicksale seiner Teilnehmer und ihrer Erinnerungen dominiert die kulturelle Rahmung der Erinnerung an Partisanen bis heute. Seit den 1990er Jahren gibt es eine Flut von Publikationen, Filmen und Fernsehreportagen mit Erinnerungen ehemaliger Kämpfer.[4] Die zentrale Institution der staatlichen historischen Bildung, das Zentrum für Genozid- und Widerstandsforschung, zeigt seit 2006 im Museum für Genozidopfer in Vilnius eine Ausstellung zum antisowjetischen Untergrundkampf mit dem Titel „Krieg nach dem Krieg".[5] Die litauischen Partisanen, mit fotografischen Aufnahmen portraitiert und namentlich aufgeführt, erscheinen hier als Märtyrer, die ihr Leben für die Freiheit des Vaterlandes geopfert haben. Präsentiert werden sie als mutige, moralisch überlegene und aufopferungsvolle Patrioten, die – vom Westen im Stich gelassen – einen selbstlosen Kampf gegen einen überlegenen Gegner führten.

So ist es nicht verwunderlich, dass die 2010 erschienene Studie „Die andere Seite des Mondes" von Mindaugas Pocius[6] in der Öffentlichkeit für einen Sturm der Entrüstung sorgte – und in den Fachkreisen für einen wahrhaftigen „Historikerstreit". Pocius, der in der Studie die Gewalt der Partisanen gegen die Zivilbevölkerung thematisierte, wurde aus dem konservativ gesinnten Kollegenkreis heraus des Geschichtsrevisionismus bezichtigt. Vytautas Ališauskas und Nerijus Šepetys betonten, die Partisanen seien nationale Helden gewesen, und wer das Gegenteil behaupte, wende sich gegen den Staat.[7] Offenbar hat Pocius hier an einem Mythos gerüttelt, der als Stützpfeiler der nationalpatriotischen Sinnstiftung und Erziehung wahrgenommen und festgeschrieben wird.[8]

---

[3] Dieser Erklärungsansatz ist vertreten in: *Anušauskas,* Arvydas (Hg.): The Anti-Soviet Resistance in the Baltic States. Vilnius 1999.

[4] Siehe die Sammlung auf der Webseite Pro Deo et Patria. Partizanai: Istorija ir dabartis [Partisanen: Geschichte und Gegenwart], URL: http://partizanai.org (am 1.7.2016).

[5] Zum Museum siehe *Makhotina,* Ekaterina: Okkupation und Widerstand, Gewalt und Glauben. Visualisierungen der sowjetischen Epoche im Museum für die Opfer des Genozids. In: *Dies./Schulze Wessel,* Martin/*Götz,* Irene (Hg.): Vilnius. Geschichte und Gedächtnis einer Stadt zwischen den Kulturen. Frankfurt am Main, New York 2010, 50–62.

[6] *Pocius,* Mindaugas: Kita mėnulio pusė: Lietuvos partizanų kova su kolaboravimu 1944–1953 metais [Die andere Seite des Mondes. Litauische Partisanen im Kampf gegen die Kollaboration in den Jahren 1944–1953]. Vilnius 2009.

[7] *Krapauskas,* Virgil: Recent Trends in Lithuanian Historiography. In: Lituanus. Lithuanian Quarterly Journal of Arts and Sciences 56/4 (2010), URL: http://www.lituanus.org /2010/10_4_01%20Krapauskas.html (am 1.7.2016).

[8] Zum staatlichen Narrativ im postsowjetischen Litauen siehe einführend *Makhotina,* Ekaterina: Vergangenheitsdiskurse zur Sowjetzeit in Russland und Litauen nach 1989. In: *Assmann,* Wolfgang R./*Everts,* Carmen/*Kalnein,* Albrecht Graf von (Hg.): Erinne-

Warum eine der Dissertationsveröffentlichungen des Litauischen Historischen Instituts so hohe Wellen geschlagen hat, wird durch die Wahl der Perspektive deutlich: Pocius brach mit der tradierten Dichotomie von „eigenen" litauischen Helden gegen fremde, sowjetische Feinde und verlagerte die Konfliktgeschichte ins Innere der litauischen Nachkriegsgesellschaft. Seine akribisch recherchierte Studie leuchtete die Kampftaktik der antisowjetischen Partisanen aus und stellte diese als gewaltsamen Kampf gegen Sowjetisierungsmaßnahmen dar. Vor allem dessen zahlenmäßige Bilanz fiel schockierend aus, denn den 2.800 von Partisanen Getöteten aus dem sowjetischen Sicherheitsapparat standen 11.000 zivile Opfer gegenüber. Das heroisierende Porträt der Märtyrer für die Freiheit begann zu bröckeln, weil deutlich wurde, dass der Krieg gegen die Sowjetisierung auf Kosten der zivilen Bevölkerung ausgetragen wurde, die sich in den Nachkriegsjahren in einer sehr prekären Lage befand. Von den Sowjetinstanzen stets verdächtigt, den „Banditen" zu helfen, und zu Loyalitätsbekundungen gezwungen, wurde die Landbevölkerung von den Partisanen terrorisiert und im Falle des Verdachts der Kollaboration mit der Sowjetmacht bestraft.

Diese Skizzierung des gegenwärtigen „Historikerstreits" soll die hohe politische Sprengkraft des Themas deutlich machen. Die Erforschung des litauischen Widerstands gegen die Sowjetmacht wird bis heute durch die Vorgaben des staatlich geförderten Zentrums für Genozid- und Widerstandsforschung erschwert, denn die Mehrheit seiner Publikationen bietet eine romantisierende Interpretation der Bewegung an. Dieser Forschungsfokus beeinflusst auch die Wahl der Quellen: Bevorzugt werden Erinnerungszeugnisse von ehemaligen Partisanen, während den sowjetischen Quellen zur terroristischen Partisanentätigkeit wenig Glauben geschenkt wird.

Der litauische antisowjetische Widerstand sticht somit aus der Reihe der anderen anti-sowjetischen Partisanenbewegungen durch zwei Aspekte hervor: zum einen, durch die hohe politische Präsenz und Brisanz des Themas in den öffentlichen Diskussionen, zum anderen, durch seine Breitenwirkung und Dauer: Erst 1952 erließ der Anführer der Partisanen, Adolfas Ramanauskas (Vanagas), den Befehl zur Einstellung der bewaffneten Handlungen, wobei die Kämpfe vereinzelt weitergingen.[9] In der Hochphase, im Frühjahr 1945 war ein Prozent der Bevölkerung in den Kampf involviert, sodass der litauische Fall sich unionsweit nur mit dem antisowjetischen Widerstand in der westlichen Ukraine vergleichen lässt.[10]

---

rung und Gesellschaft. Formen der Aufarbeitung von Diktaturen in Europa. Berlin 2011, 195–222 und *Nikžentaitis,* Alvydas: Die Epoche der Diktaturen. Erinnerungskonkurrenz in Litauen. In: Osteuropa 6 (2008), 159–166.

[9] *Zubkova,* Elena: Lesnye brat'ja v Pribaltike. Vojna posle vojny. Čast' 1 [Die Waldbrüder im Baltikum. Der Krieg nach dem Krieg. Teil 1]. In: Rossijskaja istorija Nr. 2, 2007, 74–90, hier 88.

[10] Im Frühjahr 1945 belief sich die Zahl der antisowjetischen Untergrundkämpfer in Litauen auf 33.000. Vgl.: *Anušauskas,* Arvydas: Lietuvių tautos sovietinis naikinimas

Der folgende Beitrag soll die antisowjetische Bewegung in Litauen durch den lokalspezifischen Kontext des Sowjetisierungsprozesses neu perspektivieren. Im ersten Teil wird der historische Kontext der Entstehung der Widerstandstruppen während der deutschen Besatzung behandelt. Im zweiten Teil werden die Handlungsformen der antisowjetischen Partisanen vor dem Hintergrund des Sowjetisierungsprozesses analysiert. Anschließend geht der Beitrag auf den Platz der Bewegung in der gegenwärtigen offiziellen Erinnerungspolitik ein.

Der Entstehungskontext des antisowjetischen Untergrunds vor dem Hintergrund der deutschen Besatzung Litauens

Als wichtigste Ursache für die Entstehung eines breiten antisowjetischen Untergrunds wird in der Forschungsliteratur die Erfahrung der stalinistischen Gewalt während des ersten sowjetischen Jahres 1940–41 angeführt.[11] Im Juni 1940 wurde Litauen neben Estland und Lettland von der Roten Armee besetzt, am 3. August 1940 erklärte das litauische Parlament den Beitritt Litauens in die Sowjetunion. Binnen kurzer Zeit erfuhr die sowjetische Litauische Republik Maßnahmen der Umgestaltung der Gesellschaft nach „klassenpolitischen" Gesichtspunkten, wie sie für den gesamten sowjetischen Herrschaftsbereich typisch waren.[12] Dazu gehörten nicht nur der Austausch der Eliten und das Verbot der nationalen Symbolik, sondern auch die Stigmatisierung des Bürgertums, die Suche nach Volksfeinden und soziale Säuberungen, die zu Massendeportationen führten. Auch wenn die Deportationserfahrung in der gegenwärtigen Erinnerungspolitik als exklusive Verfolgungserfahrung der Litauer dargestellt wird, muss hier hervorgehoben werden, dass nicht nur Litauer, sondern auch Polen, Juden, Russen und andere Ethnien deportiert wurden.[13]

Vor allem die eine Juniwoche 1941, während der etwa 17.000 Bürger Litauens nach Sibirien deportiert wurden,[14] blieb als schreckliche Erinnerung

---

1940–1958 metais [Sowjetische Vernichtung des litauischen Volkes in den Jahren 1940–1958]. Vilnius 1996, 168 und *Zubkova:* Lesnye brat'ja v Pribaltike, Čast' 1, 77.

[11] Vgl. *Gaškaitė-Žemaitienė, Nijolė*: The Partisan War in Lithuania from 1944 to 1953. In: *Anušauskas:* The Anti-Soviet Resistance, 23–45; *Zubkova:* Lesnye brat'ja v Pribaltike, Čast' 1, 76.

[12] Zur Sowjetisierung der baltischen Staaten immer noch grundlegend: *Mertelsmann,* Olaf: The Sovietization of Baltic States 1940–1956. Tartu 2003 sowie *Misiunas,* Romuald J./ *Taagepera,* Rein: The Baltic States: The Years of Dependence, 1940–1990. London 1983.

[13] Siehe dazu: *Davoliute,* Violeta: Multidirectional Memory and the Deportation of Lithuanian Jews. In: Ethnicity Studies 2 (2015), 131–150.

[14] *Bubnys,* Arūnas: Litauen unter „rotem" Terror 1940–1941. In: Annaberger Annalen 21 (2013), 212–224. Online zugänglich unter: Annaberger Annalen, URL: http:// annaberger-annalen.de/jahrbuch/2013/16BubnysAA21.pdf (am 1.7.2016).

an das sowjetische Regime. Der Kampf gegen die Sowjetmacht war zunächst und vor allem ein Kampf gegen die Sowjetisierung auf stalinistische Art. Gleichzeitig mit dem Angriff der deutschen Wehrmacht auf die Sowjetunion am 22. Juni 1941 – die Deutschen wurden in Litauen als „Befreier" begrüßt[15] – begann überall in Litauen ein antisowjetischer litauischer Aufstand, vorbereitet vom nationalistisch gesinnten litauischen Exil im „Dritten Reich". Die tragende Kraft des Aufstands war die Litauische Aktivisten-Front (Lietuvių aktyvistų frontas, LAF), gegründet im November 1940 unter Führung des litauischen Botschafters Kazys Škirpa, der offen mit der Nationalsozialistischen Deutschen Arbeiterpartei (NSDAP) und ihrem Programm sympathisierte.[16] Die Berliner Führung der LAF hatte als Ziel die Wiederherstellung der staatlichen Souveränität Litauens aus eigenen Kräften – die „Schande" des widerstandslosen „sowjetischen Jahres" sollte wiedergutgemacht werden. Die LAF vertrat in ihrer Ideologie sowohl antibolschewistische als auch antisemitische Positionen und hielt daran fest, dass Bolschewiki und Juden gleichzusetzten seien und vernichtet werden müssten. In einem Aufruf der LAF vom 4. Juli 1941 hieß es: „Bürger Litauens! Helft den Deutschen weiterhin in allem – sodass unsere Wälder sobald wie möglich von Juden, Bolschewiken und anderen unserem Land fremden Elementen gereinigt werden können."[17]

Während des Aufstands des 23. Juni griffen paramilitärische Gruppen, die sich selbst als „Partisanen" bezeichneten, die zurückweichende Rote Armee an, entwaffneten sie und exekutierten litauische Kommunisten, Mitarbeiter der sowjetischen Verwaltung sowie weitere vermeintliche „Kollaborateure". Die LAF rief zur Unterstützung der Wehrmacht und zum Schutz der Wirtschaft vor Plünderungen auf. Als am 23. Juni in Kaunas die Provisorische Regierung unter Juozas Ambrazevičius proklamiert wurde, schien die nationale Befreiung sehr nahe zu sein: Auf dem Gediminas-Turm in Vilnius wehte wieder die litauische Trikolore, im Radio ertönte die litauische Nationalhymne. Die ersten offiziellen Bekundungen der Regierung machten deutlich, dass es sich um einen litauischen Staat an der Seite des „Dritten Reichs" handeln würde.[18] Litauen sollte nach dem LAF-Programm umgebaut werden, das heißt auf der Grundlage des ethnischen Nationalismus, die Gesetzesvorhaben der Provisorischen Regierung waren somit extrem antijüdisch, antipolnisch, antirussisch.[19] Da die deutsche Führung sich Mitte Juli 1941 dazu entschied, die einheimischen Militär- und Zivilverwaltungen aufzulösen, wurde die

---

15   *Wette*, Wolfram: Karl Jäger. Mörder der litauischen Juden. 2. Aufl. Frankfurt am Main 2011, 66. Vgl. auch Dieckmann, der schreibt: „mit großer Freude, Erleichterung und Hoffnung" wurden die Deutschen von den Litauern begrüßt. *Dieckmann*, Christoph: Deutsche Besatzungspolitik in Litauen 1941–1944. Bd. 1. Göttingen 2011, 416.

16   *Wette*: Karl Jäger, 68.

17   Zitiert nach *ebenda*, 66.

18   *Dieckmann*: Deutsche Besatzungspolitik in Litauen, Bd. 1, 426.

19   *Ebenda*, 427.

Provisorische Regierung am 5. August aufgelöst, was dem LAF-Traum nach einem nationalen Litauischen Staat ein Ende setzte. Im September 1941 wurde auch die LAF verboten.[20]

Verstrickungen in den Holocaust

Christoph Dieckmann zufolge gelang es den Deutschen in Litauen eine Schreckensherrschaft zu errichten, weil sie von Beginn an mit tausenden litauischen Polizisten zusammenarbeiteten.[21] Teile des litauischen Militärs in Vilnius und Kaunas reorganisierten sich bereits in den ersten Kriegstagen. Die litauische Militärkommandatur von Kaunas, angeführt von Jurgis Bobėlis, formierte am 28. Juni die litauische Polizei in das reguläre Nationale Arbeitsschutzbataillon (Tautinio darbo apsauga, TDA)[22] um. Im weiteren Kriegsverlauf wirkten die Einheiten von Kaunas und Vilnius – die aus freiwilligen Litauern bestanden – maßgeblich an der Ermordung von Zivilisten in Litauen und Weißrussland mit. In Kaunas führten die 3. und die 4. Kompanie des TDA-Bataillons, in Vilnius die „Ypatingasis būrys" (Sondereinheit), die Erschießungen durch.[23] Wegen ihrer weißen Binden wurden sie „Weißbändler", „baltraiščiai", „belopovjazočniki" genannt – ein Name, der in den Kriegsjahren furchteinflößend war und heute im Alltagsgedächtnis der jüdischen Erinnerungsgemeinschaft Litauens symbolisch für litauische Kollaborateure steht.[24] Noch bevor das Einsatzkommando 3 am 2. Juli 1941 die „sicherheitspolizeilichen" Aufgaben übernahm und die Bataillone der deutschen Feldkommandatur[25] unterstellt wurden, waren in Litauen bereits etwa 4.000 Juden durch die einheimischen „Partisanen" ermordet worden, wie es der berüchtigte Bericht des SS-Standartenführers Karl Jäger verzeichnete.[26] Noch bevor die Deutschen vor Ort waren, fanden an vielen Orten in Litauen anti-

---

[20] *Ebenda*, 473.

[21] *Ebenda*, 297.

[22] Das „TDA – Tautinio darbo apsauga" (Nationales Arbeitsschutzbataillon) unterstand der Kontrolle der deutschen Einsatztruppen. Vgl.: *Stankeras, Petras*: Litovskie policejskie batajl'ony. 1941–1945 [Litauische Polizeibataillone 1941–1945]. Moskva 2009, 52; *Dieckmann*: Deutsche Besatzungspolitik in Litauen, Bd. 1, 298.

[23] *Ebenda*, 298.

[24] Die „Weiß-Bändler" sind eine konstante Figur in der kommunikativen Erinnerung der Zeitzeugen, so erwähnen z. B. Kostanian und Brancovskaja sie stets als Täter. Interview der Autorin mit Fania Brancovskaja vom 4. April 2010.

[25] Die Selbstschutzbataillone von Vilnius und Kaunas wurden seit dem 9. Juli 1941 der deutschen Feldkommandatur unterstellt.

[26] Karl Jäger leitete das Einsatzkommando 3 in Kaunas. Zu den Zahlen siehe das Faksimilie des Jäger-Berichts im Anhang von *Wette*: Karl Jäger, 243.

jüdische Pogrome statt, litauische Aufständische ermordeten Juden auf der Flucht.[27]

Die zentrale und umstrittene Frage ist, ob die antijüdischen Pogrome einen spontanen Gewaltausbruch der Litauer gegen Juden darstellten oder von der deutschen Besatzungsmacht geplant und eingeleitet wurden. [28] Während israelische Historiker darauf hinweisen, dass die ersten antijüdischen Ausschreitungen noch vor dem 24. Juni, dem Tag des Einmarsches der Wehrmacht in Kaunas, gemeldet wurden und von unorganisierter, spontaner Gewalt sprechen,[29] stellt Christoph Dieckmann fest, dass die blutigen Massaker an den Juden seitens der Litauer in Viljampole und bei Lietukis Folge der deutschen Anwesenheit waren.[30] Das, was die deutschen Armeeführer als zügellose Gewalt notierten, wurde tatsächlich von ihnen selbst angestoßen und fotografisch dokumentiert.[31] Doch auch wenn die antijüdischen Pogrome von den deutschen Besatzern veranlasst wurden, sei es legitim, so Dieckmann, von einer „unsystematischen Massengewalt" an den jüdischen Nachbarn zu sprechen.[32] Die Provisorische Regierung hatte zwar nicht explizit zu den Pogromen aufgerufen, jedoch wurden diese von ihr weder verhindert noch verurteilt.

---

[27]   *Levin,* Dov: The Litvaks: A Short History of the Jews in Lithuania. Jerusalem 2000, 218; zur Gewalt an den Juden, die aus Litauen flüchteten, siehe *Dieckmann:* Deutsche Besatzungspolitik in Litauen, Bd. 1, 307–808.

[28]   Ein knapper und guter Überblick zur deutschen Besatzungsherrschaft in Litauen ist nach wie vor: *Dieckmann,* Christoph: Überlegungen zur deutschen Besatzungsherrschaft in Osteuropa 1941–1944: Das Beispiel Litauen. In: Annaberger Annalen 5 (1997), 26–46, online zugänglich unter: Annaberger Annalen, URL: http://annaberger-annalen.de/jahrbuch/1997/Annaberg%20Nr.5%20Kap2.pdf (am 1.7.2016). Speziell zu den einheimischen Kollaborateuren siehe: *Sužiedelis,* Saulius: Foreign Saviors, Native Disciples: Perspectives on Collaboration in Lithuania, 1940–1945. In: *Gaunt,* David (Hg.): Collaboration and Resistance During the Holocaust. Belarus, Estonia, Latvia, Lithuania. Bern u. a. 2004, 313–359.

[29]   *Levin,* Dov: Die Beteiligung der litauischen Juden im Zweiten Weltkrieg. In: Acta Baltica 16 (1976), 172–184, hier 182 f.; siehe auch: *Ders.:* Some Facts and Problems about the Fighting of Lithuanian Jews against the Nazis and their Collaborators (1941–1945). In: *Zingeris,* Emanuelis (Hg.): Atminties dienos. Tarptautinė konferencija, skirta Vilniaus geto sunaikinimo 50-mečiui, 1993 m. spalio mėn. 11–16 d. – The Days of Memory. International Conference in Commemoration of the 50th Anniversary of the Liquidation of the Vilnius Ghetto. October 11–16, 1993. Vilnius 1995, 271–283.

[30]   *Dieckmann,* Christoph: Pogrome in Litauen im Sommer 1941. In: Jahrbuch für Antisemitismusforschung 21 (2012), 183–213, hier 188.

[31]   *Ebenda,* 186.

[32]   *Ebenda.*

Spezifik des Widerstands gegen die deutsche Besatzungspolitik

In den ersten Jahren der deutschen Besatzung, und vor allem ab 1943, fokussierte sich der *antinazistische* Widerstand auf die Verweigerung gegenüber der Mobilisierung der Litauer für die Einsätze außerhalb der litauischen Grenzen.[33] Bereits im November 1943 wurde die erste Untergrundstruktur des *antisowjetischen* Widerstands gebildet, als sich die Wende im Krieg deutlich abzeichnete: das Oberste Komitee für die Befreiung Litauens (Vyriausiasis Lietuvos išlaisvinimo komitetas, VLIK).[34] Das Komitee machte im Herbst 1943/Frühjahr 1944 Erklärungen für das Ausland, bereitete sich auf den bewaffneten Widerstand gegen die Sowjetmacht vor und erhoffte von den westlichen Alliierten ein Engagement für die Wiederherstellung der nationalen Unabhängigkeit: Die Tatsache, dass weder Großbritannien noch die USA die Annexion des Baltikums 1940 anerkannt hatten, machte Hoffnung.[35] Während der Hauptgegner des nicht-jüdischen litauischen Untergrunds die Sowjetunion blieb – und im Gebiet von Vilnius zudem auch die polnische Heimatarmee (Armia Krajowa) –, beschränkte sich der Widerstand gegen die Deutschen auf den unbewaffneten Widerstand: Man war sich bewusst, dass die Niederlage Hitlers den Einzug der Roten Armee beschleunigen wird.[36]

Die Wende im Krieg 1942/43 und die Zunahme sowjetischer und polnischer Partisanenaktivitäten veränderte die deutsche Besatzungspolitik im Reichskommissariat Ostland auch dahingehend, dass man mit der Aufstellung der nationalen Truppen einerseits und der Bewaffnung der Landbevölkerung andererseits, wieder Herr der Lage werden wollte. So wurden einige tausend litauische Männer in den sogenannten „Selbstschutztruppen" mit Schusswaffen ausgerüstet, ihre Aufgabe war der Schutz der einheimischen Litauer gegen die „bolschewistischen Banden", befehlstechnisch waren sie den Kreischefs unterstellt.[37]

Im Frühjahr 1944 einigten sich die deutsche Führung und die litauischen militärischen Eliten auf die Aufstellung einer nationalen militärischen Einheit unter litauischem Kommando.[38] Mehr als 19.500 Litauer – überraschend viele für die deutsche Führung – folgten dem am 16. Februar 1944, dem Tag der litauischen Unabhängigkeit, verkündeten Aufruf des Generals Povilas

---

[33] *Dieckmann*, Christoph: Deutsche Besatzungspolitik in Litauen 1941–1944. Bd. 2. Göttingen 2011, 1410.

[34] *Ebenda*, 1416; *Zubkova*: Lesnye brat'ja v Pribaltike, Čast' 1, 86; *Gaškaitė-Žemaitienė*: The Partisan War in Lithuania, 25.

[35] *Dieckmann*: Deutsche Besatzungspolitik in Litauen, Bd. 2, 1416.

[36] *Ebenda*, 1416. Zum nationallitauischen Untergrund während der deutschen Besatzung siehe *Ebenda*, 1410–1421.

[37] *Ebenda*, 1424.

[38] Die Generalmobilmachung und die Aufstellung einer nationalen Waffen-SS Legion im Frühjahr 1943 wurde von Litauern sabotiert, auch wenn Petras Kubiliunas beteuerte, durch die Aufstellung der litauischen SS würden Deutsche weniger Arbeitskräfte für den Einsatz in Deutschland fordern. *Ebenda*, 1487.

Plechavičius.[39] Sie wurden zu Soldaten der Litauischen Sonderverbände (Lietuvos vietinė rinktinė, LVR), einer geschlossenen nationalen litauischen Einheit. Ihr Auftrag war die Bekämpfung sowjetischer und polnischer Partisanen.

Doch die Beziehungen zwischen der Reichskomissariatsführung und den litauischen Generälen blieben von Misstrauen geprägt: Die deutsche Führung verlangte schließlich die Kontrolle über die Verbände im Vilnius-Gebiet, was Plechavičius ablehnte. Im Mai 1944 wurden die litauischen Sonderverbände durch deutsche SS- und Polizeikräfte gewaltsam aufgelöst,[40] Plechavičius wurde verhaftet und ins KZ Salaspils überführt, mindestens 140 Soldaten wurden zur Abschreckung erschossen, alle nationalen Strukturen, unter ihnen das VLIK, zerschlagen.

Doch mehreren tausend Litauern gelang es, der Entwaffnung und Gefangennahme durch Flucht in die Wälder zu entgehen. Diese Männer lieferten sich, vor dem Hintergrund der zurückweichenden Wehrmacht, Gefechte mit der anrückenden Sowjetarmee. Am bekanntesten ist hier die Schlacht bei Seda im Juli 1944, die von den Heimatverteidigungstruppen gegen die Rote Armee ausgetragen wurde. Sie ist eine von vielen Kampfhandlungen gegen die Rote Armee, die seit Juli 1944 vom litauischen antisowjetischen Widerstand im ganzen Land ausgetragen wurden. Im Gedenken an den 50. Jahrestag dieser Schlacht 1994, wurde in Seda ein Denkmal für gefallene Soldaten errichtet.

Die aufgezählten militärischen Strukturen, Selbstverteidigungstruppen, litauische Polizeibataillone und LVR bildeten den Kern des antisowjetischen Untergrundes – die Litauische Freiheitsarmee (Lietuvos Laisves Armija, LLA), die nun als Organisationsstruktur stark wurde.[41] Ihre Mitglieder befürchteten die Verhaftung und Repression als deutsche „Kollaborateure" und flüchteten in die Wälder. Dazu kamen Bauern, die durch Flucht der Einberufung in die Rote Armee zu entgehen versuchten.[42] Die Flucht in die Wälder in den ersten Monaten nach der deutschen Räumung Litauens war von Idealismus und der Hoffnung auf die Unterstützung des Westens bei der Realisierung des Versprechens der Atlantik-Charta (14. August 1941) bezüglich des Selbstbestimmungsrechts der Nationen geprägt.[43] Bei der Auslandsaktivität spielten zudem offenbar auch die Vorkriegsverbindungen nach Deutschland sowie die Tatsache, dass viele Aktivisten vor der vorrückenden Roten Armee nach Deutschland geflüchtet sind, eine wichtige Rolle. So wurde das VLIK

---

[39] Faktisch umfasste die LVR aber 12.000 Soldaten. *Ebenda,* 1489 f.

[40] *Ebenda,* 1494.

[41] Die Litauische Freiheitsarmee (Lietuvos Laisves Armija, LLA) entstand 1941 im Untergrund, allerdings blieb sie bis Sommer 1944 weitestgehend inaktiv. Siehe: *Zubkova:* Lesnye brat'ja v Pribaltike, Čast' 1, 87.

[42] *Ebenda,* 82.

[43] Vgl. die Erinnerungsschrift des Exillitauers *Jurgėla,* Constantine: Lithuania: The Outpost of Freedom. St. Petersburg, Florida 1976, 226.

zunächst in Berlin und im Frühjahr 1945 in Würzburg wiedergegründet.[44] Allein im Jahr 1945 wurden in Litauen 52.658 Kriegsdienstverweigerer (für den Dienst in der Roten Armee) registriert, und mehrere Tausend entgingen der Erfassung in ihren Waldverstecken.[45] Der Krieg nach dem Krieg begann.

Drei Etappen des Partisanenkampfes

Die antisowjetische Partisanenbewegung verlief in drei Phasen: vom Juli 1944 bis Mai 1946, vom Juni 1946 bis November 1948 und vom Dezember 1948 bis Mai 1953. Die erste Phase bis Mai 1946 bildete zugleich den Höhepunkt des antisowjetischen Untergrunds. In diesem Zeitraum kämpfte die etwa 30.000 Mann starke LLA in den ländlichen Gebieten gegen die Rote Armee sowie Divisionen der sowjetischen Staatsicherheit und des Inneren.[46] Es ging darum, die Kontrolle in den ländlichen Provinzen zu behalten – und zu Beginn hatte der Widerstand Erfolg. Offenbar war Moskau auf den hartnäckigen Partisanenwiderstand nicht vorbereitet. Die Partisanen wurden zunächst als Hinterlassenschaft der deutschen Abwehreinheiten gesehen. Die Reaktion des Zentrums auf die „Unruhen" in der Peripherie kam erst im Dezember 1944, als die sogenannte „Hauptverwaltung der Banditenbekämpfung" beim Volkskommissariat für innere Angelegenheiten (Narodnyj komissariat vnutrennich del, NKVD) der Union der Sozialistischen Sowjetrepubliken (UdSSR) gegründet wurde.

Die LLA rief ihre Mitglieder auf, im Land zu bleiben und Widerstand zu leisten. Sie bemühte sich um strikt militärische Organisation: Es gab Rangabzeichen, Uniformpflicht, militärische Eide, „Ausbildungszentren" sowie eigene militärische Krankenhäuser und eine eigene Presse. Die LLA bestand aus zwei Sektoren. Der operative Sektor leitete die militärischen Handlungen in sieben ländlichen Gebieten durch regionale Stabsleitungen. Der organisatorische Sektor sollte die Bewegung mit Hilfe der ländlichen Bevölkerung durch Lebensmittel und Informationstätigkeit unterstützen.[47]

Nachdem deutsche Truppen aus Litauen zurückgedrängt wurden und die Rote Armee Richtung Westen zog, bekämpfte Moskau den Untergrund mit den Schützen-Divisionen des NKVD, die der LLA stark überlegen waren. In dieser Zeit stellten die Kampfhandlungen direkte militärische Zusammenstöße von starken Partisaneneinheiten (300 bis 500 Mann) und den NKVD-

---

[44] Die Mitglieder des VLIK verließen das Land während des deutschen Rückzugs im Sommer 1944. Das VLIK übersiedelte 1955 in die USA. Zu den Auslandsverbindungen der antisowjetischen Partisanen siehe: *Kuodyte*, Dalia: The Contacts between the Lithuanian Resistance and the West. In: Anušauskas, Arvydas: The Anti-Soviet Resistance in the Baltic States. Vilnius 2006, 71–83, hier 37.

[45] *Zubkova*: Lesnye brat'ja v Pribaltike, Čast' 1, 78.

[46] *Gaškaitė-Žemaitienė*: The Partisan War in Lithuania, 26.

[47] *Zubkova*: Lesnye brat'ja v Pribaltike, Čast' 1, 87.

Divisionen dar. Der Untergrund erlitt hohe Verluste, allein zwischen Juli und Dezember 1944 verloren die Partisaneneinheiten 1826 Mann, während die Verluste des sowjetischen Sicherheitsdienstes lediglich 93 Mann betrugen.[48]

Zugleich musste Moskau einsehen, dass die litauische Dorfbevölkerung der Sowjetmacht immer noch nicht loyal gegenüberstand und die Partisanen unterstützte. Dazu trug die Propagandatätigkeit der Partisanen, die Verbreitung von Zeitungen und Flugblättern stark bei. Die wichtigste Zeitung, „Die Glocke der Freiheit", erreichte eine Auflage von bis zu 5.000 Exemplaren.[49] In der ersten Phase des Widerstands griffen die antisowjetischen Partisanen vor allem Mitglieder des staatlichen Apparats und Parteiaktivisten an, sodass in vielen Städten und Dörfern Litauens die lokale Verwaltung lahmgelegt wurde.[50]

Um die einheimische Bevölkerung zu spalten, wurden neben den NKVD-Divisionen auch lokale Truppen aufgestellt, die sogenannten „Jagdbataillone" (istrebitel'nye batail'ony, litauisch: Stribai). Diese Divisionen sollten zusammen mit den NKVD-Truppen an den Aktionen gegen die Partisanen teilnehmen und die sowjetischen Behörden und landwirtschaftliche Einrichtungen bewachen. Somit waren es Bauern vor Ort, die man zu nächtlichen Wachdiensten aufforderte – tagsüber mussten sie weiterhin im Feld arbeiten. Die Bauern ließen sich zwar unter Druck des NKVD in die Bataillone einschreiben, zeigten jedoch kaum Kampfbereitschaft. Sie waren nicht ausgebildet – „friendly fire" war an der Tagesordnung – und der ständigen Gefahr des Verrats an die antisowjetischen Partisanen ausgesetzt. Viele wechselten die Seiten und gingen zu den Partisanen über, um gegen die Sowjets zu kämpfen.[51]

Die Tatsache, dass die Partisanen den ganzen ländlichen Teil der Republik unter Kontrolle hielten, brachte die Führung in Moskau dazu, ihre Strategie zu überdenken. Ein Beschluss des Zentralkomitees der Kommunistischen Partei der Sowjetunion (KPdSU) vom August 1945 forderte von der Führung Sowjetlitauens, die Situation des „entfachten Klassenkampfs" in kürzester Zeit zu lösen; erfolgen sollte dies durch die Isolierung der Großbauern und einen neuen Kurs in der landwirtschaftlichen Politik.[52] An die 8.000 Menschen wurden in Litauen 1945 von Militärtribunalen auf der Grundlage des

---

48 *Dies.*: Lesnye brat'ja v Pribaltike. Vojna posle vojny, Čast' 2 [Die Waldbrüder im Baltikum. Der Krieg nach dem Krieg. Teil 2]. In: Rossijskaja Istorija, Nr. 3, 2007, 14–30, hier 17. Dieses ungleiche Verhältnis setzte sich im folgenden Jahr fort: 1945 wurden in Litauen 9.672 Partisanen getötet. Das sowjetische Militär, der NKVD und die Jagdbataillone verloren 214 Kämpfer. Die Verluste in der sowjetischen Verwaltung betrugen 575 Menschen und in der Zivilbevölkerung 1.630 Menschen. *Ebenda,* 24.

49 *Zubkova:* Lesnye brat'ja v Pribaltike, Čast' 1, 87.

50 Vgl. hierzu: *Dies.:* Lesnye brat'ja v Pribaltike, Čast' 2, 15 und *Pocius:* Kita menulio pusė, 413.

51 *Ebenda,* 414.

52 *Zubkova:* Lesnye brat'ja v Pribaltike, Čast' 2, 22.

Paragraphen 58 des Strafgesetzbuches wegen „konterrevolutionärer Tätigkeit" angeklagt und verurteilt, fünf Prozent von ihnen zu einer Todesstrafe.
Dem Beauftragten für Litauen beim Büro der KPdSU, Michail Suslov, erschien diese Politik als viel zu „liberal". Seine Forderungen nach Verschärfung der Strafpraxis führten im Gegenzug zur Radikalisierung der Strafmaß-
nahmen der Partisanen.[53]

Die Operation zur „Banditenbekämpfung" wurde in die Kategorien des
„Klassenkampfes" übersetzt: In der Moskauer Rhetorik fungierten nun nicht
mehr die „deutsch-litauischen Nationalisten" und „Reste der Diversionstrup-
pen" als Feinde, sondern die „fremden Klassen", die Großbauern. Ein ideologisches Motivationselement für diesen „Krieg gegen den Klassenfeind" war
die forcierte Sowjetisierung des Landes, das heißt die Kampagne zur Über-
führung der Bauernwirtschaft in Kolchosen.[54] Die wichtigste Entscheidung in
diesem Kontext war der Beschluss des ZK der KPdSU vom 5. Oktober 1946,
der die „Vernichtung des bourgeois-nationalistischen Untergrunds" als künftige Aufgabe formulierte.[55]

Dieser Kurswechsel leitete die zweite Phase der antisowjetischen Widerstandsbewegung vom Juni 1946 bis November 1948 ein. In dieser Etappe
agierten die Partisanen viel stärker konspirativ, anstelle der befestigten Waldlager wurden getarnte Unterstände eingerichtet. Die sowjetischen Sicherheitsorgane verfolgten die Taktik der Zersetzung der Partisanenverbände
durch angeworbene litauische Agenten, die die Partisanen aufdeckten und
auslieferten. Der bekannteste Coup der sowjetischen Geheimdienste war die
Festnahmewelle in der Leitung der vereinigten Widerstandsbewegung durch
den Einsatz des Agenten Juozas Markulis im Sommer 1946.[56] Auf diese Weise lichteten sich die Reihen der Partisanen beachtlich, in den Wäldern
herrschte eine Atmosphäre des Generalverdachts. Dies führte dazu, dass Aktionen der Partisanen in radikale Gewalt gegen Zivilisten ausarteten. Die Jahre 1945, 1946 und 1947 waren die Zeit der schwersten Auseinandersetzungen:
Während die Partisanen tatsächliche oder vermeintliche sowjetische Agenten
und ihre Familien verschleppten und ermordeten, deportierte der NKVD
ganze Familien, führte Exekutionen und Schauprozesse auf den öffentlichen
Plätzen der Dörfer und Kleinstädte durch.[57] In die schwierigste Situation
„zwischen Hammer und Amboss" gerieten die einfachen litauischen Klein-
bauern: Wenn sie die staatlichen politischen Kampagnen sabotierten, erwar-
teten sie Sanktionen seitens der Sowjetmacht, die Teilnahme und Mitwirkung
hingegen wurde von den Partisanen bestraft.[58]

---

53 *Ebenda*, 20.
54 *Ebenda*, 22, 27.
55 *Ebenda*, 23.
56 *Dies.*: Lesnye brat'ja v Pribaltike, Čast' 1, 87.
57 *Zubkova*: Lesnye brat'ja v Pribaltike, Čast' 2, 23
58 *Pocius*: Kita menulio pusė, 414.

Die Bekämpfung der litauischen „Kollaborateure" sollte die Bauern vom Beitritt in die Kolchosen abhalten. Durch Einschüchterungen, Todesdrohungen und tatsächliche Exekutionen der vermeintlichen Komplizen wollten die Partisanen die lokale Verwaltung „von innen" destabilisieren und die „Sowjetisierung" aufhalten. Es kam zu großflächigen Strafaktionen seitens der Partisanen nicht nur gegen die Dorfvorsitzenden, sondern auch gegen Angehörige der „einfachen" Dorfbevölkerung, die als „sowjetische Agenten" verdächtigt wurden.[59] Die Verfolgung und der Terror gegen Zivilisten verschärften sich während der politischen Wahlkampagnen, wie unter anderem während der Wahlen zum Obersten Sowjet der UdSSR im Februar 1946. In Flugblättern wurden all jene mit sofortiger Exekution bedroht, die „freiwillig" zur Wahl gingen.[60]

Der Höhepunkt der Gewalt wurde in der Region Dzūkija 1947 erreicht: Als „Helfer des Feindes" wurden 2.200 Personen getötet, zusammen mit ihren Familienangehörigen und 300 Parteiaktivisten.[61] Nicht zuletzt die radikale Gewalt der litauischen Freiheitskämpfer führte zum Verlust der Unterstützung seitens der Bevölkerung.[62] Die Praktiken der Freiheitskämpfer gegen die vermeintlichen Helfer der Sowjetmacht trugen in sich Elemente des Terrors und der Selbstjustiz. Nicht wenige wurden hingerichtet, obwohl es an eindeutigen Beweisen für ihre „Kollaboration" fehlte. Zudem wurden auch offenkundig terroristische Methoden wie die Tötung ganzer Familien oder Bombenexplosionen auf öffentlichen Plätzen angewendet. Bei den Strafaktionen wurden oft ganze Familien samt Kindern ermordet – die Anzahl der getöteten Kinder wird insgesamt auf 300 geschätzt.[63] Wie wenig Skrupel man zeigte, bezeugen Worte des Partisanenanführers Ddomininkas Ječys: „Wir hatten in den Wäldern keine Gefängnisse, um die Häftlinge gefangen zu halten, so mussten wir sie töten, auch wenn sich unter ihnen Frauen und Kinder befanden."[64]

Das folgende Zitat aus dem Befehl des Partisanenanführers Antanas Baltušis belegt die radikalisierte Gewalt gegenüber Zivilisten besonders eindringlich:

... befehle allen Truppenführern:
1) für jeden verbannten Litauer nicht weniger als eine Familie eines Bolschewiken zu vernichten, alle Familienmitglieder sind zu vernichten;

---

[59] *Ebenda*, 412.
[60] *Zubkova*: Lesnye brat'ja v Pribaltike, Čast' 2, 24.
[61] *Pocius*: Kita menulio pusė, 344.
[62] *Ebenda*, 415.
[63] *Ebenda*, 417.
[64] *Ječys*, Algirdas: Sutryptos viltys. Dainavos apygardos partizanų vado Dominko Ječio-Ąžuolio sūnaus prisiminimai [Zertretene Erwartungen. Erinnerungen des Sohnes des Partisanenanführers von Dainava-Bezirk Domininkas Ječys-„Ąžuolis"]. Vilnius 2000, 107, zitiert nach: *Pocius*: Kita menulio pusė, 216.

2) Nach Möglichkeit – alle zu erhängen, nicht zu erschießen.[65]

Besonders gewaltsam gingen die Partisanen gegen nicht-litauische Neu-Siedler vor, also sowjetische Bürger, meistens Russen, die in ländlichen Gebieten auf Einzelgehöfte angesiedelt wurden. Sie galten als „bolschewistische Kolonisten" und oblagen somit der rücksichtslosen Vernichtung.

Vergleicht man Litauen mit der Westukraine, in der der antisowjetische Partisanenkampf vergleichbar umfangreich ausgefallen war, werden die unterschiedlichen Kampftaktiken offensichtlich. Während Verluste in der Westukraine ca. 7.000 Partisanen und etwa 1.000 Zivilisten betrugen, waren es in Litauen 1.100 Partisanen und etwa 2.600 Zivilisten.[66]

Durch die Etablierung von Kolchosen gewann die Sowjetmacht allmählich die Kontrolle über das Land zurück, zudem verschärfte die Sowjetmacht ihre Verfolgungspraxis. Eine erneute Deportationswelle hatte ein ähnliches Ausmaß wie die Juni-Deportation des Jahres 1941: 1948 wurden 40.000 Bauern deportiert, 1949 noch einmal 30.000.[67]

So war der antisowjetische Widerstand in seiner dritten Phase, vom Dezember 1948 bis Mai 1953 bereits deutlich abgeklungen.[68] Die Jahre 1948–1949 zeichneten sich nicht nur durch eine erzwungene, sondern auch durch eine freiwillige Mobilität aus: Die Dorfbewohner verließen die ländlichen Gebiete und zogen in die Städte, wo es an Arbeitskräften mangelte. Das städtische Leben, vor allem in Vilnius, lockte junge Menschen nicht nur durch die Möglichkeiten der universitären Ausbildung, sondern auch durch das Versprechen von mehr Sicherheit vor der Gewalt der sowjetischen Sicherheitsstrukturen und der Partisanen.[69]

Auf diese Weise, einerseits durch Deportationen, andererseits durch rapide Urbanisierungsschübe, wurde den Partisanen ihre soziale Basis entzogen. Zudem nahm die Alltäglichkeit der Angst vor Gewaltaktionen aus dem Wald bei den Bauern ab. 1949, als die Kollektivierungs-Kampagne größtenteils abgeschlossen war, kam es faktisch zum Ende der Flucht der Landbevölkerung in die Wälder und der Unterstützung der Partisanen.

---

[65] Befehl vom 10. Februar 1947 der Bewegung für die Freiheit Litauens. Bezirk „Tauras" Antanas Baltušis. In: *Maslauskienė*, Nijolė (Hg.): Lietuvos partizanų Tauro apygarda 1945–1952m [Litauische Partisanen im Tauras-Bezirk 1945–1952]. Vilnius 2000, 195. Übersetzt aus dem Litauischen von der Verfasserin.

[66] Siehe: *Anušauskas*, Arvydas: Comparison of the Armed Struggles for Independence in the Baltic States and Western Ukraine. In: *Ders.* (Hg.): The Anti-Soviet Resistance, 63–70, hier 66; *Zubkova*: Lesnye brat'ja v Pribaltike, Čast' 2, 25.

[67] *Bugaj*, Nikolaj Fedorovič (Hg.): Narody stran Baltii v uslovijach stalinizma (1940-e–1950-e gody). Dokumentirovannaja istorija [Die Völker der baltischen Länder unter den Bedingungen des Stalinismus (1940er–1950er Jahre). Eine dokumentierte Geschichte]. Stuttgart 2005, 270–272.

[68] *Pocius*: Kita menulio pusė, 414.

[69] *Davoliute*, Violeta: Postwar Reconstruction and the Imperial Sublime in Vilnius during Late Stalinism. In: Ab Imperio 1 (2014), 176–203.

Die Zahl der Partisanen beträgt in dieser Zeit lediglich 2.000 Litauer. Der letzte Versuch, das Vertrauen der Bevölkerung zurückzugewinnen, war die Einrichtung einer konsolidierten einheitlichen Organisation des Widerstands – der Litauischen Bewegung des Freiheitskampfes (Lietuvos laisvės kovos sąjūdis, LLKS)[70], die sich aus den Resten der zerschlagenen LLA-Armee speiste.[71] Der Rat der LLKS wurde von allen kämpfenden Einheiten gewählt. Am 16. Februar 1949 wurde eine Deklaration unterzeichnet, die den Anführer des nördlichen Partisanenstabes (und ehemaligen Offizier der LVR und der LLA) Jonas Žemaitis zum Präsidenten erklärte und ihn zur höchsten legitimen Gewalt ernannte. Die Etablierung bestimmter Regeln für die Partisanenbewegung – vor allem in Bezug auf Verfasstheit und strafrechtliche Ordnung – konnte an deren schwindender Popularität bei der Bewegung nichts mehr ändern. Auch wenn einzelne Partisanen bis in die späten 1950er Jahre im Versteck blieben, kann man ab 1953 vom Ende der Partisanenaktivitäten sprechen. Die Einsicht, dass die Beziehungen zwischen der Sowjetunion und dem Westen in einem Kalten Krieg verharrten, trug ebenfalls zum Ende der Partisanenbewegung bei. Spätestens seit dem Korea-Krieg wurde nicht mehr mit militärischer Hilfe für die Wiederherstellung der Zwischenkriegsordnung gerechnet.[72]

Anfang 1953 wurden die Anführer des LLKS Juozas Šibaila, Bakštys und Sergijus Staniškis ermordet. 1956 wurde der letzte militärische Anführer des LLKS, Adolfas Ramanauskas, gefasst.[73] Zu einer Legende wurde der Partisan Stasys Guiga, der bis zum Ende seiner Tage im Versteck bei einer Bäuerin lebte. Er entging somit der Verhaftung und verstarb 1986 im Untergrund.

Die Gesamtzahl der durch die Kämpfer getöteten Menschen wird auf 2.830 Angehörige des sowjetischen Sicherheitsapparates und 11.500 der Kollaboration verdächtigte Zivilisten geschätzt. Somit war die Zahl der ermordeten lokalen Einwohner um ein Vielfaches höher als die der Opfer unter den Angehörigen der sowjetischen Strukturen. Das belegt, dass ein primäres Ziel der Partisanen in der Bekämpfung der Zusammenarbeit mit dem Sowjetsystem vor Ort bestand.[74]

---

[70] Die 1949 gegründete Bewegung LLKS sollte nicht mit dem Lietuvos Laisves Kovotojų Sajunga (Verband der Freiheitskämpfer Litauens) verwechelt werden. Bei dem letzteren geht es um den bereits 1940 gegründeten Verein, der sich vor allem als Herausgeber der Untergrundzeitung „Varpas" („Glocke") und als aktive Stimme für die Wiedererlangung der staatlichen Unabhängigkeit hervortat.

[71] *Gaskaite-Žemaitine:* The Partisan War in Lithuania, 37–39.

[72] *Zubkova:* Lesnye brat'ja v Pribaltike, Čast' 2, 28.

[73] *Gaskaite-Žemaitine:* The Partisan War in Lithuania, 32.

[74] Die Zahl der Opfer der Partisanen wird unterschiedlich eingeschätzt: von 13.000 bis 25.000. Vgl. *Pocius:* Kita menulio pusė, 21 f. Die Zahl der getöteten Partisanen betrug etwa 20.200. *Anušauskas:* Lietuvių tautos sovietinis naikinimas 1940–1958 metais, 403.

Resümee und Ausblick: Der Partisanenkampf in der nachsowjetischen Erinnerungskultur

Die nationale Partisanenbewegung in Litauen war eine der stärksten antikommunistischen Bewegungen im Nachkriegseuropa. Ideologisch formierte sie sich unter dem unmittelbaren Eindruck der repressiven Politik und Gewalt des ersten sowjetischen Jahres 1940/41, seine militärischen Strukturen entwickelten sich während der deutschen Besatzung 1941–1944. Nachdem Litauen wieder in den sowjetischen Herrschaftsbereich geraten war, flüchteten mehrere tausend Litauer in die Wälder, um der Anklage der Kollaboration mit der deutschen Besatzungsmacht zu entgehen; Waffen, Munition und Ausrüstung nahmen sie meistens mit.

Der Partisanenkampf lässt sich kaum als ein Bürgerkrieg der Nachkriegszeit definieren. Ab 1947, als die Bekämpfung der „bewaffneten Banden" von der sowjetischen Zentralmacht an sich gezogen wurde, wurden die Reihen der Partisanen mit Geheimagenten aus dem eigenen Volk durchsetzt. Darauf antworten die Partisanen mit Terror gegen die Zivilbevölkerung: Mit Drohungen, Verschleppungen und Folter versuchten sie die Litauer von der Kollaboration mit den Sowjets abzuhalten. Die Gewalt gegen die einheimische Bevölkerung war somit ein Schlüsselcharakteristikum des antisowjetischen Widerstands. Die Hoffnung auf die Hilfe des Westens blieb während des gesamten Verlaufs des Widerstands als propagandistische Konstante bestehen.

Gegenwärtig wird dem Widerstand in seinem Ausmaß, seiner Tragik und seinen Nachwirkungen als einem heroischen Mythos viel größere Bedeutung zugesprochen als den Freiheitskämpfen 1918–1920.[75] In dieser Hinsicht ist die Diskussion des „Gesetzes zur Nationalen Erinnerung" in Litauen vielsagend, in dem es heißt, es dürften zwei Ereignisse der litauischen Geschichte keine ambivalente Bewertung haben: die Etablierung des unabhängigen Litauens am 16. Februar 1918 und der antisowjetische Partisanenwiderstand im Nachkriegslitauen.[76]

Die Verewigung des Gedenkens an die Partisanen und die Erforschung des Kampfes um die Freiheit waren zentrale Slogans der Sąjūdis (Bewegung für Perestroika in Litauen) 1988/89. Nicht zufällig war eine ihrer politischen Forderungen, die Grabstätten zu finden, als Gedenkstätten zu verewigen und die Trauerarbeit möglich zu machen. In der Erinnerungspolitik des postsowjetischen Litauens gilt der antisowjetische Partisanenkampf als nationales Heldentum. Im Gedenkkalender gibt es einen „Tag der Partisanen", bzw. den Tag der Ehrung der Partisanen und der Einheit von Armee und Gesellschaft. Das Jahr 2009 wurde zum Jahr der Bewegung des „Litauischen Kampfes für die Freiheit" erklärt, damit verbunden war auch die Entscheidung, das recht-

---

[75] *Pocius:* Kita menulio pusė, 407.
[76] *Safronovas,* Vasilijus: Coming to Terms with the Dictatorial Past: Rising of Conservative Trend in Contemporary Lithuania. In: Studia Universitatis Cibiniensis. Series Historica 11 (2014), 133–162, hier 153.

liche Statut der LLKS als einen Teil der Verfassung Litauens anzuerkennen. Seitdem gilt auch Jonas Žemaitis als legitimer, sechster Präsident Litauens, dessen Nachfolge 1993 Algirdas Brazauskas antrat. Im Gegensatz dazu werden die Anführer Sowjetlitauens, also die ersten Sekretäre der Kommunistischen Partei Litauens, Antanas Sniečkus und Petras Griškevičius, nicht als Staatsführer verstanden.

Als „Teilnehmer des Widerstandskampfes" bekommen die antisowjetischen Partisanen, zu Helden der jüngeren Geschichte erklärt, seit 1997 besondere soziale Leistungen vom Staat. Die Opfer des Partisanenkrieges werden dagegen seit 1997 unter dem allgemeinen und recht umfassenden Rechtstatus der „Bürger der Litauischen Republik, die von der Okkupation 1939–1990 betroffen wurden" subsumiert. Bei der Ergänzung des Gesetzes zum Rechtsstatus im Jahr 2007 wurden alle (militärischen und zivilen) Opfer des Partisanenkrieges in die Kategorie „Personen, die durch die Umstände des Partisanenkrieges gelitten hatten" eingeordnet.[77] Die Kritiker dieser Formulierung betonen, dass somit genaue Angaben sowohl zu den Opfern (litauische Zivilisten), als auch zu den Tätern (litauische Partisanen) vermieden werden.[78]

Die Verwurzelung der antisowjetischen Partisanen im Kontext der deutschen Besatzung und ihre Verstrickung in den Holocaust, macht die ehrenvolle Erinnerung an ihre Anführer zum Gegenstand von Erinnerungskontroversen. Die Heroisierung der Partisanen belastet die litauisch-jüdischen Beziehungen stark.[79] Zentrale Figuren des Widerstands stehen im Verdacht, während der deutschen Besatzung an der Massenvernichtung der Juden beteiligt gewesen zu sein. So wird Adolfas Ramanauskas-Vanagas auf der Liste der Assoziation der Litauischen Juden in Israel als Kriegsverbrecher aufgeführt, und der Name Juozas Lukša (Daumantas) wird nun immer häufiger in Verbindung mit dem Massaker an den Juden in Kaunas in Verbindung gebracht.[80] Dem Konfliktpotential der Partisanenehrung wollte man mit einem

---

[77] Siehe Ergänzung des Gesetzes vom 28. Juni 2007, Nr. X-1234. Lietuvos Respublikos asmenų, nukentėjusių nuo 1939–1990 metų okupacijų, teisinio statuso įstatymo pakeitimo Įstatymas [Ergänzung des Gesetzes zum Rechtstatus der Personen der Litauischen Republik, die von der Okkupation 1939–1990 betroffen waren]. Gesetzestext online: https://www.e-tar.lt/portal/lt/legalAct/TAR.04F896671DC8 (am 1.8.2016).

[78] *Jurgelis*, Jurgis: Partizaninio karo veiksmų metu [In der Zeit der Handlungen des Partisanenkrieges]. In: delfi.lt vom 3.1.2010. URL: http://www.delfi.lt/news/ringas/lit/jjurgelis-partizaninio-karo-veiksmu-metu.d?id=27414817 (1.8.2016).

[79] Zu Konflikten zwischen litauischen und jüdischen Erinnerungsgemeinschaften siehe: *Makhotina*, Ekaterina: Between „Suffered" and „Learned" Memory: The Holocaust and the Jewish History in Lithuanian Museums and Memorials after 1990. In: Yad Vashem Studies 44/1 (2016), 207–246.

[80] Siehe: *Balčiūnas*, Evaldas: Footprints of Adolfas Ramanauskas-Vanagas in the Mass Murder of the Jews of Druskininkai. In: Defending History 7/2 (2016), 27.3.2014, URL: http://defendinghistory.com/footprints-adolfas-ramanauskas-vanagas-mass-murder-jews-druskininkai/65177 (am 1.7.2016). Zu der Perspektive der Assoziation der Litaui-

strafrechtlichen Paragrafen entgegenwirken. Seit 2009 fordern die national-
konservativen Kräfte in Litauen immer wieder, dass die „Verleumdung" der
antisowjetischen Partisanen unter Strafe gestellt werden solle, was allerdings
bis zum Zeitpunkt der Abfassung dieses Beitrages nicht geschehen ist. Die
politische Brisanz des Themas bremst indessen weiterhin die umfassende
Erforschung des „Kriegs nach dem Krieg".

schen Juden in Israel auf den Umgang mit dem Holocaust in Litauen siehe die Webseite
der Organisation: http://www.lithuanianjews.org.il/HTMLs/article_list4.aspx?C2014=
14397&BSP=14395&BSS59=14395 (1.8.2016).

Vaios Kalogrias

DIE ANTIKOMMUNISTISCHE PARTISANENBEWEGUNG DER „NATIONALEN REPUBLIKANISCHEN GRIECHISCHEN LIGA" (EDES)

Über den bewaffneten und zivilen Widerstand gegen die Okkupationsmächte in Griechenland (1941–1944) gibt es zahllose Bücher, Aufsätze und Artikel. Die Literatur ist heute fast unüberschaubar. Doch „weiße Flecken" sind immer noch vorhanden, vor allem wenn es um das nichtkommunistische beziehungsweise antikommunistische Widerstandslager geht. Über dessen Hauptträger, die „Nationale Republikanische Griechische Liga" (Ethnikos Dimokratikos Ellinikos Syndesmos, EDES), wissen wir erstaunlicherweise wenig.[1] Die Literatur über die EDES stammt in der Regel von ehemaligen führenden Mitgliedern.[2] Ihnen geht es vor allem um die Würdigung der EDES in der Auseinandersetzung mit der kommunistischen Memoirenliteratur. Trotzdem liefern sie der Geschichtsschreibung wichtige Erkenntnisse, interessante Anregungen und Hinweise.

Der Fokus dieses Beitrags liegt auf dem Aufbau, den Strukturen und der Zielsetzung dieser Partisanenbewegung, der zweitgrößten im besetzten Griechenland. Die größte war die kommunistisch geführte „Griechische Volksbefreiungsarmee" (Ethnikós Laikós Apelevtherotikós Stratós, ELAS). Im Mittelpunkt steht die Untersuchung der Ursachen für die antikommunistische Entwicklung der EDES, eine Entwicklung, die keineswegs vorbestimmt war und weitreichende politische sowie militärische Konsequenzen – die Allianz mit dem royalistischen Exillager und das Stillhalteabkommen („Gentlemen's Agreement") mit der deutschen Besatzungsmacht – hatte.

Vorab ist festzuhalten, dass während der deutschen, italienischen und bulgarischen Besatzungszeit[3] in Griechenland viele Widerstandsorganisationen

---

[1] Den wichtigsten wissenschaftlichen Beitrag zu diesem Thema stellt die 2013 erschienene Dissertation von Vagelis Tzoukas dar. *Tzukas*, Bangelēs: Oi oplarchēgoi tu EDES stēn Hēpeiro 1942–44. Topikotēta kai politikē entaxē [Die Kriegsfürsten der EDES in Epirus 1942–44. Lokalität und politische Einordnung]. Athēna 2013.
[2] Zum Beispiel *Myridakēs*, Michalēs: Agōnes tēs phylēs 1941–1944. Ē Ethnikē Antistasē EDES-EOEA 1941–1944 [Kämpfe der Nation 1941–1944. Der Nationale Widerstand EDES-EOEA 1941–1944]. 2 Bde. Athēna 1976/77; *Chutas*, Stylianos: Ē Ethnikē Antistasis tōn Ellēnōn (1941–45) [Der Nationale Widerstand der Griechen (1941–45)]. Athēna 1961.
[3] Zur Besatzungszeit siehe *Richter*, Heinz: Griechenland zwischen Revolution und Konterrevolution (1936–1946). Frankfurt am Main 1973, 130–138.

entstanden sind, die das Ziel verfolgt haben, eine Partisanenbewegung aufzubauen. Doch nur wenigen von ihnen gelang es, dieses Ziel auch zu erreichen. Neben der kommunistisch gelenkten „Nationalen Befreiungsfront" (Ethnikó Apelevtherotikó Métopo, EAM), die die ELAS gründete und kontrollierte, ist vor allem die EDES zu nennen. Unter der Führung eines ehemaligen Oberstleutnants der griechischen Vorkriegsarmee, Napoleon Zervas, der als erster namhafter Offizier in die Berge ging, stellte sie eine Guerillastreitmacht in der italienisch besetzten Provinz Epirus auf. Die EDES war die einzige nichtkommunistische Partisanenbewegung, die einen illegalen „Parallelstaat", das „Freie Berggriechenland", ins Leben rief, einen gesamtnationalen Anspruch erhob und das Ende der Okkupation überdauerte.

Entstehung, Ziele und Struktur der EDES

Die am 9. September 1941 in Athen gegründete Organisation war in ihren Anfängen stark antiroyalistisch geprägt. Die Initiative zu ihrer Gründung hatte Zervas selbst ergriffen. Der 1891 in Arta (Epirus) geborene Offizier war die Unruhe in Person. 1910 hatte er sich bei der griechischen Armee freiwillig gemeldet, 1912/13 hatte er an den Balkankriegen teilgenommen, 1916 hatte er sich den Streitkräften der venizelistischen (republikanischen) Gegenregierung in Thessaloniki angeschlossen. 1919 war er nach Konstantinopel geflüchtet, um sich vor möglichen Repressalien der Royalisten in Sicherheit zu bringen. Nach dem Debakel der griechischen Armee in Kleinasien hatte er im September 1922 die antiroyalistische Militärrevolte der Generäle Nikolaos Plastiras (1883–1953) und Stylianos Gonatas (1876–1966) unterstützt. In der Zwischenkriegszeit war er in Militärputsche verwickelt. 1925 hatte er als einer der Kommandeure der „Republikanischen Battalione" die Diktatur des Generals Theodoros Pangalos (1878–1952) geschützt; etwa ein Jahr später hatte er maßgeblich zu ihrem Sturz beigetragen. 1928 war er schließlich im Dienstgrad eines Oberstleutnants in den Ruhestand versetzt worden. 1934 hatte er Interesse an venizelistischen Putschplänen gegen die regierende proroyalistische „Volkspartei" bekundet. Taten aber waren keine gefolgt. In der Zeit der Metaxas-Diktatur (1936–1941) hatte er sich ins Private zurückgezogen. Gemäß seinen alten Gewohnheiten aber war er an konspirativen Gesprächen mit Regimegegnern beteiligt.[4]

Ausgerechnet dieser Mann stand später an der Spitze einer Partisanenbewegung und löste Gefühle der Anerkennung und der tiefsten Bewunderung – zumindest im nichtkommunistischen Lager – aus. Offizielle Ziele der EDES waren die Bestrafung des für die Errichtung der Metaxas-Diktatur mitverantwortlichen Exilkönigs Georg II. sowie seiner „verräterischen Clique" und die Gründung einer „Sozialen Demokratischen Republik" nach der Befrei-

---

[4] *Ebenda*, 169.

ung. Die Säuberung des Staatsapparats von allen „faschistischen Elementen" war eine weitere Forderung.[5] Der Widerstand gegen die Okkupationsmächte hingegen wurde im Gründungsstatut mit keinem Wort erwähnt. Dieses war ein politisches Manifest – und kein Aufruf gegen die „Tyrannei der Besatzer" –, das ungelöste Fragen aus der Zwischenkriegszeit wiederaufleben ließ und in den Vordergrund stellte. Insofern handelte es sich um die Abrechnung eines radikalen Republikaners wie Zervas mit dem autoritären Vorkriegsregime, das ihm die Teilnahme am neuhellenischen Kriegsepos gegen Italien und Deutschland verweigert und ihn kurz vor dem Zusammenbruch der griechischen Front im April 1941 verhaftet hatte. Seinen eigenen Angaben zufolge hatte er bereits im Juni 1941 erste Pläne zur Bildung einer Widerstandsorganisation geschmiedet.[6]

Welche Vorstellungen lagen dem zugrunde? Der ambitionierte EDES-Führer strebte die Schaffung einer Bewegung an, die politisch zwischen der „Kommunistischen Partei Griechenlands" (Kommounistikó Kómma Elládas, KKE) und der bürgerlichen Welt angesiedelt sein sollte. Ihm und seinen Mitarbeitern schwebte im Fall eines alliierten Sieges – von dem sie fest überzeugt waren – die Erneuerung des Nachkriegssystems vor.[7] Der Widerstand gegen die Besatzungsherrschaft sollte zukünftigen Veränderungen den Weg ebnen. Doch sowohl die Kommunisten als auch die Athener bürgerlichen Parteiführer standen seinen politischen Vorstellungen und seinen Gedanken über die Organisierung des Partisanenkampfes misstrauisch bis ablehnend oder feindlich gegenüber. Die einen sahen in ihm einen gefährlichen Rivalen, der friedlich oder militärisch eliminiert werden sollte;[8] die anderen hielten ihn für einen Dilettanten, der die Karten des politischen Spiels neu mischen wollte, und ignorierten ihn.[9] Sogar die „Liberale Partei", Zervas' politische Heimat in der Zwischenkriegszeit, reagierte negativ auf seine Hilfsappelle. Dies geht aus einem eigenen Schreiben an seinen alten Weggefährten Gonatas hervor.[10] So

---

5 *Ebenda,* 169.
6 *Zerbas,* Napoleōn: Synoptikē Hekthesis meta tinōn stoicheiōn tēs Organōseōs Ethnikēs Antistaseōs ypo tēn epōnymian Ethnikos Dēmokratikos Ellēnikos Syndesmos EDES kai tōn Ethnikōn Omadōn Ellēnōn Antartōn EOEA tu EDES [Kurzer Bericht mit Angaben über die Nationale Widerstandsorganisation genannt EDES und die Nationalen Gruppen Griechischer Partisanen EOEA der EDES] vom 19. Februar 1949. In: Dieuthynsē Istorias Stratu/Geniko Epiteleio Stratu (Direktion der Armeegeschichte/Armeegeneralstab, weiter DIS/GES), Archeio Ethnikēs Antistasēs, Bd. 2, 23–45, hier 25.
7 *Komnēnos,* Pyromaglu: Ē Ethnikē Antistasē EAM-ELAS-EDES. Kritikē eisagōgē eis tēn diamorphōsin tēs [Der Nationale Widerstand EAM-ELAS-EDES. Eine kritische Einführung zu ihrer Gestaltung]. 2. Aufl. Athēna, Giannina 1988, 305–307.
8 *Myers,* E. C. W.: Ē ellēnikē periplokē. Oi Bretanoi stēn katechomenē Ellada [Die griechische Verwicklung. Die Briten im besetzten Griechenland]. Athēna 1975, 98.
9 *Gerolymatos,* André: Red Acropolis, Black Terror. The Greek Civil War and the Origins of Soviet-American Rivalry, 1943–1949. New York 2004, 73.
10 Napoleōn Zerbas pros Styliano Gonata [Napoleon Zervas an Stylianos Gonatas] vom 9. Januar 1944. Gennadius Library (weiter GL), George Papaioannou Collection 1/4.

war Zervas auf sich allein gestellt und baute die EDES ohne die Hilfe der KKE und der „Alten Parteien" auf.

Da er weder über eine Parteienstruktur noch über eine Anhängerschaft verfügte, musste er mit dem Aufbau eines illegalen Apparates quasi bei Null beginnen. Um sein Ziel zu erreichen, griff er auf seine alten Verbindungen im Militär zurück. Venizelistisch gesinnte Offiziere, darunter Anhänger der Generäle Plastiras und Gonatas, sowie Zervas' Verwandte (beispielsweise seine drei Brüder) und persönliche Freunde scharten sich um ihn. Als ein enger Vertrauter des seit 1933 im französischen Exil lebenden Plastiras, Professor Komninos Pyromaglou (1899–1980), der EDES beitrat, stieg das Prestige der Bewegung enorm. Pyromaglou hatte 1922/23 im politischen Büro der Revolutionsregierung von Plastiras und Gonatas gearbeitet. Später hatte er an der Sorbonne und an der Ecole Pratique des Hautes Etudes studiert. Unter der Metaxas-Diktatur war er verhaftet und „wegen kommunistischer Aktivitäten" auf die Insel Sikinos verbannt worden – obwohl er kein Kommunist war. Auf französische Intervention hin durfte er 1938 nach Frankreich ausreisen. Als der intellektuelle Kopf der EDES bestimmte Pyromaglou wahrscheinlich ihre ideologische Ausrichtung mit. Zervas ernannte sogar Plastiras – ohne dessen Wissen – zum nominellen Anführer der Bewegung. Plastiras' Name, von dem eine große Faszination ausging, diente ihm zur Anwerbung weiterer antiroyalistischer Kreise. Tatsächlich aber hatte Plastiras, der legendäre „schwarze Ritter" im kleinasiatischen Feldzug von 1921/22, keinen Kontakt zu Zervas.[11] Über die EDES-Aktivitäten wurde die Gallionsfigur der Republikaner im Unwissen gelassen. Als Plastiras' „Stellvertreter" stieg Zervas zum Verfechter der republikanischen Sache auf.

Die eindeutig republikanisch-revolutionäre Ausrichtung der EDES war eine wichtige Bedingung für ihre Weiterentwicklung als Widerstandsbewegung, da der Kampf um die politische Erneuerung das Ende der Besatzungsherrschaft voraussetzte. Zervas war einer der wenigen Armeeoffiziere, die von Anfang an für die Vorbereitung und Durchführung des Partisanenkampfes eintraten. Nach der Gründung der Organisation in Athen beauftragte er Offiziere mit der Konstituierung von EDES-Komitees in anderen Städten. In Thessaloniki beispielsweise führten Oberst a.D. Athanasios Papachristodoulou und der angesehene Rechtsanwalt Georgios Bakatselos diese Aufgabe erfolgreich durch.[12] Die EDES-Komitees hatten vor allem für die Anwerbung neuer Mitglieder mit republikanischer Gesinnung zu sorgen. Im Juli 1942 war es soweit: In Absprache mit anderen venizelistischen Offizieren[13] begab

---

11 *Richter:* Revolution, 166.
12 Zum EDES-Komitee in Thessaloniki siehe *Kalogrias,* Vaios: Okkupation, Widerstand und Kollaboration in Makedonien 1941–1944. Mainz/Ruhpolding 2008, 182–187.
13 Diese Offiziere waren Oberst Stefanos Sarafis, Oberst Dimitris Psarros und Oberst Leonidas Spais. Zusammen mit Zervas sollten sie in ihren Heimatregionen wirken: Zervas in Epirus, Sarafis in Thessalien und Psarros in Zentralgriechenland. Diese Teilung Grie-

sich Zervas – begleitet von nur drei Vertrauten und unter ständiger Gefahr, verraten zu werden – in die Berge seiner epirotischen Heimat in West-Griechenland. Dort herrschten ideale Bedingungen für die Aufnahme des Partisanenkampfes, etwa ein unzugängliches Gebiet und eine jahrhundertealte Banden- und Aufstandstradition. Ein stark ausgeprägter Lokalpatriotismus half Zervas, dem Nachkömmling einer an Kampftraditionen reichen Familie, dabei, das Vertrauen der örtlichen Bevölkerung zu gewinnen.

Zunächst aber hatte er einen schweren Stand. Die Begeisterung für den Partisanenkampf hielt sich in Grenzen. Aus Angst vor italienischen Repressalien wollten ihn die Bewohner der Dörfer, die er anfangs besuchte, aus ihrer Gegend vertreiben. „Ich muss so früh wie möglich aus dem Land dieser Verräter verschwinden. Schande und Ehrlosigkeit. Wenn ich das ganze überlebe, muss ich sie unbedingt zur Rechenschaft ziehen", hielt Zervas in seinem Tagebuch fest.[14] Nach und nach gelang es ihm, lokale einflussreiche „Kriegsherren" (Kapetane), beispielsweise Spyros Karabinas in der Gegend von Arta und Stylianos Choutas im Valtos-Gebiet, für die Idee des bewaffneten Widerstands zu gewinnen und seinen Befehlen unterzuordnen. Sein Bündnis mit den „Stammesfürsten", die das im Gefolge des Zusammenbruchs der griechischen Front im April 1941 entstandene Machtvakuum in ihrer Region füllten, war von elementarer Bedeutung für die Schaffung einer Partisanenarmee. Denn diese wurden von der örtlichen Bevölkerung respektiert und als Führungspersönlichkeiten anerkannt; sie besaßen Kriegserfahrung, hatten ausgezeichnete Orts- und Menschenkenntnisse, trugen Waffen und verfügten bereits – auf der Grundlage einer archaischen „Blut und Boden"-Ideologie – über kleine bewaffnete Gruppen, die auch von der EAM – allerdings erfolglos – umworben wurden.[15]

Für die „Kriegsherren" bedeutete das Bündnis mit Zervas, dem sie persönlich die Treue hielten, die politische und nationale Aufwertung ihrer „Ban-

---

chenlands in Widerstandsbezirke erklärt auch den Grund, weshalb Zervas nicht daran ging, eine Organisation von überregionalem Format aufzubauen. Dieser Plan ging nicht auf. Sarafis wechselte bald die Seiten und wurde militärischer Oberbefehlshaber der ELAS. Psarros gelang es zunächst, eine bewaffnete Formation, das „5/42 Evzonen-Regiment", aufzubauen. Im April 1944 aber wurde seine Einheit im Parnassos-Gebiet von der ELAS aufgerieben. Er selbst wurde gefangengenommen und hingerichtet. Er gilt als der „große Märtyrer" des nichtkommunistischen Lagers. Spais blieb untätig. Allein Zervas war in der Lage, eine schlagkräftige Partisanenarmee aufzustellen. *Iōannu, Kōsta* E.: Ē Eleuthera Oreinē Ellas [Das Freie Berggriechenland]. Athēna (o.J.), 14 f.

14 *Thanas,* Dēmētrēs (Bearb.): To Ēmerologio tu Stratēgu Napoleonta Zerba 1942–1945 [Das Tagebuch des Generals Napoleon Zervas]. Athēna 2013, 66, 71.

15 *Tzukas,* Bangelēs: Oplarchēgoi kai kapetanioi stē dekaetia 1940–1950. Ē periptōsē tēs Ēpeiru [Kriegsherren und Kapetane in der Zeit zwischen 1940–1950. Der Fall von Epirus]. In: *Marantzidēs,* Nikos (Bearb.): Oi alloi kapetanioi. Antikommunistes enoploi sta chronia tēs Katochēs kai tu Emphyliu [Die anderen Kapetane. Bewaffnete Antikommunisten in den Jahren der Okkupation und des Bürgerkriegs]. 4. Aufl. Athēna 2007, 375–430, hier 383 f.

den". Nach ihrer Übereinkunft mit Zervas waren sie keine „Gesetzlosen" mehr, sondern die auserkorenen Führer der „versklavten Nation". In ihren Augen vertrat Zervas als (ehemaliger) Armeeoffizier den griechischen Nationalstaat. Der EDES-Gründer war in dieser Hinsicht das Bindeglied zwischen der rückständig, konservativ und patriarchalisch geprägten Provinz und der als liberal und fortschrittlich geltenden Athener Hauptstadt. Die Bindungen zu seinen Kapetanen stärkte er durch die Aufnahme „verwandtschaftlicher" Beziehungen – unter anderem übernahm er die Patenschaft für viele ihrer Kinder –, die großen Wert für die epirotische Gesellschaft hatten. Die politischen Motive der Kapetane, sofern sie überhaupt vorhanden waren, waren allerdings vielfältiger Natur. Neben den venizelistisch orientierten „Bandenchefs" gab es Anhänger der Monarchie. Andere wiederum waren politisch desinteressiert. Wenige von ihnen scheinen tatsächlich in nationalen, das heißt überregionalen, Kategorien gedacht zu haben. Nur Zervas' Autorität hielt sie zusammen. Die EDES-Offiziere hingegen waren – wie Zervas selbst – überzeugte Republikaner und politisch motiviert.

Die Zusammenarbeit zwischen den Offizieren, die in der EDES überrepräsentiert waren, und den undisziplinierten „Warlords" gestaltete sich jedoch äußerst schwierig. Hier waren Zervas' Vermittlungskünste dringend gefragt, da er auf keine der beiden Gruppen verzichten wollte und konnte. Die Offiziere brauchte er für die Einführung eines Mindestmaßes an Militärdisziplin, die „Stammesfürsten" waren für die Durchführung des irregulären Kampfes unentbehrlich. Zervas gelang es schließlich, das Gleichgewicht zu wahren, aufkommende Spaltungstendenzen im „Keim zu ersticken" und zentrifugale Kräfte erfolgreich einzudämmen. Zu genau wussten die „Kriegsherren", dass sie ohne die Zusammenarbeit mit Zervas und den Armeeoffizieren von den britischen Nahost-Stellen weder anerkannt noch militärisch oder finanziell unterstützt werden würden. Die Armeeoffiziere hegten ihrerseits keinen Zweifel daran, dass sie ohne die Kapetane keine Chance hatten, die Masse der Bauern für die politischen Ziele der EDES und den Partisanenkampf zu begeistern – geschweige denn zu mobilisieren. Insofern waren beide Seiten aufeinander angewiesen.

Zum Durchbruch aber kam es erst nach Zervas' Kontaktaufnahme mit den Angehörigen der später gebildeten „Britischen Militärmission in Griechenland" (BMM) im November 1942. Unter ihnen befand sich der 25-jährige Christopher Montague Woodhouse (1917–2001), der in der Nachkriegszeit das erste Standardwerk zur Geschichte der griechischen Résistance verfasste.[16] Die Teilnahme der EDES an der gemeinsam mit der ELAS erfolgreich durchgeführten Operation zur Sprengung der Gorgopotamos-Brücke in Zentralgriechenland machte ihren Chef mit einem Schlag berühmt. Die italienische Okkupationsmacht setzte ein Kopfgeld von 100.000.000 Drachmen

---

16 *Clogg,* Richard: Monty Woodhouse. In: The Guardian v. 20.2.2001.

auf ihn aus.[17] Eine bessere Werbung für seine Person hätte sich Zervas kaum vorstellen können. Von nun an musste er sich keine Sorgen um die Rekrutierung von freiwilligen Kämpfern mehr machen. Sie kamen selbst zu seinem Hauptquartier in Voulgareli im Tzoumerka-Gebiet.[18]Außer dem *Archigos* (Führer) trafen die Neuankömmlinge auf die britischen Verbindungsoffiziere – unter ihnen Woodhouse –, die sich dort niedergelassen hatten und finanzielle sowie logistische Unterstützung im Kampf gegen die Okkupanten leisteten. Zugleich aber waren die Briten daran interessiert, eine mögliche kommunistische Machtergreifung zu verhindern.

Dieses Ziel teilte Zervas, der die „kommunistische Bedrohung" ebenso für real hielt. Bereits am 31. August 1942 vertraute er seinem Tagebuch die Angst vor einer Unterwanderung seiner Organisation durch EAM-Spitzel an.[19] In Kooperationsangeboten der EAM vermutete er eine „kommunistische Falle".[20] Sogar den kommunistischen Vorschlag, den Posten des Oberbefehlshabers einer vereinigten Partisanenarmee zu übernehmen, lehnte er aus diesem Grund ab. Zu groß war seine Angst vor dem Verlust der eigenen Unabhängigkeit und einer feindlichen Übernahme der EDES durch die EAM. Am 31. Dezember 1942 schrieb er in seinem Tagebuch, dass der Kommunismus ihn vernichten wolle und dass er Gegenmaßnahmen ergreifen müsse.[21] Dank der britischen Geld- und Waffenunterstützung wurde diese Gefahr verringert – aber nicht gebannt. Von der britischen Unterstützung der EAM hielt Zervas nicht viel. Den britischen Verbindungsoffizieren warf er vor, ihren eigenen Feind zu stärken. Damit sollte er Recht behalten. Trotzdem blieb er ihnen verbunden.[22]

Bis zum Ende der Besatzungszeit befehligte Zervas circa 5–6.000 bewaffnete Männer und Frauen im Kampf gegen die italienischen und ab Oktober 1943 gegen die deutschen Besatzungstruppen.[23] Mit ihrer Hilfe kontrollierte die EDES eine sogenannte „freie Zone" mit Epirus (vor allem die westlichen

---

[17] Oberbefehlshaber Südost (Oberkommando Heeresgruppe E), Ia-Nr. 20/42 g.Kdos, Lagebeurteilung Dezember 1942 vom 02.01.1943. Bundesarchiv-Militärarchiv Freiburg (weiter BA-MA), RH 2/683.

[18] Voulgareli blieb die „Hauptstadt" des EDES-„Staatsterritoriums", obwohl Zervas sein Hauptquartier oft wechselte. *Iōannu:* Eleuthera Oreinē Ellas, 15 f.

[19] *Thanas:* Ēmerologio, 52.

[20] *Ebenda*, 85.

[21] *Ebenda*, 164.

[22] *Makrēs-Staikos,* Petros: Bretanikē politikē kai antistasiaka kinēmata stēn Ellada. Ē aporrētē ekthesē tu tagmatarchē David J. Wallace (1943) [Britische Politik und Widerstandsbewegungen in Griechenland. Der Geheimbericht des Majors David J. Wallace (1943)]. Athēna 2009, 54 f.

[23] Im April 1944 ordnete Zervas die Umstrukturierung seiner Partisanenarmee, die nach dem Vorbild der regulären griechischen Vorkriegsarmee in „Divisionen" (VIII., III., X., XI.) geteilt wurde, an. *Tzukas,* Bangelēs: 1944 – Ē Eleutherē Oreinē Ellas tu EDES [1944 – Das Freie Berggriechenland der EDES]. In: *Ē Ephēmerida tōn Syntaktōn* vom 12.3.2014.

und armen Regionen von Lakka Souliou und Xirovouniou) als Epizentrum. Diese trug die offizielle Bezeichnung „Freies Berggriechenland". Hier übte die EDES – vermutlich nach dem Vorbild der EAM und insbesondere im Jahr 1944 – ihre Partisanenherrschaft aus. Sie stellte „nationale Komitees" auf örtlicher (das heißt dörflicher) Ebene, die Verwaltungsaufgaben übernahmen, auf und organisierte die Verkehrswege, das Schul-, das Gesundheits- und das Postwesen. Eine Unteroffiziersschule sorgte für die Ausbildung neuer militärischer Kader. Grundlegende Eingriffe in das Wirtschaftsleben zugunsten sozialistischer Umverteilungspläne blieben aus. Trotz der rapiden Verarmung aller gesellschaftlichen Schichten wurde das Privateigentum im Großen und Ganzen respektiert. Im Gegensatz zur ELAS sah die EDES von Enteignungen und Requirierungen ab und zahlte den Bauern eine angemessene Vergütung für ihre Dienste, etwa für die Produktion und die Ablieferung von Agrarprodukten.[24] Geld war sicherlich ein überzeugendes Argument, wenn es um die Hilfe der örtlichen Bevölkerung ging.

Wie ging die EDES mit den „inneren Feinden" der Résistance um? Zwar verfügte sie über keine Geheimpolizei zur Verfolgung von „Kollaborateuren" und „Verrätern" wie die KKE seit Herbst 1943 in Gestalt der „Organisation zum Schutz des Volkskampfes" (Organosis Prostasias Laikou, OPLA).[25] Die Bestrafung und Hinrichtung von „inneren Feinden" aber war im „Freien Berggriechenland" kein seltenes Phänomen.[26] Dennoch erreichte dies bei Weitem nicht das Ausmaß der kommunistisch inspirierten Gewalt gegen die eigene Bevölkerung im ELAS-Territorium. Zudem führte die EDES keinen ideologischen Krieg gegen die „einheimische Reaktion" – eine Chiffre für das Bürgertum und die Vorkriegseliten. Gegenüber einer anderen mächtigen Institution, der Griechischen Orthodoxen Kirche, die aufgrund ihrer tief in der Gesellschaft verankerten Autorität eine einende Kraft darstellte und großen Einfluss ausübte, verhielt sie sich loyal. Die Geistlichen spielten eine wichtige Rolle bei den Zeremonien und Ritualen der Bewegung, etwa wenn sie die Waffen der Partisanen segneten oder die toten Kameraden zu ihrer letzten Ruhestätte begleiteten. Mit der Herausgabe von Zeitungen und Broschüren verbreitete die EDES schließlich ihr republikanisches Gedankengut unter der ländlichen Bevölkerung. Das erste Blatt im „Freien Berggriechenland", die „Nationale Flamme" (Ethniki Floga), erschien am 6. August 1943.[27]

24　*Iōannu:* Eleuthera Oreinē Ellas, 39.
25　Zur Geschichte der OPLA siehe *Chandrinos,* Iasōn: To timōro cheri tu lau. Ē drasē tu ELAS kai tēs OPLA stēn katechomenē prōteuusa 1942–1944 [Das Strafgericht des Volkes. Die Tätigkeit der ELAS und der OPLA in der besetzten Hauptstadt 1942–1944] Athēna 2012; *Ēliadu-Tachu,* Sophia: «Meres» tēs OPLA stē Thessalonikē. Ta chrōmata tēs bias (1941–1945) [„Tage" der OPLA in Thessaloniki. Die Farben der Gewalt (1941–1945)]. Thessalonikē 2013.
26　*Thanas:* Ēmerologio, 128.
27　*Iōannu:* Eleuthera Oreinē Ellas, 100; *Tzukas:* Eleutherē Oreinē Ellas.

Eine natürliche „Grenze", der Fluss Arachthos, trennte das „Freie Berg-griechenland" vom Herrschaftsterritorium der ELAS. Westlich von Arachthos begann Zervas' „Königreich der Berge", das außerhalb der italienischen und – später – der deutschen Besatzungszone lag. Zugleich entzog sich der EDES-„Staat" dem Einfluss der ELAS sowie des Kollaborationsregimes in Athen. Insofern entstand eine „Friedensoase" im besetzten Griechenland. In diesem von den rechtsgerichteten Partisanen relativ geschützten Raum fanden zahlreiche Vertriebene und Verfolgte der Okkupationsmächte und der ELAS aus verschiedenen Regionen (in erster Linie aus Epirus) gleichermaßen Asyl. Eine andere Opfergruppe, die Schutz im EDES-Territorium suchte, waren Griechen aus dem grenznahen Gebiet zu Albanien (Thesprotia). Diese waren vor der Gewaltherrschaft der lokalen albanischsprachigen Kollaborationsmiliz geflohen, deren Führer von einem „Anschluss" Epirus' an „Großalbanien" träumten.[28] Aufgrund der ethnisch und sozioökonomisch begründeten Rivalität zwischen der griechischen Mehrheitsbevölkerung und der albanischsprachigen Minderheit der *Tsamides* in Thesprotia aus der Vorkriegszeit erhielt die EDES starken Zulauf aus dieser Region.[29] Der Nationalismus antialbanischer Prägung wurde zu einem wichtigen Motiv der Organisation. Auch eine kleine Zahl verfolgter Juden fand den Weg zum „Freien Berggriechenland"; manche von ihnen übernahmen Aufgaben und Posten.[30]

Welche Organisationsform kennzeichnete die EDES? Wie war ihre Befehlshierarchie strukturiert? Auf diese Fragen gibt Woodhouse eine kurze und präzise Antwort: „Zervas' force was virtually a private army, dominated by a single personality and limited to his native territory in north-west Greece".[31] Dass Zervas die EDES dominiert hat, steht außer Zweifel. Auch die deutschen Besatzungsstellen verwendeten oft die Bezeichnung „Zervas-Bewegung" – ein Ausdruck der starken Identifikation zwischen ihm und seinen Partisanen. Mark Mazower hat recht mit seiner Bemerkung, die EDES beruhe „on the charismatic personality of the archigos rather than on ideolo-

---

[28] Mit der Ankunft der Flüchtlinge im „Freien Berggriechenland" nahmen sogleich die wirtschaftlichen und sozialen Spannungen zu. Die Hauptschwierigkeit bestand darin, ihnen Unterkunft zu beschaffen. Dank britischer Geldlieferungen konnte die EDES das Flüchtlingsproblem in den Griff bekommen. *Iōannu:* Eleuthera Oreinē Ellas, 45 f. Zur Frage des albanischen Minderheit siehe *Manta*, Eleutheria: Oi musulmanoi Tsamēdes tēs Ēpeiru kai o B Pankosmios Polemos. Apo tēn alytrōtikē propaganda stēn energo drasē [Die moslemischen Tsamides von Epirus und der Zweite Weltkrieg. Von der Sezessionspropaganda zur aktiven Tat]. In: *Iakōbos, Michaēlidēs/Nikolakopulos, Ēlias/ Hagen,* Fleischer (Bearb.): «Echthros» entos tōn Teichōn. Hopseis tu Dōsilogismu stēn Ellada tēs Katochēs [„Feind" innerhalb der Mauer. Aspekte des Kollaborationsphänomens im Griechenland der Besatzungszeit]. Athēna 2006, 173–182.
[29] *Tzukas:* Oplarchēgoi, 409 f.
[30] *Iōannu:* Eleuthera Oreinē Ellas, 126.
[31] *Woodhouse,* C.M.: The Struggle for Greece 1941–1949. London 2002, 38.

gy".[32] Dass die Struktur der EDES aber an Zervas' Person ausgerichtet war, lag nicht an seiner „Megalomanie". Im Gegensatz zu seinem wichtigsten Gegenspieler, dem Chefkapetan der ELAS Aris Velouchiotis (Thanasis Klaras), stand Zervas keine straff disziplinierte illegale Organisation wie die KKE zur Verfügung. Der *Archigos* (Führer) musste eine politische Organisation erst einmal aufbauen und anschließend kontrollieren, bevor er sich dem Partisanenkampf widmen konnte. Das von ihm eingeführte Führerprinzip war eine Notwendigkeit und keine Option. Andernfalls drohte die EDES zu zerfallen. Bezeichnend dafür sind die Beispiele anderer nichtkommunistischer Widerstandsgruppen – beispielsweise die „Panhellenische Befreiungsorganisation" (Panellinia Apelevtherotiki Organossis, PAO) im deutsch besetzten Teil Makedoniens und die „Griechische Armee" (Ellinikos Stratos, ES) auf dem Peloponnes –, denen eine charismatische Führungspersönlichkeit fehlte.

Auch der zweite Punkt der Aussage von Woodhouse ist richtig. Im Gegensatz zur EAM/ELAS blieb die EDES regional begrenzt. Zervas' spätere Versuche, Partisaneneinheiten in Makedonien – teilweise aus versprengten Kollaborationsmilizen – zu gründen, scheiterten kläglich. Im Sommer 1944 versuchte er die antikommunistischen Kollaborationsmilizen in West- und Zentralmakedonien, die unter dem Namen „Nationale Griechische Armee" (Ethnikos Ellinikos Stratos, EES) operierten, seinen Befehlen zu unterstellen.[33] Die Anführer dieser Milizen, wie Michail Papadopoulos (Michalagas) und Kyriakos Papadopoulos (Kisa-Badzak), waren meistens türkischsprachige Flüchtlinge aus dem Pontos-Gebiet, die infolge des Bevölkerungsaustausches zwischen Griechenland und der Türkei von 1923 in Makedonien angesiedelt worden waren. Ursprünglich hatten sie zur PAO gehört. Nun verfügten sie über ihre eigene Organisation. Im Juli kam es zu einem Treffen zwischen Zervas' Abgesandten und den Anführern der EES in Kozani, bei dem der gemeinsame Kampf gegen die ELAS und – im geeigneten Augenblick – gegen die deutschen Besatzungstruppen beschlossen wurde.[34] Am 21./22. August unterzeichneten EDES-Offiziere und Kapetane der EES in der Gegend von Kilkis einen antikommunistischen Pakt. Sie kamen überein, gegen die bulgarischen Okkupationstruppen in Ost-Makedonien militärisch vorzugehen.[35] Die britischen Verbindungsoffiziere bei der EDES jedoch verweigerten ihre Zustimmung. Zervas wurde unter Druck gesetzt, von einer Kooperation

---

32　*Mazower*, Mark: Inside Hitler's Greece. The Experience of Occupation 1941–1944. New Haven, London 1993, 140.

33　The nationalist organization EES, No 8018 v. 25.10.1944. Public Record Office, Foreign Office (weiter PRO, FO), 371/43694 R 17346.

34　Zusammenarbeit zwischen Zervas und den nationalen Freiwilligen-Verbänden des Michael Papadopulos u.a. vom 19.7.1944. BA-MA, RH 19VII/54, Der Befehlshaber der Sicherheitspolizei und des SD für Griechenland - Außendienststelle Saloniki – III A Dr. F./P. - Tgb. Nr. 1462/44.

35　Beziehungen zwischen Zervas und Antikommunisten vom 27.8.1944. BA-MA, RH 19VII/54, GFP 621, 12980 g.

mit antikommunistischen Kollaborationskräften abzusehen.[36] Zervas' Griff nach Makedonien, der ihm Entlastung in der „epirotischen Front" verschaffen könnte, blieb aus. Dies rettete ihn aber vor dem Vorwurf, mit den Kollaborationsmilizen gemeinsam zu agieren.

Schwierige Allianzen

Welche realistischen Bündnismöglichkeiten boten sich der EDES, abgesehen von einer Zusammenarbeit beziehungsweise von einer Unterwerfung vor der EAM? Unter dem wachsenden Druck der ELAS, die das Monopol auf bewaffneten Widerstand beanspruchte, sah sich Zervas im Frühjahr 1943 zunächst veranlasst, sich mit seinen alten Feinden zu versöhnen und seine geografische Isolation in Epirus zu beenden. So wandte er sich am 9. März an das royalistische Exillager im Nahen Osten und machte seinen Frieden mit Georg II.[37] Zervas war sich bewusst, dass die Briten für den König optierten.[38]

Von diesem Zeitpunkt an strömten zahlreiche royalistisch gesinnte Offiziere, aber auch stramme Antikommunisten, die bislang in Athen und anderen Städten untätig geblieben waren, zur EDES; den republikanischen Eid der Organisation mussten sie nicht ablegen. Im April 1943 zählte die EDES 3.000 Mitglieder, im Juli waren es bereits 6.000.[39] Obwohl der republikanische Kurs der EDES offiziell nicht aufgegeben und weiterhin propagiert wurde,[40] sah Zervas im Rahmen seiner Allianz mit dem royalistischen Lager von jeder Polemik gegen die Monarchie ab. Der Antikommunismus wurde die alles beherrschende Ideologie – was sich auch in der öffentlichen EDES-Rhetorik niederschlug. Angesichts des kommunistischen Machtzuwachses seit Herbst 1943, der von Bürgerkriegskonflikten überall in Griechenland begleitet wurde, verlor die seit Beginn der Okkupation gestellte Frage „Republik oder Monarchie?" zunehmend an Bedeutung. Mit seinem Eintreten für Georg II. erfüllte Zervas zudem den britischen Wunsch nach einem Schulterschluss aller (zunächst nichtkommunistischen) Widerstandskräfte unter königlicher Ägide. So profilierte er sich als politisch zuverlässiger Kriegspartner, und die Briten kamen ihrem Ziel, die Monarchie nach Kriegsende zu restaurieren, ein

---

36 *Woodhouse,* C.M.: Apple of Discord. A Survey of Recent Greek Politics in Their International Setting. London, New York 1948, 95.

37 *Hondros,* John Louis: Occupation and Resistance. The Greek Agony 1941–44. New York 1983, 135.

38 *Woodhouse:* The Struggle, 35 f.

39 *Smith,* Ole L.: «O prōtos gyros» – Emphylios polemos kata tēn Katochē [«Die erste Runde» – Bürgerkrieg während der Okkupationszeit]. In: *Close,* David H. (Hg.): O ellēnikos emphylios polemos, 1943–1950. Meletes gia tēn polōsē [Der griechische Bürgerkrieg, 1943–1950. Studien zur Polarisierung]. 3. Aufl. Athēna 2000, 84–100, hier 90; *Meyer,* Hermann Frank: Blutiges Edelweiß. Die 1. Gebirgs-Division im Zweiten Weltkrieg. Berlin 2007, 514. *Hondros:* Occupation, 135.

40 *Makrēs-Staikos:* Bretanikē politikē, 107.

Stück näher. Die Tatsache, dass er mit der BMM kooperierte, half ihm sicherlich dabei, sein Ansehen im bürgerlichen und konservativen Lager zu erhöhen. Die Briten unterstützten ihn ihrerseits als die einzige Alternative zur ELAS.[41]

Zervas' „Seitenwechsel" war pragmatischer – und nicht opportunistischer – Natur. Die andere Option wäre die Kapitulation vor der EAM und seine Unterordnung unter das ELAS-Kommando gewesen – im besten Fall. Im schlimmsten Fall drohten die gewaltsame Auflösung seiner Organisation und seine politische, wenn nicht sogar physische Eliminierung. Interessanterweise erhob sich keine Stimme innerhalb der EDES gegen Zervas' eigenmächtige Hinwendung zur Monarchie. Offensichtlich stieß sein neuer Kurs auf breite Zustimmung. Im Grunde unterstellte sich die EDES der griechischen Exilregierung. Damit erreichte Zervas seine politische Aufwertung und Anerkennung durch das Exillager. Aber auch die Führer der „Alten Parteien" in Athen konnten ihn nicht länger ignorieren. Der Chef der EDES war nun eine respektable Persönlichkeit, seine umstrittene Vergangenheit trat in den Hintergrund.

Auf die politische Allianz mit den Royalisten folgte eine geheime Absprache („Gentlemen's Agreement") mit den deutschen Okkupationstruppen. Der Ausbruch des Bürgerkriegs zwischen der EDES und der ELAS im Herbst 1943 bedeutete eine Zäsur in der Geschichte der griechischen Widerstandsbewegung. Zervas tat seine Absicht kund, Griechenland von der „Diktatur des Proletariats" zu befreien. Zugleich sprach er über die Förderung der nationalistischen Sache auf dem Balkan, vermutlich an Draza Mihailović denkend.[42] Doch der Bürgerkrieg hatte weitere Folgen. Wie John Hondros schreibt, „the attack on Zervas pushed the guerilla leader into developing a special relationship with the German forces in Epirus'".[43] Über Mittelsmänner vereinbarten Zervas und der Kommandierende General des XXII. (Gebirgs-)Armeekorps in Griechenland Hubert Lanz, der die offizielle Genehmigung der Heeresgruppe E (mit Sitz in Thessaloniki) hatte, eine „Waffenruhe" von Februar bis Juli 1944.[44] Während dieser Zeit fanden keine nennenswerten Zusammenstöße zwischen der EDES und der Wehrmacht statt. Zervas konsolidierte seine Herrschaft in Epirus, indem er die Wehrmacht als Pufferzone zwischen der ELAS und der EDES benutzte.[45]

Diese Absprache hielt Zervas vor seinen engsten Mitarbeitern (beispielsweise Pyromaglou) und den britischen Verbindungsoffizieren geheim (zu-

---

41 *Papastratis,* Prokopis: The British and the Greek Resistance Movements EAM and EDES. In: *Sarafis,* Marion (Hg.): Greece. From Resistance to Civil War. Nottingham 1980, 32–42, hier 33.

42 *Smith:* «O prōtos gyros», 94.

43 *Hondros:* Occupation, 171.

44 Ausführlicher in *Richter,* Heinz A.: General Lanz, Napoleon Zervas und die britischen Verbindungsoffiziere. In: Militärgeschichtliche Mitteilungen 1 (1989), 111–138.

45 *Hondros:* Occupation, 198 f.

mindest nach dem jetzigen Forschungsstand), da er befürchtete, ihre Unterstützung zu verlieren und als „griechischer Mihailovic" stigmatisiert zu werden.[46] Nur ein kleiner Kreis von Personen scheint eingeweiht worden zu sein. Es war eines der wohlgehüteten Geheimnisse der Okkupation, obwohl die Briten ihn verdächtigten, ein Abkommen mit dem Feind geschlossen zu haben.[47] Ihnen gegenüber rechtfertigte er seine Passivität gegenüber den Besatzungstruppen mit dem Argument, er wolle keine weiteren Repressalien gegen die Zivilbevölkerung provozieren – was ja auch stimmte. Zu diesem Zweck machte er sich eine entsprechende Anweisung der britischen Stellen aus Kairo zunutze, der zufolge in besonderen Umständen von Partisanenangriffen gegen die Wehrmacht abzusehen sei.[48]

In Wirklichkeit aber war Zervas darauf bedacht, einen „Zweifrontenkrieg" gegen die Deutschen und die ELAS kurz vor der Befreiung zu vermeiden und seine Kräfte für den entscheidenden Kampf gegen die kommunistisch geführten Partisanen kurz vor oder nach der Befreiung zu schonen. Lanz hingegen war daran interessiert, die wichtige Straßenverbindung zwischen Ioannina und Preveza von den EDES-Partisanen frei zu halten. Zudem wollte er seine Bemühungen darauf konzentrieren, die Küste von Epirus im Ionischen Meer gegen eine mögliche Landung der Alliierten zu verteidigen. In einem solchen Fall wäre eine feindliche EDES ein erheblicher Störfaktor gewesen. Schließlich war ihm eine schwache und „abhängige" EDES lieber als eine starke und vereinte Widerstandsbewegung. In einem Bericht des XXII. (Gebirgs-)Armeekorps ist zu lesen:

> Mögen wir ruhig damit rechnen, daß er [Zervas] später gegen uns vorgeht. Zur Zeit aber hält Zervas sich zurück, und es kommt darauf an, daß dieser Zustand so lange wie irgend möglich bestehen bleibt und nicht durch Unüberlegtheit gefährdet wird, denn wir können uns heute einen Bandenkrieg auch noch gegen Zervas kräftemäßig nicht leisten.[49]

Das „Gentlemen's Agreement" wies drei besondere Merkmale auf: Erstens war es nicht politisch motiviert. Weder Zervas noch Lanz waren an politisch-ideologischen Fragen interessiert. Zweitens führte es nicht zu einer militärischen Zusammenarbeit zwischen EDES-Partisaneneinheiten und deutschen Truppenteilen – wohl aber zum Informationsaustausch über die Stellungen der ELAS. Und drittens war es regional begrenzt und von kurzer Dauer. Beide Seiten waren sich seines provisorischen Charakters bewusst. Zervas' „Privatabkommen" mit Lanz leitete die Phase einer „fragilen Koexistenz" ein. „For Zervas", schreibt Woodhouse, „it was a matter of survival, and he knew that his survival was vital to [...] the British".[50]

---

46 *Woodhouse:* The Struggle, 59.
47 *Smith:* «O prōtos gyros», 95 f.
48 *Iōannu,* Kōsta E.: Hagnōsta gegonota tēs Ethnikēs Antistasēs. Istorikē meletē [Unbekannte Ereignisse des Nationalen Widerstands. Historische Studie]. Athēna 2004, 55 f.
49 *Richter:* Revolution, 481.
50 *Woodhouse:* The Struggle, 91 f.

Zervas versicherte den deutschen Besatzungsstellen, dass er die Wehrmacht – auch im Fall einer alliierten Landung in Epirus – nicht angreifen
würde. Diese aber schenkten seinem Versprechen keinen Glauben.[51] Und sie
hatten Recht. Aber auch Zervas hatte es nicht ernst gemeint. Als der britische
Druck auf ihn zu groß wurde, gegen die Besatzungstruppen vorzugehen, blies
er Anfang Juli 1944 zum Angriff. Dies war keine Überraschung für Lanz, der
sich keine Illusionen über die probritische Einstellung der EDES gemacht
hatte. Aus diesem Grund hatte er eine Vereinbarung politischer Natur für
sinnlos gehalten. Auf eine offizielle Absprache hatte er ebenso keinen Wert
gelegt. Nach der Wiederaufnahme der Partisanenaktivitäten beschloss die
Heeresgruppe E in Thessaloniki, die EDES zu vernichten und Zervas, diese
„immanente Gefahr" in West-Griechenland, sowie die britischen Verbindungsoffiziere in seinem Stab zu verhaften.[52] Am 19. August informierte ein
Abgesandter Zervas' die deutschen Militärstellen, dass der EDES-Chef seine
„neutrale Position" aufgeben müsse, dass er die von den Briten angeordneten
Angriffe gegen die Wehrmacht nicht länger verschieben könne und dass er
mit der deutschen Besetzung der epirotischen Küste nicht einverstanden
sei.[53] Am 24. September schlugen Zervas' Vertreter Lanz vor, der EDES den
ungehinderten Marsch nach Athen zu genehmigen. Die Heeresgruppe E forderte ihrerseits die sofortige Einstellung der Feindseligkeiten gegen die
Wehrmacht und ein militärisches Vorgehen der EDES gegen die ELAS. Zudem müsste Zervas die Führung aller bewaffneten antikommunistischen
Verbände (auch der Kollaborationsmilizen) übernehmen und, noch wichtiger, mit den Alliierten Schluss machen.[54]

Im Gegenzug bat Zervas um Genehmigung, eine bewaffnete EDES-Gruppe
nach Makedonien zu entsenden, um die mit „Russen, Bulgaren und Tito"
kollaborierende ELAS zu bekämpfen. Die Mitglieder der lokalen antikommunistischen Milizen, also der EES, würden sich der EDES anschließen. Die
EDES würde die Halbinsel Chalkidike unter ihre Kontrolle bringen und zu
einem militärischen Stützpunkt ausbauen. Von Chalkidike aus würde die
EDES gegen die ELAS und die bulgarische Besatzungsmacht in Makedonien
kämpfen und anschließend ins bulgarische Staatsterritorium eindringen.
Zervas machte Lanz darauf aufmerksam, dass er mit den deutschen Okkupa-

---

51 Okdo.H.Gr.E – Ic/AO, Nr. 362/44 g.Kdos. vom 11.2.1944. BA-MA, 19VII/31. Zervas
    informierte auch die deutschen Besatzungsstellen über die Friedensgespräche in Plaka
    zwischen der EDES, der ELAS und der EKKA. Okdo.H.Gr.E – Ic/AO, Nr. 462/44
    g.Kdos. vom 20.2.1944. BA-MA, RH 19VII/31.
52 Okdo.H.Gr.E röm. 1a 6396 geh. vom 8.7.1944. BA-MA, RH 19VII/31. Ic vom 13.7.1944.
    BA-MA, RH 19VII/31.
53 Okdo.H.Gr.E röm 1a 8049 g.Kdos. vom 20.8.1944. BA-MA, RH 19VII/31.
54 *Hondros*, Occupation, 197.

tionstruppen in Makedonien öffentlich nicht kooperieren könnte.[55] Von einem Bruch mit den Briten war keine Rede.

Das Ziel von Zervas' Vorschlägen war es nicht, den Abzug der deutschen
Truppen aus Epirus und Makedonien zu decken. Er wollte die Operationszo-
ne der EDES von Epirus bis Thrakien schnellstmöglich ausweiten, um die
dazwischen liegenden Regionen von der ELAS-Herrschaft zu „befreien" und
ihren Verbleib im griechischen Staat zu sichern. In konservativen Kreisen
wurde vermutet, dass die KKE das Ziel verfolge, mit Tito's Hilfe einen separa-
ten „makedonischen" Staat im Rahmen einer kommunistischen Balkan-
Föderation auszurufen.[56] Doch die Überlegenheit der ELAS außerhalb von
Epirus ließ Zervas keine realistische Chance, diesen Plan zu verwirklichen.

Auf der anderen Seite gelang es der deutschen Okkupationsmacht nicht,
Zervas auszuschalten und für seine „Untreue" zu bestrafen. Die im Juli von
der Heeresgruppe E angeregte militärische Operation unter dem Kodenamen
„Verrat" zur Vernichtung der EDES und zur Verhaftung Zervas' und der britischen Verbindungsoffiziere wurde auf Veranlassung von Lanz verschoben
und aufgrund der bevorstehenden Räumung Griechenlands schließlich aufgegeben.[57] Nach dem Abzug der deutschen Truppen beherrschten Zervas'
Partisanen die epirotischen Städte. Zur selben Zeit starteten EDES-Kapetane
militärische Operationen gegen die albanischsprachigen Kollaborationsmilizen, die zum Exodus der *Tsamides* aus Griechenland führten.[58] Hätten die
Briten ihre Genehmigung erteilt, so wären Zervas' Partisanen aller Wahr-
scheinlichkeit nach ins albanische Territorium einmarschiert.

Eine dritte – wenn auch zweifelhafte – Allianz, die Zervas gerne geschmiedet hätte, kam nicht zustande. Seit Februar 1943 setzte er sich für eine Kooperation mit dem Anführer der serbischen Četnik-Bewegung Draza Mihailović
ein. Zu diesem Zweck bat er die britischen Nahost-Stellen, den Kontakt mit
ihm herzustellen.[59] Im nächsten Monat erhielt er die Nachricht aus Kairo,
dass Mihailović Beauftragte nach Epirus schicken wollte.[60] Woodhouse
bestätigt, dass „some attempts have been made by Zervas to establish contact
with Mihailović. But the latest of these was in early May 1943, shortly before

---

55 Vorschläge des Generals Servas an die deutsche Truppenführung betr. Aktion der EDES
    im mazedonischen Raum. Anlage zu FA Kdo. 311 Br. B. Nr. 391/44 g.Kdos. vom
    27.9.1944. BA-MA, RH 19VII/31.
56 Siehe dazu *Naltsa*, Christophoru A.: To Makedoniko Zētēma kai ē sobietikē politikē
    [Die Makedonische Frage und die sowjetische Politik]. Thessalonikē 1954.
57 *Richter*: Revolution, 484.
58 Siehe dazu *Pettifer*, James: Woodhouse, Zervas and the Chams. Tirana 2010; *Skulidas,*
    Ēlias G.: Oi scheseis Ellados Albanias [Die Beziehungen zwischen Griechenland und Al-
    banien]. In: Etaireia Makedonikōn Spudōn (Hg.): Balkania 1913–2011. Ekato chronia
    thyelles kai chimaires [Der Balkan 1913–2011. Hundert Jahre Wirren und Chimä-
    ren].Thessaloniki 2012, 203–223, hier 218.
59 *Thanas:* Ēmerologio, 209.
60 *Ebenda*, 227.

the British had made contact with the Partisans and abandoned Mihailović, from whom in any case no response was ever received".[61] Es dauerte schließlich ein Jahr, bis der Kontakt hergestellt wurde. In der letzten Maiwoche 1944 trafen zwei Abgesandte von Mihailović, die Offiziere Divic und Pavlovic, in Zervas' Hauptquartier ein. Sie überbrachten ihm den Vorschlag einer Zusammenarbeit (vermutlich militärischer Art) auf antikommunistischer Basis. Ferner behaupteten sie, dass Mihailović über eine Armee von 40–50.000 Mann verfüge und gegen die Deutschen und Tito kämpfe. Zervas teilte ihnen mit, dass er zuerst die britischen Stellen in Kairo konsultieren müsse. Erst dann würde er ihnen antworten. Die britischen Verbindungsoffiziere in seinem Stab waren allerdings der Ansicht, dass das Hauptquartiert Nahost eine Zusammenarbeit zwischen der EDES und den Četniks ablehnen würde.[62] Tatsächlich fiel die Antwort negativ aus. Sowohl das Hauptquartier Nahost als auch die griechische Exilregierung „rieten" Zervas dazu, jeden Kontakt zu den Leuten von Mihailović abzubrechen. Daraufhin versicherte Zervas Kairo, dass er keine Kooperation mit ihnen anstrebe und versprach, sie baldmöglichst von seinem Hauptquartier zu entfernen. In seinem Tagebuch äußerte er seine Verwunderung über die ablehnende Haltung der Briten, die sich gegen die Bildung einer antikommunistischen Widerstandsfront auf dem Balkan ausgesprochen hätten. „Was zum Teufel bilden sie sich ein", fragte er sich, „ich kann es nicht begreifen. Sie unterstützen Tito, den Kommunismus, auf Kosten des nationalen Serbien. Das ist unbegreiflich. Jedenfalls bin ich dazu verpflichtet, ihren Anweisungen Folge zu leisten."[63]

Außer dem britischen Veto gab es eine andere Schwierigkeit: Große Teile der makedonischen Gebiete Griechenlands und Jugoslawiens wurden von der ELAS und Tito kontrolliert. Eine militärische Zusammenarbeit zwischen der EDES in Epirus und den Četniks in Serbien wäre aus diesem Grund überhaupt nicht möglich gewesen. Ein Umweg über Albanien wäre genauso schwierig zu bewerkstelligen gewesen, da Zervas und Mihailović kein gutes Verhältnis zur albanischen Nationalistenbewegung „Balli Kombetar" (Nationale Front) hatten. Die albanischen Nationalisten kämpften nämlich für die Schaffung „Großalbaniens", das griechische (Epirus) und jugoslawische Gebiete (Kosovo) umfassen sollte. Aber auch die EDES und die Četniks meldeten territoriale Ansprüche gegenüber Albanien an. Allein die antikommunistische Einstellung der drei Bewegungen reichte nicht aus, um einer Kooperation den Weg zu ebnen. Es fehlten einfach günstige politische und geografische Bedingungen.[64] Von den drei erwähnten Bewegungen gelang es nur der

---

[61] *Woodhouse:* The Struggle, 49.
[62] *Thanas:* Ēmerologio, 515.
[63] *Ebenda,* 521.
[64] *Neubacher,* Hermann: Sonderauftrag Südost 1940–1945. Bericht eines fliegenden Diplomaten. Berlin, Frankfurt 1956, 108.

EDES, den kommunistisch geführten Partisanen Paroli zu bieten. Die britische Unterstützung war hierfür entscheidend.

Fazit: Während der Besatzungszeit durchlief die EDES eine politische Wandlung. Von einer republikanisch-revolutionären Bewegung, die das alte System von Grund auf erneuern wollte, entwickelte sie sich unter der charismatischen Persönlichkeit ihres Führers zu einer antikommunistischen Bewegung, die sich mit den „Alten Parteien" arrangierte und letztlich die Vorkriegsordnung verteidigte. Dank politischer Allianzen und militärischer Vereinbarungen sicherte Zervas das Überleben der EDES bis zur Befreiung. Seine Kooperation mit den Briten war recht erfolgreich. Die Kooperation mit der deutschen Besatzungsmacht hingegen gehörte nicht zu seiner ursprünglichen Strategie. Nach und nach aber wurde der Kommunismus zur nationalen Gefahr Nummer eins. Trotz seiner Geheimabsprache mit Lanz blieb der Widerstandscharakter der EDES ungebrochen. Seine Hoffnung auf die Schaffung einer antikommunistischen Balkanfront erfüllte sich nicht. In der Nachkriegszeit wurde die EDES zum Symbol des nationalistisch und antikommunistisch orientierten Widerstands stilisiert. Die republikanischen Anfänge der Bewegung gerieten in Vergessenheit.

Sven Deppisch

„BIN ICH EIN VERBRECHER, ODER SIND ES DIE ANDERN?"
Reflexionen eines sowjetischen Partisanen
in seinem Kriegstagebuch (Mai bis Oktober 1941)

Jetzt weiss ich nicht, bin ich ein Verbrecher, oder sind es die andern? Wenn beide, dann sind sie die schuldigeren. Sie sind Verbrecher, weil sie mich ohne Gesetz und Recht erschiessen wollten, und mein Verbrechen bestand darin, dass ich mich nicht aus der Fassung bringen ließ.

Ich habe sie verraten. Ich habe geschossen und meinen Mörder getötet.

Am 26. September um 11,30 Uhr habe ich meine Abteilung verlassen und bin in der Richtung nach dem Dorf Lopez geflohen. Eben ist es Abend, ich sitze in einer deutschen Erdhütte und weiss nicht, was ich tun soll. Morgen will ich noch darüber nachdenken und dann meinen Entschluss fassen.[1]

Mit diesen Worten endet das Tagebuch eines Mannes, der sich offenbar in einer Zwickmühle befand. Von ihm ist lediglich bekannt, dass sein Nachname „Charitschew"[2] lautete und er ein sowjetischer Partisan war, der in der zweiten Hälfte des Jahres 1941 im Untergrund gegen die deutschen Besatzer kämpfte. Falls ihm dabei etwas zustoßen sollte, so wollte er, dass sein Sohn „Jurik" die Schrift erhält. Allerdings bekam sein Kind niemals jene Zeilen zu Gesicht, die sein Vater während der Anfangsmonate des „Unternehmens Barbarossa" zu Papier brachte, da Charitschew Ende September 1941 wahrscheinlich einem Mord zum Opfer fiel. Es spricht einiges dafür, dass sein Mörder ebenfalls Angehöriger jener Partisanengruppe war, in der auch der Verfasser des Tagebuchs diente. Davon zeugt sein letzter Eintrag, aber auch der nachstehende Vermerk, dass ein weiterer Untergrundkämpfer das Schriftstück bei sich trug, den am 2. Oktober die SS-Polizei-Division hängte, weil dieser mehrere Fernsprechleitungen zerstört haben soll.[3] Da der Getötete

---

[1] Abdruck eines mit Verfügung vom 31.10.1941 veröffentlichten Tagebuchs eines Partisanen vom 9.12.1941 (weiter Tagebuch). Bayerisches Hauptstaatsarchiv (weiter BayHStA), Polizeischule FFB, Akte 176, 19. Jürgen Kilian erwähnt dieses Tagebuch kurz, wobei er sich auf ein anderes Exemplar bezieht, das sich im Bundesarchiv Berlin-Lichterfelde befinden soll. Vgl. *Kilian*, Jürgen: Wehrmacht und Besatzungsherrschaft im russischen Nordwesten 1941–1944. Praxis und Alltag im Militärverwaltungsgebiet der Heeresgruppe Nord. Paderborn u. a. 2012, 531 f.

[2] Die in dem Tagebuch genannten Namen sind in diesem Beitrag bei der ersten Nennung in Anführungszeichen gesetzt, es handelt sich jeweils um die in der Quelle verwendete Schreibweise.

[3] Vgl. Tagebuch, 1 und 19.

das etwas mehr als 18 Seiten umfassende Tagebuch bei sich hatte und es anschließend ins Deutsche übersetzt wurde, wissen wir überhaupt von diesem außergewöhnlichen Dokument. Dem heutigen Betrachter liegt es aber damit lediglich in der Sprache der Täter vor, während das Original nicht überliefert oder zumindest nicht bekannt ist, ob es den Krieg überdauerte.

Aber warum haben sich die deutschen Besatzer überhaupt mit den privaten Aufzeichnungen eines toten Untergrundkämpfers abgegeben? Was verraten sie uns über die deutschen Angreifer und die Partisanen, die gegen sie kämpften? Im Folgenden wird zunächst ein Überblick über den Krieg im Osten und die sowjetische Partisanenbewegung gegeben. Anschließend soll das Schicksal des Partisanen Charitschew genauer beleuchtet werden. Schließlich wird danach gefragt, welche Erkenntnisse sich aus dieser ungewöhnlichen Quelle über sowjetische Partisanen des Zweiten Weltkriegs gewinnen lassen.

Der deutsche Vernichtungskrieg im Osten und die Partisanen der ersten Stunde

Mit dem Überfall auf die Sowjetunion am 22. Juni 1941 begann der deutsche Rassen- und Vernichtungskrieg im „Osten". Wenige Wochen zuvor hatte Adolf Hitler in einem Erlass über die Ausübung der Kriegsgerichtsbarkeit vom 13. Mai bereits klargestellt, dass Partisanen „durch die Truppe im Kampf oder auf der Flucht schonungslos zu erledigen" seien.[4] Ganz in diesem Sinne erklärte das Oberkommando der Wehrmacht (OKW) nur wenige Tage später, wie es sich den bevorstehenden Krieg vorstellte: Der deutsche Kampf im „Osten" sei nur zu gewinnen durch „rücksichtsloses und energisches Durchgreifen gegen bolschewistische Hetzer, Freischärler, Saboteure, Juden und restlose Beseitigung jedes aktiven oder passiven Widerstandes".[5]

Schon in den ersten Tagen des Ostkriegs setzten die deutschen Besatzer diese Theorie in eine mörderische Praxis um. Die Wehrmacht verübte unmittelbar nach Beginn des „Unternehmens Barbarossa" zahlreiche Verbrechen in ihrem neuen Einflussbereich. Im Rücken der kämpfenden Truppe kamen außerdem Einsatzgruppen in die eroberten Gebiete, die sich aus Angehörigen der Sicherheitspolizei und des Sicherheitsdienstes (SD) der SS zusammen-

---

[4] I.A. Keitel: Erlass über die Ausübung der Kriegsgerichtsbarkeit im Gebiet „Barbarossa" und über besondere Maßnahmen der Truppe vom 13.5.1941. In: Der Prozess gegen die Hauptkriegsverbrecher vor dem Internationalen Militärgerichtshof Nürnberg 14.11.1945–1.10.1946 (weiter IMG). Bd. 34: Urkunden und anderes Beweismaterial. Nummer 4004-PS bis Nummer 195-C. Hg. v. *Sekretariat des Gerichtshofes*. Nürnberg 1949, Dokument 050-C, 249–255, hier 253.

[5] Richtlinien des OKW vom 19.5.1941 für das Verhalten der deutschen Truppen in der Sowjetunion. In: Europa unterm Hakenkreuz. Die Okkupationspolitik des deutschen Faschismus (1938–1945). Achtbändige Dokumentenedition. Hg. v. einem Kollegium unter Leitung von Wolfgang *Schumann* und Ludwig *Nestler*. Bd. 5: Die faschistische Okkupationspolitik in den zeitweilig besetzten Gebieten der Sowjetunion (1941–1944). Berlin 1991, 134 f., hier 134.

setzten. Mit ihnen zogen ferner Bataillone der Ordnungspolizei in den „auswärtigen Einsatz", deren gemeinsame Aufgabe darin bestand, die jüdische
Bevölkerung in Massenerschießungen zu ermorden.[6] Bis Anfang des Jahres
1942 töteten zahlreiche Einheiten des SS- und Polizeiapparats mit Unterstützung einheimischer Hilfswilliger über 500.000 Männer, Frauen und sogar
Kinder.[7] Daneben waren die mobilen Tötungsverbände maßgeblich dafür
verantwortlich, aufkeimenden Widerstand in den rückwärtigen Heeresgebie-
ten im Keim zu ersticken, für „Ruhe und Ordnung" zu sorgen und die annektierten Gebiete dauerhaft zu „befrieden". Partisanenkampf und Judenmord
waren während des gesamten Krieges gegen die Sowjetunion eng miteinander verknüpft und beeinflussten sich wechselseitig.[8]

Die Furcht der Besatzer vor Freischärlern war jedoch wesentlich größer
als die Gefahr, die von den irregulären Kämpfern in der zweiten Jahreshälfte
1941 tatsächlich ausging.[9] Die sowjetische Führung war auf den deutschen
Angriff nicht vorbereitet und verfiel zunächst in eine Schockstarre. Deshalb
gab es zu diesem Zeitpunkt auch keinerlei nennenswerte Untergrundkämpfer
oder eine entsprechende Organisation, die einen professionellen Partisanenkrieg ermöglicht hätte.[10] Erst am 3. Juli rief Josef Stalin in einer Rundfunkan-
sprache das gesamte Volk dazu auf, einen erbarmungslosen Partisanenkrieg
gegen die Aggressoren zu führen, was der sowjetische Diktator wenige Tage
zuvor bereits in einigen Direktiven beschlossen hatte. Nachdem die Wehrmacht die westlichen Teile der Sowjetunion eingenommen und die Rote Armee förmlich überrannt hatte, bildeten versprengte sowjetische Soldaten, daneben aber auch Anhänger und Funktionäre der Kommunistischen Partei
der Sowjetunion (KPdSU), kleinere Gruppen und leisteten verzweifelt Ge-

---

6   Vgl. z. B. *Kilian,* Jürgen: Das Zusammenwirken deutscher Polizeiformationen im „Ost-
    einsatz" am Beispiel des rückwärtigen Gebietes der Heeresgruppe Nord. In: *Schulte,*
    Wolfgang (Hg.): Die Polizei im NS-Staat. Beiträge eines internationalen Symposiums an
    der Deutschen Hochschule der Polizei in Münster. Frankfurt am Main 2009, 305–335;
    Pohl, Dieter: Die Wehrmacht und der Mord an den Juden in den besetzten sowjetischen
    Gebieten. In: *Kaiser,* Wolf (Hg.): Täter im Vernichtungskrieg. Der Überfall auf die Sow-
    jetunion und der Völkermord an den Juden. Berlin, München 2002, 39–53.
7   Vgl. dazu etwa *Klemp,* Stefan: „Nicht ermittelt". Polizeibataillone und die Nachkriegs-
    justiz. Ein Handbuch. 2. erw. u. überarb. Aufl. Essen 2011, 78; *Benz,* Wolfgang: Der Ho-
    locaust. 7. Aufl. München 2008, 60 f.
8   Vgl. etwa *Musiał,* Bogdan: Sowjetische Partisanen 1941–1944. Mythos und Wirklich-
    keit. Paderborn u. a. 2009, 380–383; *Matthäus,* Jürgen: Die Beteiligung der Ordnungs-
    polizei am Holocaust. In: *Kaiser* (Hg.): Täter im Vernichtungskrieg, 166–185, hier 182.
9   Vgl. *Richter,* Timm C.: „Herrenmensch" und „Bandit". Deutsche Kriegsführung und
    Besatzungspolitik als Kontext des sowjetischen Partisanenkrieges (1941–44). Münster
    1998, 8.
10 Vgl. *Hrenkevič,* Leonid D.: The Soviet Partisan Movement 1941–1944. A Critical Histo-
    riographical Analysis. London, Portland/Oregon 1999, 71.

genwehr.[11] Den meisten von ihnen ging es jedoch weniger um einen patriotischen Kampf als vielmehr darum, einfach hinter den feindlichen Linien zu überleben.[12]

In der Leningrader Region formierten sich nur wenige Tage nach Beginn des deutschen Ostfeldzuges einige solcher Partisanenabteilungen. Diese insgesamt 79 „Vernichtungsbataillone" setzten sich hauptsächlich aus kommunistischen Funktionären und Aktivisten, Vertretern der lokalen Behörden, Milizionären sowie Komsomolzen[13] zusammen und besaßen eine durchschnittliche Stärke von 110 Mann. Ihnen oblag es, wichtige Einrichtungen und Teile der Infrastruktur zu schützen, diese aber im Notfall auch zu zerstören, sofern sie in die Hände der Deutschen zu fallen drohten. Sie verübten daneben auch kleinere Sabotageakte, was ebenfalls zum Aufgabengebiet jener Gruppen gehörte, die aus versprengten Rotarmisten bestanden, die während des deutschen „Blitzkriegs" überrannt worden und anschließend im rückwärtigen Heeresgebiet untergetaucht waren.[14] Nur wenige Wochen später waren nach sowjetischen Angaben in der Region etwa 2.675 Partisanen hinter den feindlichen Linien aktiv, wobei ihre Zahl auch wesentlich höher gewesen sein könnte.[15]

Die Spitze der frühen Partisanenabteilungen bestand jeweils aus einem Kommandeur, einem Politkommissar und einem Stabschef. Innerhalb dieser hierarchisch gegliederten Formationen herrschte ein strenges Regiment, bei dem Regelverstöße und Ungehorsam hart bestraft wurden.[16] Im Gegensatz zu ihren deutschen Gegnern waren solche Gruppierungen allerdings mangelhaft ausgebildet und nur unzureichend ausgerüstet, was ihren Widerstand erheblich erschwerte. Nahe ihrer Heimatstadt und doch so weit entfernt kämpften sie aber nicht nur gegen die Besatzungsmacht, sondern auch gegen eine ungünstige Witterung, Hunger und eigene disziplinarische Mängel. Zusätzlich quälte es die ersten Partisanen des Krieges im Osten, in eine ungewisse Zu-

---

11 Vgl. *Bonwetsch*, Bernd: Sowjetische Partisanen 1941–1944. Legende und Wirklichkeit des „allgemeinen Volkskrieges". In: *Schulz*, Gerhard (Hg.): Partisanen und Volkskrieg. Zur Revolutionierung des Krieges im 20. Jahrhundert. Göttingen 1985, 92–124, hier 92; *Musiał*, Bogdan (Hg.): Sowjetische Partisanen in Weißrußland. Innenansichten aus dem Gebiet Baranoviči 1941–1944. Eine Dokumentation. München 2004, 16–18 und 33.

12 Vgl. *Heer*, Hannes: Die Logik des Vernichtungskrieges. Wehrmacht und Partisanenkampf. In: *Ders./Naumann*, Klaus (Hg.): Vernichtungskrieg. Verbrechen der Wehrmacht 1941–1944. Hamburg 1995, 104–138, hier 107 f.

13 Als Komsomolzen werden die Angehörigen der Jugendorganisation „Komsomol" der Kommunistischen Partei der Sowjetunion bezeichnet.

14 Vgl. *Kilian*: Wehrmacht und Besatzungsherrschaft im russischen Nordwesten 1941–1944, 512; *Musiał*: Sowjetische Partisanen 1941–1944, 437; *Howell*, Edgar M.: The Soviet Partisan Movement 1941–1944. Washington D. C. 1956, 44 f.

15 Vgl. *Hill*, Alexander: The War behind the Eastern Front. The Soviet Partisan Movement in North-West Russia 1941–1944. London, New York 2005, 85.

16 Vgl. *Hrenkevič*: The Soviet Partisan Movement, 78.

kunft zu blicken und nicht zu wissen, wie sie den Winter überstehen sollten oder ob das Sowjetimperium dann überhaupt noch existieren würde.[17]

Ein Familienvater als Chronist des Partisanenkriegs

Unter solch widrigen Umständen liegt es nicht gerade nahe, ein Tagebuch zu schreiben. Diese schwierigen Verhältnisse spornten jedoch den Partisanen Charitschew an, seinen Weg in den Untergrund und seine Erlebnisse hinter den feindlichen Linien festzuhalten, womit er der Nachwelt ein einzigartiges Dokument hinterließ. Seine Aufzeichnungen liefern dem Betrachter einen Einblick in eine Lebens- und Gedankenwelt, die abseits apologetischer Perspektiven und politischer Geschichtsnostalgie bislang wenig bekannt ist.[18] Dass sein Tagebuch bis heute überliefert ist, verdankt die Forschung Charitschews größten Gegnern, die sein schriftliches Vermächtnis in ihre Sprache übersetzten. Dadurch machte es die Besatzungsmacht möglich, dass der deutsche Behördenapparat das Dokument in seinen Akten konservierte.

Dabei muss bedacht werden, dass diese Quelle nur als deutsches Transkript vorliegt und dem Übersetzer vielleicht wichtige Aussagen entgingen oder er diese bewusst ausließ. Es dürfte allerdings sehr unwahrscheinlich sein, dass die Schrift gar nicht aus Charitschews Feder stammte, sondern ein Produkt der deutschen Besatzungsmacht war, mit dessen Hilfe deutschen Soldaten ein Bild von ihrem scheinbar unsichtbaren Gegner vermittlen werden sollte. Da das Kampfgeschehen als wenig heroisch und die Bevölkerung als unsolidarisch dargestellt wird, scheint es ebenso wenig plausibel zu sein, dass die Deutschen unwissentlich eine sowjetische Propagandaschrift übersetzten. Machart und Inhalt des Tagebuchs lassen indes darauf schließen, dass es sich bei ihm um ein authentisches Werk handelt, das tatsächlich nur in die „falschen Hände" geriet.

Für die Echtheit der Quelle spricht zunächst, dass sie recht viele Details wie etwa die Namen von Orten und Mitgliedern der Partisanengruppe nennt, was für die Propaganda der Nationalsozialisten sehr untypisch ist. Wie weiter unten ausgeführt wird, hetzte diese eher pauschal gegen die „bolschewistischen Untermenschen" und stellte sie keinesfalls differenziert als menschliche Wesen dar, die über ihre eigene Situation und ihre Gefühle reflektieren. Der Propagandaapparat hätte also mit seinen gewohnten Konzepten brechen müssen, um ein solch komplexes Tagebuch zu fälschen, wobei dies ein kaum vertretbarer Aufwand gewesen wäre. Denn als der Text in der zweiten Jah-

---

[17]   Vgl. *Musiał*: Sowjetische Partisanen 1941–1944, 61 und 65; *Hill*: The War behind the Eastern Front, 84; *Richter*: „Herrenmensch" und „Bandit", 10.

[18]   Ein markantes Beispiel für eine solch verklärende Sicht auf die frühe sowjetische Partisanenbewegung liefert Heinz Kühnrich, der die Anzahl und Wirkungsmacht der Leningrader Partisanen vollkommen überhöht. Vgl. *Kühnrich*, Heinz: Der Partisanenkrieg in Europa 1939–1945. Berlin (Ost) 1965, 78–80 und 95 f.

reshälfte 1941 entstand, waren die deutschen „Blitzkrieger" davon überzeugt, den Feldzug gegen die Sowjetunion noch bis Weihnachten siegreich beenden zu können. Wofür hätten die deutschen Propagandisten also einer solch ausgeklügelten Täuschung bedurft?

All diese Indizien sprechen daher dafür, dass es sich bei dieser Quelle tatsächlich um ein echtes Tagebuch handelt, das von einem Angehörigen der Besatzungsmacht übersetzt wurde. Anschließend gelangte das Transkript an die Wehrmacht, das sie offenbar vervielfältigte und an das Hauptamt Ordnungspolizei und wahrscheinlich auch an weitere Reichsbehörden nach Berlin schickte. Die oberste Instanz der uniformierten Staatsmacht sendete den Text dann in Abschrift unter anderem an die in der Sowjetunion eingesetzten Höheren SS- und Polizeiführer (HSSPF) und Polizeieinheiten sowie an die beiden Offiziersschulen der Ordnungspolizei in Berlin-Köpenick und Fürstenfeldbruck. Die Verantwortlichen sollten offenbar das Dokument studieren und ihre Untergebenen über den Inhalt instruieren. Schließlich sammelten die Besatzer alle möglichen Informationen über die sowjetischen Partisanen und ihre Kampftaktik, um sich so besser auf den „auswärtigen Einsatz" vorzubereiten. Aber gerade darüber verrät das Tagebuch kaum etwas. Anders als bei vielen weiteren Lehrmaterialien schwieg sich der Polizeiapparat zudem darüber aus, was die Adressaten damit anfangen und wie sie es im Unterricht einsetzen sollten. Ob es tatsächlich in der Ausbildung verwendet wurde, lässt sich daher nicht eindeutig klären. Da der Verfasser dieses Beitrags den Text aber in einem Akt mit anderen Quellen zur Partisanenbekämpfung fand, scheint er Eingang in den Unterricht gefunden zu haben.

Anscheinend fing Charitschew erst an zu schreiben, nachdem er mit seiner etwa 30 Mann starken Abteilung in den umliegenden Wäldern abgetaucht war.[19] Inhaltlich beginnt seine Schrift jedoch mit allgemeinen Notizen zum Beginn des deutschen Ostfeldzugs, wobei ihn „der zweite imperialistische Krieg" auch dazu motiviert zu haben scheint, überhaupt Tagebuch zu führen.[20] Sein Text lässt darauf schließen, dass er sich durchaus stark mit der Sowjetunion identifizierte oder zumindest Versatzstücke einer kommunistischen Ideologie vertrat. So empörte sich der Verfasser regelrecht fassungslos über den deutschen Angriff und sah seine Heimat als Opfer einer Intrige:

Unser grosses Sowjetreich hat fast 20 Jahre bis zum äußersten gesucht, sich von diesem Kampf der ganzen Welt fernzuhalten, und nur der verhasste Faschismus hat uns durch seinen vertragsbrüchigen Überfall in diesen Krieg hineingezogen. Ungeachtet des Nichtangriffspaktes zwischen Russland und Deutschland im Jahre 1939 haben diese Faschistenhunde denselben zerrissen, wie ein gewöhnliches Stück Papier, und am 22. Juni 1941 um 4,00 Uhr morgens überfielen sie unsere geheiligten Grenzen ohne jeden Grund und ohne uns den Krieg zu erklären. So hat die friedliche Aufbauarbeit unseres grossen kommunistischen Gemeinwesens ihr Ende gefunden. Unser ganzes 200-Millionenvolk hat sein ziviles

---

[19] Die Anzahl von 30 Mann nennt Charitschew anlässlich einer militärischen Operation. Vgl. Tagebuch, 12.
[20] *Ebenda*, 2.

Leben eingetauscht gegen ein kriegerisches, liess seine Arbeitsplätze den Frauen und Müttern und nahm die Gewehre zur Hand zum Schutze der Heimat.[21]

Obwohl nichts darauf hindeutet, dass er besonders linientreu war, scheint sich Charitschew zumindest angesichts des Krieges mit seinem Land und dessen Regierung sehr solidarisiert zu haben. So drängte es ihn „mit allen Fasern danach, aktiv an der Vernichtung des Unholdes, der sich auf unsere Union gestürzt hatte, teilzunehmen".[22]

Charitschew startet in seiner Chronologie mit einem Rückblick auf den 29. Mai 1941. Die Schrift endet mit dem Tod des Verfassers, der am 26. September 1941 seinen letzten Eintrag vornahm. Über seine Person offenbart sie nur wenig: Charitschew war anscheinend Arbeiter in einem sowjetischen Betrieb. Am 29. Mai 1941 reiste er auf Befehl nach Leningrad, um dort einen Lehrgang für Stabsleiter des Luftschutzes zu absolvieren, wo er außerdem als Leiter eines Kommandos agierte. Der Mann beschrieb zunächst die Routine seiner Ausbildungszeit, bis diese am 22. Juni jedoch ein jähes Ende fand, als er und seine Kollegen erfuhren, dass der Ausnahmezustand verhängt worden und damit auch der Lehrgang beendet sei.[23]

Ähnlich wie die Sowjetführung reagierte Charitschew jedoch auf den Kriegsbeginn zunächst vollkommen ungläubig. Als ihn diese Nachricht ereilte, meinte er, „es handele sich um einen üblichen Übungsalarm".[24] Auch als Volkskommissar Vjačeslav Michajlovič Molotov wenige Stunden später im Rundfunk das Volk über den deutschen Überfall auf Russland informierte, sei diese Nachricht den Männern so unglaublich erschienen, „dass wir zuerst unseren Ohren nicht trauen wollten".[25] Das Erstaunen wich jedoch rasch einem großen Zorn auf den Aggressor, weshalb er sich schnell in den Kampf gegen den deutschen Feind stürzen wollte. Nach Stalins Aufruf zum „Vaterländischen Volkskrieg" meldete sich Charitschew daher freiwillig bei der heimischen Volkswehr, ohne seine Ehefrau „Galja" darüber zu informieren. Doch diese Truppe schickte ihn nicht an die Front, was ihn nach eigenen Angaben „schwer kränkte, denn es widerstrebte meinem Charakter, im Stabe zu sitzen, Befehle entgegenzunehmen und weiterzugeben, Berichte zu verfassen über die Fliegertätigkeit des Feindes (bei uns waren noch keine Flieger gewesen) und die Wirkung seiner Angriffe".[26]

Wenig später erfuhr er zufällig von einem Kollegen, dass die Kommunistische Partei in der Stadt eine Partisanenabteilung organisierte, der er sich am

---

[21] *Ebenda.*
[22] *Ebenda*, 3.
[23] Vgl. *ebenda*, 2.
[24] *Ebenda.*
[25] *Ebenda*, 3. Molotov war Volkskommissar für Auswärtige Angelegenheiten und amtierte nach Kriegsende als sowjetischer Außenminister.
[26] *Ebenda.*

26. Juli sogleich anschloss.[27] Nüchtern und zugleich bewegt kommentierte er diesen Schritt mit den Worten: „Nun bin ich also Partisan. Die Zukunft liegt vor mir dunkel und voller Gefahren. Unwillkürlich musste ich die Worte aus ‚Ewgeni Onegin' vor mich hin singen: ‚Was wird der Tag, der kommende, mir bringen?'"[28] Charitschew scheint diese Zeilen geschrieben zu haben, als er zu einem späteren Zeitpunkt auf diese Situation zurückblickte. Er verweist darin auf das wohl bekannteste Werk des russischen Dichters Aleksandr Sergeevič Puškin. In dessen Versepos „Evgenij Onegin" zieht der gleichnamige Protagonist aus St. Petersburg aufs Land, um dort ein neues Leben zu beginnen. Er ist jedoch von seiner neuen Heimat schnell angewidert, bevor sein eigentliches Abenteuer erst richtig beginnt.[29] Wenngleich Charitschew diesen Bezug erst in der Retrospektive gewählt haben dürfte, war er durchaus treffend, da es zwischen ihm und dem literarischen Helden tatsächlich einige Parallelen gab. Denn ähnlich wie dieser befand sich der Partisan in einem großen Gefühlschaos, das sein eigenes Abenteuer grundlegend bestimmte.

Was das Tagebuch daher wie ein roter Faden durchzieht, ist die Sorge Charitschews um seine Familie. Bereits zu Beginn des deutschen Ostfeldzuges habe er einen Brief von seiner Mutter aus „Staraja Russa" bekommen. Darin habe seine Schwester geschrieben, „dass die Stadt zerstört und das Stadtinnere abgebrannt sei, dass sie aus der brennenden Stadt geflohen seien und sie nun in der Nähe vor Parfin sind und weiter wollten, aber nicht wissen wohin und was überhaupt werden soll". Besorgt notierte Charitschew: „Die arme alte Frau, sie muss alle Schrecken von zwei Kriegen miterleben."[30] Vor allem ließen ihn die Gedanken an seine Frau Galja und seinen kleinen Sohn Jurik nicht los. Daher verschwieg er seiner Ehefrau lange Zeit, dass er nun als Partisan in den Kampf gegen die Deutschen ziehen würde:

Zu Hause bat ich Galja, mir das Nötige zusammenzupacken. Den wahren Sachverhalt verschwieg ich ihr, wozu sie auch unnütz aufregen, es wird ihr leichter sein, die Trennung von mir zu ertragen, wenn sie es nach und nach erfährt! Und wie fürchtet sie sich vor dieser Trennung? Sie tun mir unendlich leid, sie und der Bub, wir drei lieben uns doch so sehr! Aber die Pflicht gegenüber der Heimat steht über den persönlichen Gefühlen und Interessen.[31]

Ganz deutlich machte der Verfasser, dass er seinen Patriotismus über das eigene Wohlergehen stellte und ihn auch der Liebe zu seiner Familie überordnete. Dennoch schließen sich beide Positionen keineswegs aus. Im Falle Charitschews scheint es so gewesen zu sein, dass er im Krieg gegen Deutschland für sein „Vaterland" kämpfen wollte, um auf diesem Wege zugleich seine An-

---

[27] Vgl. *ebenda*.
[28] *Ebenda*, 4.
[29] Vgl. *Puškin*, Aleksandr Sergeevič: Eugen Onegin. Ein Roman in Versen. Stuttgart 2001.
[30] Tagebuch, 3.
[31] *Ebenda*, 4.

gehörigen zu schützen. Denn wie sehr er um seine Lieben bangte, zeigt sich an vielen weiteren Stellen.

Erst unmittelbar bevor er mit seiner Einheit abmarschierte, offenbarte Charitschew seiner Frau, dass er sich für den Kampf im Untergrund entschieden hatte. Auch in diesem Punkt wird deutlich, dass er versuchte, Gefühle wie Trauer und Angst bei seiner Frau und auch sich selbst gar nicht erst aufkommen zu lassen und damit auch den Abschiedsschmerz so gering wie möglich zu halten: „Ich lief bei Galja vorbei um [sic!] sie vorzubereiten. Sie kam von der Arbeit und half mir, meine Sachen zu packen. Hin und wieder weint sie, aber ich lasse es nicht dazu kommen, dass sie richtig losheult, jetzt weiss sie auch, wohin ich gehe."[32]

Möglicherweise diente Charitschew diese Form von Fürsorge also dazu, sich selbst emotional zu schützen. Dennoch waren seine Gedanken stets bei seiner Familie. Trost spendete ihm auch der Glaube an seine Mission, als sich die Truppe am Nachmittag des 16. August für ihre Reise von Leningrad in die südwestlichen Waldgebiete bereitmachte. Nach den Angaben des Chronisten „liessen wir alles hinter uns, was uns lieb und teuer war, – unsere Frauen und Kinder, – und fahren ab, um unsere Heimat zu schützen".[33]

Kurz bevor die Partisanenabteilung tatsächlich abreisen sollte, traf er ein letztes Mal seine Familie. Seine Frau beunruhigte ihn jedoch mit schlechten Neuigkeiten. Der Vormarsch der deutschen Truppen hatte große Fortschritte gemacht und bedrohte nun nicht nur Leningrad, sondern auch weitere Gegenden, die sich für die übrige Bevölkerung als Zufluchtstätten geeignet hätten:

Nun ist die Frage, was soll werden? Galja will auch fort zusammen mit Anna in ihre Heimat in den Saratowscha Bezirk[34]. Ich war mit ihrem Entschluss einverstanden und riet, nicht lange zu warten, sondern abzureisen, wenn sie sich entschlossen hätten. Wie hätte ich sie auch von der Reise abhalten können, denn gesetzt der Fall, die Deutschen nehmen Pontonnaja ein, so wird sie kaum mit dem Leben davon kommen als Frau eines Partisanen.[35]

Als er mit seinen Kameraden tatsächlich ins feindliche Hinterland zog, notierte Charitschew zum endgültigen Abschied von seinen Angehörigen recht kurz: „Und so haben wir uns dann getrennt. Wo und wann werden wir uns wohl wiedersehn [sic!] und ob überhaupt? Wir wissen es nicht."[36] Diese Ungewissheit begegnet dem Leser erneut, als der Partisan wenige Tage später schrieb, dass er häufig an seine Lieben denken müsse und sich dabei die Frage stelle: „Wo mögen sie alle sein und wie mag es ihnen gehen?"[37] Zwar verschwinden derart emotionale Stellen im Laufe der Zeit aus seinen Notizen, je

---

32 *Ebenda,* 4 f.
33 *Ebenda,* 5.
34 Gemeint ist wohl die Oblast Saratow.
35 *Ebenda.*
36 *Ebenda,* 6.
37 *Ebenda,* 13.

länger der Einsatz im Untergrund dauerte. Allerdings könnte dies ebenfalls darauf zurückzuführen sein, dass der Verfasser solche Gedanken zu unterdrücken versuchte und sich gar nicht erst mit ihnen konfrontieren wollte, indem er sie auch noch aufschrieb. Komplett ausschalten konnte er seine Gefühle jedoch nicht, worauf weitere Passagen hindeuten.

Im späteren Verlauf nahm Charitschew in seinem Tagebuch vor einer Aktion gegen die deutschen Besatzer von seiner Familie Abschied und sprach sie direkt an: „Lebt wohl, Galja und mein Bübchen! Ich wünsche euch ein glückliches Leben.“[38] Es sollte eines der letzten Male sein, dass er seine Gedanken über Frau und Kind zu Papier brachte. Auch wenn Informationen über das unmittelbare Kriegsgeschehen derlei Zeilen mehr und mehr verdrängten, zeigt das gesamte Tagebuch, dass Charitschew seine Familie nie aus den Augen verlor und der Gedanke an sie sein ständiger Begleiter war. Vor allem quälte ihn der Zweifel, ob er seine Familie jemals wiedersehen würde. Ganz unbegründet waren solche Sorgen keineswegs. Denn nicht nur die Partisanen, sondern auch ihre Angehörigen lebten sehr gefährlich, weil die deutschen Besatzer alle Menschen in Sippenhaft nahmen, die auch nur im Verdacht standen, mit den „Banden“ etwas zu schaffen zu haben. Was ihn deshalb richtig aufbrachte, war illoyales und opportunistisches Verhalten der eigenen Bevölkerung. So hätten „die alten Weiber“ in Leningrad bereits damit gedroht, die Mitglieder der Partisanengruppe und damit auch deren Angehörigen zu verraten, sobald die Deutschen in der Stadt einträfen. Auf „diese verfluchten Bestien“ hegte er daher einen enormen Hass.[39]

Das wenig romantische Leben der Partisanen

Nach einer insgesamt recht kurzen und notdürftigen Ausbildung in einer eigens dafür eingerichteten Partisanenschule rückte seine Gruppe endlich am 20. August zu ihrem Einsatz aus.[40] Sie gelangte in ihren Aktionsabschnitt, der sich vermutlich etwa 100 Kilometer südwestlich von Leningrad nahe der Stadt „Kingisepp“ im rückwärtigen Heeresgebiet der deutschen Armee befand, wo sich auch zwei weitere Abteilungen aus „Slutzk“ und „Schlüsselburg“ einquartierten.[41] Dabei mussten Charitschew und seine Kameraden schweres Gepäck mitschleppen. Bewaffnet waren die Untergrundkämpfer zudem mit je drei Handgranaten und einem Gewehr, für das jeder 300 Schuss an Munition erhalten hatte. Die Gruppe suchte sich einen geeigneten Platz

---

[38] *Ebenda*, 14.
[39] *Ebenda*, 5.
[40] Vgl. *ebenda*, 4–6. Derartige Schulen entstanden nach dem Beginn des deutschen Ostfeldzugs in einigen Oblasten. Vgl. dazu *Musiał*: Sowjetische Partisanen 1941–1944, 19.
[41] Vgl. Tagebuch, 6. Slutzk, das heutige Pavlovsk, befindet sich etwa 30 Kilometer südlich von Leningrad (St. Petersburg), während Schlüsselburg (Šlissel'burg) knapp 35 Kilometer östlich der russischen Großstadt liegt.

für ihr Quartier und verbrachte die nächsten Tage damit, sich auf ihr neues Leben einzustellen. Ähnlich ruhig verlief die folgende Zeit, welche die Partisanen damit verbrachten, das Gelände zu erkunden und Wache zu schieben.[42]

Den größten Raum des Tagebuchs füllen diejenigen Passagen aus, in denen Charitschew das Leben in seinem Waldlager schildert, das jedoch eher ein Überleben darstellte. Er und seine Kameraden mussten in selbstgebauten Hütten und Erdbunkern wohnen, die nur unzureichend vor Regen und niedrigen Temperaturen Schutz boten. Daher setzten ihnen Nässe und Kälte besonders zu: „Es giesst in Strömen, wir haben keinen trockenen Faden mehr am Leibe und sind hungrig wie die Wölfe."[43] Außerdem hatten die Männer in ihrer direkten Umgebung kein Wasser, sodass sie dieses mit dem Feldgeschirr über eine Strecke von einem halben Kilometer in ihr Quartier holen mussten. Die sanitären Verhältnisse waren von Beginn an alles andere als ideal. Um nicht zu erfrieren, mussten die Bewohner einer Hütte dicht aneinandergedrängt in ihrer üblichen Kleidung schlafen, was vor der Kälte nur wenig schützte.[44]

Auch bei ihren Störaktionen kämpften die Partisanen gegen „Väterchen Frost", der ihr Leben in den Wäldern sehr erschwerte, obwohl der Winter in Nordwestrussland noch gar nicht eingebrochen war. So schilderte Charitschew, dass sie eines nachts im Freien kampieren mussten, dabei aber kein Lagerfeuer entfachen durften, um nicht von ihren Gegnern gesehen zu werden. Selbst eng aneinanderliegend hätten einige seiner Kollegen die Kälte nicht ausgehalten und seien oftmals aufgesprungen und umhergetanzt, um sich dadurch wenigstens etwas aufzuwärmen.[45] Im Laufe des Einsatzes in den Wäldern verschlechterten sich die Bedingungen jedoch immer weiter, wie auch Charitschew selbst festhielt: „Allmählich beginnen wir uns mit einer Schmutzschicht zu bedecken. Unsere Wäsche bleibt ungewaschen und wir waschen uns kaum noch das Gesicht. Wir schlafen immer in Kleidern und Stiefeln. Wir haben keine Ahnung, was um uns herum geschieht."[46] Strömender Regen und fallende Temperaturen erschienen den Partisanen als Menetekel für den nahenden Winter und zerrten an ihren Nerven.[47]

Nässe und Kälte sollten jedoch nicht die einzigen Probleme bleiben, welche die Untergrundkämpfer auf eine harte Probe stellten. Recht bald ging auch ihr Proviant zur Neige, den sie bei ihrem Abmarsch aus Leningrad mitgenommen hatten. Der nun folgende Hunger belastete die Gruppe arg und findet sich nun oftmals als Thema in Charitschews Schrift. Gerade diese

---

42 Vgl. *ebenda*, 6–8.
43 *Ebenda*, 9.
44 Vgl. *ebenda*, 7.
45 Vgl. *ebenda*, 9.
46 *Ebenda*, 13 f.
47 Vgl. *ebenda*, 6–9.

Zwangsdiät habe bald dazu geführt, dass die Stimmung der Partisanenabteilung auf einen Tiefpunkt gesunken sei. Um ihre Versorgungslage zu verbessern, gingen Charitschew und seine Kameraden ab Anfang September in die umliegenden Dörfer, um dort Lebensmittel und sonstige Utensilien zu requirieren oder zu plündern. Zunächst gestaltete sich dieses Unterfangen wenig erfolgreich, da sie offensichtlich keine Erfahrung auf diesem Gebiet besaßen. Trotz anfänglicher Rückschläge gelang es ihnen jedoch, sich recht schnell selbst mit dem Nötigsten zu versorgen.[48] Mitte September erbeuteten sie etwa auf einen Schlag „2 Pferde, Mehl, Grütze, Makkaroni, Zucker, Salz und Streichhölzer. Heute war mal ein richtiger Feiertag bei uns."[49] Doch schon bald sollte ihnen das Glück abhandenkommen, weil nun die Landbevölkerung zu den Deutschen floh, wie Charitschew zu wissen glaubte.[50]

Außerdem führte der Verfasser aus, dass sie eine bis zu zehn Kilometer lange Strecke zurücklegen mussten, nur um überhaupt in ein Dorf zu gelangen, in dem sie eine ausreichende Menge an Essen vermuteten.[51] Dennoch lässt sein Text darauf schließen, dass die Partisanengruppe in einem relativ überschaubaren Aktionsgebiet aktiv war und in der Regel nur im Umkreis von wenigen Kilometern operierte. Aber nicht nur die mangelhafte Verpflegung und lange Marschrouten bereiteten ihr große Probleme. Die spärliche Kost, die Witterung und die schlechten hygienischen Verhältnisse führten dazu, dass Krankheiten im Lager ausbrachen: „Die Zahl der Magenerkrankten nimmt immer mehr zu. Auch bei mir fängt irgend was an zu schmerzen. Zwieback haben wir auch nicht ein Krümchen mehr und von Brot kann man höchstens noch träumen. Wir nähren uns von Fleisch und Kartoffeln – das Pferd und die Kuh haben wir aufgegessen."[52]

Waren Charitschew und seine Partisanen zu Beginn ihres Unternehmens noch durchwegs guter Dinge, litten nun auch Stimmung und Schlagkraft der Kämpfer unter ihrer kritischen Gesundheit. Einen Tag später notierte Charitschew, er habe entsetzliche Bauchschmerzen und sogar „blutigen Stuhl". Als er nach einer Plünderungsaktion zurück in seine Unterkunft gekehrt sei, habe er sich unter diesem Umständen „vor Schmerzen kaum auf den Beinen halten" können.[53]

Nachdem die Truppe ihre Magen-Darm-Krankheit auskuriert hatte, machte ihr jedoch ein ganz anderes Problem zu schaffen. Denn nun zermürbte es sie, dass sich so tief im feindlichen Gebiet kaum Gelegenheiten boten, Operationen gegen die Deutschen durchzuführen: „Die Lage entwickelt sich eben in dem Sinn, dass wohl viele Partisanengruppen da sind, aber kein

48 Vgl. *ebenda*, 9–13.
49 *Ebenda*, 13.
50 Vgl. *ebenda*, 15.
51 Vgl. *ebenda*, 9.
52 *Ebenda*, 12.
53 *Ebenda*, 13.

Feld für ihre Tätigkeit da ist, da wir weit im Rücken das Feindes sind. Das
tatenlose Dasein langweilt uns."[54] Wenige Tage später verkehrte sich diese
Langeweile jedoch in Unsicherheit und Besorgnis, weil Charitschews Gruppe
nun befürchtete, von den deutschen Besatzern entdeckt zu werden. Diese
schlügen nun zunehmend an der Flanke der Partisanenabteilung zu und trä-
fen sie damit recht unerwartet. Außerdem sei ihr Standort nicht mehr sicher,
weil ihre Gegenspieler zumindest ahnten, wo sich das Quartier der Freischärler befinde: „Die Deutschen stellen uns Fallen auf allen Strassen und es geht
das Gerücht bei uns um, dass die Deutschen 600 Mann auf den Landwegen in
den Hinterhalt gelegt haben und dass die örtliche Bevölkerung [...] uns den
Deutschen verraten hat. Daraus ergibt sich, dass unser Verweilen hier nicht
ohne Gefahr ist."[55]

Sehnsucht, Ungewissheit, ständige Bereitschaft, Anspannung sowie Man-
gelernährung und Krankheit bestimmten das Gefühlschaos, in dem sich Charitschew und sicherlich auch viele seiner Kameraden befanden. Das Leben als
Partisan sollte daher bald seinen Tribut fordern, den Familienvater stärker in
den Untergrundkampf hineinführen und ihn selbst zu einem Teil des brutalen Krieges werden lassen.

Kampf und Terror der Partisanen

Je länger der Einsatz der Leningrader Partisanengruppe dauerte, desto mehr
beeinflusste sie schließlich das Kriegsgeschehen, was in dem Tagebuch recht
deutlich wird. Nachdem seine Abteilung die erste Gelegenheit verpasst hatte,
einen deutschen Konvoi zu attackieren, notierte Charitschew enttäuscht:
„Schade, dass die Saubande lebendig entkommen ist."[56] Am 28. August verübte sie jedoch ihren ersten Überfall, der allerdings vollkommen erfolglos
verlief. Mit dieser und weiteren Aktionen zog sie vielmehr die Aufmerksamkeit der Deutschen auf sich, ohne dass es diesen jedoch gelang, Charitschews
Gruppe ernstlich zu gefährden. Dennoch bilanzierte der Untergrundkämpfer
recht trocken: „Ich sehe diese erste Operation als missglückt an."[57] Es dauerte
jedoch nicht lange, bis Charitschew in das wahre Gesicht des Krieges blickte.
Zunächst scheint ihm der Anblick von toten Menschen vollkommen neu gewesen zu sein, da der Chronist es für lohnenswert befand, solche Begebenhei-
ten aufzuschreiben. Anlässlich einer Plünderungsaktion habe seine Streife
„die Leichen von 5 Rotarmisten" gefunden, „die auf die eigenen Minen gelau-
fen und in Stücke gerissen waren. Die Leichen waren schon schwarz und in
Verwesung übergegangen."[58]

---

[54]   *Ebenda*, 14.
[55]   *Ebenda*, 18.
[56]   *Ebenda*, 8.
[57]   *Ebenda*.
[58]   *Ebenda*, 10.

Dass der Partisan keinerlei Sympathien für Kollaborateure und Verräter hegte, ist bereits vor Beginn seines Einsatzes im Untergrund deutlich geworden. Allerdings verstärkte sich dieser Standpunkt durch das Kriegsgeschehen. Charitschew war nun mit den Konsequenzen konfrontiert, die das Verhalten von Menschen nach sich zog, die mit den Deutschen kollaborierten. Nachdem er davon berichtet hatte, wie er und seine Abteilung eines Tages in einem benachbarten Ort Lebensmittel geplündert hätten, reflektierte er über eine solche Situation:

> Auf dem Rückweg hatten wir eigentlich auch die Absicht, einen Leutnant vom Galgen zu nehmen und ihn zu begraben. Die Deutschen hatten ihn erschossen, an den Füssen aufgehängt und den Bauern verboten, ihn abzunehmen. Auf der Brust hatten sie ihm einen Zettel angehängt mit der Aufschrift: „Dieses Los erwartet alle Partisanen und wer mit ihnen gemeine Sache macht." Den Leutnant hat ein Bengel von 14 Jahren verraten. Wenn der mir doch unter die Augen käme, ich würde ihn mit demselben Strick aufhängen![59]

Handelt es sich bei diesen Zeilen noch um reine Rachephantasien, wurde Charitschews Haltung im Laufe der Zeit jedoch immer radikaler und er beteiligte sich mehrfach an gewaltsamen Handlungen. Mehr noch stellt sein Text klar, dass er keine Skrupel besaß, auf Befehl und selbst aus eigenem Antrieb zum Täter zu werden. Ob er mit solchen Einträgen nur seinen Mut und seine Entschlossenheit untermauern wollte, lässt sich nicht mehr feststellen. Auffällig ist aber, wie sachlich und emotionslos er seine Taten schilderte. Einerseits mag dieser Umstand ein Indiz dafür sein, dass Charitschew allmählich abstumpfte. Andererseits scheint es auch denkbar, dass er sich in seinem Tagebuch vielmehr als tapferen Krieger inszenieren und sich selbst gegenüber darstellen wollte. In diesem Sinne lässt er den Leser Folgendes wissen, bevor er sich für einen weiteren Überfall auf die Deutschen bereitmachte: „Übrigens, ich gehe zu diesen Unternehmungen ohne das geringste Gefühl von Aufregung, von Furcht kann natürlich schon überhaupt nicht die Rede sein. Im Gegenteil, ich brenne danach [sic!] dass es zu einem heissem [sic!] Kampf kommt."[60]

Charitschew und seine Gefährten waren mit solchen Einsätzen keineswegs vertraut, weshalb sie sich individuell motivieren mussten. In dieser Phase gelang ihnen der erste erfolgreiche Überfall auf einen deutschen Konvoi. Dabei offenbarte sich jedoch, wie dilettantisch der Angriff verlief. Bei den Partisanen der ersten Stunde handelte es sich also augenscheinlich nicht um professionelle Kämpfer, sondern um schlecht ausgebildete und unerfahrene Amateure, deren Aktionen im Rücken des Feindes daher auf einer gehörigen Portion Glück basierten:

Am 8. September habe die Abteilung der Partisanen an einer Straße einigen deutschen Lastkraftwagen aufgelauert, um diese zu zerstören. Er, Charitschew, habe den Auftrag bekommen, mit einer Handgranate die Fahrzeuge

---

[59] *Ebenda.*
[60] *Ebenda*, 11.

zu stoppen, was aber misslungen sei, da der erste Kraftwagen einfach weiter-
gefahren sei. Dann sei er aus seiner Deckung gesprungen und habe einen weiteren Sprengkörper geworfen. „Im selben Moment fühle ich, dass mir etwas
an den Kopf schlägt in der Nähe des Ohres. Ich fühle nach – Blut! Ich ergreife
mein Gewehr und eröffne das Feuer auf die noch haltenden Wagen."[61] Weiter sei Charitschew sodann auf die Fahrzeuge zugestürmt, woraufhin der
Kommandeur der Partisanen den allgemeinen Angriff befohlen habe. Doch
die restliche Einheit habe diesen Befehl im Eifer des Gefechts falsch verstanden und schließlich den Rückzug angetreten. Als er dies bemerkte habe, sei er
längst bei den deutschen Fahrzeugen gewesen und von seinen Gegnern be-
schossen worden. Mit viel Glück sei es ihm trotz seiner Verletzung gelungen,
einige Granaten zu werfen und damit einzelne Lastwagen zu zerstören.[62]

Derlei Kontakte zu feindlichen Verbänden waren jedoch selten, schließlich operierten die Partisanen naturgemäß eher im Verborgenen. Der Alltag
von Charitschews Abteilung bestand darin, kleine Anschläge und Sabotageakte durchzuführen oder diese zumindest vorzubreiten, indem sie etwa Stra-
ßen verminte oder Telefonleitungen zerstörte.[63] Daneben waren die Männer
emsig darum bemüht, weitere Lebensmittel und sonstige Utensilien von der
lokalen Zivilbevölkerung zu erhalten. Das Tagebuch geht nur wenig darauf
ein, ob diese Nahrungssuche mit Gewalt einherging. Allerdings berichtet
Charitschew anlässlich einer Plünderungsaktion wenngleich nur beiläufig
davon, dass seine Gruppe dabei auch einzelne Geiseln genommen habe.[64] Die
Ortsansässigen scheinen von den Besuchern ohnehin nicht allzu begeistert
gewesen zu sein, da einige von ihnen zu den Deutschen flohen. Dies schmä-
lerte die Ausbeute der Partisanen, was sie anscheinend frustrierte und auch
radikalisierte. Denn in dieser Phase mehrten sich Gewaltakte gegen mutmaßliche Kollaborateure und ganze Ortschaften. Schließlich verschlechterte sich
die Stimmung zunehmend, weil neben der kargen und unzureichenden Kost
auch die militärischen Erfolge äußerst dürftig waren und daher an den Nerven der Freischärler zerrten.[65]

Tatsächlich scheinen die Partisanen angesichts der allgegenwärtigen Gewalt schrittweise abgestumpft zu sein. Für diese These sprechen weitere Vorkommnisse, in denen Charitschew vom bloßen Chronisten zum aktiven Täter wurde. Eines Tages hätten sie etwa einen Förster getroffen, der angeblich
ein deutscher Spion gewesen sei. Auch wenn die Gruppe bei seinen Habselig-
keiten seinen Pass und deutsches Geld gefunden habe, führte Charitschew
nicht näher aus, welche Beweise dafür vorlagen, dass es sich bei dem Mann
tatsächlich um einen Spitzel handelte. Stattdessen beschrieb er lediglich sehr

---

61 *Ebenda.*
62 Vgl. *ebenda*, 11 f.
63 Vgl. *ebenda*, 15 und 18.
64 Vgl. *ebenda*, 13.
65 Vgl. *ebenda*, 15–18.

nüchtern, ihn auf Befehl seines Politkommissars erschossen zu haben.[66] Ähnlich schlicht und protokollarisch beschrieb der Verfasser eine weitere Begebenheit: „Gestern hatte hier unsere Wache zwei Unbekannte aufgegriffen, junge Leute, ein Finne und ein Ukrainer. Beim Verhör wollten sie lange nichts aussagen, aber schliesslich stellte es sich heraus, dass sie in deutsche Gefangenschaft geraten waren und jetzt für sie ,arbeiten'. Wir haben sie abgeschossen."[67]

Dass Charitschew gewissenlos gehandelt hätte, kann jedoch nicht behauptet werden. Sein Tagebuch lässt erkennen, dass er sich in den letzten Tagen seines Lebens in einem moralischen Dilemma befand. Was genau Ende September 1941 geschah, muss weiterhin im Verborgenen bleiben, schließlich enthält ein Tagebuch verständlicherweise keine Informationen über das Ableben seines Autors. Anscheinend war Charitschew mit seinen Kameraden in Streit geraten und hatte einen von ihnen erschossen, der ihn möglicherweise selbst umbringen wollte. So zumindest deuten es die letzten Zeilen in seinem Tagebuch an, die jedoch nicht schildern, was genau geschah. Daraufhin sei er von seiner Gruppe in ein benachbartes Dorf geflohen, habe sich in einer deutschen Erdhütte versteckt und nun überlegt, was er in dieser verfahrenen Situation tun könne. Vielleicht wollte Charitschew zu den Deutschen überlaufen, wogegen allerdings spricht, dass er die Besatzungsmacht verachtete. Denkbar ist daher eher, dass er versuchte, sich allein in eine sichere Gegend durchzuschlagen und eventuell zu seiner Familie zu gelangen. Dazu kam es aber nicht mehr, da die SS-Polizei-Division nur wenig später jenen Mann hängte, der nicht nur Charitschews Tagebuch bei sich getragen, sondern vermutlich auch dessen Leben ein Ende bereitet hatte.[68]

Ein Selbstzeugnis im Kontext des Partisanenkriegs in der Sowjetunion

Charitschew verrät in seinem Tagebuch viel vom frühen Partisanenkampf in der Sowjetunion und vermittelt uns dessen alltags- und mentalitätsgeschichtlichen Aspekte. Ähnlich wie er und seine Gruppe versteckten sich zahlreiche weitere kleine Partisaneneinheiten in den russischen Wäldern. Auch sie requirierten in den nahegelegenen Ortschaften Lebensmittel, Waffen und Kleidung und fielen der Landbevölkerung rasch zur Last, weil sie den Bauern und anderen Bewohnern ihre Vorräte raubten und dabei auch weitere Verbrechen begingen.[69] Die Geschädigten verrieten ihre Peiniger häufig an die Inva-

---

[66] Vgl. *ebenda*, 15 f.
[67] *Ebenda*, 17.
[68] Vgl. *ebenda*, 19.
[69] Vgl. *Brakel*, Alexander: „Das allergefährlichste ist die Wut der Bauern." Die Versorgung der Partisanen und ihr Verhältnis zur Zivilbevölkerung. Eine Fallstudie zum Gebiet Baranowicze 1941–1944. In: Vierteljahrshefte für Zeitgeschichte 55/3 (2007), 393–424, hier 407 und 411.

soren, weil Teile der Bevölkerung in den eroberten Zonen sich von der Sow-
jetherrschaft befreit fühlten und den deutschen Truppen daher neutral oder
gar wohlwollend gegenüberstanden. Ohne ausreichenden Rückhalt im eigenen Volk war es den Partisanen nahezu unmöglich, einen effektiven Widerstand zu bewerkstelligen. Dazu waren die einzelnen Einheiten außerdem zu
schlecht organisiert, ausgebildet und ausgerüstet. Weil die sowjetische Führung und die lokalen Parteistellen ihnen die notwendige Hilfe versagten und
regelrecht sich selbst überließen, zerfielen die meisten dieser Formationen bis
Herbst 1941. Ihre hilflosen Sabotage- und Störaktionen konnten den deutschen Besatzern in dieser Phase nie wirklich schaden und dokumentierten
vielmehr die Ohnmacht der Sowjetunion.[70]

Allerdings reagierten die deutschen Besatzer auf jeden Anschlag aus dem
Hinterhalt sehr empfindlich und nahmen die Gefahr des Partisanenkrieges
überaus ernst. Diesen begriff die nationalsozialistische Führung zunächst
aber weniger als Bedrohung, sondern verstand ihn eher als Chance, bot er
doch, wie Adolf Hitler meinte, „die Möglichkeit, auszurotten, was sich gegen
uns stellt".[71] Unter dem Deckmantel des „Bandenkampfes" verübten Wehr-
machtsverbände sowie SS- und Polizeieinheiten zahlreiche Verbrechen gegen
die Zivilbevölkerung, „Zigeuner" und Juden, die sie kurzerhand zu Partisanen, „Freischärlern" und „Banditen" erklärten. Dadurch versuchten die Täter
für sich selbst den Anschein zu erwecken, angeblich hinterlistig kämpfende
und kriminelle Gegner im Rahmen von legitimen Militärschlägen getötet zu
haben.[72] Gerade seit dem Polenfeldzug bemühte sich die NS-Propaganda, den
deutschen Invasoren einzuimpfen, dass sie der einheimischen Bevölkerung in
den besetzten Teilen Osteuropas misstrauen sollten. Dazu zeichnete sie das
Bild eines diffusen Feindes, der niederträchtig und feige, aber auch unehren-
haft und unmännlich aus dem Hinterhalt agiere, um ein komplettes Gegen-

---

[70]   Zu den ersten Partisanengruppen vgl. *Musiał:* Sowjetische Partisanen 1941–1944, 61–
       83.
[71]   Aktenvermerk über eine Besprechung Hitlers mit Rosenberg, Lammers, Keitel und Gö-
       ring vom 16.7.1941. In: IMG. Bd. 38: Urkunden und anderes Beweismaterial. Nummer
       185-L bis Nummer 1216-RF. Nürnberg 1949, Dokument 221-L, 86–94, hier 88.
[72]   Vgl. dazu etwa *Richter:* „Herrenmensch" und „Bandit", 40–45; *Heer:* Die Logik des Ver-
       nichtungskrieges, 111; *Pohl,* Dieter: Die Herrschaft der Wehrmacht. Deutsche Militär-
       besatzung und einheimische Bevölkerung in der Sowjetunion 1941–1944. 2. Aufl. Mün-
       chen 2009, 283–287; *Lück,* Moritz Felix: Partisanenbekämpfung durch SS und Polizei in
       Weißruthenien 1943. Die Kampfgruppe von Gottberg. In: *Kenkmann,* Alfons/*Spieker,*
       Christoph (Hg.): Im Auftrag. Polizei, Verwaltung und Verantwortung. Begleitband zur
       gleichnamigen Dauerausstellung – Geschichtsort Villa ten Hompel. Essen 2001, 225–
       248, hier 225 f.; *Manoschek,* Walter: „Wo der Partisan ist, ist der Jude, und wo der Jude
       ist, ist der Partisan". Die Wehrmacht und die Shoah. In: *Paul,* Gerhard (Hg.): Die Täter
       der Shoah. Fanatische Nationalsozialisten oder ganz normale Deutsche? Göttingen
       2002, 167–185, hier 170.

modell zur angeblich korrekten deutschen Kampfweise zu entwerfen.[73] Solche Akteure charakterisierte sie beispielsweise als „vertierte Bestien, die mit dem Rasiermesser deutschen Soldaten die Kehle durchschneiden" oder als „Flintenweiber, die wie Hyänen über die Schwerverwundeten herfallen, sie mit Petroleum übergießen und dann anzünden".[74] In den Ostkrieg zogen die deutschen Truppen also mit einem Gepäck aus antisemitischen und antikommunistischen Vorurteilen, die schließlich auch ihre Okkupationspolitik prägten.[75]

Aber solche Ideologeme vertragen sich kaum mit jenem Bild, welches das Tagebuch von seinem Verfasser und weiteren echten Partisanen vermittelt. Insbesondere begegnet dem Leser recht häufig, wie Charitschew an seine Familie dachte und um sie besorgt war. Es erscheint vollkommen natürlich, dass er sich davor fürchtete, ihnen sei etwas zugestoßen oder sie befänden sich in einer schwierigen Lage. Doch ist ein solcher Gemütszustand nur scheinbar ganz selbstverständlich. Schließlich spiegelt sich dieser in einem Dokument wider, das vielfach an deutsche SS- und Polizeidienststellen geschickt, von diesen gelesen und höchstwahrscheinlich auch im Unterricht verwendet wurde. Und genau in diesem Zusammenhang ist es eher überraschend, dass das NS-Regime seine Kämpfer mit der Mentalität eines Mannes konfrontierte, der sich sehr differenziert mit seiner Situation auseinandersetzte. Hier begegnet dem Leser nicht das von der nationalsozialistischen Propaganda vermittelte Bild von eindimensional denkenden und von Grund auf verkommenen „Untermenschen", die sich aus purem Egoismus nur für sich selbst interessieren. Vielmehr kommt ein liebender Ehemann und Vater zum Vorschein, der zwar aus patriotischem Gefühl, aber vor allem auch zum Schutze seiner Familie in den Krieg zog und dafür enorme Gefahren auf sich nahm.

Solche Gedanken waren den deutschen Rezipienten keineswegs fremd. Obwohl sie als Invasoren auftraten, befanden sie sich in einer ganz ähnlichen Situation fernab der Heimat und der eigenen Familien. Aber genau dieser Aspekt barg eine große Gefahr in sich, erhielt der ansonsten diffus wirkende Gegner durch das Tagebuch ein nur allzu menschliches Gesicht. War eine solche Sichtweise überhaupt vereinbar mit den herkömmlichen Positionen der deutschen Rassenkrieger? Insofern war es für den Reichsführer-SS und

---

[73] Zur Rolle nationalsozialistischer Männlichkeitskonstruktionen im Zweiten Weltkrieg vgl. z. B. *Werner*, Frank: „Hart müssen wir hier draußen sein". Soldatische Männlichkeit im Vernichtungskrieg 1941–1944. In: Geschichte und Gesellschaft 34/1 (2008), 5–40, hier 16 f.

[74] *Koschorke*, Helmuth: Polizei greift ein! Kriegsberichte aus Ost, West und Nord. Berlin 1941, 24.

[75] Vgl. *Matthäus*, Jürgen: Das „Unternehmen Barbarossa" und der Beginn der Judenvernichtung, Juni–Dezember 1941. In: *Browning*, Christopher: Die Entfesselung der „Endlösung". Nationalsozialistische Judenpolitik 1939–1942. Berlin 2006, 360–448, hier 362 f.

Chef der Deutschen Polizei, Heinrich Himmler, durchaus heikel und riskant, das Dokument unkommentiert an die Praktiker des deutschen Vernichtungskrieges zu übergeben. Schließlich konnte er es unter gar keinen Umständen dulden, dass sich das „Fußvolk der Endlösung"[76] mit seinen Gegnern identifizierte und Skrupel entwickelte. Der Verlauf des Zweiten Weltkrieges zeigt jedoch, dass diese Gefahr offensichtlich nicht bestand. Denn je mehr es den echten Partisanen gelang, Operationen gegen die deutschen Invasoren durchzuführen, umso grausamer wüteten diese in den annektierten Gebieten. Eben diese brutale Besatzungspolitik war es jedoch, die der Partisanenbewegung einen enormen Zulauf bescherte, da etliche Einheimische nun davon überzeugt waren, im Untergrund bessere Überlebenschancen zu besitzen als unter der Herrschaft der „Herrenmenschen".[77] Die dadurch verstärkten Gruppen konnten nun erfolgreicher gegen den Kriegsgegner agieren. Durch ihren „Freischärlerwahn" und den brutalen „Bandenkampf" schufen sich die Deutschen so eine *self-fulfilling prophecy*.

Ab Frühjahr 1942 gelang es der sowjetischen Politik, einen „Zentralstab der Partisanenbewegung" (Central'nyj Štab Partizanskogo Dviženija, CŠPD) einzurichten. Seine Aufgabe war es, neue Gruppen aufzubauen und diese unter Führung der Roten Armee für den Guerillakampf professioneller zu organisieren.[78] Zwar nahmen ihre Überfälle und Sabotageakte seitdem stark zu, doch gelang es den Partisanen weiterhin nicht, die militärische Lage zu beeinflussen und den deutschen Gegner empfindlich zu treffen.[79] Das lag nicht zuletzt daran, dass Himmler im Sommer 1942 die „Bandenbekämpfung" unter seine Kontrolle gebracht hatte. In großen Unternehmen traten seine Einheiten nun noch schärfer gegen die „Banditen" in Aktion.[80] Ab Mitte 1943 gingen die Partisanengruppen allerdings dazu über, vermehrt Eisenbahnlinien zu zerstören und damit den Nachschub für die deutschen Truppen zumindest kurzzeitig zu verzögern. Obwohl die Besatzungsmacht diese Bahngleise relativ schnell reparieren konnte, setzte sie diese Strategie angesichts des schwindenden Kriegsglücks gehörig unter Druck.

In diesem „Schienenkrieg" konnten die Partisanen ihren Widersachern tatsächlich einen beträchtlichen Schaden zufügen.[81] Der Durchbruch gelang

---

[76] Zum Begriff vgl. *Mallmann*, Klaus-Michael: Vom Fußvolk der „Endlösung". Ordnungspolizei, Ostkrieg und Judenmord. In: Tel Aviver Jahrbuch für deutsche Geschichte 26 (1997), 355–391.

[77] Vgl. *Musiał:* Sowjetische Partisanen 1941–1944, 84–146.

[78] Vgl. *ebenda,* 147–175.

[79] Vgl. *Stopper,* Sebastian: „Die Straße ist deutsch." Der sowjetische Partisanenkrieg und seine militärische Effizienz. In: Vierteljahrshefte für Zeitgeschichte 59/3 (2011), 385–411.

[80] Vgl. *Heer:* Die Logik des Vernichtungskrieges, 124 f.; *Hasenclever,* Jörn: Wehrmacht und Besatzungspolitik in der Sowjetunion. Die Befehlshaber der rückwärtigen Heeresgebiete 1941–1943. Paderborn u. a. 2010, 164.

[81] Vgl. *Hrenkevič:* The Soviet Partisan Movement, 241–256.

ihnen jedoch erst, als sie 1944 auch kämpferisch mit der Roten Armee koope-
rierten und als im Herbst die Heeresgruppe Mitte vernichtend geschlagen
wurde.[82] Die sowjetischen Kämpfer sollten von nun an keinen Einfluss mehr
auf das Kriegsgeschehen nehmen. Doch ihr Anteil an der Niederlage des
Deutschen Reichs war letztendlich beachtlich, da sie viele Kräfte in der „Bandenbekämpfung" banden, die der deutschen Truppe an der Front somit fehlten. Am Anfang dieses Prozesses standen jedoch Menschen wie Charitschew,
die aus Sorge um ihre Familien und angetrieben aus patriotischem Ehrgefühl
sich dem Kampf gegen den deutschen Gegner verschrieben. Sie nahmen dabei große Strapazen auf sich und gelangten in einen Strudel der Gewalt, obwohl oder vielleicht gerade weil sie wahrscheinlich ahnten, dass sie auf verlo-
renem Posten standen.

---

[82] Vgl. *Richter:* „Herrenmensch" und „Bandit", 26 f.

Franziska Bruder

DIE JÜDISCHEN AUFSTÄNDISCHEN IM NS-VERNICHTUNGSLAGER SOBIBÓR UND DER PARTISANENKAMPF
Ein Fallbeispiel für das Gebiet um Parczew/Włodawa und Brest

> "For the first time in a very long while I was happy."
>
> (Kalmen Wewryk)

Einführung

Der (bewaffnete) Widerstand von Juden gegen die NS-Vernichtungspolitik wurde in der Vergangenheit insbesondere von Historikern wie Yitzak Arad, Reuben Ainsztein, Arno Lustiger und Israel Gutman thematisiert, die selbst in Widerstandsgruppen oder militärischen Einheiten aktiv waren. Sie wollten ihre Weggefährten, ihre Familienangehörigen, ihre Freunde und deren Taten und Aktionen bekannt und die Umstände nachvollziehbar machen, die jeder Form des Widerstands große Energie und Mut abforderten. Mit ihren Publikationen wollten sie Kämpfer/innen ehren und gegen die in der Nachkriegszeit vorherrschende ignorante und antisemitisch beeinflusste Ansicht anschreiben, die Juden hätten sich passiv in ihr Schicksal ergeben.[1] Für Juden (nicht nur) auf dem damaligen Staatsgebiet Polens war es extrem schwer, (bewaffneten) Widerstand gegen die Nationalsozialisten zu organisieren. Die Gründe waren: die Todesdrohung gegen Personen, die Juden unterstützten, der starke Antisemitismus, der in Polen eine lange Tradition hatte und in der Bevölkerung breit verankert war, und die entsprechende distanzierte bis feindselige Haltung von Gruppierungen wie zum Beispiel der Heimatarmee (Armia Krajowa, AK[2]).

---

[1] Siehe Interview von Harry J. Cargas 1993 mit Yitzhak Arad. In: JewishGen. An affiliate with the Museum of Jewish Heritage – A Living Memorial to the Holocaust. URL: http://kehilalinks.jewishgen.org/svencionys/interview_with_arad.html (am 1.3.2015).

[2] Die Armia Krajowa war die konspirative militärische Struktur und ein Teil der bewaffneten Kräfte der Republik Polen, die während des Zweiten Weltkrieges auf dem Territorium des von den Nationalsozialisten besetzten Polen in den Grenzen von 1939 agierte. Sie entstand 1942 und unterstand dem Oberbefehl der polnischen Exilregierung in London. Vgl. *Grupińska*, Anka: Ciągle po kole, rozmowy z żołnierzami getta warszawskiego [Ständig im Kreis, Gespräche mit den Soldaten des Warschauer Ghettos]. Warszawa 2000, 333. Siehe auch *Chiari*, Bernhard (Hg.): Die polnische Heimatarmee. Geschichte und Mythos der Armia Krajowa seit dem Zweiten Weltkrieg. München 2003.

Jeder Widerstand, von der individuellen Selbstbehauptung über die Flucht vor der Vernichtung bis hin zum organisierten Kampf, war aber auf ein sympathisierendes Umfeld angewiesen.

Das schwierige Verhältnis zwischen Juden und Polen, Ukrainern und Litauern wirkt bis heute nach. Beispielhaft zeigt dies die kontroverse polnische Rezeption des Films über die Partisanengruppe der Bielski-Brüder, „Defiance". Unter der Überschrift „Retter oder Mörder von Frauen und Kindern" berichtet die Gazeta Wyborcza 2009 von Ermittlungen des Instituts für das Nationale Gedächtnis (Instytut Pamięci Narodowej, IPN) hinsichtlich einer Aktion sowjetischer Partisanen im Mai 1943 in dem Dorf Naliboki, bei dem 128 Zivilisten umgekommen seien. Die dünne Beweislage beschreibt die Gazeta Wyborcza so:

,Ich kann so viel verraten, dass wir 80 Zeugen des Massakers verhört haben und ein paar Dutzend von ihnen haben unter den Angreifern Menschen mit jüdischer Nationalität erkannt', berichtet die Staatsanwältin des IPN Anna Gałkiewicz. Fünf Personen gaben an, es seien Juden aus der Bielski-Abteilung gewesen. Namen haben sie nicht genannt. Weder Tuwia Bielski noch einer seiner Brüder wurden bei den Verbrechern gesehen.[3]

In diesem Artikel werden Lage und Möglichkeiten der Juden untersucht, die im Oktober 1943 nach ihrem erfolgreichen Aufstand aus dem NS-Vernichtungslager Sobibór flüchteten:

– Welche Bedeutung hatten Partisanenorganisationen für die Geflohenen?
– Mit welchen Partisanengruppen hatten sie konkret zu tun?
– Wie verhielten sich diese Gruppen ihnen gegenüber?
– Welche Motive hatten sie, sich Partisanengruppen anzuschließen?

Es geht dabei auch um die Frage, inwiefern der Winter 1943/44 ein Wendepunkt für Juden in den Partisanenbewegungen in diesem Teil Ostpolens war und welche Bedeutung eine „Anlehnungsmacht"[4] für die jüdischen Partisanen hatte.

Die Gruppe der Aufständischen aus dem NS-Vernichtungslager Sobibór bietet sich als Ausgangspunkt an, da der Aufstand zu einem relativ späten Zeitpunkt im Verlauf der Vernichtungspolitik[5] stattfand, im Oktober 1943,

---

3   *Głuchowski*, Piotr/*Kowalski*, Marcin: Prawdziwa historia Bielskich [Die wahre Geschichte der Bielskis]. In: Gazeta Wyborcza, 9.1.2009. URL: http://wyborcza.pl/1,76842, 6124559,Prawdziwa_historia_Bielskich.html (am 7.3.2015).

4   Boris Barth bezeichnet die Existenz einer „Anlehnungsmacht" bzw. eines „interessierten Dritten" als die zentrale Voraussetzung für reale Erfolgsaussichten eines Kampfes. Siehe *Barth*, Boris: „Partisan" und „Partisanenkrieg" in Theorie und Geschichte. Zur historischen Dimension der Entstaatlichung von Kriegen. In: Militärgeschichtliche Zeitschrift 64/1 (2005), 69–100, hier 86.

5   Ich beziehe mich auf die Einteilung von Barbara Engelking: 1. Phase: indirekte Vernichtung durch Töten der Juden durch Hunger, Krankheiten und Zwangsarbeit, 2. Phase: direkte Vernichtung durch das Ermorden in Lagern, insbesondere in denen der „Aktion Reinhardt", 3. Phase: im ersten Abschnitt Jagen und Töten der geflüchteten Juden in den Tagen/Wochen unmittelbar nach den „Aussiedlungen", im zweiten Abschnitt die

als die meisten Juden bereits ermordet waren. Anhand einer größeren Gruppe kann nachvollzogen werden, welche Handlungsoptionen Juden in diesem Zeitraum hatten, welche Schwierigkeiten sie beim Kampf um ihr Überleben meistern mussten und welche Relevanz die verschiedenen Partisanengruppierungen besaßen. Relativ viele Juden schafften es, im Zuge des Aufstands das Lagergelände zu verlassen: Man schätzt, dass von etwa 600 Juden im Lager circa 300 durch den Zaun und das Minenfeld in den Wald gelangten. Von diesen überlebten 60–65 Personen das Kriegsende und die späteren Pogrome und Mordanschläge. Von 42 existieren Berichte, Interviews oder Autobiografien. Das Schicksal der Gruppe ist dadurch relativ gut dokumentiert. Das Vernichtungslager Sobibór lag in einem für den Partisanenkampf günstigen Terrain, wo auch schon verschiedene Gruppen aktiv waren – also unterschiedliche Aktivitäten zumindest möglich erschienen.

Ich gehe davon aus, dass sich Juden in der Regel nur als Gruppe im Wald halten konnten, wenn sie sich entweder bewaffneten – viele der ursprünglich zur primären Selbstverteidigung entstandenen jüdischen Gruppen wurden als Partisanengruppen angesehen – oder sie sich im Windschatten von Partisanengruppen aufhalten konnten, die sich solidarisch verhielten. Aufgrund des Terrors der Nationalsozialisten gegen die Kreise der Zivilbevölkerung, die Juden unterstützten, wie auch des starken Antisemitismus von Partisanengruppen wie der AK mussten sich Juden an Bündnispartnern wie der Volksgarde (Gwardia Ludowa, GL)/Volksarmee (Armia Ludowa, AL[6]) und den sowjetischen Partisanen orientieren. Diese Gruppierungen bildeten in der meist feindlichen Umgebung den zentralen Rückhalt.

Bei dem für den vorliegenden Aufsatz verwendeten Quellenmaterial handelt es sich um:

– Berichte der Überlebenden für die Jüdischen Historischen Kommissionen in Polen und ihre Aussagen vor polnischen Untersuchungsrichtern im Zeitraum 1944–1947, wo jedoch nur wenige Hinweise auf die (eigene) Partisanentätigkeit enthalten sind. Dies ist dem damaligen Interesse geschuldet, sich auf die NS-Vernichtungslager, die Massenmorde, die deutschen Täter und die Organisation des Aufstandes zu konzentrieren;

– Berichte, die zum Teil dieselben Überlebenden gegenüber Mitarbeitern von Yad Vashem Ende der 1950er/Anfang der 1960er Jahre abgegeben ha-

---

ununterbrochene Jagd auf die restlichen Juden bis zum Ende des Krieges. Siehe *Engelking*, Barbara: Jest taki piękny słoneczny dzień... Losy Żydów szukających ratunku na wsi polskiej 1942–1945 [Es ist so ein schöner, sonniger Tag ... Das Schicksal der Juden, die 1942–1945 in einem polnischen Dorf Rettung suchten]. Warszawa 2011, 25.

6   Die Volksgarde war die konspirative militärische Struktur der Polnischen Arbeiterpartei (Polska Partia Robotnicza, PPR). Sie wurde im Januar 1942 gegründet, erhielt aber erst im März diesen Namen. Die Volksarmee ging aus der Volksgarde hervor und diente seit dem 1. Januar 1944 als konspirative militärische Struktur der PPR. Ihre Hauptaufgabe war die Bekämpfung der Deutschen im Zusammenspiel mit der Roten Armee. Vgl. unter anderem *Grupińska*: Ciągle po kole, 333.

ben. Diese Berichte sind hier besonders wertvoll, da sie eine längere Zeitspanne abdecken und die Interviewer/innen aus Yad Vashem bei dem Thema Partisanenkampf detailliert nachfragten;

- Autobiografien der Aufständischen;
- Publikationen russischer Historiker, die zu Aufständischen aus der ehemaligen Sowjetunion in den 2000er Jahren veröffentlichten;
- Interviews, die unter anderem der niederländische Sobibór-Überlebende Jules Schelvis im Rahmen des Prozesses gegen den in Sobibór eingesetzten SS-Offizier Karl Frenzel 1983 in Hagen mit Überlebenden führte, die dort als Zeugen auftraten;
- Berichte ehemaliger jüdischer Partisanen aus der Gegend um Sobibór, die selbst Partisanengruppen aufgebaut oder sich solchen angeschlossen hatten und die auch in den 1960er Jahren gegenüber Yad Vashem Auskunft gaben.

Die Ausgangslage

Die geografischen Voraussetzungen für einen Partisanenkampf wie dichte, zusammenhängende Wald- und/oder Sumpfgebiete waren auf dem Staatsgebiet Polens vor dem Zweiten Weltkrieg insbesondere rund um Wilna und Białystok (hier vor allem der dichte Urwald Puszcza Białowieska), den Parczewer Wäldern, dem Landstrich östlich des Bug Richtung Norden nach Brest sowie in großen Teilen Wolhyniens und der Gegend um Kielce gegeben. Die für die Aufständischen von Sobibór relevanten Gebiete waren die Parczewer Wälder und das Terrain östlich des Bug auf heute belarussischem bzw. ukrainischem Gebiet.

Am 14. Oktober 1943 initiierten Juden einen Aufstand im NS-Vernichtungslager Sobibór. Bei diesem Aufstand wurden bis auf zwei alle im Lager befindlichen SS-Offiziere und zwei ukrainische Wachmänner getötet. Circa 300 Juden konnten durch Zaun und Minenfeld in den Wald flüchten. Die meisten Juden waren Polen aus der weiteren Umgebung des Lagers, also Städten wie Izbica, Żółkiewka, Siedliszcze oder Chełm. Eine weitere größere Gruppe bildeten jüdische sowjetische Kriegsgefangene. Hinzu kamen Juden aus Holland, Frankreich, Deutschland und der Tschechoslowakei.

Zum Zeitpunkt des Aufstands waren die meisten polnischen Juden von den Nationalsozialisten bereits ermordet worden, unter anderem in den Vernichtungslagern Bełżec, Sobibór und Treblinka. Die Ghettos und Zwangsarbeitslager waren bis auf wenige Ausnahmen vernichtet. Es gab praktisch keine Orte mehr, wohin Juden flüchten konnten. In dieser Phase versteckten sich die wenigen noch lebenden Juden einzeln oder in kleinen Gruppen in Städten, Dörfern oder im Wald. Die einzige Möglichkeit, in größeren Gruppen beisammen zu sein, war der Wald.

Für einen Eindruck von den Anfängen der im Herbst 1943 bereits existierenden jüdischen Partisanengruppen in den Wäldern rund um Sobibór soll hier aus den Berichten ehemaliger jüdischer Partisanen aus der Gegend zitiert werden.[7] Der 24-jährige Nachum Knopfmacher aus Kołacze westlich von Włodawa hatte im Herbst 1942 die Deportationen der Juden aus der Region in das Vernichtungslager Sobibór miterlebt. Unter anderem sein 17-jähriger Bruder Michał war bei einer „Aktion" gefasst und in einen Deportationszug gepfercht worden. Michał traf im Waggon auf einen Kameraden, der schon einmal aus so einem Zug entkommen war. Mit diesem zusammen sprang er aus dem Zug und kehrte zu seinem Bruder Nachum zurück. Im Frühjahr 1943 gingen beide in die Wälder und bauten mit 13 weiteren Juden eine Partisanengruppe auf:

> Ich beschloss, dass wir etwas unternehmen müssten, wir konnten uns nicht einfach so ermorden lassen! Ich organisierte eine Gruppe von 15 Personen, die zu allem bereit waren. Aber wir hatten keine Waffen und wir hatten auch kein Geld, um welche zu kaufen. Wir schnitzten uns aus Holz Gewehre und verübten Überfälle auf Bauernhäuser. Auf diese Art machten wir 5.000 Złoty, für die wir uns bei dem Bauern Zawiadowiec aus Kołacze zwei Gewehre kauften. Am Tag arbeiteten wir und erfüllten für die Deutschen die Norm[8] und nachts verübten wir Überfälle auf die Dörfer, raubten Proviant und bereiteten Verstecke im Wald vor. Nach kurzer Zeit hatten wir sieben Gewehre und agierten wie eine trainierte Abteilung, aber wir zögerten mit der endgültigen Flucht in den Wald aus verschiedenen Gründen. Der wichtigste waren unsere Familien. Wir wollten sie nicht der Vernichtung überlassen, sie mitzunehmen in den Wald hätte aber bedeutet, die Kinder dem Hunger und anderen Gefahren auszusetzen. Und vielleicht geschah ja irgendein Wunder?[9]

Der Schlosser Arie Korn stammte aus Parczew und war zum Zeitpunkt der Deportationen im Herbst 1942 ganze 16 oder 17 Jahre alt. Sein Vater war Fuhrmann, kannte sich exzellent in der Gegend aus und war zusammen mit Aries Bruder Załmen aus einem Deportationszug nach Treblinka gesprungen. Nach ihrer Rückkehr überzeugte Załmen die Familie, es sei sicherer, sich im Wald zu verstecken als im Ghetto zu bleiben. Sie gingen alle in den Wald. Von der Familie Korn gehörte nur Załmen direkt zu den Partisanen, zu der Gruppe Fiodor[10]. Dennoch verband sich das Schicksal der ganzen Familie

---

[7] Yitzak Arad betont, dass angesichts der Schwierigkeiten (keine unterstützende Bevölkerung, anfangs keine Waffen, Bekämpfung durch andere Partisanen) der jüdische Partisanenkampf außerordentlich gut entwickelt war. Siehe *Arad,* Yitzak: Jewish Armed Resistance in Eastern Europe: Its Characteristic and Problems. In: *Gutman,* Yisrael/*Rothkirchen,* Livia (Hg.): The Catastrophe of European Jewry. Antecedents – History – Reflections. Selected Papers. Yad Vashem Jerusalem 1976, 490–517, hier 514 f.

[8] Knopfmacher war zu diesem Zeitpunkt zusammen mit seinen Eltern und einem Teil seiner Geschwister auf einem Landgut bei Adampol, wo Juden Zwangsarbeit leisten mussten.

[9] Bericht Nachum Knopfmacher. Yad Vashem Archives (weiter YVA), O3/1787, Bl. 31. Übersetzung aus dem Polnischen auch bei allen weiteren Berichten durch die Autorin.

[10] Fiodor Kovalov war laut Shmuel Krakowski einer der ersten ehemaligen russischen Kriegsgefangenen, der in den Wäldern gemeinsame Abteilungen von (nicht-jüdischen) Russen und Juden organisierte und sie zusammenführte, siehe *Krakowski,* Shmuel: War of the Doomed. Jewish Armed Resistance in Poland, 1942–1944. New York 1984, 27.

mit den Partisanen, da sie sich sozusagen im Windschatten von Fiodors Lager in einer eigenen Erdhütte versteckt hielt.[11] Fiodor selbst, so Korn, war wohl ein Leutnant der Roten Armee, der in Kriegsgefangenschaft geraten und aus dieser geflohen war. In dieser Zeit waren die Partisanen noch nicht organisiert, und Fiodor selbst bezeichnete seine Gruppe als eine Ansammlung unterschiedlichster „Elemente, häufig auch ziemlich finsterer Typen".[12]

Abram Lewenbaum aus Parczew wusste, dass sich in den umliegenden Wäldern entflohene russische Kriegsgefangene versteckt hielten. Nachdem sich der damals 32-jährige mit seiner Familie im Oktober 1942 während einer Selektion zur Deportation nach Treblinka versteckt hatte, floh er mit einer großen Gruppe von 50 bis 60 Juden (Familie, Freunde, Verwandte und Nachbarn) in den Wald. Sie fanden die Russen, wurden jedoch von ihnen ausgeraubt. Diese Russen, Lewenbaum nennt sie „Räuber", gingen auch nach Parczew zu den verbliebenen Juden und forderten sie auf, in die Wälder zu kommen. Aber dort raubten sie sie aus und vergewaltigten die Frauen.[13] Lewenbaum und sein Schwiegervater verließen die Gruppe.

Der 29-jährige Mieczysław (Mietek) Gruber, ursprünglich aus der Wojewodschaft Tarnopol, floh im Oktober 1942 mit einer Gruppe aus dem Lager für jüdische Kriegsgefangene in der Lipowa-Straße 7[14] in Lublin in die umliegenden Wälder und baute dort eine Partisanengruppe auf, die er befehligte.[15]

„Wir wussten, dass wir ohne Waffen nicht überleben würden, in ein, zwei Tagen würden wir ermordet werden, denn auch die Polen sahen uns nicht besonders gerne."[16] Daher war ihr erstes Ziel, in Lublin Waffen zu besorgen. Als sie von Bauern hörten, dass sich in einem nahe gelegenen Wald Partisanen aufhielten, wollten sie herausfinden, ob es Polen oder Russen waren. Sie stießen jedoch auf eine größere Gruppe Juden:

> Es war eine Gruppe Juden aus Markuszów, 20–30 junge Leute, unter ihnen Sewer Rubinstein [...], sein Bruder und seine Familie wie auch andere Menschen aus Markuszów. Sie führten uns tief in den Wald. Dort trafen wir zwei Russen – einer nannte sich Tolko, der andere Mikolaj. Es waren Kriegsgefangene, die aus einem Lager geflohen waren. Tolko war ein sehr fähiger Offizier und organisierte diese Juden, die keine Ahnung hatten, was ein

---

11 Bericht Arie Korn. YVA, 03/2019, Bl. 5.
12 *Ebenda*, Bl. 2. Dies ist ein Kommentar von Ida Gliksztejn, die seinen Bericht aufgenommen hat.
13 Bericht Abram Lewenbaum. YVA, O3/2080, Bl. 8.
14 Das Zwangsarbeitslager für Juden in der Lipowa 7 in Lublin existierte von Herbst 1939 bis zum 3. November 1943. Etwa 1.000 der hier inhaftierten Personen waren Soldaten der Polnischen Armee, die in Kriegsgefangenschaft geraten waren und aus den von der Sowjetunion besetzten polnischen Gebieten stammten. Diese wurden selbst aus Westeuropa hierher deportiert. Im Lager organisierte sich ein Untergrund, der 1942 Fluchten organisierte. Geflüchtete wie Gruber bildeten den Nukleus jüdischer Partisanengruppen. Siehe *Silberklang*, David: Gates of Tears. The Holocaust in the Lublin District. Jerusalem 2013, 114–128 und *Krakowski*: War of the Doomed, 260–271.
15 Bericht Mieczysław Gruber. YVA, O3/3280, Bl. 4–6.
16 *Ebenda*, Bl. 6.

Militär ist und wie man in den Wäldern leben kann, also half er ihnen. Als ich dort ankam, war es schon eine organisierte Gruppe. [...] von Soldaten und es gab Familien mit Kindern, die in Bunkern versteckt waren.[17]

Aus den Berichten der damaligen Partisanen wird deutlich, wie schwer die Ausgangslage der jüdischen Partisanengruppen von Sommer/Herbst 1942 bis Winter 1943/1944 war. Sie veranschaulichen, wie viel Initiative und Mut die Menschen bereits vor der Flucht in den Wald aufbringen mussten – wie zum Beispiel durch die gefährlichen Sprünge aus den Deportationszügen. Sie zeigen, dass es oft Menschen waren, die mit den Wäldern vertraut waren, wie Arie Korns Vater, und verdeutlichen das komplizierte Verhältnis zur einheimischen Bevölkerung, unter anderem, weil sie diese mit Gewalt zwingen (mussten), ihnen Lebensmittel herauszugeben. Gruber betonte deren oft feindselige Einstellung. Die „wilden" Gruppen, die sich im Wald aufhielten und von denen sich die Juden Hilfe und Unterstützung erhofften, bestanden häufig aus geflohenen russischen Kriegsgefangenen, mit denen es schlechte Erfahrungen gab, wie bei Lewenbaum, oder sehr gute wie bei Gruber. Die Frage der Bewaffnung war existenziell, vor allem um Lebensmittel zu beschaffen. Die von Gruber beschriebene Struktur des Familienlagers und der Kampfgruppe ist für viele jüdische Partisanengruppen charakteristisch.[18] Denn für die meisten Juden – wenn sie nicht jung, männlich und ungebunden waren, aber auch diese hatten beispielsweise Eltern oder kleine Geschwister – war das Schicksal der Familien entscheidend, um sich für den Weg in den Wald entscheiden zu können.

Der Winter 1942/43 war sehr kalt und schneereich. Die Juden mussten lernen, wie man gute Verstecke im Wald anlegte und wie man Lebensmittel holen konnte, ohne dass die Spuren im Schnee sie verrieten. Sie mussten Razzien und Kämpfe mit den Deutschen überstehen, sie wurden von Bauern verraten oder von angeblichen oder echten Partisanen beraubt oder sogar getötet. Diese Phase war außerordentlich verlustreich.

Die polnische Überlebende Ida Gliksztejn, die sowohl für die Jüdischen Historischen Kommissionen als auch für Yad Vashem Berichte protokollierte, bestätigte knapp und deutlich Arie Korns Aussage, dass die Zeit von Herbst 1942 bis Sommer 1943 für die Juden im Wald am schwersten war, „weil nach der Vernichtung der Ghettos bis Frühling/Sommer 1943 die meisten Menschen in den Wald strömten, in dieser Zeit die meisten Razzien stattfanden und die Partisanen noch sehr schwach waren".[19]

---

17 *Ebenda,* Bl. 7.
18 Das berühmteste Beispiel ist das große Familienlager der Bielski-Brüder. Siehe *Arad,* Yitzak: Jewish Family Camps in the Forests: An Original Means of Rescue. In: *Gutman,* Yisrael/*Zuroff,* Efraim (Hg.): Rescue Attempts During the Holocaust. Proceeding of the Second Yad Vashem International Historical Conference. Jerusalem, April 8–11, 1974. Jerusalem 1977, 333–353.
19 Kommentar Ida Gliksztejn zu Bericht Arie Korn, siehe Bericht Arie Korn. YVA, 03/2019, Bl. 3.

Dies änderte sich im Sommer/Herbst 1943. In dieser Phase stabilisierten sich die jüdischen Partisanengruppen, die sich inzwischen Waffen angeeignet hatten. Sie wussten, auf welche Bauern sie sich verlassen konnten, und hatten eine gewisse Routine im Umgang mit Natur und Umgebung entwickelt. Dies galt im Übrigen auch für Partisanengruppen wie die im Januar 1942 gegründete GL, die AK, im Februar 1942 gegründet, sowie die sowjetischen Partisanen in dieser Gegend, die ab Herbst/Winter 1943/44 in Kontakt mit Moskau standen und unter ein gemeinsames Kommando gestellt wurden.

In dieser Phase kamen die Aufständischen aus Sobibór in die Wälder. Für sie begann es zunächst wieder von vorne: mit der Suche nach einem Versteck oder einer Struktur, von dem aus bzw. mit der sie weiter kämpfen konnten – also nach Partisanen.

Die Aufständischen von Sobibór nach dem Aufstand

Die Ausgangslage im Herbst 1943 beschrieben die Aufständischen ähnlich wie die zuvor skizzierte im Sommer/Herbst 1942. Der aus dem Städtchen Izbica stammende und zum Zeitpunkt des Aufstands 16 Jahre alte Toivi Blatt schreibt dazu in seiner Autobiografie:

Ende 1943 gab es keine offenen jüdischen Orte mehr, an die die Gejagten zurückkehren konnten. [...] Zwar waren wir dem Tod in den Gaskammern entronnen, aber noch waren wir alles andere als in Sicherheit – das Gespenst des Todes war nur ein wenig zurückgewichen. Wohin sollten wir gehen? Was sollten wir tun? Ließ man sich als Jude in der Öffentlichkeit blicken, bedeutete das unter dem Gesetz der Nazis das Todesurteil.[20]

Es gab für die Aufständischen wie für die anderen Juden, die sich nach der Vernichtung der Ghettos und Lager versteckt hielten, drei Möglichkeiten: 1.) sich bei Bekannten oder Fremden zu verstecken, umsonst oder gegen Bezahlung – Voraussetzung waren gute Beziehungen und/oder Geld; 2.) sich „arische Papiere" zu besorgen und als „Arier" versteckt „offen" zu leben – dafür musste man ein entsprechendes Aussehen haben und die Möglichkeit, an Papiere zu kommen; 3.) sich im Wald zu verstecken und entweder alleine durchzuschlagen – was viele unter großen Entbehrungen und Gefahren taten – oder Anschluss an Gruppen, das heißt in der Regel Partisanen zu finden.

Alle drei Optionen erforderten ungeheuren Energieaufwand, große Kreativität und Mut.

Von bzw. zu 42 Überlebenden aus Sobibór liegen Berichte/Informationen vor. Elf von ihnen hatten keine Kontakte zu Partisanen. Sie kamen entweder aus der direkten Umgebung des Lagers, hatten Kontakte zu Polen, die sie unterstützten, oder schlicht Glück, dass sie auf Menschen stießen, die sie nicht

---

[20] *Blatt*, Thomas T.: Nur die Schatten bleiben. Der Aufstand im Vernichtungslager Sobibór. Berlin 2001, 211 f.

denunzierten, sondern versteckten. Generell waren Zufall und Glück nicht zu unterschätzende Faktoren.

Die 19-jährige Regina Zieliński[21] aus Siedliszcze konnte mit Unterstützung von Bekannten mit „arischen Papieren" zur Zwangsarbeit nach Deutschland ausreisen; ihre 18-jährige Cousine, die Schülerin Zelda Metz[22], erhielt von einem befreundeten Bauern ebenfalls „arische Papiere", fuhr nach Lemberg, arbeitete als Kindermädchen und wurde dort befreit. Hinsichtlich des äußeren Erscheinungsbildes hatten es Frauen leichter als Männer. So schaffte es auch die 27-jährige Schneiderin Salomea Hanel[23] aus Ustrzyki Dolne allein nach Krakau, wo sie sich an die Liga Kobiet Polskich (Liga der Polnischen Frauen) wandte, die sich um sie als „Polin" kümmerte.

Srul Jankiel Fajgenbaum[24] stammte aus Chełm und versteckte sich dort, Samuel Lerer[25] kam gemeinsam mit Estera Terner, verheiratete Raab, bei einem Bekannten ihres Vaters unter. Chaskiel Menche[26] ging zunächst mit dem Kameraden Itsche Begleiter in dessen Heimatort Izbica und wurde danach von Polen verborgen gehalten. Kurt Ticho[27] stammte aus der Tschechoslowakei, hatte jedoch in Siedliszcze Zwangsarbeit geleistet und wurde dort neun Monate bei einem Bauern in einem Versteck untergebracht. Chaim Engel und seine holländische Freundin Selma Wijnberg sowie Chaim Powroznik hatten das Glück, gegen Geld eine gute Unterkunft zu erhalten und versorgt zu werden.[28]

Doch fast nie garantierte ein Versteck, ruhig bis zum Kriegsende ausharren zu können: Beinahe jede Geschichte handelt von Verrat, panikartigem Verlassen des Verstecks und verzweifelter Suche nach einem neuen.

---

[21] Bericht Regina Zieliński, geborene Riwka Feldman. In: *Bem*, Marek: Sobibór. Niemiecki ośrodek zagłady [Sobibór. Deutsches Vernichtungslager] 1942–1943. Włodawa/Sobibór 2011, 814 f.

[22] Bericht Zelda Metz, geborene Kelberman. Archiwum Żydowskiego Instytutu Historycznego (Archiv des Jüdischen Historischen Instituts, Warschau, weiter AŻIH), 301/458.

[23] Bericht Salomea Hanel. AŻIH, 301/186.

[24] Bericht Srul Jankiel Fajgenbaum. AŻIH, 301/5373.

[25] Bericht Samuel Lerer. AŻIH, 301/104 sowie Interview mit ihm in Hagen 1983. In: *Instituut voor oorlogs-, holocaust- en genocidestudies* (Hg.): sobiborinterviews.nl. URL: http://www.sobiborinterviews.nl (am 5.2.2015).

[26] Interview mit Chaskiel Menche 1983/Hagen. In: *Ebenda*. URL: http://www.sobiborinterviews.nl (am 5.2.2015).

[27] Interview mit Kurt Ticho 1983/Hagen. In: *Ebenda*. URL: http://www.sobiborinterviews.nl (am 5.2.2015).

[28] Siehe Gespräch Marek Bem mit Selma Wijnberg, in: *Bem*: Sobibór, 773 f. Zu Powroznik siehe *Vilenskij*, S.S/*Gorbowickij*, G.B./*Teruškin*, L.A.: Sobibor. Vosstanie w lagere smerti [Sobibor. Aufstand im Todeslager]. Moskva 2010, 147.

Im Wald – Allgemein

Die restlichen 31 aus Sobibór Geflüchteten hatten früher oder später Kontakt zu Partisanengruppen. Toivi Blatt:

Der Wald bot einem auch nicht genügend Schutz. Die verschiedensten Plünderer und Partisanen zogen durch die Gegend und raubten Zivilisten aus, um zu überleben. Darunter waren polnische Nazi-Gegner, Kommunisten und anti-kommunistische Splittergruppen; oder ukrainische Gruppierungen, die mit den Nazis zusammenarbeiteten und gegen die polnischen und sowjetischen Partisanen kämpften. Trotz ihrer Unterschiede hatten sie eine wesentliche Gemeinsamkeit: *Abgesehen von den sowjetischen und einigen linksgerichteten polnischen Partisanen* [Hervorhebung der Autorin] töteten sie jeden Juden, der ihnen über den Weg lief, und raubten ihn aus. Unbewaffnet hatten nur besonders findige Leute eine kleine Überlebenschance. [29]

Blatt unterstreicht die starke Präsenz „wilder" Gruppen und die große politische Bandbreite der Partisanengruppen. Um zu überleben, mussten die Juden in der Regel, wie Gruber bereits beschrieb, die Frage der Bewaffnung lösen. Berl/Dov Freiberg aus Łódź und zum Zeitpunkt des Aufstands wie Blatt 16 Jahre alt, unterstrich die generell feindselige Umgebung gegenüber Juden:

Now I understood the people who had come to Sobibór and told of how they had run away from the ghetto and tried to live in the forests, but in the end had returned to the ghetto and wound up in Sobibór, because their experience had made it clear to them, that Jews were not welcome anywhere – they were persecuted not only by the Germans but also by the Poles and the Ukrainians. [30]

Die polnisch-jüdischen Aufständischen formulierten in ihren Berichten zwei Ziele: 1.) zu überleben – aber für viele war es fast noch wichtiger, 2.) Rache zu nehmen und gegen die Deutschen zu kämpfen. Sie unterstrichen, dass sie durch die Integration in eine Partisanengruppe eine aktive Haltung einnehmen konnten und handlungsfähig wurden: Der polnische Überlebende Kalmen Wewryk, ein Tischler aus Chełm und zum Zeitpunkt des Aufstands 37 Jahre alt, irrte nach dem Ausbruch aus dem Lager längere Zeit allein herum, wurde vielfach denunziert und stand am Rande des psychischen und physischen Zusammenbruchs. Er suchte beharrlich nach Partisanen. Wewryk betonte, er sei von allen als Opfer betrachtet worden, das jeder straflos töten könne. Das änderte sich, als er eine Waffe in die Hand bekam:

The whistle of flying bullets was music to my ear. [...] For a long time I was lower than a cockroach on this earth. I was fair game for virtually everybody, soldier and civilian alike. My life was a nightmare peopled by squealers and bandits. And now I was hitting back! Yes, I might fall, but it would be in a battle, while I was repaying a long overdue debt to the Germans and their collaborators. For the first time in a very long while I was happy. [31]

Die unvorstellbaren Qualen, die Wewryk und seine Kameraden in Sobibór erlitten hatten, die Ermordung ihrer Familien, Freunde, Nachbarn, die sie

---

[29] *Blatt:* Schatten, 211 f.
[30] *Freiberg*, Dov: To Survive Sobibór. Jerusalem 2007, 310.
[31] *Wewryk*, Kalmen: To Sobibór and Back. An Eyewitness Account. Montreal 1999, 90.

buchstäblich hautnah miterleben mussten, brachten ihn zu drastischen Aussagen: „We hunted those uniformed Germans like rabbits. Many of them had been wounded in the explosion, but they still tried to escape. The Aryan supermen bled like pigs! Don't let anybody tell you otherwise – revenge is sweet!"[32]

Es ist durchaus berechtigt, mystifizierende Darstellungen des bewaffneten Widerstands und die Ikonisierung der „Waffe in der Hand" zu kritisieren. Doch aufgrund der Leidensgeschichte und der Gewissheit, von den Nationalsozialisten oder einheimischen Antisemiten getötet zu werden, erscheint die existenzielle Bedeutung des Sich-Wehren-Könnens und selbst des Sterbens in einem Kampf als Subjekt vollkommen nachvollziehbar. Jede Waffe der jüdischen Partisanen war zumeist unter Lebensgefahr erbeutet worden und bedeutete eine Garantie, selbst über den eigenen Tod bestimmen zu können. Der 23-jährige Maler Mordechaj Goldfarb aus Piaski war nach dem Aufstand mit dem 17-jährigen Schüler Jehuda Lerner aus Warschau gemeinsam im Wald. Zu seiner Zeit als Partisan schrieb er: „Über meine Erlebnisse im Wald kann ich sogar mit Vergnügen sprechen, es war schon nicht mehr so ein Albtraum wie im Lager. Ich hatte eine Waffe, ich konnte mich verteidigen, ich konnte im Kampf sterben, nicht in einer Gaskammer."[33]

Für die Gruppe sowjetisch-jüdischer Kriegsgefangener, insbesondere für einen Offizier wie Sascha Petscherski, den militärischen Anführer des Aufstands, stellte sich die Lage anders dar: Für sie als (loyale) Soldaten der Roten Armee existierte keine andere Option, als sich unverzüglich wieder in den Kampf gegen die deutschen Faschisten einzureihen. Das hieß, sich den sowjetischen Partisanen anzuschließen und in das Gebiet östlich des Bugs zu wechseln. Dies galt für Petscherski genauso wie für Aleksej Waizen und Arkadij Wajspapir, für Boris Taborinskij, Michal Ickowicz, Boris Cybulski und andere, die später im Kampf fielen.

Begegnungen mit der Armia Krajowa

14 Aufständische berichteten von Begegnungen mit der AK, die Toivi Blatt als „nicht-linksgerichtete polnische Partisanen" bezeichnete. Neun Aufständische wurden dabei ihrer Waffen beraubt und/oder ihre Kameraden getötet. Der damals 50-jährige Kaufmann Hersz Cukierman beschrieb folgende Situationen:

Es flohen aus Sobibór ungefähr 350 Juden. Im Wald traf ich meinen Sohn. Wir wanderten einige Tage umher, wir stießen auf keine Partisanengruppe. Wir teilten uns in kleine Gruppen. In meiner Gruppe waren zehn Männer, davon zwei Köche, mit denen ich in der [Lager-] Küche gearbeitet hatte, mit Szlojme Goldsztajn und dem bekannten Icek Rosenberg aus Wysoka. Szlojme Goldsztajn wurde zusammen mit zwei Juden aus Holland und mit

---

32 *Ebenda*, 92.
33 Bericht Mordechaj Goldfarb. YVA, O3/2212, Bl. 29.

noch einem Burschen aus Polen am zweiten Tag nach der Flucht bei dem Städtchen Sawin, zwischen Włodawa und Chełm von AK-Leuten erschossen. [...] In der Freiheit gab es kein Leben für uns. Wir hatten nichts, wo wir wohnen, wo wir übernachten konnten. Von unserer Gruppe gingen alle weg, ich blieb mit meinem Sohn übrig. [...] Wir irrten sieben Wochen bis Dezember 1943 zwischen den erwähnten Dörfern herum. Ich nahm Kontakt mit einem Katholiken bei Kurów auf, ich blieb bei ihm bis zum 13. Mai 1944. Unbemerkt[34] kamen AK-Leute zu ihm, sie wollten uns ermorden, es gelang uns aber zu fliehen. Wir zogen in eine andere Region um. Mein Sohn entschloss sich, nicht mehr länger bei Bauern herumsitzen zu wollen, und fand auch für mich einen anderen Platz. Und dieser Bauer wies meinem Sohn den Weg zu einer jüdischen Partisanengruppe.[35]

Cukierman beschrieb, dass sie zunächst keine Partisanen fanden, sie also nach ihnen suchten. Die Gefahr, die die AK für die jüdischen Überlebenden darstellte, wird durch weitere Zeugnisse bestätigt. Jehuda Lerner[36] berichtet, AK-Mitglieder hätten noch nach der Befreiung 1945 in Radom, wo er für die Polizei arbeitete, auf ihn geschossen. Eliahu Liberman, kein Aufständischer von Sobibór, aber Mitglied der jüdischen Partisanengruppe unter dem Kommando von Chil Grynszpan[37], ließ sich nach dem Eintreffen der Roten Armee vom Dienst befreien. Viele Juden, schrieb er, hätten das gemacht, da sie zunächst ihre Angehörigen suchen wollten. Liberman fuhr in seine Heimatstadt Parczew, wo er niemanden vorfand. Dennoch blieb er. Zuerst, so Liberman, sei es ruhig gewesen, aber dann sei ein AK-Untergrund entstanden. Es hätte Überfälle auf Städte und Dörfer gegeben und – was er als das Schlimmste bezeichnete – sie hätten die Juden, die sich vor den Deutschen hatten retten können, angegriffen. Ehemalige, aus der Sicht der neuen Regierung politisch zuverlässige, Partisanen wurden mobilisiert und Liberman als Kommandant zum Schutz von Parczew abgestellt. In dieser Funktion war er ständigen Attacken der AK ausgesetzt. Gegen Ende 1945 überfiel eine Gruppe von etwa 100 AK-Leuten den Ort. Es entwickelte sich eine regelrechte Schlacht. Die AK ermordete drei Juden und plünderte jüdische Wohnungen. Liberman selbst konnte sich verstecken. Danach blieb praktisch kein Jude mehr vor Ort.[38]

---

[34] Hier ist der Zusammenhang im Zitat unklar.

[35] Bericht Hersz Cukierman. AŻIH, 301/1187, Bl. 8. Arbeitsübersetzung aus dem Jiddischen ins Polnische.

[36] Bericht Jehuda Lerner, in: *Bruder*, Franziska: Hunderte solcher Helden. Der Aufstand jüdischer Gefangener im NS-Vernichtungslager Sobibór. Hamburg, Münster 2011, 81–91, hier 89.

[37] Chil Grynszpan stammte aus Sosnowice bei Włodawa; er gründete zusammen mit fünf bis sechs weiteren Juden und geflüchteten sowjetischen Kriegsgefangenen eine Partisaneneinheit. Diese wuchs von 40 auf 80 und schließlich bis auf 300 Partisan/innen an. Grynszpans Einheiten wurden in die GL integriert, siehe *Ainsztein*, Reuben: Jüdischer Widerstand im deutschbesetzten Osteuropa während des Zweiten Weltkrieges. Oldenburg 1993, 193 f.

[38] Bericht Eliahu Liberman. YVA, O3/1824, Bl. 23 f.

Das Verhältnis der AK zu Juden wurde bereits von Zeitgenossen kritisch diskutiert. Bis heute argumentieren viele polnische Historiker, dass die AK-Einheiten Juden nicht als solche, sondern als Vertreter der drohenden kommunistischen Besatzer angegriffen hätten. Zweitens behaupten sie, dass häufig nur Berichte jüdischer Überlebender herangezogen würden. Das erste Argument steht in der langen Tradition des Juden-Kommune-Stereotyps, das die Juden ab den 1920er Jahren für Kommunismus, die Politik der Sowjetunion bzw. der sowjetischen Partisanen verantwortlich machte. Die Führung der AK hatte unter dem Kommando von Tadeusz „Bór"-Komorowski am 15. September 1943 einen Befehl erteilt, man müsse gegen Plünderer und Mörder vorgehen. Explizit genannt wurden sowjetische Partisanen und „Männer und Frauen, speziell Jüdinnen".[39] Dieser Befehl verweist auf die Konkurrenz, die unter Partisanengruppen angesichts der knappen Ressourcen herrschte. Er verdeutlicht jedoch auch, dass es eine enge Kopplung zwischen sowjetischen Partisanen sowie Juden gab bzw. diese hergestellt wurde, und keine Sensibilität für die Not der Juden existierte, die sich bewaffnet Lebensmittel beschaffen mussten, um zu überleben. Mit diesem Befehl hatten AK-Einheiten die Rückendeckung, massiv gegen Juden vorzugehen. Das zweite Argument fordert zu Recht ein, kritisch zu hinterfragen, ob es sich bei jeder AK-Einheit, die von Überlebenden benannt wurde, tatsächlich um eine solche handelte. Barbara Engelking merkt an, dass viele Überlebenden die polnischen Untergrund-Strukturen nicht differenzierten, da sie einfach nicht immer erkennen konnten, vom wem sie angegriffen wurden.[40] In der Tat gab es „wilde" Gruppen, die sich als AK ausgeben konnten. Im Raum Lublin war die Zahl der Morde sehr hoch und Juden wurden vermutlich oft aufgrund des „Juden-Kommune"-Stereotyps ermordet oder aus schlichter Geldgier, motiviert durch das antisemitische Stereotyp, dass Juden viel Geld besitzen müssen.

Die zahlreichen Morde der AK auch nach dem Krieg, wie an einer führenden Person des Aufstands in Sobibór, dem Rabbiner-Sohn Leon Feldhendler aus Żółkiewka, brachte Aufständische wie dessen Freund Samuel Lerer zu der Aussage: „Die Polen waren die Schlimmsten."[41] Diese Aussage spiegelt den tiefen Schmerz, von vielen Polen (den Nachbarn) nicht unterstützt, sondern sogar mit zuweilen tödlichem Hass antisemitisch angefeindet worden zu sein.

Vier Aufständische von Sobibór, die Brüder Symcha und Fiszel Białowicz sowie Aron Licht und Meir Ziss, waren wahrscheinlich eine Zeitlang in AK-Einheiten organisiert. Sie sagten aus, sie hätten bei „polnischen Partisanen"

---

39 *Krakowski:* War of the Doomed, 14.
40 *Engelking:* Taki piękny słoneczny dzień, 177.
41 Interview mit Samuel Lerer in Hagen 1983. In: *Instituut voor oorlogs-, holocaust- en genocidestudies* (Hg.): sobiborinterviews.nl. URL: http://www.sobiborinterviews.nl (am 5.2.2015).

gekämpft, ohne diese jedoch eindeutig zu benennen. Dies hängt wahrscheinlich damit zusammen, dass die AK bei Überlebenden durchweg negativ besetzt war.[42] Es fehlen auch Informationen, ob in den AK-Einheiten bekannt
war, dass sie Juden waren, oder ob sie dies absichtlich verbargen bzw. wie mit
ihnen umgegangen wurde.

Manche Juden betonten, dass die Haltung der jeweiligen lokalen AK-
Kommandeure entscheidend war. Im Falle des jüdischen Partisans Tuwia
Miller, der eine Gruppe in den Wäldern bei Parysów befehligte, warnte ihn
ein Kommandant der AK, er habe Befehl, sie zu liquidieren, sie müssten verschwinden.[43]

Begegnungen mit der Gwardia Ludowa/Armia Ludowa

Fünf Überlebende schildern eine Begegnung mit der GL/AL. Einige wurden
Mitglied, wie etwa der 19-jährige Aron Szymel, der zunächst in seine Heimatstadt Chełm gegangen war und dort in Kontakt zur AL kam[44], oder Mosze
Merenstein[45], der gemeinsam mit anderen in den Sawinski-Wäldern auf die
Abteilung der AL unter Führung des kommunistischen Kommandanten Leon Radecki stieß. Merenstein, damals 44 Jahre alt, Landwirt aus einem kleinen Ort bei Krasnystaw, schilderte 1946, dass der Kommandant ihn zunächst
streng hinsichtlich seiner Identität und Geschichte befragte, um zu prüfen, ob
er ein deutscher Spion sei. Da man ihn für glaubwürdig hielt, wurde er in die
Gruppe integriert und nahm an Kampfaktionen teil. Er war ein gleichberech-
tigtes Mitglied der Gruppe. Dies sind Beispiele für den solidarischen Umgang
der AL mit jüdischen Überlebenden.

Dies bedeutet jedoch nicht, dass Juden bei der AL nicht mit antisemitischen Stereotypen konfrontiert wurden. So schilderte Mietek Gruber, dass
sich seine zirka 50 Mann starke Gruppe wohl im Sommer/Herbst 1943 – seine Erinnerungen sind zeitlich nicht präzise – mit einer AL-Gruppe zusam-
mentat. Am Anfang, so Gruber, seien die polnischen Kameraden skeptisch
gewesen, da Juden in ihren Augen Feiglinge waren, die nur den Krieg überleben wollten. Dann aber hätten sie gemerkt, dass die Juden mit dem Gewehr
umgehen konnten, und behandelten sie in der Folge wie die eigenen Leute.
Und dennoch, so beendet Gruber diesen Abschnitt, sei man in der jüdischen
Gruppe der Ansicht gewesen, man müsse sich als Juden organisieren, denn
falls die Deutschen in einer Auseinandersetzung die Übermacht bekämen,
könnten sich die Polen zurückziehen und irgendwo bei polnischen Unterstützern verstecken, was Juden nicht möglich war. Sie als Juden hätten keine

---

[42] Siehe unter anderem Interview mit Meir Ziss 1983/Hagen. In: *Ebenda*. URL: http://
www.sobiborinterviews.nl (am 5.2.2015).
[43] Bericht Tuwia Miller. YVA, O3/2078, Bl. 16.
[44] Bericht Aron Szymel (Leon Cymiel). AŻIH, 301/6397.
[45] Bericht Mosze Merenstein. AŻIH, 301/1292 und 301/2785.

Alternative zum Kampf gehabt, und daher seien auch so viele von ihnen gestorben.[46]

Chil Grynszpan hatte mit dem Nachfolger des im Kampf gefallenen Kommandierenden der AL, Aleksander Skotnicki „Zemsta" (Rache)[47], Mikołaj Meluch, große Probleme, da er unter anderem weder das Familienlager in die Strategie einbeziehen noch Frauen in den Kampfeinheiten akzeptieren wollte. Er verließ aus diesem Grunde die AL und machte sich temporär wieder mit seiner Einheit selbständig.[48]

Kontakte zu jüdischen Partisanen

Neun der 42 Sobibór-Aufständischen trafen in den Parczewer Wäldern auf jüdische Partisanen und schlossen sich ihnen an. Mordechaj Goldfarb und Jehuda Lerner stießen auf die Gruppe von Chil Grynszpan. Weitere Aufständische kamen dazu, wie der 35-jährige Schuster Icchak Lichtman aus Żółkiewka, seine spätere Frau, die 27-jährige Erzieherin Eda Lichtman aus Wieliczka bei Kraków, die gemeinsam mit der 17-jährigen Deutschen Ulla Stern und der Holländerin Ketti Gokkes nach der Flucht aus dem Lager zusammengeblieben waren. Im Frühjahr 1944 stießen der Sohn von Hersz Cukierman, Jona Cukierman, sowie der 18-jährige Aizyk Rotenberg aus Włodawa zu Chil.[49] Eda Lichtman schilderte den Beginn so:

Ulla hatte stark geschwollene Beine, sie willigte daher ein, für eine Weile dort [in einem Haus, die Autorin] zu bleiben, während ich und Ketti Lebensmittel besorgen würden. Kaum hatten wir ein kleines Stück vom Haus entfernt, als wir den Befehl „Halt" [im Original deutsch] hörten, „Stehen bleiben". Uns gegenüber, einige Dutzend Meter entfernt standen zwei Männer in Schafspelzen mit Gewehren, die sie auf uns gerichtet hatten. „Was sollen wir machen, lass uns fliehen", sagte Ketti. „Nein, es hat keinen Sinn zu fliehen, bleiben wir stehen, was kommt, kommt." Die Männer näherten sich uns mit schnellen Schritten. „Aber das sind ja gar keine Deutschen", flüsterte Ketti. Und wirklich waren es zwei jüdische Partisanen, Szeftel und Alber. Während einer Razzia, bei der die Deutschen 72 Menschen ermordet hatten, flohen sie in die Wälder bei Parczew. Nun kehrten sie dahin zurück. Die örtlichen Bauern erzählten ihnen, dass sich seit einigen Tagen drei Frauen im Wald befänden, also gingen sie davon aus, wir seien Überreste ihrer Gruppe, und suchten nach uns. Wir machten uns sofort auf den Rückweg zu der Hütte, um Ulla zu holen. Dort hörten wir Schreie. Der Alte hatte eine Axt ergriffen und wollte Ulla töten. Mit Glück waren wir noch rechtzeitig gekommen. Wir wanderten nun alle zusammen zum Wald, wo zwei Männer,

---

[46] Bericht Mieczysław Gruber. YVA, O3/3280, Bl. 15.

[47] Aleksander Skotnicki war Jude, dies war jedoch zu der Zeit nicht bekannt.

[48] *Krakowski:* War of the Doomed, 53 f. Grynszpan schloss sich einer Einheit sowjetischer Partisanen an, die zu der Zeit in den Wäldern eintraf. Die Angelegenheit wurde von der AL-Spitze untersucht und Meluch abgesetzt.

[49] Der circa 22-jährige Jefim Litwinowski aus Kujbyszew (Samara) soll auch mit seinem Kameraden Cadyk Lewin aus Kaunas zu der Gruppe von „Chil" gestoßen sein. Region und Zeitpunkts lassen vermuten, dass es sich um eine Gruppe von Chil Grynszpan handelte, siehe *Vilenskij/Gorbovickij/Teruškin:* Sobibor, 143–144.

zwei Frauen und das Söhnchen von Szeftel warteten. Nach den vielen Abenteuern zogen wir nun zu den Parczewer Wäldern. Hier trafen wir uns mit einer stattlichen Gruppe jüdischer Partisanen, unter denen sich auch ehemalige Gefangene aus unserem Lager befanden: Towie aus Belgien, Friedja aus Russland und Icchak (mein Mann). Eine neue Epoche begann. Schnee fiel und bedeckte schon mit einer dicken Schicht die Erde. Hier im Wald machte man ein Feuerchen, an dem man sich wärmen konnte. Es wurde eine warme Mahlzeit gekocht und man konnte sich satt essen. *Was aber am wichtigsten war: unter den eigenen Frauen zu sein und Kameraden zu haben* [Hervorhebung der Autorin].[50]

Eda Lichtman beschreibt ein Spezifikum jüdischer Partisanengruppen: In beinahe jedem Bericht liest man, dass sich jüdische Partisanen, sobald sie von Überlebenden hörten, auf die Suche nach ihnen machten und zu integrieren versuchten. Sie gingen davon aus, dass nach der Vernichtung der Lager und Ghettos nur die wenigsten Juden überlebt hatten und daher um jedes Leben gekämpft werden müsste. Eliahu Liberman beschrieb dies so: „Ich weiß noch, dass uns in dieser Zeit besonders die Hilfe für andere Juden am Herzen lag. Für die, die sich versteckten, und für die, die in den deutschen Lagern in unserer Umgebung waren."[51]

Ein weiteres Spezifikum ist die Doppel-Struktur, die viele jüdische Partisanen und auch Chil Grynszpan angesichts der vollständigen Vernichtungspolitik gegenüber den Juden aufbauten: Es existierten Familienlager, in denen vor allem Frauen, Kinder und ältere Menschen, die nicht kampffähig waren, lebten, sowie Kampfgruppen, zu denen sowohl Männer als auch Frauen zählten. Chil Grynszpan versprach beispielsweise der 20-jährigen Pnina Knopfmacher aus Włodawa, die 1943 in den Wald gegangen war und mit Grynszpan kämpfte, ihre Mutter und Schwestern in das Familienlager nachzuholen.[52] Dazu kam es nur deshalb nicht, da an dem vereinbarten Tag das Lager, in dem sich ihre Familie aufhielt, vernichtet und alle Juden ermordet wurden.

Die Familienlager waren nicht unumstritten, weder bei den jüdischen Partisanen noch bei ihren Bündnispartnern, den sowjetischen Partisanen. In den Parczew-Wäldern gab es einen Konflikt zwischen den Gruppen von Nachum Knopfmacher und Mosze Lichtenberg. Letzterer hatte eine Vereinigung angeboten, Knopfmacher machte aber zur Bedingung, dass auch die Familien in den Wald kommen müssten, was Lichtenberg ablehnte:

Er erklärte mir, jeder seiner Leute habe auch Familie, er hingegen sei allein, unsere Sache sei es jetzt zu kämpfen und uns zu rächen und nicht unsere Familien zu retten. Meine Antwort lautete: Wichtiger ist es, unsere Leute zu retten als Deutsche zu töten. Wir gingen auseinander, ohne uns einigen zu können.[53]

---

50 Bericht Eda Lichtman. YVA, 03/1291, Bl. 62 f.
51 Bericht Eliahu Liberman. YVA. O3/1824, Bl. 11. Sie planten, Juden aus dem Lager Trawniki zu befreien.
52 Bericht Pnina Knopfmacher. YVA, O3/2210, Bl. 16.
53 Bericht Nachum Knopfmacher. YVA, O3/1787, Bl. 31. Zu den Konflikten um die Familienlager siehe *Arad*: Jewish Family Camps, 334.

Cwi Issler, der bei den Bielski-Brüdern als Arzt tätig war, sprach den Versorgungs- und Verteilungs-Konflikt an: Sowohl die sowjetischen Partisanen als auch die jüdischen Partisanen, insbesondere deren großes Familienlager, benötigten viele Lebensmittel, die sie bei der einheimischen Bevölkerung akquirierten.[54] Viele Bauern hatten aber selbst nicht mehr genug, es war daher zu befürchten, dass sich selbst partisanenfreundliche Bauern gegen den Abgabezwang stellen könnten.[55]

In den dieser Untersuchung zugrunde liegenden Berichten ehemaliger Partisanen der Gruppe Chil erwähnt nur Eliahu Liberman die Sobibór-Aufständischen. Es seien viele bei ihnen gewesen, so Liberman, viele seien im Wald bei den Partisanen gestorben. Vor allem erinnerte er sich an die holländischen Jüdinnen: Es waren vielleicht vier oder fünf, und sie waren jung, vielleicht 18 bis 20 Jahre alt, notierte er, sie hätten alles mitgemacht, sowohl gekocht als auch an Aktionen teilgenommen.[56] Bei den jüdischen Partisanen war es üblich, dass Frauen bewaffnet kämpften – dies kann damit zusammenhängen, dass in der politischen Vorgeschichte einiger Kommandeure Frauen gleichberechtigt organisiert gewesen waren. So bei Mieczysław Gruber, der in seiner Jugend beim linkszionistischen Hashomer Hatzair war. Zum anderen förderte die existenzielle Bedrohung eine pragmatische Herangehensweise: Alle, die konnten und wollten und die körperlichen wie psychischen Eigenschaften mitbrachten, durften bzw. mussten mitkämpfen. Dies betraf in den Familienlagern sogar 14-Jährige, die schießen lernten und bewaffnet für die Wache eingeteilt wurden.[57]

Abschließend sei noch einmal Mietek Gruber zitiert: Er kam Anfang 1944 in die Parczewer Wälder, wo er auf Chils Gruppe traf. Er war fasziniert, dass Chil eine Gruppe sehr aktiver junger Männer um sich geschart hatte. Sie alle stammten aus den umliegenden Dörfern, und sie waren Juden. Obwohl sie keine Soldaten waren, „gingen sie ohne Zögern ins Feuer"[58]. So etwas hätte er, selbst ehemaliger Soldat und Kriegsgefangener, noch nicht gesehen. Niemand habe sie aufhalten können. Er habe unterstützt, dass sich die Juden zusammentun, und seine ganze Gruppe habe das getan. Ihre Partisanenabteilung hieß Chil, das zeigte ihren jüdischen Charakter und die Bauern in der Umgebung wussten das. Gruber war es sehr wichtig, dass sie als Kämpfer mit ihrer jüdischen Identität wahrgenommen wurden.

---

54 Bisweilen konnten sie auch die Transporte überfallen, auf denen die Zwangsabgaben für die deutschen Besatzer transportiert wurden.
55 Bericht Cwi Issler. YVA, O3/1786, Bl. 32.
56 Bericht Eliahu Liberman. YVA, O3/1824, Bl. 17f.
57 Bericht Efim Szypiacki. YVA, O3/1288, Bl. 15. Er reorganisierte ein Familienlager bei Wołkowysk/heutiges westliches Belarus, östlich von Białystok.
58 Bericht Mieczysław Gruber. YVA, O3/3280, Bl. 17f.

Kontakte zu sowjetischen Partisanen – „Anlehnungsmacht"?

Teile von Chils Gruppe, in der sich auch Eda und Icchak Lichtman befanden, wechselten Weihnachten 1943 auf die östliche Seite des Bug bei Brest, die sie als sicherer einschätzten. Dort stießen sie auf eine Aufklärungsabteilung der Woroszylow[59]-Einheit. Generell wurden nicht alle Anwärter bei den sowjetischen Partisanen aufgenommen. In der Regel waren eine Waffe, eine militärische Vorbildung, gute Ortskenntnis oder ein für die Truppe nützlicher Beruf die Voraussetzung:

Hier waren die Leute über Icchak sehr erfreut, weil er Schuster war und so einen brauchten sie unbedingt. [...] Man teilte uns den Familien zu, die mit ihrem ganzen Hab und Gut aus den bei den Wäldern gelegenen Gehöften und Siedlungen hierher gekommen waren. [...] Wir lebten hier mit einigen ukrainischen Familien, die zahlreiche Kinder hatten, kleine und große. Mit uns zusammen wohnte ein junger jüdischer Bursche, Jurek. Trotz seiner Jugend war er mutig, und man setzte ihn für sehr riskante verantwortliche Aufgaben ein. Meine Mitbewohner unterhielten sich auf Ukrainisch und Russisch. Ich verstand nichts und litt darunter.[60]

Auch bei einigen sowjetischen Partisanen gab es Familienlager – in einem dieser Lager wurde Eda Lichtman vor allem zu Versorgungsarbeiten eingesetzt.

Andere Jüdinnen aus Sobibór wie die 19-jährige Hela Weiss aus Lublin kämpften auch in Kampfabteilungen der Partisanen und der Roten Armee mit.[61]

Eventually we found them, and I joined the famous Partisan Brigade called: The Prokupyuk Brigade. At first, they imposed some difficult assignments, in order for them to determine our courage and devotion. Only then did we get regular warfare duty. During the course of my service at the Partisans Brigade, I won two medals: 'The bravery' medal and the 'Red Star' medal, and five decorations for participating in combats: the first one I received on October 1, 1944 for my participation in the combat in the Carpathian mountains, the second one – on November 26, 1944 – for my participation in the combat on Michalovce Humenne, the third decoration I received on January 20, 1945 for participating in the combat for conquering the cities of Preshov and Kosice, the fourth one for the conquering of Moravska Ostrava and the fifth decoration I received on May 8, 1945 – the day of signing the cease fire treaty and for my participating in the last combats of World War II.[62]

Aus diesem Zitat spricht der deutliche Stolz der jungen Jüdin auf ihre Teilnahme an Einsätzen im Krieg gegen die Deutschen.

Allerdings schildert Mietek Gruber eine Kontroverse nach der Vereinigung mit den sowjetischen Partisanen, weil diese keine Frauen in den

---

59 Polnische Schreibweise des russischen Namens Vorošilov.
60 Bericht Eda Lichtman. YVA, 03/1291, Bl. 66 f.
61 Interview mit Hela Felenbaum-Weiss von 1983. URL: http://www.sobiborinterviews.nl (am 12.9.2014). Sie war in dieser Einheit gemeinsam mit Abraham Margulies.
62 *Felenbaum-Weiss*, Hela: From Lublin to Sobibór. In: Novitch, Miriam: Sobibór. Camp of Death and Revolt. Tel Aviv 1979. Übersetzung aus dem Polnischen ins Englische. URL: http://www.theverylongview.com/WATH/testimonies/lublin.htm (am 18.2.2015).

Kampfeinheiten zulassen, sondern sie ins Familienlager delegieren wollten. Sowohl Gruber als auch Chil bestanden darauf, dass Frauen auf allen Positionen eine wichtige Rolle spielten, und sie konnten sich durchsetzen.[63]

Eda Lichtman sprach indirekt den Antisemitismus bei den sowjetischen Partisanen an[64]:

> Ich ging dann zur Arbeit in der Küche. Verschiedene Vorfälle gab es dort. Ich war die einzige Jüdin in unserer Abteilung. [...] Kurz vor Ende des Krieges, als sich die Rote Armee den Wäldern näherte, in denen wir stationiert waren, trafen dort auch andere Partisanenabteilungen wie Dziada Pietja, Czarni und Wanda Wasilewska ein. In allen Abteilungen waren jüdische Kämpfer, viele verbargen das aber.[65]

Lichtmans Biografie ist exemplarisch: Viele jüdische Partisanenabteilungen und alle Einheiten der Armia Ludowa der Region vereinigten sich im Winter 1943/1944 und Frühjahr 1944 mit den vorrückenden sowjetischen Partisaneneinheiten. So kam es zu der verhältnismäßig hohen Anzahl von 16 Aufständischen, die sowjetischen Partisanenverbänden beitraten. Neben den bereits genannten, die zunächst auf jüdische Partisanen oder eine AL-Einheit trafen, war dies die Gruppe sowjetischer Kriegsgefangener um Sascha Petscherski, die zielsicher den Bug überquerte und sich bereits acht Tage nach dem Aufstand in Sobibór sowjetischen Partisanen bei Brest anschloss.

Die Ankunft der regulären sowjetischen Partisanengruppen bzw. die Reorganisierung bestehender „wilder" Gruppen durch sowjetische Abgesandte, die unter einheitlichem Kommando aus Moskau standen, wird in den Berichten der Aufständischen und vor allem der jüdischer Partisanen, die die Entwicklung seit Herbst 1942 miterlebt hatten, als ein entscheidender Wendepunkt und sehr positiv dargestellt. Mietek Gruber beispielsweise schrieb, seit Anfang 1944 hätte seine Gruppe ein „richtiges" Partisanenleben gelebt, Pferde und Autos besessen und sich am Tag frei bewegen können.[66] Und Eliahu Liberman bekundet:

> Die Zeiten, in denen unorganisierte Pseudo-Partisanenbanden in den Parczew-Wäldern herumstrolchten, waren vorbei. Jetzt, 1943–1944 existierte eine stärkere Disziplin und Ordnung. In diesen Wäldern waren wir einige Tausend. Viele von uns starben, aber es kamen auch viele neue dazu. [...] Unsere Partisanen-Abteilungen der Armia Ludowa [taten] alles, um einen gemeinsamen Kampf gegen die Deutschen zu führen, als eine gemeinsame polnisch-jüdische-russische Partisanenarmee.[67]

Mit dem Zurückweichen der deutschen Front und der Ankunft der sowjetischen Partisanen veränderte sich das Kräfteverhältnis vor Ort enorm – die

---

[63] Bericht Mieczysław Gruber. YVA, O3/3280, Bl. 24 f.
[64] Aus anderen Berichten geht hervor, dass der Antisemitismus lebensgefährlich werden konnte. Auch Arad nennt verschiedene Beispiele, in denen Juden von sowjetischen Partisanen ermordet wurden. Siehe *Arad*: Jewish Family Camps, 346.
[65] Bericht Eda Lichtman. YVA, 03/1290, Bl. 67.
[66] Bericht Mieczysław Gruber. YVA, O3/3280, Bl. 17.
[67] Bericht Eliahu Liberman. YVA, O3/1824, Bl. 13 f.

einheimische Bevölkerung verhielt sich notgedrungen offener. Die jüdischen Partisanen erschienen nun als offizieller Teil einer offensiven Großmacht. Die Verluste waren zwar weiterhin groß, da nun auch deutsche reguläre Truppen gegen die Partisanen in den Wäldern zum Einsatz kamen, um den Rückzug abzusichern. Aber das Leben und Kämpfen veränderte sich grundlegend. Gruber spricht die Bewegungsfreiheit am helllichten Tag an, andere betonen die verbesserte Ausrüstung – Waffen, Radio- und Funkstationen, Autos, Pferde, Kühe, bessere Hütten und Kleidung.[68]

Gemeinsam mit den sowjetischen Partisanen und der vorrückenden Roten Armee gab es endlich die reale Perspektive, die Mörder der eigenen Familie besiegen und sich eine Lebensperspektive erkämpfen zu können. Das war in dieser Phase sicherlich der zentrale Punkt.

Resümee

Partisanenkampf existiert nur, wo es die geografischen Voraussetzungen sowie eine sympathisierende Umgebung gibt und die Herrschaft des Gegners, in dem Fall die deutsche Besatzungsmacht, als illegitim betrachtet wird. Diese wurde aufgrund ihrer rassistischen, terroristischen Besatzungspolitik zweifelsohne abgelehnt und gehasst. Polnische und sowjetische Partisanen erfuhren daher trotz der Angst vor der Repression der Deutschen breite Unterstützung.

Juden in Ostpolen begannen ihren Überlebenskampf im Wald aber inmitten einer Bevölkerung, die ihnen mehrheitlich die Unterstützung versagte. Zu deren Angst vor den Deutschen kam der weitverbreitete Antisemitismus, und dass man im Zweifelsfall eher die so verstandenen „eigenen" Leute, also den polnischen Untergrund unterstützte. Unterstützung durch zentrale einflussreiche politische Kreise erfuhren die Juden nicht. Die größte polnische Untergrundorganisation, die Armia Krajowa, kämpfte eher unter dem Eindruck des Stereotyps von der „Juden-Kommune" und ohne Verständnis für deren existenzielle Notlage gegen Juden, die im Wald lebten. Gute Kenntnisse der regionalen Strukturen und ein Zugang zu verlässlichen Bündnispartnern bei den Bauern sowie Kontakte zu den Partisanengruppen der Armia Ludowa/Gwardia Ludowa, entschieden darüber, ob Juden die erste Phase im Wald überstehen konnten. Diese Keimzellen der jüdischen Partisanen entschieden sich gegen alle Widrigkeiten nicht aufgrund einer verbindenden Idee oder einer spezifischen politischen Überzeugung für den Kampf, sondern mit dem unbedingten Willen, der Vernichtung zu entkommen und aktiven Widerstand leisten zu wollen. Dafür steht das geflügelte Wort „Jeder Tod ist besser

---

[68] Arad widerspricht, diese Phase sei kein Wendepunkt gewesen, da die vorrückenden Einheiten häufig die bewaffneten Männer in die Kampfgruppen integriert oder die Waffen konfisziert und die Familienlager de facto im Stich gelassen hätten, siehe: *Arad*: Jewish Family Camps, 349.

als der in der Gaskammer", das sich in vielen Berichten findet. Wenn sich diese Gruppen etablieren bzw. im Windschatten von Partisanengruppen halten konnten, brachten die ab Winter 1943/44 gut organisierten sowjetischen Partisanen unter dem koordinierenden Oberbefehl aus Moskau die entscheidende Wende. Zwar sahen sich die Juden auch da noch mit Antisemitismus konfrontiert, aber es wurde deutlich, dass mit dieser „Anlehnungsmacht" ein Sieg über die Mörder ihrer Familien möglich wurde.

Die Geschichte dieser jüdischen Partisanengruppen zeigt, dass sie durch Entstehungsgeschichte, Motivation, innere Struktur und spezifische Probleme aufgrund des Antisemitismus von vorherrschenden Interpretationen von Partisanenbewegungen nicht erfasst werden.

Ulrike Lunow

HELDEN UND BEDÜRFTIGE

Widerstandskämpfer in der Tschechoslowakei und Frankreich nach dem
Krieg als Akteure und Objekte von Geschichts- und Sozialpolitik

Bereits während des Zweiten Weltkrieges kämpften diverse Widerstandsbewegungen, Exilregierungen und die alliierten Streitkräfte nicht nur für die Befreiung von der deutschen Besatzung und die Zerschlagung des NS-Regimes, sondern auch für die politische Neuordnung Europas. Divergierende Vorstellungen von einer weitgehenden Wiederherstellung des *Status quo ante* bis hin zu Forderungen eines vollständigen politischen und sozialen Neubeginns spalteten viele europäische Gesellschaften, wie auch die hier zur Debatte stehende französische und tschechoslowakische. Die Widerstandskämpfer/innen[1] spielten in diesem allgemeinen Prozess eine herausgehobene Rolle, sowohl als aktive politische Subjekte, die das Schicksal ihres jeweiligen Landes in ihrem Sinne zu formen versuchten, wie auch als politisch bedeutsame Projektionsflächen, mithin als Objekte von unterschiedlichen politischen Maßnahmen und Instrumentalisierungen.

Der folgende Beitrag geht beiden Dimensionen der Nachkriegsgeschichte der Widerstandskämpfer[2] nach: Zum einen wird danach gefragt, welche Gruppen als legitimatorische Grundlage des Neubeginns und der heroischen nationalen Mythenbildung in der Geschichts- und Sozialpolitik bevorzugt wurden. Gleichzeitig sollen auch Aspekte ihrer eigenen politischen Agenden in die Darstellung einbezogen werden. Anhand einiger Entwicklungslinien

---

[1] Um der besseren Lesbarkeit willen wird darauf verzichtet, durchgängig von Widerstandskämpfern und -kämpferinnen zu sprechen. Die sporadische Nennung der weiblichen Form soll jedoch daran erinnern, dass der Widerstand keineswegs nur männlich war.

[2] In diesem Beitrag wird der in dem Band vorherrschende Partisanenbegriff weitgehend vermieden und stattdessen von „Widerstandskämpfern" gesprochen. Dies ist vor allem dem Umstand geschuldet, dass die Partisanen in der Sozial- und Geschichtspolitik der Nachkriegszeit – wie die folgenden Ausführungen zeigen werden – analytisch kaum sauber von anderen Gruppen getrennt werden können. Zudem ist der Begriff insbesondere in Frankreich unüblich und missverständlich, wird er hier doch in seiner ursprünglichen, neutralen Bedeutung „Anhänger" gebraucht. Ausschließlich in dezidiert kommunistischen Kontexten kann der „partisan" als irregulärer, bewaffneter Widerstandskämpfer verstanden werden, während sonst parteiunabhängige Bezeichnungen wie „maquisard" oder „résistant" üblich sind.

werden durchgehend die Verhältnisse in der Tschechoslowakei mit jenen Frankreichs verglichen. Mit diesem Ost-West-Vergleich sollen Fragen nach Gemeinsamkeiten und Unterschieden im Zeitalter des Systemkonflikts untersucht werden. Ziel des Beitrags ist daher, die gesellschaftliche Stellung und die Handlungsmöglichkeiten der Widerstandskämpfer in zwei Nachkriegsgesellschaften zu bestimmen, die sich auf unterschiedlichen Seiten des alsbald errichteten „Eisernen Vorhangs" befanden.

Die machtpolitische Position der Widerstandskämpfer in der unmittelbaren Nachkriegszeit

Nirgendwo bildeten die Widerstandskämpfer eine einheitliche Gruppe. Ihre politischen und gesellschaftlichen Orientierungen und Zielsetzungen, ihre Handlungsspielräume und der entsprechende reale Einfluss waren so divers wie ihre soziale Zusammensetzung und ihre Motivationen. Diese Heterogenität spiegelt sich auch in ihrer Nachkriegsgeschichte, sodass Vorsicht geboten ist, verallgemeinernd von „den" Widerstandskämpfern zu sprechen. Vielmehr war das Milieu von Anfang an gespalten, entlang politischer Lagergrenzen, unterschiedlicher Kriegserfahrungen und aufgrund von Helden- und Opferkonkurrenzen. Die Beziehungen der Widerstandskämpfer untereinander wie auch zur Bevölkerungsmehrheit und politischen Rivalen gestalteten sich daher uneinheitlich und konfliktreich.[3] Im Folgenden wird der Versuch unternommen, einerseits dieser Heterogenität Rechnung zu tragen, gleichzeitig jedoch zu allgemeinen Aussagen über das Nachkriegsschicksal und -engagement dieser Gruppe zu kommen. Zunächst soll hierfür ihre machtpolitische Position in Frankreich und der Tschechoslowakei in der direkten Nachkriegszeit nachgezeichnet werden.

Für die Machtposition der Widerstandskämpfer/innen war in der unmittelbaren Nachkriegszeit die Trennung von In- und Auslandswiderstand von großer Bedeutung. Wie in vielen anderen ehemals besetzten Ländern hat auch ein Teil der alten tschechoslowakischen und französischen politischen Eliten den Krieg im Ausland verbracht – entweder in London, wie der Kreis um Edvard Beneš und um Charles de Gaulle, oder in Moskau, wie die Exponenten beider kommunistischen Parteien Klement Gottwald und Maurice Thorez. Mit der Befreiung seiner Länder kehrte auch der Auslandswiderstand zurück und besetzte, unterstützt von den Alliierten, die wichtigsten politischen Posten. Der Inlandswiderstand – darunter auch die irregulären Widerstandskämpfer – genoss zwar innerhalb der Bevölkerung enormes Prestige, verfügte jedoch nicht über dieselben Machtressourcen. „Gemeinsam drängten sie [die Widerstandsaktivisten im westlichen und im östlichen Exil] die

---

3 Stengel, Katharina: Einleitung. In: *Dies./Konitzer*, Werner (Hg.): Opfer als Akteure. Interventionen ehemaliger NS-Verfolgter in der Nachkriegszeit. Frankfurt am Main, New York 2008, 7–23, hier 10.

Vertreter des inländischen Widerstandes sowohl politisch als auch ideologisch in zweitrangige Positionen."[4] Dieser Befund für die Nachkriegs-Tschechoslowakei muss für Frankreich allerdings relativiert werden, waren hier doch zahlreiche Abgeordnete der ersten Nationalversammlungen ehemalige Widerstandskämpfer. Die Spitzenpositionen in den Parteien bekleideten allerdings auch im französischen Fall Repräsentanten des Auslandswiderstands.

Wie bereits zuvor waren die Beziehungen zwischen In- und Auslandswiderstand auch nach Kriegsende zwiespältig. Wurde der tatsächliche militärische Ertrag der inländischen Widerstandsbewegungen von den Exilregierungen oftmals gering eingeschätzt, bedeutete ihre Existenz gleichzeitig enormes politisches Kapital für die Legitimierung der Nachkriegsordnung. Denn die „glorification of the contribution of the resistance movements was the only basis available for a true national myth."[5] In dem Selbstverständnis, das eigene Land befreit und damit Anspruch auf Machtausübung zu haben, agierten einige Widerstandskämpfer im allgemeinen Chaos der unmittelbaren Nachkriegszeit als kaum zu kontrollierende, bewaffnete Truppen, die Gerechtigkeit und Gesetz auf eigene Art auslegten und anwandten.[6] Die Widerstandskämpfer/innen wurde also keineswegs nur positiv als Helden der Befreiung, sondern auch als Gefahr bzw. Störfaktor betrachtet, „die man entwaffnen und in das bürgerliche Leben würde eingliedern müssen, während die öffentlichen Angelegenheiten einer von Kollaborateuren und Verrätern gesäuberten politischen Klasse anvertraut würden. [...] Und überall mußten die Widerstandsbewegungen ihre Waffen abgeben und sich auflösen."[7] Der Inlandswiderstand war allerdings durch sein Prestige in der Bevölkerung auch langfristig ein gefährlicher machtpolitischer Konkurrent, dem man zudem ein hohes Maß an Eigensinn bzw. Radikalität unterstellen konnte.[8]

Dennoch wäre es übertrieben, von einer klaren Dichotomie zwischen In- und Auslandswiderstand im neu entstehenden Machtgefüge Frankreichs und

---

4   *Pešek,* Jiří: Der Widerstand gegen den Nationalsozialismus in der tschechischen und der deutschen Historiographie. In: *Ders./Corneliáen,* Christoph/*Holec,* Roman (Hg.): Diktatur – Krieg – Vertreibung. Erinnerungskulturen in Tschechien, der Slowakei und Deutschland seit 1945. Essen 2005, 45–67, hier 47.

5   *Lagrou,* Pieter: The Legacy of Nazi Occupation. Patriotic Memory and National Recovery in Western Europe, 1945–1965. Cambridge 2000, 26.

6   Insbesondere Akte von Lynchjustiz gegen tatsächliche oder vermeintliche Kollaborateure bzw. Deutsche während der „wilden Säuberungen" wurden tatsächlichen oder vermeintlichen Widerstandskämpfern angelastet. Eine Übersicht sowie historische Relativierung der „schwarzen Legende" der französischen épurations findet sich bei: *Buton,* Philippe: La joie douloureuse. La Libération de la France. Bruxelles 2004, 103–134. Ausführlich zum tschechoslowakischen Fall: *Frommer,* Benjamin: National Cleansing. Retribution Against Nazi Collaborators in Postwar Czechoslovakia. Cambridge 2005.

7   *Judt,* Tony: Geschichte Europas von 1945 bis zur Gegenwart. München, Wien 2006, 85.

8   Vgl. etwa *Waechter,* Matthias: Der Mythos des Gaullismus. Heldenkult, Geschichtspolitik und Ideologie 1940 bis 1958. Göttingen 2006, 198–200.

der Tschechoslowakei zu sprechen. Dass es im Falle dieser beiden Länder nicht zu einem gewaltsamen Machtkampf unterschiedlicher politischer Fraktionen um die Neuordnung des Landes im sich bereits abzeichnenden Systemkonflikt kam, lag vor allem daran, dass in beiden Ländern noch während des Krieges ein Kompromiss zwischen Kommunisten und „bürgerlichen" Kräften gefunden werden konnte, der auch die mit den Exilparteien in Kontakt stehenden Widerstandsbewegungen zu einer weitgehenden Kooperation nach Kriegsende bewog.[9] Daher bezogen in beiden Ländern auch Vertreter des Inlandswiderstands Positionen in öffentlichen Ämtern und in den provisorischen Regierungen, wenn auch ihr Anteil oder die vertretenen Gruppierungen aufgrund fehlender Studien nicht genau ausgemacht werden können.

Demnach ist das obige Bild insofern zu relativieren, als längst nicht alle ehemaligen Widerstandskämpfer/innen ihre Waffen ungern ablegten oder sich in irgendeiner Form der Neuordnung des Landes widersetzten. Vielmehr organisierten und engagierten sie sich vielfach selbst in diesem Prozess in traditioneller, ziviler Weise, indem sie sich unmittelbar nach Kriegsende in zahlreichen Verbänden und Vereinen zusammenschlossen,[10] die als klassische Interessenvertretungen die Bedürfnisse und Forderungen ihrer Mitglieder durchzusetzen versuchten. Diese Verbände nahmen nicht nur Traditionen der Zwischenkriegszeit wieder auf – wie etwa die wiedergegründete „Tschechoslowakische Legionärsgemeinde" (Československá obec legionářská) –, sondern spiegelten auch die neuen Verhältnisse, zum Beispiel in Form des „Verbands der befreiten politischen Häftlinge und Hinterbliebenen" (Svaz osvobozených politických vězňů a pozůstalých, SOPVP) oder des „Verbands der slowakischen Partisanen" (Zväz slovenských partizánov).[11] Auch

---

[9] Im französischen Falle konkurrierten verschiedene Widerstandsbewegungen unterschiedlicher politischer Ausrichtung miteinander. Die größten und wichtigsten Strömungen waren die gaullistische „Armée secrète", die kommunistischen „Francs-tireurs et partisans" und die „Organisation de résistance de l'armée", die sich de Gaulles Konkurrenten General Henri Giraud unterstellt hatten. Einen Überblick über die Geschichte der Résistance sowie das schwierige Unterfangen, die in sich gespaltene Widerstandsbewegung unter dem Kommando de Gaulles zu einen, bietet _Wieviorka, Olivier: Histoire de la résistance, 1940–1945._ Paris 2013. Die bedeutende Rolle der kommunistischen Parteien bei der Demobilisierung ihrer Anhänger unter den Widerstandskämpfern betont auch _Judt:_ Geschichte Europas, 86.

[10] Es sei an dieser Stelle darauf verwiesen, dass es sich bei den politisch und sozial engagierten ehemaligen Widerstandskämpfer/innen – sei es in Verbänden und Vereinen, sei es in politischen Ämtern – freilich nur um eine Teilmenge der hier interessierenden Gruppen handelt.

[11] Insgesamt stellt die Geschichte der unterschiedlichen tschechoslowakischen Verbände von Widerstandskämpfern bzw. Kriegsgeschädigten, ihre politischen Agenden, Mitgliederbasis und ihr politischer Einfluss ein Forschungsdesiderat dar. Neben einigen wenigen Studien, die Teilaspekte der Verbände mitbehandeln, haben sich bisher wenige Forscher explizit dieser zivilgesellschaftlichen Gruppen angenommen. Siehe: _Moulis, Miloslav:_ Odbojáři a jejich Svaz v letech 1945–1994 [Die Widerstandskämpfer und ihre Ver-

in Frankreich gruppierten sich direkt nach Kriegsende ehemalige Widerstandskämpfer in vielen unterschiedlichen Verbänden, Dachverbänden und Vereinen, die in ihrer Heterogenität und ihrer teilweise erbitterten gegenseitigen Feindschaft die Verhältnisse während des Krieges gut veranschaulichen. Die einflussreichsten unter ihnen waren der sozialistisch-kommunistisch orientierte Dachverband „Nationale Föderation der widerständigen und patriotischen Deportierten und Internierten" (Fédération nationale des déportés et internés résistants et patriotes, FNDIRP) und ihre nationalistisch-bürgerliche Konkurrentin „Nationale Föderation der Deportierten und Internierten des Widerstands" (Fédération nationale des déportés et internés de la résistance, FNDIR).[12]

Mit diesen Beispielen von Verbänden soll zum einen auf den hohen Selbstorganisationsgrad der ehemaligen Widerstandskämpfer/innen hingedeutet werden, zum anderen jedoch auch darauf verwiesen werden, dass die unterschiedlichen Kategorien von Kämpfern, Bedürftigen, Opfern und Helden, die später per Gesetz erlassen wurden, nicht willkürlich von oben verordnet wurden, sondern vielfach auf den Selbstkategorisierungen der Betroffenen und den mit den Verbandsstatuten einhergehenden Aufnahmekriterien fußten.[13]

Die unterschiedlichen Gruppen von Widerstandskämpfern und Kriegsversehrten organisierten sich also frühzeitig, um ihre Ansprüche auf Entschädigungen, Anerkennung und Fürsorge geltend zu machen. Dabei konnten sie sich entweder durch direkte Beteiligung an den höchsten Machtpositionen, durch Fürsprecher oder aufgrund ihrer breiten Anerkennung durch öffentlichen Druck unterschiedlich gut durchsetzen – oft auf Kosten anderer, konkurrierender Gruppen. Wie im folgenden Abschnitt gezeigt wird, bildet die Sozialgesetzgebung beider Länder nicht nur eine politisch instrumentalisierte Hierarchisierung von Helden- und Opferkategorien ab, sondern steht

---

bände 1945–1994]. In: Národ se ubránil [Die Nation hat sich gewehrt]. Hg. vom *Český svaz bojovníků za svobodu.* Praha 1995, 104–107; eine knappe historische Einordnung der Verbände bei: *Kutter Bubnová,* Václava: Die NS-Opferverbände und die Opferdiskurse seit 1993 in der Tschechischen Republik und in der Slowakei. Dissertation an der Ludwig-Maximilians-Universität München. München 2014, 60–62. URL: https://edoc. ub.uni-muenchen.de/17078/ (am 13.8.2016).

[12] Die Verbände von Widerstandskämpfern und Kriegsopfern in Frankreich, ihre politischen Agenden und Positionen zueinander sind recht gut erforscht. Eine Gesamtdarstellung der FNDIRP bietet etwa *Wolikow,* Serge: Les combats de la mémoire. La FNDIRP de 1945 à nos jours. Paris 2006; eine allgemeine Übersicht: *Dreyfus,* Jean-Marc: «Ami, si tu tombes...» Les déportés résistants des camps au souvenir. 1945–2005. Paris 2005.

[13] Bevor die entsprechenden Gesetze und Definitionen erlassen wurden, erteilten staatliche Behörden den Betroffenen Vergünstigungen und Sonderrechte auf der Grundlage von Mitgliedsausweisen der entsprechenden Verbände. Vgl. *Hallama,* Peter: Nationale Helden und jüdische Opfer. Tschechische Repräsentationen des Holocaust. Göttingen 2015, 147.

in direktem Zusammenhang mit den Wünschen und Bedürfnissen der Betroffenen und spiegelt zugleich den Zeitgeist, also vorherrschende Vorstellungen jenseits von politischer Vereinnahmung.

Sozialfürsorge für Kriegsopfer und staatliche Ehren für Kriegsteilnehmer

Im diesem Abschnitt wird vergleichend dargestellt, wer welche konkreten Zugeständnisse, Privilegien und Rechte erhielt, mithin, welche Gruppen per Gesetz als Helden, als Opfer und als Hilfsbedürftige festgelegt wurden. Damit positionierte sich der jeweilige Gesetzgeber auch zum Zweiten Weltkrieg selbst, da er festlegte, welche Akteure auf der „richtigen" Seite gestanden hatten. Gleichzeitig definierte er damit sein historisch-politisches Kapital, da er mit der Ehrung der Helden und Entschädigung der Opfer die eigene historische Bezugsgröße umriss, indem „rückprojizierte Vorstellungen von einer Teilhabe am Krieg [...] zur Formulierung nationaler Idealvorstellungen genutzt wurden".[14]

Erste provisorische Maßnahmen zur Versorgung der Kriegsversehrten wurden in beiden Ländern kurz nach Kriegsende getroffen, in der Tschechoslowakei[15] etwa durch ein Präsidentendekret vom 31. August 1945, das allgemein all jenen Entschädigung in Aussicht stellte, die im Protektorat Böhmen und Mähren von den Besatzungsorganen aus politischen, nationalen oder rassischen Gründen verfolgt worden waren.[16] In Frankreich[17] reichen die ersten provisorischen Maßnahmen in den August 1944 zurück.[18] Umfangreiche und erschöpfende Gesetze zur Entschädigung von Kriegsopfern und Anerkennung von Kriegsleistungen wurden in der Tschechoslowakei 1946, in Frankreich in mehreren Etappen für unterschiedliche Kategorien 1946 und 1948 erlassen. Diesen Gesetzen voraus gingen teilweise erbitterte

---

[14] *Stegmann,* Natali: Kriegsdeutungen, Staatsgründungen, Sozialpolitik. Der Helden- und Opferdiskurs in der Tschechoslowakei 1918–1948. München 2010, 13.

[15] Einen Überblick über die verschiedenen Entschädigungsgesetze in der Tschechoslowakei bietet *Jelínek,* Tomáš/*Kučera,* Jaroslav: Ohnmächtige Zaungäste. Die Entschädigung von tschechoslowakischen NS-Verfolgten. In: *Hockerts,* Hans Günter/*Moisel,* Claudia/ *Winstel,* Tobias (Hg.): Grenzen der Wiedergutmachung. Die Entschädigung für NS-Verfolgte in West- und Osteuropa 1945–2000. Göttingen 2006, 776–834.

[16] Vgl. Dekret presidenta republiky č. 54/1945 Sb. ze dne 31. srpna 1945, o přihlašování a zjišťování válečných škod a škod způsobených mimořádnými poměry [Dekret des Präsidenten der Republik Nr. 54/1945 der Gesetzessammlung vom 31.8.1945 über die Registrierung und Feststellung der Kriegsschäden und durch außerordentliche Umstände verursachte Schäden]. URL: www.zakonyprolidi.cz/cs/1945-54 (am 23.11.2015).

[17] Eine erschöpfende Überblicksstudie über die französische Gesetzeslage nach dem Krieg gibt es nicht. Die allgemeinen Tendenzen fasst zusammen: *Dreyfus:* «Ami, si tu tombes...», 79–82.

[18] Décret du 3 août 1944: Rations alimentaires doublées pour les prisonniers de guerre, prisonniers politiques et internés des camps de concentration à leur retour de captivité. In: Journal officiel de la République Française (JORF), 5.8.1944.

Debatten darum, welche Gruppen Anrecht auf öffentliche Anerkennung und
Entschädigung haben sollten, und wie diese genau zu definieren seien. Denn
wie der französische kommunistische Abgeordnete Auguste Touchard in
eben einer solchen Debatte treffend bemerkte: „Es besteht kein Zweifel daran,
dass der Krieg 1939–1945 die Fragen zum Status der ehemaligen Kombattanten, der Gefangenen, Deportierten, Französischen Streitkräfte im Inneren,
Widerstandskämpfer und Kriegsopfer ins Extreme kompliziert hat."[19]

Gemeinsam war diesen unterschiedlichen Gruppen in beiden Ländern,
dass sie eine Gleichstellung mit Soldaten, also der regulären Armee anstrebten. Das implizite oder explizite Vorbild waren hierbei in beiden Fällen die
Veteranen des Ersten Weltkriegs, die tschechoslowakischen Legionäre und
die französischen sogenannten Poilus.[20] Hinter diesen Forderungen einer
Gleichsetzung mit dem Militär standen nicht nur das Selbstverständnis der
Widerstandskämpfer/innen als Befreier der Nation, sondern auch handfeste
materielle Interessen wie Sold, medizinische Versorgung und Renten für
Kriegswitwen und -waisen.

Beispielhaft lässt sich dies an dem tschechoslowakischen Gesetz vom
14. Februar 1946, das die Kategorie des Partisanen definierte[21], sowie der Parlamentsdebatte hierzu ablesen. In der Debatte wurde gefordert, die Partisanen in die neue tschechoslowakische Armee einzugliedern (Pich-Tůma) und
dass der Staat für diese Symbol des Widerstands und die Hinterbliebenen der
Kämpfer sorgen müsse (Šolc). Das politische Kapital des Widerstands wird in
einer Äußerung von Bohuslav Deči deutlich, wonach durch die Partisanen
der Vorwurf entkräftet werde, „dass man überall in Europa gegen die Deutschen gekämpft hat, außer bei uns".[22] Das Gesetz selbst legte Kriterien wie die

19 Débats de l'Assemblée nationale constituante. 1er Séance du Vendredi 21 décembre
1945. Punkt 2: Création d'un ministère des anciens combattants, prisonniers, déportés
et victimes de la guerre. In: Journal officiel de la République Française. Assemblée nationale (JO AN) 16 (1945), 22.12.1945, 295–296, hier 296. Sämtliche Übersetzungen
stammen, sofern nicht anders angegeben, von der Autorin.

20 So forderten mehrere Abgeordnete in einer Parlamentsdebatte explizit, dass die Gesetze
der Zwischenkriegszeit auf die „Kämpfer ohne Uniform" und die Kriegsopfer von
1939–1945 angewandt werden müssten. Vgl. Débats de l'Assemblée nationale constituante. Séance du Jeudi 27 décembre 1945. Punkt 5: Budget des services civils pour
l'exercice 1946 – Suite de la discussion d'un projet de loi: Anciens combattants. In:
JO AN 19 (1945), 28.12.1945, 426–432, hier 429 f.

21 Zákon č. 34/1946 Sb. ze dne 14. února 1946, jimž se vymezuje pojem „československého
partyzána" [Gesetz Nr. 34/1946 der Gesetzessammlung vom 14. Februar 1946, das den
Begriff des „tschechoslowakischen Partisanen" definiert]. URL: www.zakonyprolidi.cz/
cs/1946-34 (am 3.12.2015).

22 Prozatimní Národní shromáždění republiky Československé (NS RČS), 1945–1946,
Stenoprotokoly, 30. schůze, čtvrtek 14. února 1946 [Provisorische Nationalversammlung der Tschechoslowakischen Republik, 1945–1946, Stenografische Protokolle,
30. Sitzung, Donnerstag, 14. Februar 1946]. Punkt 4.: Zpráva výborů branného k vlád-
nemu návrhu zákona (tlač 109), kterým se vymedzuje pojem „československého party-

minimale Mitgliedsdauer in einer anerkannten Partisaneneinheit (§ 1,1) sowie Ausschlusskriterien fest. Die Verflechtung zwischen der Gesetzgebung und gesellschaftlichen Gruppen bzw. Verbänden zeigt sich daran, dass eine Person durch den Verteidigungsminister in Absprache mit dem tschechischen oder slowakischen Partisanenverband anerkannt wurde (§ 5,1). Eine ähnliche Rückkoppelung zwischen dem Gesetzgeber und den Verbänden ehemaliger Widerstandskämpfer lässt sich auch in Frankreich feststellen, wo Kommissionen über die Anerkennung der jeweiligen Kategorien entschieden, in denen stets Repräsentanten der entsprechenden Verbände vertreten waren.[23]

In der Tschechoslowakei waren für die Entschädigung und Versorgungsleistungen für Kriegsteilnehmer und -opfer letztlich zwei Gesetze wesentlich: Das Gesetz Nr. 164/1946 „über die Fürsorge der Militär- und Kriegsgeschädigten und der Opfer des Krieges und der faschistischen Verfolgung"[24] vom 18. Juli 1946 sowie dessen Ergänzung Nr. 255/1946 „über die Angehörigen der tschechoslowakischen Auslandsarmee und andere Teilnehmer am nationalen Befreiungskampf" vom 19. Dezember 1946.[25] Das erste Gesetz legte insbesondere finanzielle Leistungen (Invalidenrenten, Rentenzuschläge, Zulagen), kostenlose Gesundheitsfürsorge, die Versorgung von Familienangehörigen und Privilegien bei der Ausbildung (Zulassung zum Studium) und im Berufsleben (etwa vorrangige Einstellung im öffentlichen Dienst) für alle, die im Militärdienst oder durch nationalsozialistische Verfolgung Schäden erlitten hatten, fest. Die gewährten Privilegien und Sonderleistungen stellen eine Fortsetzung der entsprechenden Gesetze der Zwischenkriegszeit dar,[26] wobei der Kreis der Begünstigten nun auch die Geschädigten des Zweiten Weltkriegs mit der bemerkenswerten Inkludierung von Zwangsarbeitern (§ 2,1,l)[27]einschloss.[28] Dieses Gesetz bildete die Grundlage für alle folgenden

---

zána" (tlač 155) [Bericht des Wehrausschusses zum Gesetzesentwurf der Regierung (Drucksache 109), der den Begriff des „tschechoslowakischen Partisanen" definiert (Drucksache 155)]. URL: www.psp.cz/eknih/1945pns/stenprot/030schuz/s030008.htm (am 12.11.2015).

23 Als Beispiel sei die Zusammensetzung der zuständigen Kommission für die Anerkennung des Status des „Politischen Deportierten" genannt: Décret n° 48-8 du 3 janvier 1948 fixant les conditions d'application de la loi n°47-1736 du 5 septembre 1947 relative à la situation des déportés politiques. In: JORF, 4.1.1948, 156–157, Art. 4.

24 Zákon č. 164/1946 Sb. ze dne 18. července 1946, o péči o vojenské a válečné poškozence a oběti války a fašistické persekuce.

25 Zákon č. 255/1946 Sb. ze dne 19. prosince 1946, o příslušnících československé armády v zahraničí a o některých jiných účastnících národního boje za osvobození. URL: www.zakonyprolidi.cz/cs/1946-255 (am 27.11.2015).

26 Stegmann: Kriegsdeutungen, Staatsgründungen, Sozialpolitik, 240 f.

27 Bemerkenswert ist daran, dass Zwangsarbeiter in den meisten europäischen Ländern explizit aus Entschädigungsklauseln ausgeschlossen waren. In Frankreich etwa grenzten sich politische Häftlinge und Widerstandskämpfer jahrzehntelang von den Zwangsarbeitern ab und kämpften gegen eine Gleichsetzung dieser Kategorien. Vgl. Wieviorka,

Gesetze zur Sozialversicherung und Sozialfürsorge.[29] Die Ergänzungen bzw. die Präzisierung des Gesetzes Nr. 255/1946 legten endgültig diejenigen Gruppen und Personen fest, die die Vergünstigungen und Entschädigungen in Anspruch nehmen konnten. Zu diesen „Teilnehmern am nationalen Befreiungskampf" gehörten die Angehörigen der Auslandsarmeen, der alliierten Streitkräfte, Mitglieder der Ersten Tschechoslowakischen Armee in der Slowakei und die Partisanen. Zudem umfasste die Gruppe die Teilnehmer des Slowakischen Nationalaufstands, des Prager Aufstands, sämtliche Politischen Häftlinge (§ 1,1) sowie „Spanienkämpfer" (Interbrigadisten) (§ 2,6). Zu den „Politischen Häftlingen"[30] zählten alle, die zwischen 1939 und 1945 aus politischen, nationalen, rassischen oder religiösen Gründen inhaftiert worden waren (§ 2,5). Allgemein galt eine Mindestdauer (Inhaftierung oder Mitgliedschaft in Kampforganisation) von drei Monaten, die im Falle von schweren Gesundheitsschäden oder im Todesfall jedoch ausgesetzt wurde. Aus Sicht der NS-Verfolgten war bei dieser Gesetzesnovelle bedeutsam, dass für die Berechnung der Entschädigung nunmehr die Haftdauer ausschlaggebend war und nicht mehr der erwerbsmindernde erlittene Schaden. Die materiellen und beruflichen Vorteile waren für die Begünstigten des Gesetzes und deren Familienangehörige erheblich und sicherten mehr als nur ein Existenzminimum.[31]

Bemerkenswert an dieser Gesetzeslage ist ihr Egalitarismus, der militärische Leistungen und passiv erlittene Schäden zwar nicht vollkommen, aber doch weitgehend gleichsetzte,[32] womit eine der wesentlichen Ziele der Kriegsgeschädigten der Zwischenkriegszeit umgesetzt wurde, die eine Gleichstellung mit den privilegierten Legionären gefordert hatten.[33] In der Debatte um das Gesetz nahm der kommunistische Abgeordnete Jan Vodička explizit Bezug auf die Mängel der Bestimmungen der Zwischenkriegszeit und deutet

---

Olivier: La mémoire désunie. Le souvenir politique des années sombres, de la Libération à nos jours. Paris 2010, 82.

[28] Ausführlicher zu dem Gesetz *Jelínek/Kučera:* Ohnmächtige Zaungäste, 783 f.

[29] Vgl. hierzu die Gesetze Nr. 55/1956 Sb., 101/1964 Sb., 121/1975 Sb. und zuletzt 589/1992 Sb.

[30] Der Begriff „Politischer Häftling" wird im Folgenden großgeschrieben, um zu verdeutlichen, dass es sich bei dem Begriff keineswegs um eine wertneutrale und objektive Beschreibung einer Person handelt. Vielmehr ist er mehrfach historisch und politisch überlagert: Einerseits handelte es sich um eine – teilweise recht willkürlich verwendete – NS-Kategorie innerhalb der KZ-Hierarchie, andererseits nutzten KZ-Überlebende diese Bezeichnung zur Selbstidentifikation und partiell als Abgrenzungsmerkmal gegenüber anderen Häftlings- und Verfolgtengruppen. In diesem Falle wurde der Begriff zudem zu einer juristischen Kategorie.

[31] *Jelínek/Kučera:* Ohnmächtige Zaungäste, 784.

[32] Eine Ausnahme stellt die Rentenfürsorge dar, in der aktiver Widerstandskampf mit höheren Rentenzahlungen honoriert wurde als die Inhaftierung in einem Konzentrationslager. *Ebenda,* 785.

[33] *Stegmann:* Kriegsdeutungen, Staatsgründungen, Sozialpolitik, 252.

die Gleichbehandlung aller Kategorien als positive Neuerung.[34] Neu war an dieser Gesetzgebung allerdings auch der Ausschluss aller, die während des Krieges auf feindlicher Seite gestanden hatten, de facto also vor allem von Deutschen und Magyaren. Anders als noch in der Zwischenkriegszeit war eine allgemeine Anerkennung von Schäden, gleich auf welcher Seite sie erbracht worden waren, nicht mehr möglich.[35]

Der Egalitarismus der tschechoslowakischen Gesetze nahm zudem spätere institutionelle Entwicklungen voraus. Denn kurz nach der kommunistischen Machtübernahme 1948 wurden sowohl im tschechischen als auch im slowakischen Landesteil die unterschiedlichen Verbände von Widerstandskämpfern, Kriegsteilnehmern, Legionärsgemeinde und NS-Verfolgten zu dem Einheitsverband „Bund der Freiheitskämpfer" (Svaz bojovníků za svobodu, SBS), später umbenannt in „Verband der antifaschistischen Widerstandskämpfer" (Svaz protifašistických bojovníků, SPB) zusammengeschlossen, der nunmehr all jene Gruppen umfasste, die zuvor per Gesetz als „Teilnehmer des nationalen Befreiungskampfes" galten. Im Sinne des neuen Verbands waren demnach auch Legionäre und Überlebende des Holocaust „antifaschistische Widerstandskämpfer".

In der französischen Sozialpolitik wird wiederum das Vorbild des Ersten Weltkrieges besonders deutlich: Die Anrechte und Privilegien der Veteranen des „Großen Krieges" wurden auf weitere Gruppen ausgedehnt,[36] zuerst auf die französischen Soldaten der Auslandsarmee und die Kriegsgefangenen, dann auf den Inlandswiderstand. Jedoch zögerten sich die entsprechenden Bestimmungen und Anordnungen hinaus und Klagen wurden laut, dass der

---

[34] Ústavodárné Národní shromáždění republiky Československé (NS RČS), 1945–1946, Stenoprotokoly, 8. schůze, čtvrtek 18. července 1946 [Verfassungsgebende Nationalversammlung der Tschechoslowakischen Republik, 1945–1946, Stenografische Protokolle, 8. Sitzung, Donnerstag, 18. Juli 1946]. Punkt 4: Zpráva výborov soc.-politického, branného a rozpočtového o vládnom návrhu zákona (tlač 13) o starostlivosti o vojenských a vojnových poškodencov a obete vojny a fašistickej perzekúcie (tlač 31). [Bericht des sozial-politischen, des Wehr- und des Haushaltsausschusses über den Gesetzesentwurf der Regierung (Drucksache 13) über die Fürsorge der Militär- und Kriegsgeschädigten und der Opfer des Krieges und der faschistischen Verfolgung (Drucksache 31)]. URL: www.psp.cz/eknih/1946uns/stenprot/008schuz/s008006.htm (am 8.2.2016). Hinzuzufügen ist, dass der Abgeordnete Vodička sich damit auch in eigener Sache eingesetzt hatte, war er doch als Legionär bei der Schlacht bei Zborów beteiligt gewesen, dann jedoch in die Rote Armee eingetreten, sodass er in der Zwischenkriegszeit aus der Definition der Legionäre herausgefallen war. Zugleich war er im Zweiten Weltkrieg als Politischer Häftling in Sachsenhausen inhaftiert und fiel damit selbst in die Kategorie der Politischen Häftlinge. Nach 1948 wurde er zum Vorsitzenden des neu gegründeten Einheitsverbands aller Kriegsteilnehmer und -opfer.

[35] *Stegmann:* Kriegsdeutungen, Staatsgründungen, Sozialpolitik, 252 f.

[36] Vgl. Loi n°46-1117 du 20 mai 1946 : Réparations à accorder aux victimes civiles de la guerre remise en vigueur, modification et extension de la Loi du 24 juin 1919. In : JORF, 21.5.1946.

Inlandswiderstand gegenüber dem regulären Militär benachteiligt werde.[37] Letztlich erkannte der Staat all jenen, die in irgendeiner Form in Frankreich oder den Kolonien drei Monate mit oder ohne Uniform Widerstand geleistet oder dem Widerstand geholfen haben, die Rechte, den Sold und die Privilegien der Poilus zu.[38] Das Gesetz regelte genau, welche Formationen und Gruppen zum Widerstand zu zählen waren. Gleichzeitig mussten die irregulären Widerstandskämpfer von mindestens zwei Zeugen als solche beglaubigt werden, um von der zuständigen Kommission, in der auch Repräsentanten der militärischen Verbände vertreten waren, anerkannt zu werden.

Eine klare Hierarchisierung von aktiven Kämpfern und passiven Opfern wird in der Gesetzgebung und den entsprechenden Debatten um die Rechte der sogenannten Deportierten und Internierten deutlich, das heißt der KZ-Häftlinge und Inhaftierten des NS- bzw. des Vichy-Regimes. Es wurden zwei unterschiedliche Kategorien festgelegt: Die „Deportierten und Internierten des Widerstands" (déportés et internés de la Résistance)[39] wurden Soldaten gleichgestellt, in Kategorien der militärischen Rangordnung eingestuft und erhielten einen Sold zugesprochen, wobei die mindestens drei Monate dauernde Haftzeit als aktiver Militärdienst gewertet wurde. Auch andere militärische Ehren wie ein Kontingent in der Légion d'honneur, das Recht auf den „Kämpfer-Ausweis" (carte du combattant) und der Status der grand mutilés wurden eingeräumt. Diese Vorrechte erstreckten sich jedoch nur auf jene, die nachweisbar wegen ihrer Widerstandtätigkeit inhaftiert, deportiert oder getötet worden waren.[40] Dagegen erhielt die Kategorie der „Politischen Deportierten und Internierten" (déportés et internés politiques) die tradierten Rechte und Ansprüche der zivilen Kriegsopfer.[41] In diese Kategorie fielen all jene, die nicht wegen expliziter Widerstandsaktivität inhaftiert worden waren mit Ausnahme der „Kriminellen". Politisch und rassisch Verfolgte wurden

---

[37] So etwa Roger Devemy. Vgl. Débats de l'Assemblée nationale constituante. Séance du Jeudi 27 décembre 1945. Punkt 5: Budget des services civils pour l'exercice 1946. In: JO AN 19 (1945), 28.12.1945, 426 f.; Etienne de Raulin in der Debatte um die gesetzliche Definition des Widerstands. Débats de l'Assemblée nationale constituante. 1re Séance du Vendredi 12 avril 1946. Punkt 6: [Proposition de loi portant fixation du statut de la Résistance]. In: JO AN 46 (1946), 13.4.1946, 1761.

[38] Arrêté du 4 mai 1948: Conditions d'attribution de la carte du combattant. In: JORF, 5.5.1948, 4373.

[39] Loi n°48-1251 du 6 août établissant le statut définitif des déportés et internés de la Résistance. In: JORF, 9.8.1948, 7810–7811.

[40] Vgl. die näheren Bestimmungen in: Décret n° 49-427 du 25 mars 1949 portant règlement d'administration publique pour l'application de la loi n° 48-1251 du 6 août 1948 établissant le statut définitif des déportés et internés de la Résistance. In: JORF, 26.3.1949, 3188–3191; Instruction du 3 février 1950 pour l'application des articles 7 et 8 de la loi n° 48-1251 du 6 août 1948 établissant le statut définitif des déportés et internés de la Résistance. In: JORF, 19.2.1950, 1993–1998.

[41] Loi n° 48-1404 du 9 septembre 1948 définissant le statut et les droits des déportés et internés politiques. In: JORF, 10.9.1948, 8946–8947.

also als zivile Opfer definiert und ihre Rechte sowie ihre finanzielle und medizinische Versorgung waren weitaus geringer als jene der bevorzugten Deportierten des Widerstands. Die Rente etwa für die Witwe eines jüdischen Deportierten lag weit unterhalb des Existenzminimums.[42]

Vorangegangen war den Gesetzen ein erbitterter Streit, der politische Fraktionen und die maßgeblichen Verbände teilte. So unterstützten die konservativen und bürgerlichen Parteien mehrheitlich den von der bürgerlich-nationalen FNDIR eingereichten Vorschlag von zwei unterschiedlichen Statuten für „Kämpfer" und „Opfer", während sich die kommunistischen Abgeordneten für ein einheitliches Reglement einsetzten, das nach dem Vorschlag des politisch weit links stehenden Verbandes FNDIRP Widerstandskämpfer, sämtliche Deportierte und die Opfer der rassischen Verfolgung gleichermaßen entschädigen sollte.[43] Im französischen Parlament triumphierte letztlich der tradierte, elitäre Zugang über den von den Kommunisten geforderten egalitären. Wenn auch die bürgerlichen Parteien dem Schicksal der Juden nicht gleichgültig gegenüberstanden, dominierte hier doch die Vorstellung, dass dem freiwillig erbrachten Opfer und Risiko der Widerstandskämpfer Priorität eingeräumt werden müsse und ihnen allein militärische Ehren zustünden.[44]

Dieser Streit hatte bereits zuvor auf Verbandsebene seinen Anfang genommen, mit der Gründung der FNDIRP, die sich als überparteiliches Sammelbecken sämtlicher Widerstandsgruppen und NS-Opfer im Geiste des Antifaschismus verstand und die „rassisch Verfolgten" explizit in den Verband aufnahm.[45] Hiervon grenzte sich die gaullistische FNDIR mit ihrer zunehmend antikommunistischen Tendenz als elitärer Verband, der ausschließlich aktive Widerstandskämpfer als Mitglieder zuließ und damit viele andere Verfolgtengruppen, darunter die große Mehrheit der Juden, de facto ausschloss, klar ab. Die Kommunisten im Parlament sowie die Mitglieder der FNDIRP setzten sich jedoch nicht nur für eine Gleichbehandlung insbesondere der als Juden Verfolgten und deren Nachkommen ein, sie sprachen auch in eigener Sache. Denn jene, die in die Kategorie der „Politischen Deportierten" fielen, waren in großer Zahl Kommunisten, die als aufgrund ihrer Parteizugehörigkeit verfolgt worden waren, und dies – um die Angelegenheit noch schwieriger zu machen – bereits vor der Niederlage der Französischen Republik und

---

[42] *Dreyfus:* «Ami, si tu tombes...», 81.

[43] Vgl. hierzu die Debatten in: Débats parlementaires. Assemblée nationale. 1re Séance du Jeudi 4 mars 1948. Punkt 8: Statut des déportés et internés de la Résistance – Discussion d'une proposition de loi. In: JO AN 28 (1948), 5.3.1948, 1302–1320; Débats parlementaires. Assemblée nationale. Séance du Vendredi 19 mars 1948. Punkt 16: Statut des internés et déportés de la Résistance – Discussion d'une proposition de loi. In: JO AN 38 (1948), 20.3.1948, 2004–2010.

[44] *Azouvi,* François: Le Mythe du grand silence. Auschwitz, les Français, la mémoire. Paris 2012, 61.

[45] *Ebenda.*

der Gründung des als „État français" firmierenden Vichy-Regimes. Denn die Mehrheit der Kommunisten hatte, den Direktiven Moskaus Folge leistend, in der Zeit des deutsch-sowjetischen Nichtangriffspakts jeglichen Widerstand gegen Deutschland als „imperialistischen Krieg" boykottiert, wie etwa die französische Kriegserklärung gegenüber Deutschland nach dem Überfall Polens und die darauf folgenden Kriegsvorbereitungen. Daraufhin hatte der damalige Ratspräsident Édouard Daladier die Kommunistische Partei verboten und mit dem Gesetz vom 18. November 1939 verfügt, dass das bereits seit 1938 von ihm geschaffene und allmählich ausgebaute Internierungslagersystem dahingehend erweitert wurde, dass jeder interniert werden konnte, der „als gefährlich für die Verteidigung der Nation oder die nationale Sicherheit gilt",[46] was auf viele Kommunisten angewandt wurde und auch nach der deutschen Besatzung als juristische Grundlage für die Verfolgung und Inhaftierung von Kommunisten durch französische Milizen diente. Diese noch in der Dritten Republik inhaftierten Kommunisten fielen Vichy sowie den deutschen Besatzungsbehörden in die Hände und konnten daher vielfach keine Widerstandstätigkeit nachweisen, während jene Kommunisten, die (noch) nicht gefangen gesetzt worden waren, nach dem Überfall auf die Sowjetunion zu einer der größten Widerstandsgruppen im Inlandswiderstand wurden. Die Nationalversammlung lehnte 1948 den kommunistischen Antrag, die Berechnung des Haftzeitraums über das Gründungsdatum Vichys hinaus auszuweiten, verständlicherweise ab[47], wollte man doch keine „Opfer der Dritten Republik" zulassen und die Absicht der Kommunisten, das Verhalten der Mehrheit der Parteimitglieder während des deutsch-sowjetischen Nichtangriffspakts rückwirkend durch einen Opferstatuts gewissermaßen zu tilgen, verhindern.

Die FNDIRP setzte sich auch nach der Verabschiedung der Gesetze kontinuierlich für ein einheitliches Reglement für alle Kriegsgeschädigten ein. Erst als sich die FNDIR 1966 dieser Forderung anschloss, wurde dem von staatlicher Seite partiell entsprochen.[48] Mit dem Regierungsantritt von Georges Pompidou wurde 1970 beschlossen, die Renten der in die Kategorie der „Politischen Deportierten" eingeordneten Personen schrittweise jenen der Deportierten des Widerstands anzugleichen.[49] Jedoch blieben die unterschiedlichen Statuten bis zum heutigen Tage erhalten und von anderen Privi-

---

[46] Décret-loi du 18 novembre 1939 sur l'internement administratif. In: JORF, 19.11.1939, 13218.

[47] Débats parlementaires. Assemblée nationale. Séance du Vendredi 19 mars 1948. Punkt 16: Statut des internés et déportés de la Résistance – Discussion d'une proposition de loi. In: JO AN 38 (1948), 20.3.1948, 2007 f.

[48] *Wieviorka:* La mémoire désunie, 180.

[49] Loi n° 70-594 du 9 juillet 1970 relative à la mise à parité des pensions des déportés politiques et des déportés résistants. In: JORF, 10.7.1970. Der Beginn der Maßnahme wurde aus budgetären Gründen auf das Jahr 1974 verschoben.

legien, wie die oben angeführten militärischen Ehren, sind die „Politischen Deportierten" weiterhin ausgeschlossen.

Anhand des Gegensatzes zwischen den französischen Verbänden FNDIRP und FNDIR zeigt sich, dass „[...] the Cold War divide supplanted the earlier division between inclusive anti-fascist and exclusive patriotic organisations of Nazi victims."[50] Und es scheint zunächst, als ob man diese Einschätzung auf die staatssozialistischen Länder übertragen könne, wo Einheitsverbände von Widerstandskämpfern und NS-Opfern im antifaschistischen Sinne geschaffen und demnach das egalitäre Modell der Gleichbehandlung auf institutioneller Ebene umgesetzt wurde. Gleichzeitig herrschte jedoch auch hier – mit der Ausnahme der Tschechoslowakei – in der Sozialgesetzgebung die elitäre Unterscheidung zwischen „aktiven Kämpfern" und „passiven Opfern" vor.[51]

Das Beispiel Frankreichs mahnt jedoch dazu, die ungleiche Entschädigung von Kämpfern und Opfern nicht ausschließlich als Ausdruck eines kommunistischen Antisemitismus zu werten, wie dies in der Forschungsliteratur zu den sozialistischen Ländern häufig implizit oder explizit geschieht.[52] Da diese Unterteilung auch in den ehemals besetzten Ländern Westeuropas gang und gäbe war, kann die schlechtere Versorgung der Überlebenden und Hinterbliebenen des Holocaust auch dahingehend gewertet werden, dass die Kategorien des Ersten Weltkriegs in der Vorstellungswelt der Zeitgenossen noch dominierte, unabhängig von politischer Indienstnahme.[53] Die Tschechoslowakei stellt hierin eine bemerkenswerte Ausnahme dar und war demnach in der Entschädigung der NS-Opfer ihrer Zeit weit voraus.

Die finanzielle Entschädigung der Juden in der Tschechoslowakei und in Frankreich geschah freilich unter der Bedingung der Nivellierung der Partikularität von unterschiedlichen Verfolgungsgründen, wie Peter Hallama treffend anmerkt, indem sie in beiden Ländern zu den Kategorien der Politi-

---

[50] Lagrou: The Legacy of Nazi Occupation, 271.

[51] Vgl. zur DDR etwa Franzen, K. Erik: Verordnete Opfererinnerung. Das „Komitee der Antifaschistischen Widerstandskämpfer in der DDR". In: Ders./Schulze Wessel, Martin (Hg.). Opfernarrative. Konkurrenzen und Deutungskämpfe in Deutschland und im östlichen Europa nach dem Zweiten Weltkrieg. München 2012, 29–44, hier 31–34; zu Polen: Wawrzyniak, Joanna: ZBoWiD i pamięć drugiej wojny światowej 1949–1969 [Der ZBoWiD und die Erinnerung an den Zweiten Weltkrieg 1949–1969]. Warszawa 2009, 62–64.

[52] Als Beispiele seien genannt Haury, Thomas: Antisemitismus von links. Kommunistische Ideologie, Nationalismus und Antizionismus in der frühen DDR. Hamburg 2002; Heitlingerová, Alena: Ve stínu holocaustu a komunismu. Čeští a slovenští židé po roce 1945 [Im Schatten des Holocaust und des Kommunismus. Tschechische und slowakische Juden nach 1945]. Praha 2007.

[53] Dies führt auch Joanna Wawrzyniak für Polen an, wo die Entschädigungsgesetze sogar auf noch älteren juristischen Traditionen, jenen des zaristischen Russland, beruhten und noch kein Modell gefunden worden war, mit der im Vergleich zum Ersten Weltkrieg ungleich größeren Anzahl von zivilen Opfern umzugehen. Wawrzyniak: ZBoWiD i pamięć, 63, 78.

schen Häftlinge bzw. Deportierten gerechnet wurden.[54] Dem ist zwar zuzu-
stimmen, jedoch zeigt insbesondere das französische Beispiel, dass die von
der FNDIRP bis in die 1960er Jahre oftmals betriebene Nivellierung von unterschiedlichen Kriegserfahrungen und damit die den Kommunisten in Ost
wie West zum Vorwurf gemachte Subsumierung der jüdischen Opfer in
nationale Kategorien eine Voraussetzung dazu darstellte, dass sich jüdische
Interessen über den Kreis der jüdischen Gemeinden hinaus überhaupt artikulieren konnten.[55] Damit wurde auch ein Grundstein dafür gelegt, einen
größeren Kreis der Bevölkerung für das Schicksal der Juden im Krieg zu interessieren. Denn in Frankreich gab es keinen Mangel an Berichten und Veröffentlichungen zu dem Thema, sie stießen nur viele Jahre in der Mehrheitsbevölkerung auf taube Ohren.[56] Mit der Öffnung des Verbands für verfolgte
Juden führte die FNDIRP im Übrigen auch die kommunistische Kriegstradi-
tion, Juden im Unterschied zu vielen nationalistisch-bürgerlichen Bewegungen in ihre Reihen aufzunehmen, fort und half hiermit auch im Sinne des
französischen Republikanismus, die Trennung von Juden und Mehrheitsge-
sellschaft zu überwinden.[57] Dass in der FNDIRP die jüdischen Mitglieder und
die angeschlossenen jüdischen Verbände nicht eigens hervorgehoben und
von den anderen Gruppen gesondert behandelt wurden, entsprach zudem
vielfach ihren eigenen Wünschen. Denn viele wollten ihre Verfolgung als Juden nicht thematisiert sehen, sondern eine Einbeziehung in das nationale
Schicksal, von dem sie gewaltsam sowohl von deutscher Seite als auch von
Vichy getrennt worden waren. Die antifaschistische Erzählung eröffnete eine
heroische Interpretation ihres Schicksals und gab ihm einen Sinn.[58] Diese
Einstellung vieler französischer Juden änderte sich seit den 1960er Jahren,
insbesondere nach dem Sechstagekrieg 1967, was mittelbar auch den Umgang mit dem Holocaust der FNDIRP änderte, die sich fortan stärker für jü-

---

54 *Hallama:* Nationale Helden und jüdische Opfer, 151.
55 Dies spiegelt sich etwa in der Berichterstattung des Patriote Résistant (Widerständiger
  Patriot, weiter PR), dem auflagenstarken Organ der FNDIRP. Gibt es hier auch viele Berichte über Gedenkzeremonien, in denen in klassisch kommunistischer Weise die jüdischen Opfer nicht explizit erwähnt werden (etwa *Alcan,* Louise: Sur les routes
  d'Auschwitz. Rescapés et familles ont fait un émouvant pèlerinage. In: PR Nr. 39 vom
  30.9.1947, 6–7), veröffentlichte der PR auch große Reportagen, die die nationalsozialistische Vernichtungspolitik gegenüber Juden eingehend thematisierte und auch die antisemitische Politik von Vichy nicht aussparte. Vgl. Déportée n° 76.264 (Auschwitz): La
  bataille du ghetto. In: PR Nr. 52 vom 1.5.1948, 6 f.
56 Ausführlich hierzu *Azouvi:* Le Mythe du grand silence.
57 An dieser Stelle sei darauf verwiesen, dass das Verschweigen von Partikularismen, insbesondere religiösen, zu den Grundsteinen des französischen Republikanismus gehörte
  und Voraussetzung für die Emanzipation der Juden in der französischen Gesellschaft
  gewesen ist.
58 *Azouvi:* Le Mythe du grand silence, 66; *Lagrou:* The Legacy of Nazi Occupation, 260.

dische Interessen einzusetzen begann – auch innerhalb des internationalen kommunistischen Milieus.[59]

Angesichts der französischen Verhältnisse ist danach zu fragen, ob die tschechoslowakische Politik, die jüdischen NS-Opfer unter die nationalen Opfer zu subsumieren, von den Betroffenen ausschließlich negativ gewertet wurde oder ob die antifaschistische Erzählung nicht zumindest anfänglich ein Bedürfnis der tschechoslowakischen Juden erfüllte. Zwar weisen die wenigen Autoren, die sich eingehender mit der Geschichte der jüdischen Gemeinde in der staatssozialistischen Tschechoslowakei befassen, darauf hin, dass jüdische Funktionäre und Autoren bis zur Mitte der 1960er Jahre meist im antifaschistisch-kommunistischen Sinne die jüdischen Opfer zu den tschechoslowakischen zählten und vor allem Widerstand aus ihren Reihen thematisierten. Jedoch deuten die Autoren dies vor allem als Anpassung an die politisch-gesellschaftlichen Umstände.[60] Andere weisen allerdings auch auf die zahlreichen überzeugten Kommunisten innerhalb der Gruppe der tschechoslowakischen Holocaust-Überlebenden und auf die nationalistische Tradition der tschechisch-jüdischen Bewegung hin.[61] In welchem Ausmaß sich auch Teile des tschechoslowakischen jüdischen Milieus nach den im Zuge des Slánský-Prozesses (der bereits viele kommunistische Juden von der Partei entfremdet hatte) durchgeführten Säuberungen mit dem Antifaschismus identifizierten und ob möglicherweise parallel zu Frankreich ein Generationenwechsel in Zusammenhang mit einer höheren Aufmerksamkeit für den Holocaust im Zuge des Eichmann-Prozesses und des Sechstagekriegs zu einem veränderten Selbstbewusstsein der jüdischen Gemeinde geführt hatte, muss daher offen bleiben.

Die durch die tschechoslowakischen Gesetze eingeführte Gleichbehandlung und damit Gleichwertung von Widerstand und NS-Opfern blieb jedoch

---

[59] Vgl. hierzu ausführlicher *Lunow*, Ulrike: NS-Opfer als Akteure im Kalten Krieg. Die Entwicklung der „antifaschistischen Internationalen" am Beispiel der Beziehungen zwischen den Verbänden FNDIRP und VVN/KdAW. In: *Kwaschik*, Anne/*Pfeil*, Ulrich (Hg.): Die DDR in den deutsch-französischen Beziehungen. La RDA dans les relations franco-allemandes. Brüssel u.a. 2013, 167–184, hier 178–103.

[60] Vgl. etwa *Hallama:* Nationale Helden und jüdische Opfer, 56 f.; *Soukupová*, Blanka: Proměny reflexe šoa v politice židovské reprezentace [Wandel der Reflexionen über die Shoah in der Politik der jüdischen Repräsentation]. In: *Dies./ Pojar*, Miloš (Hg.): Židovská menšina v Československu v letech 1956–1968. Od destalinizace k Pražskému jaru [Die jüdische Minderheit in der Tschechoslowakei in den Jahren 1956–1968. Von der Entstalinisierung bis zum Prager Frühling]. Praha 2011, 119–140, hier 123 f.

[61] Zur inneren Heterogenität und den unterschiedlichen politischen Überzeugungen der tschechoslowakischen Holocaust-Überlebenden in den ersten Nachkriegsjahren vgl. *Soukupová*, Blanka: Modely životných osudů českých Židů po šoa [Modelle von Lebensschicksalen tschechischer Juden nach der Shoah]. In: *Dies./Salner*, Peter/*Ludvíková*, Miroslava (Hg.): Židovská menšina v Československu. Po druhé světové válce. Od osvobození k nové totalitě [Die jüdische Minderheit in der Tschechoslowakei. Nach dem Zweiten Weltkrieg. Von der Befreiung zum neuen Totalitarismus]. Praha, 2009, 81–106.

nicht unwidersprochen. Einige Kreisgruppen des Verbands der Politischen Häftlinge SOPVP etwa hatten im Gegensatz zur eigenen Verbandsspitze eine hierarchische Unterteilung von Kämpfern und Opfern gefordert, obwohl sich in diesem auch die „rassisch Verfolgten" zusammengefunden hatten.[62] Dies deutet bereits darauf hin, dass die im Gesetz verankerte formale Gleichsetzung von sämtlichen Kategorien von Widerstand und NS-Opfern nicht überall auf Zustimmung stieß, wie im folgenden Abschnitt näher ausgeführt werden wird.

Gesetzeswirklichkeit und Geschichtspolitik

Drückt sich in der juristischen Anerkennung von Kriegsteilnehmern und -opfern sowie deren aus staatlichen Geldern finanzierte Entschädigung zwar die politische Anerkennung dieser Gruppen aus, so misst sich ihr gesellschaftlicher Status an ihrer tatsächlichen Situation. Denn es existiert immer ein Unterschied zwischen dem Gesetzestext, der häufig auf sorgfältig austarierten politischen Kompromissen beruht, und der Gesetzeswirklichkeit, an der sich gesellschaftliche Anerkennung und existierende Hierarchien genauer ablesen lassen.

So klagten Vertreter des tschechoslowakischen Rats der jüdischen Gemeinden, dass auch nach dem Gesetz Nr. 255/1946 die Hinterbliebenen der Insassen des Ghettos Theresienstadt weiterhin nur die Hälfte der Rente erhielten wie die Hinterbliebenen von Inhaftierten anderer Konzentrationslager, die zumeist als Politische Häftlinge wahrgenommen wurden. Auch würden viele Ämter die gesetzlichen Bestimmungen in der Praxis nicht umsetzen und bestimmte Gruppen diskriminieren.[63] Vor wie nach dem Umbruch von 1948 dominierte in der Öffentlichkeit ein heroisches und nationales Bild des Zweiten Weltkriegs, das trotz des gegenteiligen tschechischen Autostereotyps nicht frei von Antisemitismus war.[64] In der Anwendung der Gesetze machte sich dies bemerkbar und spiegelt auch den in der Geschichtspolitik vorherrschenden heroisch-nationalistischen Diskurs wider. Auch Juden, die Widerstand geleistet hatten, wurden in der Praxis oft diskriminiert, wie auch Roma trotz der anders lautenden Gesetze wie in anderen Ländern Europas Schwierigkeiten gehabt haben dürften, ihre Ansprüche auf Entschädigung geltend zu machen. Welche Gruppen genau in der Praxis in welchem Ausmaß anderen gegenüber bevorzugt bzw. benachteiligt wurden, lässt sich aufgrund der lückenhaften Forschungslage nicht genau eruieren.

Spätestens nach der kommunistischen Machtübernahme 1948 kam eine klare Hierarchisierung der Widerstandskämpfer/innen hinzu: Von nun an dominierte in der Geschichtspolitik der kommunistische Widerstand über

---

62 *Hallama:* Nationale Helden und jüdische Opfer, 148.
63 *Ebenda,* 149 f.
64 *Ebenda,* 13.

alle anderen Gruppierungen und insbesondere über die Exilregierung; die Mitglieder der westlichen alliierten Streitkräfte sowie Gruppierungen des Inlandswiderstands, die mit der Exilregierung in Verbindung gestanden hatten, wurden in regelrechten Kampagnen diskreditiert. Auch die nun als Massenverband SBS konstituierte Interessenvertretung der ehemaligen Widerstandskämpfer/innen und NS-Opfer spiegelte dies wider, da mit der politisch erzwungenen, jedoch von vielen Mitgliedern der zuvor eigenständigen Verbände mitgetragenen Vereinigung aller unterschiedlichen Gruppen eine klare Abkehr von der zuvor noch beschworenen Legionärstradition[65] und damit eine Distanzierung von der Ersten Tschechoslowakischen Republik und ihrer Exponenten einhergingen.[66]

In welchem Ausmaß der Verband gesäubert worden war, welche Gruppen in besonderem Maße betroffen waren und wie sich dies auf die Situation der Betroffenen genau auswirkte, lässt sich anhand der existierenden Literatur nur andeuten. Klar ist jedoch, dass spätestens mit der Anfang der 1950er Jahre einsetzenden Antikosmopolitismuskampagne, die in der Tschechoslowakei in dem Schauprozess gegen Rudolf Slánský 1952 ihren Höhepunkt fand, parallel zu den Vorgängen in anderen staatssozialistischen Ländern viele ehemalige Widerstandskämpfer/innen Opfer der großangelegten Säuberungsaktionen wurden.[67] Wie auch in anderen sozialistischen Ländern gehörten nicht nur all jene zu dem Kreis der Verdächtigen, die den Krieg im westlichen Exil überlebt oder irgendwelche Kontakte zum Westen gehabt hatten (wie etwa die als illoyal dargestellten Juden), sondern auch jene, die dem Inlandswiderstand angehört hatten.[68] Dabei war es – wie schon der Hauptprozess gegen Slánský zeigt – nicht von Vorteil, Kommunist gewesen zu sein, zielte die Kampagne gegen alle als potenziell kritisch, eigenständig und auch aus machtpolitischer Perspektive als gefährlich eingestuften Personen.[69] Auf den Inlandswiderstand, und das heißt insbesondere auf die gleichzeitig als Heroen der Nation dargestellten kommunistischen Partisanen und

---

[65] Dies lässt sich auch an den eigenen Publikationen der ehemaligen Widerstandskämpfer und NS-Opfer nachvollziehen. Wurden in den Organen der Verbände – etwa im *Hlas osvobozených* (Stimme der Befreiten), im *Odboj* (Widerstand), *Bojovník* (Kämpfer) oder *Hlas Revoluce* (Stimme der Revolution) – bis zum Februarumsturz die Legionäre und die Erste Tschechoslowakische Republik häufig und sehr positiv dargestellt, verschwinden sie hiernach vollständig.

[66] *Stegmann:* Kriegsdeutungen, Staatsgründungen, Sozialpolitik, 267.

[67] *Milotová,* Jaroslava: Protektorat Böhmen und Mähren: Widerstand im besetzten tschechischen Gebiet 1939–1945. In: *Ueberschär,* Gerd R. (Hg.): Handbuch zum Widerstand gegen Nationalsozialismus und Faschismus in Europa 1933/39 bis 1945. Berlin, New York 2011, 157–166, hier 164.

[68] *Pešek:* Der Widerstand gegen den Nationalsozialismus, 48 f.; in europäischer Perspektive *Judt:* Geschichte Europas, 222 f.

[69] Für die DDR vgl. *Reuter,* Elke/*Hansel,* Detlef: Das kurze Leben der VVN von 1947 bis 1953. Die Geschichte der Vereinigung der Verfolgten des Naziregimes in der sowjetischen Besatzungszone und in der DDR. Berlin 1997, 273.

Widerstandskämpfer traf dies offenbar in besonderem Maße zu.[70] Denn „[sie] hatten gewöhnlich eine heroischere Rolle im Widerstand gespielt als ihre in Moskau verbliebenen Freunde, die nach dem Krieg im Troß der Roten Armee heimkehrten, und genossen größeres Ansehen im eigenen Land. Und sie hatten meist ihre eigenen Ansichten über einen ‚Weg zum Sozialismus'. "[71] Auch der Einheitsverband SPB überprüfte seine Mitglieder im Zuge der Säuberungsaktion,[72] wenn auch nicht nachzuvollziehen ist, wie viele Mitglieder betroffen waren. Anzunehmen ist jedoch, dass zumindest ein Teil der Verbandsmitglieder die Säuberungen innerhalb der eigenen Reihen aus politischer Überzeugung mittrugen. Die Handlungsspielräume jener, die den Säuberungen kritisch gegenüberstanden, dürften hingegen äußerst gering gewesen sein. Als es 1968 das politische Klima zuließ, war dem Verband jedenfalls die Rehabilitierung seiner ehemaligen Mitglieder ein zentrales Anliegen.[73]

Das in der Geschichtspolitik vermittelte heroische Bild des kommunistischen In- und Auslandswiderstands sowie der Egalitarismus der Gesetzeslage, die sich auch nach 1948 nicht änderte, steht im Falle der Tschechoslowakei somit in einem deutlichen Kontrast zur tatsächlichen Lebenssituation vieler der Betroffenen. In welchem Ausmaß ehemalige Widerstandskämpfer/innen und NS-Opfer, die nicht Opfer der Säuberungen geworden waren, nach politischen Maßgaben diskriminiert wurden, lässt sich wegen fehlender Forschung hierzu nicht rekonstruieren. Es scheint jedoch, dass die aktuelle Haltung der Widerstandskämpfer zum politischen System entgegen der Rechtslage durchaus als Kriterium angewandt wurde, um Ansprüche anzuerkennen und zu verwehren.[74] Jedoch oblag dies in der Tschechoslowakei offenbar den jeweiligen Beamten, sodass dies nicht zentral gesteuert und kontrolliert wurde, wie es auch keine Gesetzesänderungen gab, die ganze Gruppen von Vornherein von Versorgungsleistungen ausgeschlossen hätten – wie dies etwa in der DDR praktiziert worden war[75] –, auch wenn dies offenbar in den 1970er Jahren erwogen wurde.[76]

70 *Stegmann:* Kriegsdeutungen, Staatsgründungen, Sozialpolitik, 265.
71 *Judt:* Geschichte Europas, 222.
72 *Stegmann:* Kriegsdeutungen, Staatsgründungen, Sozialpolitik, 269; *Pešek:* Der Widerstand gegen den Nationalsozialismus, 51.
73 Vgl. etwa Národní Archiv (Nationalarchiv, NA), Fond: Ústřední výbor SPB (Zentralkomitee des SPB, ÚV SPB), ka 43, i.č. 127, Zpráva o činnosti Ústřední rehabilitační komise za r. 1968 [Bericht über die Tätigkeit der Zentralkommission für Rehabilitierung für das Jahr 1968].
74 *Hallama:* Nationale Helden und jüdische Opfer, 152; die radikale Einschätzung von Jiří Pešek, dass sämtliche ehemaligen politischen Häftlinge und deren Angehörige bis Mitte der 1960er Jahre keinerlei Entschädigungen erhalten hätten, scheint jedoch überzogen. *Pešek:* Der Widerstand gegen den Nationalsozialismus, 51.
75 *Franzen:* Verordnete Opfererinnerung, 34.
76 *Jelínek/Kučera:* Ohnmächtige Zaungäste, 788 f.

In welche Richtung die Sympathien oder Antipathien der jeweiligen Beamten ausschlugen, welche Gruppen besonders betroffen waren und wie die Situation der zuvor verfemten Gruppen nach den 1950er Jahren war, lässt sich nicht sicher beantworten. Zudem scheint der Verband SPB nach der Niederschlagung des Prager Frühlings abermals umfangreich gesäubert worden zu sein. Angesichts von teilweise erbitterten Protesten gegen den Einmarsch der Warschauer-Pakt-Truppen vonseiten der ehemaligen Widerstandskämpfer/innen, die zudem noch über Verbindungen zu Bruderorganisationen im Westen in diesem Milieu in ganz Europa verbreitet wurden,[77] nimmt diese Reaktion des Staates nicht wunder. Der Verband wurde umfassend „umstrukturiert" und personell neu aufgestellt.[78]

Der Kontrast zwischen der Gesetzgebung, der offiziellen Geschichtspolitik und der tatsächlichen Situation vieler ehemaliger Widerstandskämpfer/innen – inklusive der Kommunisten des Inlandswiderstands und der Partisanen – zeigt, dass die tschechischen und slowakischen kommunistischen Widerstandskämpfer besonders geehrt und mit sozialpolitischen Privilegien bedacht wurden, weil sie als legitimatorisches historisches Unterpfand das System beglaubigten, und zugleich aus demselben Grund unter besonderer Beobachtung standen. Widerspruch von dieser wegen ihrer Verfolgungsgeschichte oftmals eigensinnigen Gruppe[79] war für die legitimatorische Grundlage der Tschechoslowakei fatal. Daraus resultierte eine insgesamt zwiespältige Situation: So genossen sie zum einen besondere Privilegien und Anerkennung, standen jedoch andererseits unter besonderen politischen Zwängen,

---

[77] Die Korrespondenz der tschechoslowakischen und auch der französischen Verbände wurde vielfach nicht archiviert. Ein Teil findet sich jedoch über internationale Vernetzung im Bestand des ostdeutschen Verbands. Einer der Protestbriefe, in dem explizit Parallelen zwischen der deutschen Okkupation der Tschechoslowakei und dem Einmarsch der Roten Armee gezogen wurde, verbreitete sich – wie von den Autoren gewünscht – über die französische FNDIRP in viele, auch sozialistische Länder Europas: Stiftung Archiv der Parteien und Massenorganisationen der DDR im Bundesarchiv (SAPMO-BArch), Fond DY 57: Komitee der Antifaschistischen Widerstandskämpfer der Deutschen Demokratischen Republik, Mappe 502a, Übersetzung eines Briefs des SPB (gez. Tauber, Emil Hrsel im Namen des tschechoslowakischen Komitees der ehemaligen Gefangenen von Buchenwald) an Marcel Paul, Präsident des Internationalen Komitees Buchenwald-Dora [gleichzeitig Präsident der FNDIRP] vom 28.8.1968.

[78] Dies hat im international vernetzten Milieu der ehemaligen (kommunistischen) Widerstandskämpfer zu erheblichen Verwerfungen geführt. Der französische Verband FNDIRP protestierte nachhaltig – und entgegen der politischen Linie der Kommunistischen Partei Frankreichs – gegen die Bestrafung von tschechoslowakischen Widerstandskämpfern und NS-Opfern und boykottierte den „neuen" tschechoslowakischen Verband über Jahre. Vgl. SAPMO-BArch, DY 57/509, Brief der FNDIRP (gez. Marcel Paul) an den Generalsekretär des SPB Krutina vom 22.2.1972; DY 57/538, Übersetzung eines Briefes der FNDIRP (gez. Marcel Paul) an den SPB vom 23.2.1972.

[79] Am Beispiel der DDR zeigt dies *Satjukow*, Silke: „Zeitzeugen der ersten Stunde." Erinnerungen an den Nationalsozialismus in der DDR. In: *Sabrow*, Martin/*Frei*, Norbert (Hg.): Die Geburt des Zeitzeugen nach 1945. Göttingen 2012, 201–223, hier 204.

hatten sehr geringe Handlungsspielräume und wurden bei „Missverhalten" besonders hart bestraft.[80]

Auch in Frankreich bestand ein wesentlicher Unterschied zwischen dem in der Geschichtspolitik der ersten Nachkriegsjahrzehnte vermittelten, heroischen Bild der Résistance als Repräsentantin und Ideal der gesamten Nation, und der tatsächlichen Situation der ehemaligen Widerstandskämpfer/innen: „[...] the notion of ‚resistance' led a life independent and deliberately disconnected from its sociological body".[81] Ihre Position im Geschichtsbild stimmte zum Beispiel nicht mit ihrer realen Machtposition und ihrer sozialen Stellung überein: Während etwa in den ersten Nationalversammlungen noch viele Repräsentanten des In- und Auslandswiderstands vertreten waren, verringerte sich ihre Anzahl und ihr Gewicht ebenfalls seit den frühen 1950er Jahren erheblich.[82]

Am französischen Beispiel zeigt sich, dass eine solche Entmachtung nicht nur „von oben" gesteuert sein musste, sondern auch dem Volkswillen entsprechen konnte. So kehrten einerseits einige politisch engagierte Vertreter der Résistance der Politik desillusioniert den Rücken, da der politische Alltag mit seinen notwendigen Kompromissen mit den oftmals radikalen Idealen ehemaliger Widerstandskämpfer/innen kaum zu vereinbaren war – als illustres Beispiel sei Charles de Gaulle genannt, der sich bereits 1946 einstweilig aus der Politik zurückzog. Zu den notwendigen, jedoch besonders schwierigen Kompromissen zählte der Umgang mit einer Bevölkerungsmehrheit, die die Ideale der Résistance zwar mehrheitlich verehrte, ihnen jedoch keineswegs entsprach.[83] Dass sich ohne diese Mehrheit keine Politik machen ließ und man in einem demokratischen System dieser gegenüber verantwortlich war, zeigte sich etwa an den Amnestiegesetzen von 1951 und 1953, die den Großteil der zuvor gesäuberten Kollaborateure und Vichy-Beamten eine unbelastete Rückkehr in die Gesellschaft und den Staatsdienst ermöglichten.[84] Ein gewisser „Rollback" in Form von Amnestiegesetzen und einem Integrationskurs gegenüber ehemaligen Kollaborateuren nach einer kurzen Phase der intensiven Säuberungen lässt sich in vielen west- wie osteuropäischen Ländern feststellen. Dass viele Widerstandskämpfer und NS-Opfer diese Politik scharf kritisierten und nicht bereit waren, sie zu unterstützen, ist nachvollziehbar.[85]

---

80   Das absolute Loyalitätsgebot gegenüber der Tschechoslowakei als Bedingung für die öffentliche Anerkennung als „antifaschistischer Kämpfer" betont auch *Hallama*: Nationale Helden und jüdische Opfer, 152.

81   *Lagrou*: The Legacy of Nazi Occupation, 26.

82   *Rousso*, Henry: Le syndrome de Vichy. De 1944 à nos jours. 2. Aufl. Paris 1990, 75.

83   *Lagrou*: The Legacy of Nazi Occupation, 35.

84   Ausführlicher zu den Debatten und politischen Positionen um die Amnestiegesetze siehe *Rousso*: Le syndrome de Vichy, 66–69.

85   Zum gut erforschten Beispiel des Integrationskurses der DDR gegenüber ehemaligen NSDAP-Mitgliedern und den Protesten der Vereinigung der Verfolgten des Nazire-

Die „Entmachtung" des Widerstands in Frankreich ist jedoch nicht nur auf den freiwilligen Rückzug einiger Betroffener aus der Politik zurückzuführen. Die Akzeptanz der Amnestien und der Integrationspolitik zeigt auch die realen Forderungen und Bedürfnisse der Wählerschaft. Während die breite Öffentlichkeit also die Widerstandskämpfer/innen als nationale Helden, gar als Inkarnation der Nation feierte, wurden sie zeitgleich nicht mehr gewählt bzw. von ihren Parteien nicht zur Wahl aufgestellt. Dies ist nur scheinbar paradox, wenn man bedenkt, dass eine idealisierte und damit potenziell fiktive Figur des herausragenden Helden per definitionem nicht repräsentativ sein kann und sich daher realiter nur bedingt als Repräsentant eignet. Der Machtverlust der Résistance kann in Frankreich also nicht nur auf machtpolitische Ansprüche und Vorstellungen der heimgekehrten Vorkriegselite und die zahlreichen Vichy-Sympathisanten zurückgeführt werden, sondern auch auf die aktive Unterstützung durch die Wählerschaft.

Angesichts des französischen Beispiels stellt sich die Frage, inwieweit auch in der Tschechoslowakei nach demselben Muster die Bevölkerungsmehrheit die oben geschilderte Politik gegenüber den ehemaligen Widerstandskämpfern und NS-Opfern mitgetragen hat bzw. sich in der gleichzeitigen heroisierten Darstellung von inländischem Widerstand bei gleichzeitiger Marginalisierung damalige verbreitete Vorstellungen und Bedürfnisse zeigten. Da sich mangels freier Presse und Redefreiheit Meinungsströmungen in der Bevölkerung kaum nachvollziehen lassen, muss die Antwort spekulativ ausfallen. Die Parallelität der Vorkommnisse in beiden Ländern verleiht dieser Annahme zumindest eine gewisse Plausibilität, wie auch entgegen der verbreiteten Vorstellung einer klaren Trennung von „der Partei" bzw. „dem Staat" und „dem Volk" prinzipiell von einer weitgehenden Verflechtung zwischen diesen Ebenen auszugehen ist.

Eine weitere Parallele zwischen beiden Ländern besteht in der praktizierten parteipolitischen Sortierung der Helden- und Opfergruppen nach den Mustern des Kalten Kriegs. Über die oben bereits beschriebene, per Gesetz verfügte Unterteilung von „aktiven Kämpfern" und „passiven Opfern", die kommunistische Mitglieder des Inlandswiderstands bereits strukturell benachteiligte, scheinen diese auch in der Anerkennungspraxis diskriminiert worden zu sein. Auch jene Kommunisten, die die gesetzlichen Kriterien für die Ehrenkategorie des Veteranen erfüllten, wurden vom zuständigen Ministerium, das von Mitgliedern des gaullistischen und antikommunistischen Verbands FNDIR dominiert wurde, häufig abgewiesen oder in die wesentlich

---

gimes (VVN) dagegen vgl. etwa *Danyel*, Jürgen: Die SED und die „kleinen PG's". Zur politischen Integration der ehemaligen NSDAP-Mitglieder in der SBZ/DDR. In: *Leo, Annette/Reif-Spirek*, Peter (Hg.): Helden, Täter und Verräter. Studien zum DDR-Antifaschismus. Berlin 1999, 177–196.

schlechtere Kategorie der „passiven Opfer" sortiert.[86] Wie systematisch oder in welchem Ausmaß kommunistischen Mitgliedern der Résistance tatsächlich eine Entschädigung verweigert wurde, lässt sich wiederum aufgrund fehlender Forschung nicht sagen. Jedoch zeigt sich auch am französischen Beispiel, dass in der Anwendung der Gesetze tatsächliche Hierarchien in der Politik und Gesellschaft zum Ausdruck kommen, spiegelt sich in dieser Vergabepraxis des Ministeriums doch die Dominanz des militärischen und gaullistischen Widerstands in der damaligen französischen Geschichtspolitik.[87] Dass die Loyalität und Zustimmung zur aktuellen Gesellschaftsordnung die Zuteilung von Entschädigungen für ehemalige Widerstandskämpfer/innen und NS-Opfer zum Teil mitbestimmte, war also kein Alleinstellungsmerkmal der staatssozialistischen Länder. In Frankreich ging die Diskriminierung von Kommunisten wegen ihres erheblichen politischen Gewichts und Prestiges im Lande jedoch nie so weit wie etwa in der BRD, wo der Verfassungsschutz die kommunistisch geprägte Vereinigung der Verfolgten des Naziregimes (VVN) über Jahrzehnte beobachtete, ihren Mitgliedern eine Beschäftigung im öffentlichen Dienst oft verwehrt blieb und der gesamte Verband wiederholt (1951 und 1959) verboten werden sollte.[88]

Diskriminierungen von unterschiedlichen Gruppen von Widerstandskämpfern und NS-Opfern nach politischen Maßgaben des Kalten Kriegs gab es also beiderseits des Eisernen Vorhangs. Jedoch arbeiteten die unterschiedlichen Systeme mit höchst unterschiedlichen Methoden. Das Ausmaß und insbesondere die Gewaltanwendung in den staatssozialistischen Ländern – wie am Beispiel der Säuberungen in den 1950er Jahren und erneut nach 1968 in der Tschechoslowakei gezeigt – findet gewiss kein Pendant in Frankreich. Somit war es für die Betroffenen in den westlichen Ländern auch leichter, abweichende Positionen einzunehmen, öffentlich zu protestieren und eigenständige Aktionen durchzuführen. Ihre Handlungsspielräume, Ungleichheiten anzuprangern, marginalisierte Gruppen zu unterstützen und hierfür in der Bevölkerung zu werben, waren ungleich größer.

Fazit

In einer Zusammenschau lässt sich also festhalten, dass sich in beiden Ländern trotz unterschiedlicher Ausgangspositionen und Rahmenbedingungen sehr ähnliche Muster im Umgang mit den ehemaligen Widerstandskämpfern

---

[86] *Moisel,* Claudia: Pragmatischer Formelkompromiss: Das deutsch-französische Globalabkommen von 1960. In: *Hockerts,* Hans Günter/*Moisel,* Claudia/*Winstel,* Tobias (Hg.): Grenzen der Wiedergutmachung. Die Entschädigung für NS-Verfolgte in West- und Osteuropa 1945–2000. Göttingen 2006, 242–284, hier 276 f.

[87] *Wieviorka:* La mémoire désunie, 52 f.

[88] *Marcuse,* Harold: Legacies of Dachau. The Uses and Abuses of a Concentration Camp, 1933–2001. Cambridge 2001, 152–155.

und NS-Opfern finden lassen. War zwar die Gesetzeslage in der Tschechoslowakei einem weitgehenden Egalitarismus verpflichtet, wurde dieser jedoch in der praktischen Umsetzung sowie von der durch die Geschichtspolitik vermittelten Hierarchie von bestimmten Helden- und Opfergruppen konterkariert. In Frankreich wiederum korrespondierte der Elitismus der Gesetzgebung weitgehend mit dem in der Geschichtspolitik vermittelten Bild und wurde in der praktischen Anwendung der Gesetze noch verstärkt. Im Resultat waren in beiden Ländern diejenigen Gruppen die „Gewinner", die als Symbolfiguren die jeweiligen Machtinhaber repräsentierten. Diese Position der kommunistischen Widerstandskämpfer in der Tschechoslowakei und des militärisch-gaullistischen Widerstands in Frankreich spiegelte jedoch in beiden Ländern nicht zwingend die soziale Stellung ihrer lebenden Vertreter wider, sondern vor allem ihr legitimatorisches Kapital.

Die Frage, ob und welche Gruppen in der jeweiligen Helden- und Opferhierarchie anderen gegenüber bevorzugt wurden, ist demnach weniger eine System- als eine Machtfrage. Unter dem Mantel des Systemgegensatzes verbergen sich demnach sehr ähnliche Mechanismen, die jedoch mit sehr unterschiedlichen Methoden umgesetzt wurden. Wenn auch in beiden Ländern die das jeweilige System bzw. politische Richtung beglaubigende Gruppe zuungunsten anderer in der öffentlichen Darstellung und zu Teilen auch in der realen Entschädigungspraxis privilegiert wurde, so setzte Frankreich diese Politik nicht mit Gewalt um, während es in der Tschechoslowakei zeitweilig ein enormes persönliches Risiko darstellen konnte, abweichende Positionen zu vertreten. Wenn sich Muster und Mechanismen in beiden Ländern also durchaus glichen, waren die Handlungsspielräume der Betroffenen höchst unterschiedlich.

Marína Zavacká

FRISCH GESTRICHEN

Literarische Darstellungen des Slowakischen Nationalaufstands (1945–1955)

Die vorliegende Studie untersucht die ersten literarischen Darstellungen des Slowakischen Nationalaufstands (Slovenské národné povstanie, SNP) und berücksichtigt dabei besonders Lehr- und Abenteuerbücher, die für Kinder und Jugendliche bestimmt waren. Dabei geht es nicht um deren literarische Qualität, sondern um die Frage, was Historiker aus diesen Texten über die zeitgenössischen politischen Präferenzen, die propagierten Rollenmodelle, Ideale und Normen erfahren können. Die Untersuchung geht von der Hypothese aus, dass im ersten Jahrzehnt nach dem SNP dessen Geschichte angesichts der politischen Umbrüche nicht nur zu einem populären, sondern manchmal auch für Autoren gefährlichen Thema wurde. Schließlich war die Slowakei jener Jahre von einschneidenden politischen Entwicklungen geprägt: dem nach Kriegsende vollzogenen Übergang vom Regime der Slowakischen Volkspartei zur eingeschränkten tschechoslowakischen Demokratie der Jahre 1945–1948, der folgenden Niederlage der Demokratie und dem Machtantritt der Kommunisten Anfang 1948 sowie den mehrfachen innerparteilichen Säuberungswellen in der regierenden Kommunistischen Partei der Tschechoslowakei (Komunistická strana Československa, KSČ) zu Beginn der 1950er Jahre.

Ziel der Studie ist es, den Wandel der Heldenbilder, die Entwicklung der zusammenhängenden und rivalisierenden Heldenkulte sowie die schrittweise Etablierung und Überschreibung der ‚offiziellen‘ Erinnerungskultur nachzuvollziehen. Analysiert wird auch, mit welchen Methoden die Autoren die Aufstandsthematik behandelten und wozu sie sie nutzten – sowohl mit der Absicht der Einflussnahme auf den öffentlichen Diskurs als auch zum Schutz und zur Durchsetzung eigener persönlicher Agenden –, und wie sie mit den damit verbundenen Risiken umgingen. Die Ergebnisse der Stichprobe regten die Autorin zu der Metapher des ‚frischen Anstrichs‘ an einem öffentlichem Ort an: Frisch gestrichene Dinge erstrahlen im neuen Glanz, zudem überdeckt die Farbe wenigstens temporär schon bestehende Risse. Die Menschen wissen, dass sie den neuen Anstrich nicht berühren und beschmutzen sollen – und dass sie auch selbst zu Schaden kommen, wenn sie an der frischen Farbe herumwischen. Nicht selten jedoch dringt der alte Anstrich trotz aller Bemühungen zur Vorsicht durch die Übermalung und beeinträchtigt den fri-

schen Farbton. Vollends ans Licht kommt die ursprüngliche Schicht bei jedem tieferen Kratzer – weshalb diese immer wieder übertüncht werden müssen.

Die visionäre Version

Zu Beginn der Untersuchung ging die Autorin von der Annahme aus, dass
das erste Buch über den slowakischen Aufstand gegen die NS-Okkupation
nach dem Sieg oder zumindest nach dem Ausbruch des Aufstands geschrieben worden wäre – und zwar auf Slowakisch. Das bislang älteste recherchierte Buch jedoch wurde von dem aus Prag stammenden Schriftsteller Franz
Carl Weiskopf verfasst, der sich im amerikanischen Exil aufhielt und angeblich noch vor dem deutschen Überfall auf die Sowjetunion mit dem Schreiben begann – in deutscher Sprache. Die slowakische Übersetzung erschien im
Jahr 1943 in New York, unter dem Titel „Brieždi sa. Román o podzemnom
boji na Slovensku" (Es dämmert. Roman über den Untergrundkampf in der
Slowakei).[1] Seine Struktur entspricht der sozialistisch-realistischen Form eines Romans über eine Volksrevolte, hinter der Kommunisten stecken – ein
Schema, das mit kleinen Anpassungen an lokale Verhältnisse für jedes belie-
bige besetzte Land verwendet werden konnte. Zur selben Zeit schrieb Weiskopf auch das Buch „The Untamed Balkans".[2]

Der Roman „Brieždi sa" spielt in einer dörflichen Streusiedlung. Anhand
ihrer Bewohner, der Romanhelden, wird eine schematische Konfliktlage entwickelt: So wohnt dort Anna, deren Mann von den Deutschen brutal zu Tode
gefoltert wird. Ihr Neffe, Student einer von den Deutschen geschlossenen
tschechischen Universität, wird nach elf Monaten aus dem Konzentrationslager entlassen, weil dort Platz für neue Gefangene freigemacht wird. Ferner
gibt es einen Schwiegervater, dessen Weltsicht durch seine Erfahrung als Ar-
beitsmigrant im amerikanischen Kapitalismus geformt wurde und der nur
schrittweise beginnt, die Welt „richtig" zu verstehen. In ideologischer Hinsicht anregend erscheint ein als Drahtbinder und Hausierer getarnter Verbindungsmann zum Zentrum des Widerstands. Das auf einen seiner Teller
gemalte Muster verbirgt eine geheime militärische Karte. „Aus den Wäldern"
kommt auch der rätselhafte Vasil, der einen russischen Namen trägt und stets
weiß, was zu tun ist.[3] Unter den Dorfbewohnern befinden sich mehrere Mitglieder der Hlinka-Garde (Hlinkova garda, HG) und ein junger slowakischer
Kollaborateur, der auf dem Höhepunkt der Handlung Annas behinderten

1   *Weiskopf,* Franz Carl: Brieždi sa. Román o podzemnom boji na Slovensku [Es dämmert.
    Roman über den Untergrundkampf in der Slowakei]. New York 1943. Deutsche Versi-
    on: *Ders.:* Vor einem neuen Tag. Roman. Mexico 1944.
2   *Weiskopf,* Franz Carl [unter dem Namen Frederic W. L. Kovacs]: The Untamed Bal-
    kans. New York 1941.
3   *Weiskopf:* Brieždi sa, 299.

Sohn ermordet. Neben der Beschreibung von konkreten Akten des Ungehor-sams, von Sabotage und offenen Angriffen auf die Besatzer enthält das Buch zahlreiche Ereignisse, die die Zunahme des politischen Bewusstseins bei ein-zelnen Akteuren belegen. So beschließt beispielsweise die Dorffrau Verona, wie einst Antigone mit einer Gruppe von Nachbarinnen die Knochen auf dem jüdischen Friedhof erneut zu begraben, nachdem dieser auf Befehl der Besatzer umgepflügt wurde.[4] Zu Beginn hatte sie noch ihre drei Söhne zur Hlinka-Garde geschickt, doch dann fällt der erste in der Ukraine, der zweite wird wegen Widerstand gegen Getreiderequirierung in einem Konzentrati-onslager interniert und der dritte versteckt sich, verfolgt wie ein Räuber, „ir-gendwo in den Bergen".[5]

In der Vision von Weiskopf existieren im Osten schon ausländische Mili-täreinheiten, denen sich – wie im Ersten Weltkrieg – slowakische Deserteure anschließen können. Ebenso wie ihre historischen Vorbilder werden sie Le-gionäre genannt.[6] Die Einheimischen hören insgeheim den „Sender der Frei-heit" und bilden kleine Widerstandsgruppen, sogenannte Dorfeinheiten. Auf Befehl starten sie eine „Große Offensive", in der jeder sich bemühen soll, den Feind mit allen zur Verfügung stehenden Mitteln zu bekämpfen und zu be-siegen. Ein Teil ihrer Waffen stammt aus amerikanischer Produktion und ist über „polnische Partisanen" zu ihnen gekommen, die diese ihrerseits einem „Kosaken-Durchbruch durch die deutschen Linien" verdanken.[7] Den Mas-senaufstand lässt der Autor in dem Moment beginnen, als schon „die Berg-feuer der Partisanen in den östlichen Karpaten sichtbar waren" und die Gar-disten verwirrt von über den Rundfunk verbreiteten Fehlinformationen aus Bratislava über die Donau flüchten wollen, als die verwundeten Deutschen im mährischen Lazarett gegen die Evakuierung der Militärärzte rebellieren und in Trnava (Tyrnau) der Kampf um den Bahnhof entbrennt.[8] Die Verschwö-rer, die sich auf den Aufstand vorbereiten, werden nicht als „Kommunisten" bezeichnet – sie arbeiteten jedoch „für die Sache" und sind bemüht, „jede Wirtin" in der Verwaltung des Staates zu unterweisen.[9] Die Rolle Russlands beziehungsweise der Sowjetunion wird im Buch nicht gesondert betont. In einer Anmerkung am Ende jedoch unterstreicht Weiskopf seine Freude dar-über, dass es zu dem Zeitpunkt, als er mit dem Schreiben begonnen hätte, zwar noch keine Ostfront gegeben habe, dann aber während der abschließen-

---

[4] *Ebenda,* 97–106.
[5] *Ebenda,* 105.
[6] Diese Verbindung wird auch durch weitere Hinweise geknüpft. Als offiziell verkündet wird, dass einer der Nachbarn „im Kampf vermisst" sei, „wissen" die älteren Dorfbe-wohner, dass die so bezeichneten Menschen nach dem letzten Krieg lebend aus Russ-land zurückgekehrt waren. *Ebenda,* 181.
[7] *Ebenda,* 304.
[8] *Ebenda,* 300.
[9] *Ebenda,* 57, 76. Der Ausspruch, dass jede Wirtin einen Staat lenken könne, wird traditi-onell Lenin zugeschrieben.

den Arbeiten an der slowakischen Ausgabe im Jahr 1943 an der „Sitzung des Panslawischen Komitees" in Moskau ein „echter Partisan aus der Ostslowakei" teilgenommen habe.[10] Die Motivations- und Propagandaqualität des Buches als visionäres Werk konnte seine übermäßige Abkoppelung vom realen Kontext, die nach dem tatsächlichen Ausbruch des Aufstands zunehmend sichtbar wurde, jedoch nicht aufwiegen. Der Text ließ sich kaum auf die lokale Umgebung übertragen, und so kam es zu keiner weiteren Veröffentlichung in der Slowakei.[11]

Interessanterweise wurde der schematische Charakter dieses Werkes schon kurz nach seiner Publikation in der Exilpresse kritisiert. Der tschechische Germanist und Publizist Eduard Goldstücker interpretierte ihn allerdings als Parallele zu der zeitgenössischen Welle amerikanischer Filme über den Widerstand im besetzten Europa. Diese Werke – „motiviert weniger vom ernsthaften Interesse" an der Realität als vielmehr von „der Romantik des Untergrundkampfes" in „aus der Sicht Hollywoods ‚exotischen' [Regionen], in denen der Schwächere heldenhaft gegen die Übermacht siegt" – zeigten fast identische Handlungslinien, „egal ob die Handlung in Norwegen, Frankreich oder der Tschechoslowakei angesiedelt war", und ließen die klugen Widerständler nach einigen Szenen voller Spannung, Schießens und Erotik über die dummen Deutschen und die feigen, eigennützigen Kollaborateure siegen.[12] Goldstücker parodierte das Werk schonungslos:

[Der Drahtbinder und Hauptverbindungsmann, die Autorin] übermittelt von Nachrichten über russischen Machorka-Tabak bis hin zu einem Kurzwellen-Radioempfänger wirklich alles, der Mechaniker in einer Fabrik für irgendwelche Waren ist ihr Führer und spricht wie ein lebendes Flugblatt, die Instruktionen des Partisanenoberkommandos irgendwo in den Bergen klingen wie die Leitartikel irgendwelcher sektiererischer Zeitungen [...].[13]

Er verspottete auch die märchenhafte Leichtigkeit, mit der sich die Handlungsfäden entwirren:

[E]in Radiogerät verschafft man sich im Handumdrehen, die Maschinengewehre treffen rechtzeitig wie auf Bestellung ein und das ganze Dorf wendet sich – nach einer kurzen Rede des Drahtbinders sowie dem Singen eines nationalen Liedes mit neuen, antifaschistischen Worten – zur richtigen Weltanschauung. Muss der gefangene Drahtbinder aus dem Gefängnis entfliehen? Nichts leichter als das; Mit zwei Sätzen in gebrochenem Deutsch gewinnt er die Sympathie des deutschen Wächters [...].[14]

---

10 *Ebenda,* 319.
11 Die mangelnde Übertragbarkeit des für das amerikanische Zielpublikum bestimmten Propagandawerks ist vergleichbar mit dem 1943 von Regisseur Fritz Lang nach Motiven des Attentats auf Reinhard Heydrich gedrehten Films „Hangmen also die", der aufgrund der Abweichungen von der Realität für das tschechoslowakische Nachkriegspublikum nicht verwendbar war.
12 *Goldstücker,* Eduard: Tak to nejde [So geht es nicht]. In: Nové časy. New times. Slovak monthly. London 10–11 (1944), 140
13 *Ebenda.*
14 *Ebenda.*

Dem Autor warf Goldstücker das Fehlen jeglicher, auch nur geringfügiger Selbstkritik vor, ungeachtet der unermüdlich proklamierten „künstlerischen Verantwortung". Er beschuldigte ihn, reale Bilder durch einen „billigen und grellen Farbdruck" zu ersetzen.

Goldstückers fehlendes Verständnis für die Bedürfnisse des Genres hat dabei zwei Ebenen. Die erste, literarische, ist das Anlegen elitärer Qualitätsmaßstäbe an ein Massenprodukt. Der schematische Charakter ist jedoch *not a bug but a feature* kanonischer Narrative (Exempel) mit dem Ziel, als ideologisches Arsenal und Träger ausgewählter moralischer Werte für das Massenpublikum zu dienen. Sie sprechen gerade diese Schicht gezielt an, die sich an einander ähnelnden, absichtlich generischen Helden und Konflikten nicht stört, sondern sogar ganz im Gegenteil als weitere Bestätigung der ‚Richtigkeit' der geteilten Sicht auf Gut und Böse nach ihnen verlangt. Erinnert sei hier nur an Märchen, Editionen von ‚Frauenbüchern', Heiligenbiografien oder generische Abenteuerromane über Cowboys aus dem ‚Wilden Westen'.[15] Die zweite, politische Ebene bildete die Kritik und Ablehnung der Regeln der stalinistischen Kulturpolitik, wenn auch unter dem Label des ‚Hollywood-Charakters'. Dementsprechend konstatiert eine ‚verständnisvollere' Annotation aus dem Jahr 1961: „Die große ideologische Stärke [und] der weitblickende Glaube an den Sieg überwiegt einige Mängel des Romans."[16] Im Ergebnis überrascht es nicht, dass F. C. Weiskopf in der Nachkriegszeit tschechoslowakischer Botschafter in Stockholm und Peking wurde und nach seiner Übersiedlung in die Deutsche Demokratische Republik (DDR) bis zu seinem Tod im Jahr 1955 eine führende Figur des Deutschen Schriftstellerverbands war. Goldstücker dagegen wurde nach einer kurzen Tätigkeit als tschechoslowakischer Botschafter in Israel Opfer der stalinistischen Säuberungen und verbrachte die Jahre 1951 bis 1955 als politischer Gefangener in den Uranminen.

Der Aufstand für Erwachsene

Übersichtsarbeiten zur Literaturgeschichte bezeichnen das 1947 erschienene Buch „Hory mlčia" (Die Berge schweigen)[17] von Jozef Horák als allerersten Roman über den SNP. Der Hauptheld des Buches „Hory mlčia" ist der alte Gebirgsbewohner Vahan-Bugala, der von dem Aufstand bis zu dessen Niederschlagung nichts ahnt – bis seine auf der Flucht befindlichen Verwandten bei ihm Unterschlupf suchen. Er hat jedoch schon zuvor in den Bergen Menschen getroffen, die „weder Zivilisten noch Soldaten waren. Angeblich Partisanen. Weiß Gott, was das für Menschen sind. [...] Diesen Namen hatte er im

---

[15] *Clark*, Katerina: The Soviet Novel. History as Ritual. Bloomington/Indiana 2000, 4 f.
[16] *Albrechtová*, Gertrúda: SNP v nemeckej literatúre [Der Slowakische Nationalaufstand in der deutschen Literatur]. In: Tvorba 2 (1961), 28.
[17] *Horák*, Jozef: Hory mlčia [Die Berge schweigen]. Bratislava 1947.

Leben noch nicht gehört. [...] Aber hungrig waren sie", und deshalb teilte er sein Essen mit ihnen.[18] Als er im Wald zufällig Zeuge einer Hinrichtung wird, bei der ein „Mann mit Brille, ein blasses, zerbrechliches Menschlein mit schrecklich kaltem Blick", eine Gruppe von Erwachsenen und Kindern erschießt, bringt er den Mörder bei der nächsten Gelegenheit selbst um.[19] Die Beschreibung des Charakters des Protagonisten feiert Eigenschaften wie die Liebe zur Freiheit und zur Natur sowie seine Entschlossenheit, Gerechtigkeit und menschliche Solidarität durchzusetzen. Demgegenüber fehlt ihm noch jeglicher Sinn für Organisation, die bewusste Unterstützung der Partisanenbewegung oder die führende Rolle der Partei. Auch Bugalas Sohn, der aus dem Dorf in die Berge geflohen ist, präsentiert ihm den Aufstand als Serie unverständlicher Ereignisse:

„Gott allein weiß, wie es auf einmal kam. Der Schulze und der alte Ausschuss hörten auf und wir mussten einen neuen wählen. Das waren wir. Die Männer mussten einrücken und es kamen die Partisanen, denen wir Essen und Trinken besorgen mussten. Das war alles. Alles in allem nichts. Vielleicht wisst Ihr, wie es war. Die Deutschen hat jeder gehasst."

Alle hätten gedacht, „jetzt ist mit all dem Schluss."[20] Danach wendete sich die Situation: „Die Feuer begannen, Glutzeichen am Himmel zu malen", der Feind „überströmte [sie] wie eine Flut".[21] In der Darstellung fehlt auch nicht das Abbrennen deutscher Dörfer durch sich zurückziehende Aufständische und der daraus resultierende Ausbruch von gegenseitigem Hass und Rache: „Sie verschonten niemanden, der Partisan war wie ein Tier."[22] Den ‚naturalistischen' Charakter des Textes unterstreichen auch sexuell konnotierte Szenen: Die erste beschreibt, wie ein weiterer Sohn Bugalas eine verletzte sowjetische Fallschirmspringerin findet, ihr Unterschlupf bietet und sie vor Belästigungen schützt, indem er sie zu seiner Frau erklärt.[23] Eine andere Szene schildert die Vergewaltigung der Braut eines Hausbesitzers durch einen deutschen Besatzer, der sie halbtot und fast nackt auf dem Bett zurücklässt, sodass auch die sowjetischen Fallschirmjäger, die sie finden, mit ihren Instinkten kämpfen müssen und „an der Tür schwer schlucken", bevor sie schließlich dem Befehl des Kommandanten gehorchen und sie in Frieden lassen.[24] Die offenbar erste Veröffentlichung eines persönlichen Tagebuchs aus dem Aufstand waren die Beobachtungen von Elo Šándor, einem in der Vorkriegszeit linksorientierten Intellektuellen. Er hatte sich am SNP in der Westslowakei aus einer halblegalen Position heraus beteiligt: als formal auf Genesungsurlaub im Kurort Smrdáky befindlicher Bankbeamter. Dieser Bü-

---

18 _Horák_: Hory mlčia, 11–12.
19 _Ebenda_, 33.
20 _Ebenda_, 53.
21 _Ebenda_.
22 _Ebenda_.
23 _Ebenda_, 72.
24 _Ebenda_, 216, 227.

rokrat und Partisan in einem widmete sich der Aufklärung, der Überset-
zungstätigkeit für russische Partisanen sowie der Konzipierung von Flugblättern und Ähnlichem, wobei er nicht vergaß, seinem Arbeitgeber regelmäßig
Anträge auf Urlaubsverlängerung zu senden. Sein Buch „Lesná správa. Partizáni" (Ein Waldbericht. Die Partisanen) wurde 1946 im Verlag der Slowakischen Liga (Slovenská liga) veröffentlicht.[25] Dem Werk fehlt nicht nur das
unter den neuen Verhältnissen notwendige Maß an ideologischen Elementen, vielmehr enthält es auch realistische Beschreibungen des Zusammenle-
bens der Partisanen mit der lokalen Bevölkerung nach dem Motto „Munition
haben wir, Essen müssen wir uns besorgen"; es werden darin zudem die zahlreichen sowjetischen Deserteure und Überläufer sowie Schnellverfahren der
Feldgerichte erwähnt.[26] Vermutlich war dies der Grund dafür, dass das Buch
nach 1948 in Vergessenheit geriet, obwohl der Autor selbst weiter publizieren
durfte. Der Literaturwissenschaftler Břetislav Truhlář kritisierte, dass das
Werk aufgrund seines Naturalismus den bewussten Widerstand des Volkes
nur unzureichend beschreibe.[27] Horák lernte seine Lektion und erhielt für
seinen weiteren, im Bergbau-Milieu angesiedelten Roman „Šachty" (Die
Schächte)[28] den Gottwald-Preis für Literatur.

Ähnlich erging es dem Versuch eines autobiografischen Romans von Elena Kovalová-Kytková unter dem Titel „Mŕtvi sa dívajú" (Die Toten schauen
zu).[29] Die Autorin, eine Lehrerin und Redakteurin evangelischen Glaubens,
war mit einem Katholiken verheiratet und Mutter dreier kleiner Töchter. Sie
engagierte sich in Vereinigungen der ‚fortschrittlichen Jugend' und beteiligte
sich am SNP durch Vervielfältigung aufständischer Zeitungen. Nachdem ihr
Mann sich dem Aufstand angeschlossen hatte und Betrunkene aus dem Ort
eine Granate unter das Fenster der ‚Partisanenfamilie' geworfen hatten – was
eines ihrer Kinder nicht überlebte –, beschloss sie, ihr Heim zu verlassen. Mit
den zwei verbliebenen Töchtern im Alter von fünf Jahren beziehungsweise 18
Monaten meisterte sie die Passage über den Chabenec, einen Pfad, der während des Aufstands zum Symbol der sogenannten Schneehölle wurde. Die

---

25 *Šándor,* Elo: Lesná správa. Partizáni [Waldbericht. Die Partisanen], Bratislava 1946.
   Auch sein zweites Buch mit Erinnerungen an den Aufenthalt im Konzentrationslager
   Ilava geriet in Vergessenheit: *Ders.:* Ilava. Zážitky z policajného lapáku a z kon-
   centračného tábora z čias, keď sa rodila naša sloboda [Erlebnisse im Polizeigefängnis
   und im Konzentrationslager in der Zeit, in der unsere Freiheit geboren wurde]. Brno
   1947.

26 *Šándor:* Lesná správa, 94, 108, 181.

27 *Truhlář,* Břetislav: Slovenská próza o povstaní [Slowakische Prosa über den Aufstand].
   Bratislava 1954, 22. Die folgenden, schon wertvolleren Romane waren: *Mináč,* Vladimír:
   Smrť chodí po horách [Der Tod geht durch die Berge]. Bratislava 1948; *Lazarová,* Ka-
   tarína: Traja z neba [Drei aus dem Himmel]. Bratislava 1950; sowie *Tatarka,* Dominik:
   Farská republika [Die Pfaffenrepublik]. Bratislava 1948. Deutsche Übersetzung: Die
   Pfaffenrepublik. Prag 1960.

28 *Horák,* Jozef: Šachty [Die Schächte]. Bratislava 1953.

29 *Kovalová-Kytková,* Elena: Mŕtvi sa dívajú [Die Toten schauen zu]. Bratislava 1948.

schwarzen „Raben" im Schnee, die die Mädchen unten am Abhang erblickten, waren erfrorene Menschen, die der Schneesturm des Vortages hatte herabstürzen lassen.[30] Kovalová-Kytková beschrieb die Meinungsänderungen der ehemals begeisterten Ľudáci (Anhängerin der Hlinka-Partei), insbesondere nach den Deportationen ihrer jüdischen Nachbarn und ihren Erlebnissen an der Ostfront.[31] Sie beschrieb – wenn auch teilweise anonymisiert und ohne Nachnamen – das Chaos und die große Furcht ihrer Verwandten, die es nicht gewagt hatten, ihr Obdach zu gewähren, ebenso wie Situationen, in denen die Zivilisten beider verfeindeter Parteien ihre Gegner verschonten und lieber eine Waffenruhe vereinbarten. Diese Erinnerungen waren mit dem geforderten Format des Heldenepos kaum kompatibel. Nach Angaben der Tochter von Elena Kovalová-Kytková gewann das Buch in einem 1949 ausgerufenen anonymen Wettbewerb zum Jahrestag des Aufstands den ersten Platz und damit ein Möbel-Set, das die Autorin auch erhielt. Auf Druck ‚von oben' hin wurde jedoch diese Entscheidung als Fehler bezeichnet und in der offiziellen Preisverleihung rangierte das Buch auf dem dritten Platz.[32]

Die Vorgeschichte des Kinderbuchs über den Aufstand

Ähnlich wie in der Literatur für Erwachsene wurden auch die ersten Kinderbücher über den Aufstand vor der Stabilisierung der kommunistischen Herrschaft geschrieben, fielen dann aber bald als ideologisch ungeeignet dem Vergessen anheim. Die erste in Buchform veröffentlichte Version des Aufstands wirkt wie ein Musterbeispiel des didaktischen Schreibens für gute und fromme Kinder, das aus den Vorkriegs- und Kriegsjahren bekannt war.[33] In dem von Jozef František Kunik unter dem Pseudonym Jozef Hutár verfassten Buch „Hrdinovia" (Helden)[34] werden die Gründe für den Ausbruch des Aufstands und somit für den Seitenwechsel der Slowaken überwiegend nationalistisch gedeutet – „die Russen geben uns wieder, was uns die Ungarn gestohlen haben" – und der Krieg wird als neue Etappe des alten Kampfes der Slawen gegen ihren ewigen Gegner bezeichnet.[35] Der Ausgang des Krieges entscheidet sich jedoch in dem Moment, in dem sich der erste amerikanische Soldat nach Europa begibt. Auch dieser knüpft an das historische Vermächt-

30 *Kytková,* Kamila: Matkin vrch Chabenec [Chabenec – der Berg meiner Mutter. Nachwort zur zweiten Ausgabe des Buches]. In: *Kovalová-Kytková,* Elena: Mŕtvi sa dívajú [Die Toten schauen zu]. Praha 2007, 96.

31 *Kovalová-Kytková,* Elena: Mŕtvi sa dívajú, 1948, 2.

32 *Kytková,* Kamila: Matkin vrch Chabenec. In: *Kovalová-Kytková:* Mŕtvi sa dívajú, 98.

33 *Sliacky,* Ondrej: Bibliografia slovenskej literatúry pre mládež, 1945–1964 [Bibliographie der slowakischen Jugendliteratur, 1945–1964]. Bratislava 1965, 13.

34 *Hutár,* Jozef: Hrdinovia, Román z partizánskeho hnutia na Slovensku [Helden. Ein Roman aus der Partisanenbewegung in der Slowakei]. Žilina 1945, 7.

35 *Ebenda,* 7.

nis an, indem er einen Kampf „gegen die neuzeitlichen Sklavenhalter wie zu Zeiten des großen Präsidenten Lincoln" führe.[36] Ferner vergleicht Kunik in seinem Text mit historischen Bezügen die Partisanen mit den Rittern aus dem Berg Sitno, die „im Berg sind und kommen, wenn es dem Volk am schlechtesten geht".[37] Die Stadt Zvolen beherberge nach 400 Jahren erneut das legendäre Schwarze Regiment von König Matthias Corvinus, der jetzt gegen die „westlichen Türken" kämpfe.[38] Ein Schmied in einer Eisenbahnwerkstatt treibt Nieten in einen Panzerzug, wie sie der (slowakische, Robin Hood-ähnliche) Räuber Juraj Jánošík in seinem kugelsicheren Wundergürtel hatte.[39] Die zahlreichen Erwähnungen von Städten und Dörfern enthalten Informationen über die in ihnen geborenen berühmten Persönlichkeiten sowie Ereignisse, die dort vor Jahrhunderten stattfanden. Der Autor nutzt viele biblische Motive, einschließlich des fliegenden Sterns – hier eines blinkenden Flugzeugs, dank dessen die Befreier „vom Himmel fielen".[40] Danach erzitterte angesichts von Flugzeuglärm die Erde, „als sei der Tag des Jüngsten Gerichts gekommen".[41] Nach der Niederschlagung des Aufstands seien die Partisanen in den Bergen zu einer 40-tägigen Fastenzeit gezwungen usw.[42]

Die beschriebene Verteilung der sozialen Klassen in dem aus lokalen Widerständlern zusammengesetzten „Revolutionären Nationalausschuss" (Revolučný národný výbor) ist weit entfernt von der Wirklichkeit mit der führenden Rolle der Partei. Dem kommunistischen Prototyp am nächsten kommt wohl ein von der Arbeit gezeichneter Schmied, den das Loch im großen Schmiedebalg „viele Male vor den Sicherheitsorganen geschützt hatte",[43] und nach ihm ein schwacher lungenkranker Müller, der zum Märtyrertod bereit ist.[44] Daneben findet sich ein ehemaliger Gemeindevorsteher, den man wegen seiner „slawischen Gesinnung" von seinem Posten abberufen hat, ein Bauer, der sich weigert, Getreide abzugeben und sowohl den Requirierungskommissar wie auch die herbeigerufenen Polizisten verprügelt, sowie ein wegen seines ideologischen Engagements belasteter Lehrer. Ferner gibt es den Bruder eines auf der Flucht aus Deutschland erschossenen Zwangsarbeiters, zwei Brüder, die vom letzten Krieg gute Erinnerungen aus der Gefangenschaft in Russland mitgebracht haben, und schließlich die am vorbildlichsten handelnde, aktivste und mutigste Person – einen jungen gebildeten Notar,

---

36 *Ebenda*, 27.
37 *Ebenda*, 23. Hierbei handelt es sich um eine lokale Variante des Bergentrückungs-Motivs.
38 *Ebenda*, 65.
39 *Ebenda*, 91.
40 *Ebenda*, 105.
41 *Ebenda*.
42 *Ebenda*, 160.
43 *Ebenda*, 56.
44 *Ebenda*, 148.

der falsche Ausweise ausstellt.[45] Außerdem tritt ein russischer Partisanenkommissar auf, doch auch dieser ist in Wirklichkeit ein entfernter Verwandter von einem der Dorfbewohner.[46]

Der Fall von Banská Bystrica wird als vollständiges Chaos interpretiert, „wie auf der Titanic".[47] Der Autor erwähnt auch die Existenz falscher, sogenannter „Schwarzer Partisanen",[48] räuberischer Banden, die der Feind zur Kompromittierung der dörflichen Unterstützer der Partisanenbewegung einsetzte. Bei einem dieser Besuche sind deren „Gesichter vom Alkohol wild entflammt. Sie richteten ihm die Maschinenpistole auf die Brust, traten ihm zwischen die Schulterblätter und lachten wild. Ihre Augen blitzten vor allem nach Marka." Sie bedenken den Hausherrn nicht nur mit den Ausdrücken „Davaj dengi!" [Gib Geld!] und „Buržuj!" [Bourgeois!], sondern auch „Sukin syn, job tvoju mať!" [Hurensohn, fick deine Mutter!].[49]

Kaum ein Jahr später hatte sich der Stil nicht sehr verändert. Michal Šteinhíbel beschreibt den Aufstand in seinem Buch „Rušné prázdniny" (Bewegte Ferien)[50] als Angelegenheit der oberen Mittelschicht: Beamte aus Bratislava, die die Ausrufung des Aufstands auf dem Weg in den Landurlaub erreicht, werden zu Kommandanten der sich bildenden aufständischen Mannschaften. Die ‚Gewöhnlichste' der führenden Persönlichkeiten im örtlichen Umfeld ist ein Eisenbahner. Die Kinder sind bereit, ihre Pflichten zu erfüllen und „den Mamas zu helfen".[51] Bei der Beschreibung der Partisanen greift auch dieser Autor zu einer historischen Legende: „Das ist so etwas wie Jánošík, er geht durch den Wald, hat vor nichts Angst [...]. [Er trägt] die Flinte in der Hand, die Pistole im Gürtel, dazu die Granate, und wartet, bis der Feind in Sicht kommt und dann paff, paff!"[52] In den Rollenspielen sind die geschlechtsspezifischen Prioritäten der Kinder klar: „Du bist der Verwundete und ich werde Krankenpflegerin sein." – „Nein, ich bin Partisan und du wirst mir Essensvorräte bringen."[53]

Auch Libor Mattoška, ein katholischer Pädagoge und langjähriger Redakteur mehrerer Kinderzeitschriften, kritisierte dieses Buch für seinen bürgerlichen Ton und bezweifelte, dass die dort beschriebenen Kinder, die zum Bal-

---

45 *Ebenda*, 36–37.
46 *Ebenda*, 189.
47 *Ebenda*, 139.
48 *Ebenda*, 100.
49 *Ebenda*, 101. Ebenso wie der vorausgehende Begriff in slowakischer Sprache. Umschrift des Russischen, Anmerkung der Übersetzerin.
50 *Šteinhíbel*, Michal: Rušné prázdniny [Bewegte Ferien]. Bratislava 1946.
51 *Ebenda*, 64.
52 *Ebenda*, 57–58.
53 *Ebenda*, 105.

lett gingen und ähnliche Dinge taten, auf die Härten des wirklichen Lebens vorbereitet gewesen wären.[54]

Die Konsolidierung des Kanons

Das 1947 veröffentlichte Buch von Peter Jilemnický „Kronika" (Chronik)[55] war während der gesamten kommunistischen Ära eine stabile Basis für eine regimekonforme literarische Fassung des SNP für die Jugend. Man präsentierte es von Anfang an als erstes Buch über den Aufstand, das mit Respekt für den Kanon des sozialistischen Regimes geschrieben wurde. Seine Entstehungsgeschichte gleicht in ihren Grundzügen der Genese eines anderen modellhaften,[56] für jugendliche Leser bestimmten Buches über den Krieg: „Die Junge Garde" des sowjetischen Schriftstellers Alexander Alexandrovič Fadejew.[57] Fadejew wurde unmittelbar nach der Befreiung mit der Aufgabe in das Donezbecken geschickt, einen Roman über den Widerstand der dortigen Komsomolzen zu schreiben. Er verfasste das Buch als Außenstehender, auf der Basis von Feldforschungen (insbesondere von Gesprächen mit der örtlichen Bevölkerung) und erhielt dafür den Stalin-Preis. Zwei Jahre später wurde das Werk jedoch für die ‚unzureichende‘ Darstellung der führenden Rolle der Partei kritisiert und der Autor war gezwungen, den Text umzuschreiben, das heißt ihn um Abschnitte zu ergänzen, die die Aktivitäten der erwachsenen Kommunisten und die Mechanismen der Überbringung von Instruktionen aus Moskau in die besetzten Gebiete beschrieben. Aus der ursprünglichen Ehrung der vaterlandsliebenden, initiativ und eigenständig handelnden Jugend wurde das Bild einer von außen gesteuerten, disziplinierten und hierarchisierten Organisation.

Auch Peter Jilemnický hatte nicht selbst am Aufstand teilgenommen – als der SNP ausbrach, war er in einem Konzentrationslager interniert. Erst nach der Befreiung besuchte er die Gemeinde Čierny Balog und verfasste auf der Grundlage von Gesprächen mit Einheimischen ein modellhaftes, völlig mit

---

54 *Otecko* [Väterchen; Pseudonym des Franziskaners Libor Mattoška, mit bürgerlichem Namen Jozef Holica]: Rezension von Michal Šteinhíbel: Rušné prázdniny. In: Jednotná škola 2 (1946–1947), 94 f.

55 In der deutschen Ausgabe mit dem Titel *Jilemnický, Peter: Der Wind dreht sich. Eine Chronik vom slowakischen Aufstand 1944. Berlin 1951.* Die Broschüre des Leserwettbewerbs bezeichnet das Werk als Pflichtlektüre der Kriegsliteratur. Vgl. *[Slovenský ústredný výbor ČSM (Hg.)]: Ako získam Jilemnického odznak* [Wie ich das Jilemnický-Abzeichen erhalte]. Bratislava 1951, 7. Auf die am 16. Mai 1978 erlassene Genehmigung des Bildungsministeriums als Pflichtliteratur für das achte Schuljahr beruft sich auch diese Ausgabe: *Jilemnický, Peter: Kronika* [Chronik]. 6. Aufl. Bratislava 1984, Impressum.

56 Vgl. *Clark: The Soviet Novel*, 162–176.

57 Fadeev, Aleksandr Aleksandrovič: Molodaja gvardija. Moskau 1946; deutsche Ausgabe: Die Junge Garde. Wien, 1948. Berlin 1949.

dem Genre-Schema konformes Narrativ über das in einem Mikrokosmos stattfindende, dramatische Geschehen. Zu der langen und erfolgreichen Karriere des Buches trugen auch Jilemnickýs persönliche Erfahrung mit der stalinistischen Kulturpolitik der Vorkriegszeit, sein intensiver und langer Kontakt mit der sowjetischen Pressepolitik sowie die Beherrschung ihrer Regeln und ihres Stils bei.[58] Die ,führende Rolle der Partei' bzw. der örtlichen Kommunisten ist im gesamten Text deutlich sichtbar – insbesondere in der Darstellung des erfahrenen Arbeiteraktivisten Lexo Bezák, der „von Jugend an bei jedem Streik seine Finger mit im Spiel hatte".[59] Er wird von der Polizei mit präventiven Verhören tyrannisiert, er organisiert die ersten geheimen Beratungen und schreitet dann an der Spitze der Männer zum Mobilisierungszentrum...[60] Der Autor unterscheidet konsequent zwischen den Politisierten, also „denen, die wussten, wofür sie kämpften", und jenen, die von der Atmosphäre mitgerissen wurden und sich „der Verteidigung persönlicher Interessen", des Bauernhofs und der Hütte verschrieben oder zuweilen auch von Rachegelüsten angetrieben wurden.[61] Die Hauptfiguren des Narrativs sind im Rahmen der schriftstellerischen Freiheit typisiert und anonymisiert, sie sollen allgemeinere Erscheinungen repräsentieren, wodurch der Text jedoch zugleich den Anspruch auf historische Präzision verliert. Andererseits ist sogar der lokale Heldenjunge Janko Giertli, dessen wirklicher Name schon aus Zeitungsreportagen bekannt war,[62] in den offenbar ,slowakischer klingenden' Miško Strmeň umbenannt.[63]

---

[58] Peter (Petr) Jilemnický (1901–1949) war ein in Böhmen geborener Schriftsteller, der während eines langen Aufenthalts in der Sowjetunion in der zweiten Hälfte der 1920er Jahre an lokalen Grundschulen unterrichtete und Kurse am „Staatlichen Institut für Journalistik" (Gosudarstvennyj Institut Žurnalistiky, GIŽ) in Moskau besuchte. Nach seiner Rückkehr redigierte er die Zeitung „Pravda" [Wahrheit] und setzte seine Lehrtätigkeit in der Slowakei bis zur Ausweisung der tschechischen Lehrer ins Protektorat im Jahr 1939 fort. Von 1943 bis 1945 war er in Konzentrationslagern inhaftiert. Nach dem Krieg arbeitete er in der Slowakei im Amt des „Beauftragten für Schulwesen und Bildung" [Povereníctvo školstva a osvety], ab 1948 dann als Kulturattaché der tschechoslowakischen Botschaft in Moskau.

[59] *Jilemnický*, Peter: Kronika. Bratislava 1947, 23.

[60] *Ebenda*, 102.

[61] *Ebenda*, 144, 257.

[62] Über Janko Giertli, der mit dem „Orden des Slowakischen Nationalaufstands" (Rad Slovenského národného povstania) ausgezeichnet wurde, schrieb beispielsweise Fraňo Kráľ, ein weiterer führender Autor sozialistisch-realistischer Prosa. Sein Zeitungstext aus dem Jahr 1945 „Najmladší slovenský partizán" (Der jüngste slowakische Partisan) ist Bestandteil der Anthologie: *Kráľ*, Fraňo: Najmladší slovenský partizán. In: *Lenčo*, Ján (Hg.): Guľometný pás. Poviedky o Slovenskom národnom povstaní a oslobodení [Der Patronengurt. Erzählungen über den Slowakischen Nationalaufstand und die Befreiung]. Bratislava 1954, 29–33; Fotografie. In: Ohník 14–15 (1950–1951), 6.

[63] Das Zentrum des Aufstands deckte sich geografisch mit einem der Zentren der mittelalterlichen deutschen Kolonisation in der Slowakei, deshalb fanden sich bei der einheimischen Bevölkerung häufig Nachnamen deutschen Ursprungs.

Das Narrativ ist bewusst auf den Mikrokosmos beschränkt, der Erzähler – ein örtlicher Förster – besteht darauf, nur über das zu sprechen, was er „mit eigenen Augen gesehen habe".[64] Er vermeidet es explizit, die Tätigkeit „des Slowakischen Nationalrats [Slovenská národná rada, SNR], der Ämter der Beauftragten und anderer Ämter" zu kommentieren, von denen auch er nur über die zeitgenössische Presse erfahren habe.[65] Stattdessen weicht er ins Vage aus: „Es gab viele Dinge, die das Herz erfreuten [...], es gab aber auch Dinge, die Ärger weckten oder grämten".[66] „Jetzt, wo Gottseidank schon alles hinter uns liegt", empfiehlt er, „diese Dinge den Historikern zu überlassen".[67]

Die gezielte Abkopplung des Narrativs vom konkreten politischen Kontext, von den Veränderungen in der Armeeführung sowie von den führenden politischen Figuren stellte die Position der „Kronika" im schulischen Lesekanon auch in jenen Zeiten sicher, als die realen Akteure des Aufstands nach und nach in der mörderischen Mühle politischer Säuberungen gerieten.[68] Hilfreich dabei war auch Jilemnickýs führende Position im literarischen Pantheon dieses Genres, die sowohl durch positive sowjetische Rezensionen[69] wie auch sein Ableben auf dem Gipfel des Ruhms im Jahr 1949 verstärkt wurde. So war es nicht möglich, den Autor zu einer eventuellen Revision des Textes zu drängen und seine posthume Zensur schien recht ungebührlich. Die „Kronika" blieb somit eines der wenigen Bücher aus der Nachkriegszeit, die sowohl in den 1950er als auch 1970er Jahren publiziert werden konnten, obwohl sich darin sogar die positiven Helden routinemäßig mit „Grüß Gott" (deutsch im Original, Anmerkung der Übersetzerin) grüßten und auf „Gottes Gnade" verließen.[70]

Nach 1948 setzten sich sowohl die Organisationen der SNP-Veteranen als auch die bewährten Schriftstellerverbände die Propagierung der Aufstandsthematik und die Anregung zu deren literarischer Verarbeitung auf die Agenda.[71] In dieser Zeit konsolidierte sich auch das Kaderprofil der am Auf-

---

64 *Jilemnický*: Kronika, 25.

65 *Ebenda*, 136.

66 *Ebenda*.

67 *Ebenda*.

68 Eine merkwürdige Ausnahme war die tschechische Ausgabe der „Kronika" unter dem Titel „Vítr se vrací" [Der Wind dreht sich], die aufgrund des Nachworts aus der Feder von Vladimír Clementis (damals Außenminister, 1952 hingerichtet) aus den Bibliotheken entfernt wurde. *Jilemnický, Peter: Vítr se vrací* [Der Wind dreht sich]. Praha 1949.

69 „Er schuf klare und unvergessliche Beispiele der Helden des Widerstands. Darin liegt die Stärke und Bedeutung seines Buches." Boris Nikolaevič Polevoj zitiert in: *Rozner, Ján/Kupec, Ivan: Poznámky k literatúre o Povstaní* [Bemerkungen zur Literatur über den Aufstand]. In: Pravda Nr. 200 vom 27.8.1950, 2.

70 *Jilemnický*: Kronika, 79, 137, 207, 273,

71 Eine kurze offizielle Erläuterung der Spezifika des Partisanenlebens bot bereits die Broschüre eines Veteranen der aufständischen Armee, veröffentlicht von der „Presseabteilung der Hauptverwaltung für Erziehung und Bildung beim Ministerium für Nationale

stand beteiligten Kinder. So vermerkten die Beschreibungen, dass einer „den Vater in Ilava hat" und „der Bruder bei Strečno gefallen" sei, der Vater eines anderen war Eisenbahner, der Schwager bei Kremnica verwundet [...]."[72]

Der eigens gegründete „Widerstands-Verlag" „Dukla" erhielt die Aufgabe, „neue Autoren in den Reihen der Werktätigen" zu suchen und sie zum Schreiben zu ermuntern.[73] Das Buch von Ján Kotoulek „Bolo nás osemnásť" (Wir waren zu achtzehnt)[74] beispielsweise wurde als Werk eines „Arbeiters, Lokomotivführers [propagiert], der mit seinen Schalthebeln besser umgeht als mit der Feder".[75] Besonders zu runden Jahrestagen wurden thematische Literaturwettbewerbe sowie Umfragen unter Literaturkritikern und normalen Lesern organisiert.[76]

Im Jahr 1950 kam es zu einer interessanten Auseinandersetzung zwischen zwei ambitionierten Kritikern, Ján Rozner und Ivan Kupec, und der schreibenden SNP-Veteranin Katarína Lazarová. Diese verwahrte sich dagegen, dass ihr Erstlingswerk und die Bücher ihrer Mitkämpfer überhaupt mit der professionell geschriebenen „Kronika" verglichen wurden. Der Auseinandersetzung vorausgegangen waren Vorwürfe, dass die zeitgenössischen Werke „dort beginnen, wo [der Aufstand] in die Berge zurückgedrängt wurde".[77] Zudem würden sie sich nur auf persönliche Erinnerungen beschränken und den Aufstand nicht „in seiner ganzen Breite, im landesweiten Maßstab und mit all den Momenten, die die revolutionäre Bewegung schwächten, lahmlegten und schließlich verrieten" beschreiben. Überhaupt erlaube es ihre literarische Verarbeitung nicht, sie „in die existierenden Literaturgattungen" einzuordnen.[78] Als Reaktion darauf erklärte Lazarová offen, dass ihre Genossen einfach „von ihren Erlebnissen erzählten" und „von irgendeiner Form oder

---

Verteidigung" [Hlavná správa výchovy a osvety pri Ministerstve národnej obrany]. *Korenko*, Ján Juraj: Umenie mstiť sa [Die Kunst sich zu rächen]. Praha 1945.

[72] *Štít*, Svetozár: Mladí povstalci [Die jungen Aufständischen]. Bratislava 1950.

[73] *Kotoulek*, Ján: Bolo nás osemnásť [Wir waren zu achtzehnt]. Bratislava 1949. Hier zitiert aus der zweiten Ausgabe von 1950, Umschlag.

[74] *Ebenda*, 7.

[75] *Ebenda*, Umschlag.

[76] Als Sieger des „Literaturwettbewerbs 29. August" (Literárna súťaž 29. Augusta), zu dem 84 Arbeiten eingereicht wurden, wurden 1950 folgende Bücher mit Prosa und Gedichten veröffentlicht: Štít, Svetozár: Mladí povstalci [Die jungen Aufständischen]. Bratislava 1950; *Marenčin*, Albert: Predná hliadka [Vorposten]. Bratislava 1950; *Dianovský*, Ján: Pred nami hviezda. Básne [Vor uns die Sterne. Gedichte]. Bratislava 1950; *Hájničan*, Ivan: Obrodení ľudia [Wiedergeborene Menschen]. Bratislava 1950; *Volanská*, Hela: Tajomstvo [Das Geheimnis]. Bratislava 1951; *Šalgovič*, Viliam/*Petro*, František: Prišli z Východu [Sie kamen aus dem Osten]. Bratislava 1950; *Sarvaš*, Andrej: Tri skutočnosti [Drei Tatsachen]. Bratislava 1950.

[77] *Rozner/Kupec*: Poznámky k literatúre o Povstaní, 2.

[78] *Ebenda*.

Komposition nicht die geringste Ahnung hatten".[79] Diese hätten sie sich auch nirgendwo aneignen können, weil die Literaturkritiker sich beispielsweise „in Debatten im Klub der Arbeiter und Schriftsteller" (Klub robotníkov a spisovateľov) mit ihnen überhaupt nicht beschäftigten. Sie sei auf Unvollkommenheiten des Textes nur durch die Fragen der Leser hingewiesen worden.[80] Sie machte darauf aufmerksam, dass das Niveau der im folgenden Jahr publizierten Bücher insbesondere deswegen zugenommen habe, weil sie von erfahrenen Schriftstellern wie Peter Karvaš oder Albert Marenčin verfasst wurden. Dann ging Lazarová zum Gegenangriff über: Die Erfahrung zeige doch, dass man „selbst über Arbeiter nicht ohne einen längeren Aufenthalt an ihrem Arbeitsplatz schreiben könne", daher sei es fraglich, „was leichter sei – dass ein Partisan voll eigener Erlebnisse lernt, diese zu beschreiben, oder dass ein Schriftsteller über etwas schreibe, was er nicht erlebt hat". Sie erinnerte mehrere Literaten an eine unbequeme Tatsache: „Wie anders sähe unsere Literatur aus, wenn bekannte Schriftsteller den Aufstand mit der Waffe in der Hand erlebt hätten? So sind sie heute auf die Erlebnisse anderer und auf ihre Vorstellungskraft angewiesen."[81]

Ein geeigneter Held für das kindliche Publikum

Während von angehenden Abiturienten nach Kriegsende üblicherweise verlangt wurde, literarische Werke zu lesen, die für ein erwachsenes Publikum bestimmt waren, widmete man den Kindern besondere, didaktisch geeignete Werke. Hela Volanská, mit bürgerlichem Namen Chaja Wolfowitz (verheiratet: Friedmann), war Chirurgin und hatte vor dem Krieg als letzte jüdische Medizinerin in Bratislava promoviert.[82] Sie war aus dem Arbeitslager geflohen, hatte sich einer Partisaneneinheit angeschlossen und nach Kriegsende zwei Bücher für jüngere Leser veröffentlicht. Ihr Buch „Stretnutia v lesoch" (Treffen in den Wäldern)[83] ist ein beredtes Beispiel des Phänomens verbesserter Auflagen. Dabei betraf die Zensur sogar Sätze, die als Josef Stalins eigene Aussprüche präsentiert wurden: Während die erste Ausgabe aus dem Jahr

---

[79] *Lazarová*, Katarína: Literatúra o povstaní [Literatur über den Aufstand]. In: Pravda Nr. 211 vom 9.9.1950, 5. An derselben Stelle äußerte sich auch Hela Volanská. Sie warnte davor, allgemeinen Propagandaagenden und „der Feier des Aufstands, Aufbaus und Friedens" den Vorzug vor lebendigen Geschichten zu geben. *Volanská*, Hela: Na ceste k socialistickej literatúre [Auf dem Weg zur sozialistischen Literatur]. In: *Ebenda*.

[80] *Lazarová*: Literatúra o povstaní.

[81] *Ebenda*.

[82] Ihre Erinerungen „Ako na cudzej svadbe" [Wie auf einer fremden Hochzeit]. Bratislava 2009 sind zuerst als Samizdat durch die Edition „Edice Petlice" unter dem Titel „Concordia" (Praha 1987) verbreitet worden. In Deutschland erschienen diese als *Wolfowicz*, Chaja: Wie auf einer fremden Hochzeit. Hamburg, 1990. – Das Buch „Tajomstvo" wurde unter dem Titel *Volanská*, Hela: Das Geheimnis, Berlin, 1956 herausgegeben.

[83] *Volanská*, Hela: Stretnutia v lesoch [Treffen in den Wäldern]. Praha, Bratislava 1948.

1948 angibt, er habe befohlen, mit aller Kraft „die Deutschen zu schlagen",[84] beschränkt die Ausgabe von 1952 dies auf das „Schlagen der Faschisten".[85] Dort, wo die Erstausgabe das Singen eines nicht näher bestimmten Partisanenliedes erwähnt,[86] erfährt der Leser später genau, um welches Lied es sich handelte – damit er ableiten kann, welches aus deren großer Auswahl am geeignetsten wäre, wenn Kinder ,Partisanen' spielten.[87] In der Szene, wo die Männer einen amerikanischen Piloten kennenlernen, der abgeschossen und gerettet wurde, stoßen sie in der zweiten Ausgabe auf Franklin Delano Roosevelt, Stalin und die Freiheit an[88], während in der ersten Version dagegen noch auf Roosevelt, Stalin und Edvard Beneš getrunken wurde.[89] In der Liste der Vermissten wurde Šimon[90] zum slowakischeren Julo umbenannt,[91] über den Elektriker aus Minsk[92] hieß es nicht mehr, dass er „jevrej" (Jude) sei,[93] und eine weitere jüdisch klingende Figur, Aron,[94] träumt im Jahr 1952 schon nicht mehr vom „sonnigen Palästina".[95]

„Tajomstvo" (Das Geheimnis), das zweite Buch von Hela Volanská, ist eine im Grunde abenteuerlichere und umfassendere Variante des sowjetischen Kinderbuches von Arkadij Gajdar „Timur und sein Trupp" (Timur i ego komanda)[96], die bei den Lesern großen Anklang fand. Die Handlung dreht sich um eine Gruppe von Kindern, deren Väter verfolgt, inhaftiert oder gezwungen sind, sich vor dem pro-nationalsozialistischen Regime zu verstecken. Die Kinder helfen einander und übernehmen beispielsweise den Unterricht eines Jungen, der aufgrund der politischen Ansichten seiner Eltern aus der Schule ausgeschlossen wird. Als die Geheimpolizei einen verhafteten politischen Gefangenen abführt, verursachen sie instinktiv ein Chaos auf der Straße und ermöglichen ihm so die Flucht. Sie treffen Vorbereitungen, um weiteren Erwachsenen helfen zu können, finden ein geeignetes Versteck für ein illegales Vervielfältigungsgerät – eine Wachsschablonendruckmaschine – und helfen schließlich bei einem Ferienaufenthalt auf dem Land den Partisanen. Maßgeblich ist auch, dass sie wirklich wie Kinder sprechen: Sie denken nicht in Begriffen von Kommunisten/Nicht-Kommunisten, kennen aber das Wort

---

84 *Volanská*; Stretnutia v lesoch 1948, 12.
85 *Volanská*, Hela: Stretnutia v lesoch. [Treffen in den Wäldern]. 1. Aufl. Praha 1952, 10.
86 *Volanská*: Stretnutia v lesoch 1948, 25
87 *Volanská*: Stretnutia v lesoch 1952, 18. Zur Geschichte des Liedes vgl. *Michálek*, Ján: K pôvodu povstaleckej piesne Tichá noc, tmavá noc [Zum Ursprung des Aufstandsliedes „Stille Nacht, dunkle Nacht"]. In: Slovenský národopis 12/3 (1964), 454–456.
88 *Volanská*: Stretnutia v lesoch 1952, 19.
89 *Volanská*: Stretnutia v lesoch 1948, 26.
90 *Volanská*: Stretnutia v lesoch 1948, 93.
91 *Volanská*: Stretnutia v lesoch 1952, 65.
92 *Volanská*: Stretnutia v lesoch 1948, 128.
93 *Volanská*: Stretnutia v lesoch 1952, 90.
94 *Volanská*: Stretnutia v lesoch 1948, 95.
95 *Volanská*: Stretnutia v lesoch 1952, 66.
96 Deutsche Ausgabe: Gajdar, Arkadi: Timur und sein Trupp. Berlin (Ost) 1950.

„Genosse" (slowakisch: súdruh), und gerade dieses dient ihnen als Orientierungspunkt.[97] Sie wollen „Genossen" werden, Leute, die „sich immer gegenseitig helfen und so der Ungerechtigkeit entgegentreten können".[98] Ihren Vorbildern, den erwachsenen „Genossen", ist es nämlich gelungen, „ihren Kommandanten, den Genossen Široký", aus dem Gefängnis zu befreien.[99]

Im Kontext der 1950er Jahre bot dieses Buch eine praktische Anleitung für das Verhalten in kritischen Situationen – und solchen waren unter dem totalitären Regime viele Kinder ausgesetzt. Das Buch lehrte, die merkwürdige Stille zu entschlüsseln, mit der die erwachsenen Haushaltsmitglieder auf viele Kinderfragen reagierten, und sich mit der Existenz des zwar zur Familie gehörenden, aber feigen oder kollaborierenden Onkels abzufinden. Ebenso lehrte es grundlegende Strategien, mit denen man Manipulationen widerstehen konnte, wenn ein Polizist versuchte, den Widerstand der Eltern über ihre Kinder zu brechen. Paradox an der Popularität dieses Buches war, dass seine Helden dank ihres zivilen Charakters gerade in den Jahren 1948 bis 1953 als nachahmungswürdige Vorbilder für Kinder aus Familien verfolgter Kommunisten dienen konnten. Es genügte, die politische Agenda zu ignorieren – davon waren die Leser ohnehin so übersättigt, dass sie sie gar nicht mehr wahrnahmen –, und man konnte sich mit den Helden leicht identifizieren.[100] Viel bedeutender war nämlich, dass sie ähnliche Erfahrungen machten: Polizisten, die die Wohnung durchsuchten und die Mutter zum Weinen brachten, Lehrer, die die Freunde aus der Schule ausschlossen, und Väter, die inhaftiert wurden. Sie wussten, dass man beim lauten Sprechen vorsichtig sein und gut überlegen musste, mit wem man sich anfreundete. Das war wohl der Grund dafür, dass dieses Buch aus den Listen der empfohlenen Lektüre schnell herausfiel.

Die bislang von Volanskás „Tajomstvo" behauptete Stellung als ‚Buch über den Aufstand' ging dann an den Roman „Explózia" (Explosion) aus der Feder von Rudo Moric über.[101] So hieß die ehemalige, verlassene Fabrik, in der illegale Aktivisten – Kommunisten – mit Hilfe von Kindern einen sowje-

[97] *Volanská*: Tajomstvo, 167.

[98] *Ebenda.*

[99] *Ebenda.* Viliam Široký war ein kommunistischer Funktionär, von 1950 bis 1953 tschechoslowakischer Außenminister und von 1953 bis 1963 Ministerpräsident.

[100] Vgl. die Erinnerungen von Zuzana Szatmáry an die Lektüre des sowjetischen Buches „Alitet uchodit v gory" (Alitet geht in die Berge) von Tichon Zacharovič Sëmuškin. Deutsche Ausgabe: *Semuškin*, Tichon: Alitet geht in die Berge. Moskau 1952. Gemeinsam mit ihren Altersgenossen begeisterte sie sich „automatisch" für den – von den viel „langweiligeren" Repräsentanten des sowjetischen Regimes verfolgten – Jäger und Kaufmann. *Szatmáry*, Zuzana: Alitet odchádza do hôr. Hnev Petra Pišťanka na nás vo vydavateľstve Archa bol jeden z najneoprávnenejších, ale aj z najkomickejších [Alitet geht in die Berge. Der Zorn von Petr Pišťanek bei uns im Verlag Archa war einer der wahrhaftigsten, aber auch der komischsten]. In: SME, 30.3.2015, URL: http://komentare.sme.sk/c/7726794/alitet-odchadza-do-hor.html (am 13.5.2016).

[101] *Moric*, Rudo: Explózia [Explosion]. Bratislava 1951.

tischen Fallschirmjäger mit einem Funkgerät versteckten, der von dort aus die erhaltenen Informationen in die Sowjetunion sendete. Später, in den 1960er Jahren, veröffentlichte Moric ein Buch über die Beteiligung der Slowaken am Aufstand 1848/49. Es trägt den Titel „Teraz ho súdia nepriatelia" (Jetzt verurteilen ihn die Feinde)[102] und findet in der Hinrichtung des Nationalhelden Ďurko Langsfeld durch die Ungarn seinen dramatischen Höhepunkt. Moric erklärte, dass er dieses Werk mit Hilfe des Historikers Karol Goláň schon früher, im Jahr 1949, beendet hätte, sich jedoch „aufgrund der politischen Entwicklung", namentlich „der damaligen Sicht auf die Štúrovci und die Hurban-Bewegung" keine Hoffnung auf eine Veröffentlichung hätte machen können.[103] Daher „verwendete er einige vorbereitete Gedanken für ein Buch über den Aufstand des Jahres 1944. Deshalb gibt es zwischen beiden Büchern einige Ähnlichkeiten." In diesem Zusammenhang ist zu erwähnen, dass Moric zur Aufstandsthematik auch eine Erzählung mit dem Titel „Oheň z oceľového Hurbana" (Das Feuer des stählernen Hurban) verfasste.[104] Sie handelten von den Eisenbahnern in der Stadt Zvolen, die in den örtlichen Eisenbahnwerken einen Panzerzug bauten und sich damit dem Aufstand anschlossen. Tatsächlich hatten sie drei Panzerzüge hergestellt, doch Moric wählte sich für die Erzählung bewusst ‚Hurban': Dieser war zwar nicht der erste, doch die anderen beiden – Tomáš Garrigue Masaryk und Milan Rastislav Štefánik – waren nach Persönlichkeiten benannt, über die in den 1950er Jahren nicht positiv gesprochen werden durfte, ebensowenig wie über die überwiegend sozialdemokratische Orientierung der Eisenbahner aus Zvolen.

Rudo Moric wurde später zum führenden Autor literarischer Lesebücher für ältere Kinder und Direktor des Kinderbuchverlages „Mladé letá" (Junge Jahre). Er betrat dieses Terrain mit Erzählungen über junge Kämpfer gegen den Nationalsozialismus – den 14-jährigen Miško Sokolov aus Belianske Lazy und den 13-jährigen Ivan Vozár –, und entwickelte so ein Motiv von heldenhaften jugendlichen Akteuren.[105]

Zum zehnten Jahrestag des SNP im Jahr 1954 wurde aus bereits publizierten literarischen Werken über kindliche Helden die Sammlung „Guľometný

---

[102] *Moric*, Rudo: Teraz ho súdia nepriatelia [Jetzt verurteilen ihn die Feinde]. Bratislava 1967.

[103] *Moric*: Teraz ho súdia nepriatelia, Umschlag. Die Ablehnung der Štúrovci (Ľudovít Štúr und Jozef Miloslav Hurban waren Vertreter der slowakischen Nationalbewegung in der ersten Hälfte des 19. Jahrhunderts, Anmerkung der Übersetzerin) als ‚Verräter der Revolution' war ein Begleitelement der slowakischen Welle der stalinistischen Kampagne gegen den bourgeoisen Nationalismus. Dabei verwies man auf Karl Marx' Kritik am konterrevolutionären Charakter der kleinen slawischen Völker der Monarchie. *Andics,* Erzsébet: Kossuth harca a reakció ellen [Kossuths Kampf gegen die Reaktion]. Budapest 1952.

[104] *Moric*, Rudo: Oheň z oceľového Hurbana. Bratislava 1981.

[105] *Ders.*: Miško hrdina. Malý zajatec [Miško, der Held. Der kleine Gefangene]. Bratislava 1949.

pás. Poviedky o Slovenskom národnom povstaní a oslobodení" (Der Patronengurt. Geschichten über den Slowakischen Nationalaufstand und die Befreiung)[106] zusammengestellt, die zwölf exemplarische Erzählungen und Buch-Auszüge von elf Autoren enthielt. Ján Horák schrieb darin über einen 14-jährigen Helden, einen Saboteur, der wiederholt Telefonleitungen durchtrennt und sich freiwillig zu erkennen gibt, als der Besatzungskommandant den Bewohnern mit Todesstrafen droht.[107] Rudo Moric schilderte die Geschichte des 13-jährigen „jüngsten Gefangenen" im Lager, der dorthin gekommen ist, weil er Partisanen geholfen hat, und nur dank der Solidarität der Mitgefangenen überlebt.[108] Der Text enthält auch eine vielsagende Szene, in der die neuen Gefangenen melden sollen, woher sie kommen: „Tschechoslowakei. – Aber diesen Staat gibt es nicht. – Es wird ihn geben!"[109] In dem Auszug aus dem Buch von Katarína Lazarová „Traja z neba" (Die drei vom Himmel)[110] hilft ein Abiturient französischen Partisanen (geflohenen Gefangenen). Vladimír Mináč erneuerte das Motiv des wehrlosen, aber redlichen Ivan Susanin (russischer Volksheld aus dem 17. Jahrhundert) und schuf die Figur des „ungefähr 12-jährigen" Miško – eines Köhlersohns, der die Deutschen in den Sumpf führt, wo sie ertrinken.[111] In einer weiteren Erzählung desselben Autors werden Kinder indirekt zu Opfern des Terrors, als man sie zwingt, der Hinrichtung ihrer Verwandten zuzuschauen.[112] Ferdinand Gabaj beschrieb das Mädchen Viera, dem es nicht gelingt, die Kuh der Familie vor den Besatzern zu retten, und das deshalb wenigstens Milch und Windeln für den Bruder, Tabak für den Vater und Essen für den Rest der Familie mitnimmt und all das im Geheimen zu ihnen in das Waldversteck bringt.[113]

---

[106] *Lenčo,* Ján (Hg.): Guľometný pás. Poviedky o Slovenskom národnom povstaní a oslobodení. Bratislava 1954.

[107] *Horák,* Ján: Malý hrdina [Ein kleiner Held]. In: *Lenčo:* Guľometný pás, 17–28. Ursprünglich in: *Horák,* Ján: Sto kociek cukru [Hundert Würfel Zucker]. Bratislava 1953, 7–17.

[108] *Moric,* Rudo: Malý zajatec [Der kleine Gefangene]. In: *Lenčo:* Guľometný pás, 41–47.

[109] *Ebenda,* 52.

[110] *Lazarová:* Horárov syn [Der Sohn des Försters]. In: *Lenčo:* Guľometný pás, 62–67. Hier wie auch im Auszug wird zudem die „berühmte weiße Frau" erwähnt – ein Verweis auf Františka Hrubišková, eine Verbindungsfrau, die sowohl Passüberquerungen wie auch das Sammeln von Informationen für den ausländischen Widerstand organisierte, aber lange nicht erwähnt werden konnte.

[111] *Mináč,* Vladimír: Miško [Der kleine Michael]. In: *Lenčo:* Guľometný pás, 63–68.

[112] *Ders.:* Rozprávka pre vnukov. [Erzählung für die Enkel]. In: *Lenčo:* Guľometný pás, 90–100.

[113] Der Autor veröffentlichte einen Band mit Erzählungen: *Gabaj,* Ferdinand: Z kapitánovho zápisníka. Príhody detí v Slovenskom národnom povstaní [Aus dem Tagebuch des Hauptmanns. Erlebnisse von Kindern im Slowakischen Nationalaufstand]. Bratislava 1956. Darin stellt der Autor die erwähnten Helden als reale (nicht literarisch typisierte) Personen dar – Adam Žulka aus Poruba, Viera Lúčová aus Ovsíkov, Matej Mráčik aus Lehôtka, Fero Kvetňanský aus Lipovec. Zudem integriert er einen deutlich atypi-

Schon in der ersten Hälfte der 1950er Jahre erhoben sich in der als Umfrage durchgeführten „Diskussion über Kinderliteratur" (Diskusia o detskej literatúre)[114] einige kritische Stimmen. Sie bezeichneten es als unerträglich, dass statt der „korrekten" Darstellung der Bedeutung von Organisation, Disziplin und Planmäßigkeit als charakteristische Züge des SNP der Eindruck entstand, als wäre der ganze Aufstand ohne die schnellen Schlussfolgerungen und den Mut von Grundschulkindern gescheitert.[115] In diesem Sinne kritisierte Zlatko Klátik nicht nur einige der Bücher über den Kampf von Dorfkindern gegen die Kulaken, sondern auch das Buch von Hela Volanská, in dem er die Beschreibung der Hlinka-Gardisten als „wirklicher, gefährlicher und blutdürstiger Feinde" vermisste, die „man wie jeden Faschisten hassen konnte".[116] Stattdessen fand er dort eher eine Darstellung lächerlicher armseliger Kerle, die „von den Kindern auf Schritt und Tritt überlistet werden".[117] Eine der Schlussszenen fasste er wie folgt zusammen: „Nach einem schwerem Schusswechsel bearbeiten zwei Knaben den Gardisten Kostka, einen großen und starken Kerl, springen ihm auf dem Bauch herum, beißen ihn in den Hals, und Kostka zappelt hilflos wie ein ungeschickter Bär, bis er endlich kapituliert." Obendrein drängten sich die Figuren junger Widerständler auch in weitere Genres, beispielsweise populärwissenschaftliche, wo die offensichtliche Künstlichkeit dieser Bemühungen weitere skeptische Kommentare provozierte.[118]

Eine weitere, auf spezifische Weise dargestellte Gruppe, deren Typus in dieser Periode häufiger aufzutreten begann, waren die Frauen. Die Großmut-

schen Moment: Ein sowjetischer Partisanenhauptmann schickt den 13-jährigen Adam entgegen dem ausdrücklichen Protest der Mutter auf einen Kundschaftergang in sein Heimatdorf. Dieser Eingriff in das Elternrecht wird nicht weiter kommentiert. *Gabaj: Z kapitánovho zápisníka*, 16.

[114] K. Ž. [Redaktion]: Deťom to najlepšie. K celoslovenskej konferencii o literatúre pre deti a mládež [Den Kindern das Beste. Zur slowakeiweiten Konferenz über Kinder- und Jugendliteratur]. In: Kultúrny život Nr. 17 vom 23.4.1955, 1.

[115] *Ebenda.*

[116] *Klátik*, Zlatko: O niektorých otázkach slovenskej literatúry pre deti a mládež [Über einige Fragen der slowakischen Kinder- und Jugendliteratur]. In: Kultúrny život Nr. 40 vom 1.10.1951, 1 und 4.

[117] *Ebenda.*

[118] Ein Beispiel für ein solches populärwissenschaftliches Buch ist *Kozlík*, Vladimír: Rozprávka o živej vode [Märchen über das Lebenswasser]. Bratislava, 1954. Hana Ponická schrieb dazu, der Autor habe es geschafft, „die Armut im Kapitalismus, die Ausbeutung und auch Naturkatastrophen zu erwähnen, also all das, was anderen Autoren zum Schreiben mehrerer Werke reicht. Selbstverständlich taucht im ersten Teil mir nichts dir nichts der Partisan Gríša auf, der Miško – den Haupthelden des Buches – wundersam schnell für den Kampf gegen den Faschismus gewinnt und in ihm Begeisterung für das neue Leben im befreiten Vaterland entfacht. Das alles geschieht auf den ersten 32 Seiten des ersten Teils." *Ponická*, Hana: O spisbe, ktorá má rozširovať vedomosti našej mládeže [Über die Literatur, die das Wissen unserer Jugend erweitern soll]. In: Kultúrny život 20 vom 14.5.1955, 8.

ter in Mária Jančovás Erzählung „Plagát" (Das Plakat)[119] hat ein auf einem Plakat abgebildetes, furchteinflößendes Porträt eines Bolschewisten gesehen, doch die Erfahrung lehrt sie, dieser Propaganda nicht mehr zu glauben. Viera Markovičová-Záturecká lässt eine andere Großmutter, nachdem sie ihren Sohn verloren hat, den vergessenen Patronengurt zu den Partisanen tragen. Sie kümmert sich auch um einen angeschossenen, verwundeten Deutschen, auf den die eigenen Leute das Feuer eröffneten, weil er versucht hatte, eine weiße Fahne aufzuhängen. Sie versucht darüber nachzudenken: „Heißt das, dass es zwei Arten von Deutschen gibt? Ungeheuer und Menschen?"[120] Sie fordert die Befreier auf, weiterzuschießen und die Bestien von hier zu verjagen. „Aber danach, danach helft den Deutschen anders zu leben, das sind Menschen wie wir auch."[121]

Mit dem zehnten Jahrestag von 1954 wurde der Aufstand als nationale Meistererzählung – nach einem Rückgang zu Beginn der 1950er Jahre[122] – zunehmend wieder Teil des offiziellen Narrativs. Damit verband sich die Notwendigkeit zur Formulierung einer neuen offiziellen Interpretation der Verdienste der Armee, vom Lob der Zusammenarbeit mit den Demokraten und vom Verdammen der kommunistischen „bürgerlichen Nationalisten". Je weiter dieser Prozess fortschritt, umso stärker wurden dem SNP exklusive Züge zugeschrieben. Peter Karvaš veröffentlichte in seinem Text „Tri listy" (Drei Briefe) die fiktive Korrespondenz eines NS-Generals.[123] Darin vergleicht dieser seine Lage mit der der Kameraden, die in Afrika und auf Kreta kämpfen, und besteht darauf, dass sie sich die Kompliziertheit seiner Situation „nicht vorstellen könnten".[124] Obwohl sie sich Schwierigkeiten gegenübersähen, wüßten sie doch, wo und wer der Feind sei.

In diesem verfluchten Land [jedoch] explodiert jeder Pflasterstein und jede Bank bricht unter dir zusammen. Der Arzt, der dich verbindet, wird dich seelenruhig ermorden. Der

---

[119] *Jančová*, Mária: Plagát [Das Plakat] (ursprünglich 1950). In: *Lenčo*: Guľometný pás, 69–72; *Markovičová-Záturecká*, Viera: Drevený hadík [Die hölzerne kleine Schlange] (1952). In: *Ebenda*, 5–16; *Karvaš*, Peter: Tri listy [Drei Briefe]. (1945). In: *Ebenda*, 100–106.

[120] *Markovičová-Záturecká*, Viera: Guľometný pás [Der Patronengurt]. In: *Ebenda*, 73–89.

[121] *Dies.*: Guľometný pás. In: *Ebenda*, 89.

[122] Besser als Texte illustrieren dies Filmprojekte, die größere Investitionen erforderten. Zwischen dem 1949 erschienenen „Slovenské ráno" [Der slowakische Morgen] und dem 1955 produzierten „Desať víťazných rokov" [Zehn siegreiche Jahre; Regie: Ján Beer] entstand kein Dokumentarfilm zu diesem Thema. Bei den Spielfilmen war die Pause noch länger, nach dem 1948 gedrehten „Vlčie diery" [Wolfshöhlen; Regie: Paľo Bielik] folgte erst 1958 der Film „V hodine dvanástej" [Zur zwölften Stunde; Regie: Andrej Lettrich und Jozef Medveď]. Vgl. *Zemánik, Mikuláš/Skoumalová, Gita/Štric, Ernest*: Slovenské národné povstanie vo filme [Der Slowakische Nationalaufstand im Film]. Bratislava 1965.

[123] *Karvaš*, Peter: Tri listy [Drei Briefe]. In: *Lenčo*: Guľometný pás, 69–72.

[124] *Ebenda*, 101.

Führer, den dir der hiesige Kommandant zuweist, führt dich in die Umzingelung, bevor du ihn liquidieren lässt.[125]

Er sei nun schon das achte Jahr in der Armee und erinnerte daran, dass er schon „haushohen Panzern und dem norwegischen Meer gegenübergestanden habe". Noch nie aber habe er sich

einer dilettantischen Armee [gegenüber gesehen], die hinter Deinem Rücken revoltiert, noch nie stand ich gegen ein wunderschönes, herbstliches Land, in dem es direkt nach meinem Tod riecht. Mitten in einem Land, über das sie mir bis zur Verblödung eingeredet haben, dass es befreundet und treu sei, und hunderte Kilometer vor der Front, von woher die Post nachhause nur anderthalb Tage braucht".[126]

Schlussfolgerungen

Die grundsätzliche Qualität eines Buches als zeitgenössische Quelle liegt im unvermeidlichen zeitlichen Abstand zwischen Niederschrift und Publikation sowie im hohen Maß in seiner ‚Offizialität' – ob es schon ein standardisiertes politisches Genehmigungsverfahren durchlaufen musste oder ‚nur' eine Beurteilung bei einem Verleger. Auch deshalb griff man schon in der Periode nach der Befreiung oft nach den zugänglichen und als Vorlage nutzbaren sowjetischen literarischen Werken und Theaterstücken.[127] Deutlich sichtbarer werden die situativen Veränderungen und Impulse im heimischen Umfeld anhand von Medien mit hoher Periodizität wie zum Beispiel Tageszeitungen oder in der direkten Übermittlung der Ideen der Autoren an den Rezipienten (über kleine Gedichte in Zeitungen, Rundfunkübertragungen, Theaterstücken[128] oder schulische ‚Akademien', wo die örtliche Lehrerschaft mit eigenen Werken zum Programm beitrug).

Eine spezifische Aufgabe bei der Vermittlung kindlicher Rollenmuster fiel Lehrbüchern und Zeitschriften zu. Sie ermöglichten eine wiederholte Veröffentlichung von Auszügen aus Texten, die nicht mehr in ihrer Gesamtheit publiziert, verkauft oder öffentlich erwähnt wurden – häufig ohne Nennung von Daten zur Herkunft des jeweiligen Textes. Da Michal Šteinhíbel zu Beginn der 1950er Jahre der Herausgeber einer neuen Reihe von Lesebüchern war, überrascht es nicht, dass es ihm gelang, ‚akzeptable' Auszüge aus den

---

[125] *Ebenda.*

[126] *Ebenda.*

[127] So brachte beispielsweise das Theater in Martin das aus dem Jahr 1928 stammende sowjetische Stück „Die Quadratur des Kreises" (Kvadratura kruga) von Valentin Petrovič Katajev als erste Theater-Premiere der Saison. Fotografický záber [Fotografien]. In: *Javisko* 2 (1946), 2.

[128] Die Rezension des Stückes „Za frontom" [Hinter der Front] von Viera Markovičová-Záturecká vermerkt, dass im Jahr 1946 in regulären Theatern schon drei einheimische Stücke mit Aufstandsthematik gespielt wurden. *Sloboda,* Ján: Za frontom. In: Naše divadlo 5 (1947), 106 f.

eigenen älteren Büchern darin unterzubringen. Der merkwürdigste Ausschnitt im Lesebuch für Volksschulen stammt jedoch aus dem Jahr 1951, ist mit den Initialen H.J.S. unterzeichnet und beschreibt den Flug zweier Piloten – Prokop und Václav (also offenbar Tschechen) –, die „weit von der Küste" flogen.[129] Woher und wohin? In den brutalen 1950er Jahren, als tschechoslowakische Angehörige der alliierten Armeen im Westen schon in den Uranminen von Jáchymov inhaftiert waren, lernten die slowakischen Kinder das Lesen mit einem Auszug aus den Erinnerungen des tschechischen Royal-Air-Force-Piloten Hugo J. Slípka, die ursprünglich im Jahr 1945 publiziert worden waren.

Die Flut von übersetzten und in slowakischen Kinderzeitschriften veröffentlichten Geschichten über sowjetische Kinder half bei der Schaffung dieses Kultes und animierte viele Nachahmer. Das Schreiben von ‚Aufstands-Geschichten' besonders über und für Kinder wurde Teil eines ‚Übergangsritus' (*rite de passage*), der es schon zuvor aktiven Autoren ermöglichte, zur Kinderliteratur des neuen Regimes zu finden, sowie eine Strategie, mit der sich Nachwuchsschriftsteller einen Ruf erwerben konnten.[130]

Als Beispiel eines solchen Übergangs lässt sich ‚der Soldaten-Anwärter'[131] Rudo Moric anführen, dessen Text über die Revolution von 1848/49 und Festgedichte auf die slowakische Armee schon in der Presse der Militärabteilung des Propagandaamts des Slowakischen Staates erschienen waren. Jozef Horák wiederum veröffentlichte noch im Jahr 1944 im Verlag des St. Adalbert-Vereins (Spolok svätého Vojtecha) einen Mädchenroman über eine zivile Pilotin, die 1939 in die slowakische Armee eintrat, um das Vaterland zu verteidigen und ungarische Militärkolonnen zu bombardieren.[132] Mittels in Kinderzeitschriften veröffentlichter Beiträge über den Aufstand ‚rehabilitierte' sich auch Ján Domasta, ab 1939 Chefredakteur des „Vlča" (Wölfling), einer Zeitschrift für die jüngsten Mitglieder der Hlinka-Jugend (Hlinkova

129 *Šteinhíbel,* Michal: Čítanka pre 5. postupný ročník základných škôl [Lesebuch für den 5. Folgejahrgang an Grundschulen]. Bratislava 1951, 7 f.; *Slípka,* Hugo J.: Ohnivá křídla. Několik reportáží z bojové činnosti 313. peruti v Anglii v roce 1942 a 1943 [Flammende Flügel. Einige Reportagen aus der Kampftätigkeit der 313. Jagdstaffel in England im Jahr 1942 und 1943]. *Praha 1945.*

130 Ein erster Schritt zur erneuten Veröffentlichung des eigenen Namens an einem sichtbaren Ort war die Herausgabe von Sammelbänden und das Übersetzen von kommunistischer Standardliteratur. So übersetzte Ján Domasta das Buch „Vladimír Iljič Lenin" von Marie Adamcová. *Adamcová,* Marie: Vladimír Iljič Lenin. Bratislava 1949. Rudo Moric editierte den Sammelband Veľké dni. Sborník o slovenskom národnom povstaní [Große Tage. Sammelband über den Slowakischen Nationalaufstand]. Bratislava 1950.

131 *Moric,* Rudo: Víťazi [Sieger]. In: Úrad propagandy (Hg.): Kalendár slovenskej Domobrany pre rok 1945 [Kalender der slowakischen Domobrana für das Jahr 1945]. Bratislava, 1944, 125. Interessanterweise kämpfte in der Periode, für die der Kalender bestimmt war, der ‚Soldaten-Anwärter Rudo Moric' schon aufseiten der Aufständischen.

132 *Horák,* Jozef: Na perutiach vtáka-ohniváka [Auf den Schwingen des Phönix]. Trnava 1944.

mládež), sowie Direktor ihrer Propagandasektion: Bereits ein Jahrzehnt später wirkte er als Chefredakteur der Pionierzeitschrift „Ohník" (Feuerchen).[133] Durch die Übersetzung einer Kinderbiographie Klement Gottwalds und eine ‚korrekte' Darstellung des Aufstandes in seinem neuen Buch meldete sich auch Ľudo Mistrík-Ondrejov offiziell wieder zu Wort. Im Roman „Na zemi sú tvoje hviezdy" (Deine Sterne sind auf Erden)[134] wird auf dramatische Art und Weise die Wirtschaftskrise geschildert, die negative Stimmung gegen die Tschechen konsequent ‚klassenmäßig' gedeutet und nimmt der wachsende Widerstand der Bevölkerung gegen die Deutschen aufgrund ihrer Aggression gegen Polen, Serbien, Sowjetunion bis zum SNP zunehmend Raum ein. In dieser Erzählung wird die antijüdische Politik der Nationalsozialisten mit keinem Wort erwähnt. Dies scheint damit zusammenzuhängen, dass Ondrejov selbst zwei jüdische Geschäfte ‚arisierte' und ‚seinen' Juden sogar initiativ bei den Behörden mit der Begründung anzeigte, er habe bereits alles gelernt und brauche diesen im Geschäft nicht mehr.[135]

Bemerkenswert ist auch der Umgang mit der Gewalt, der bei dieser Thematik unausweichlich war. In seiner „Kronika" beispielsweise erwähnt Jilemnický die Gewalttaten, die Zivilisten an verwundeten deutschen Soldaten begingen und versucht sie zu erklären.[136] Dagegen drängte das bewusste „Schreiben für Kinder" einige Autoren zu vagen Bildern wie zum Beispiel „und er kehrte nie wieder zurück" sowie zu Metaphern von verschiedenen „Stürmen",[137] die sich schon in der naturalistischen Prosa aus Kriegszeiten bewährt hatten, wenn die Autoren politisch ausgeprägte, regimefreundliche Standpunkte vermeiden wollten.

Andererseits konnte die Beschreibung ‚ziviler', waffenloser Gewalt auf Kinder barbarischer wirken als Beschreibungen von Militäraktionen, die die normale Vorstellungskraft überstiegen. Kinder konnten sich große Massaker

---

[133] *Domasta*, Ján: Paľko nechce vojnu [Paľko will keinen Krieg]. In: Ohník 7 (1951–1952), 10 f. Die Erzählung handelt von einem Jungen, der nach der Explosion einer Mine beide Hände verliert und dann lernt, mit dem Fuß zu schreiben – so unterzeichnet er dann freudig eine Petition für Frieden und Abrüstung. Weiterhin *Ders.*: Prvá obeť belanskej vápenky [Das erste Opfer der Kalkbrennerei in Beľany]. In: Ohník 10 (1951–1952), 6 f. Dieser Text beschreibt einen erwachsenen Partisanen, der auf einem Kundschaftergang verhaftet wird und das erste Opfer der Kalkbrennerei in Beľany wird.

[134] Ondrejov, Ľudo: Na zemi sú tvoje hviezdy [Deine Sterne sind auf Erden]. Bratislava 1950.

[135] *Trančík*, Martin: Zwischen Alt- und Neuland. Die Geschichte der Buchhändlerfamilie Steiner in Pressburg. Ein mikrohistorischer Versuch. Bratislava 1996.

[136] *Jilemnický*: Kronika [1947], 365.

[137] Beispielsweise „Auch dieser Sturm kam, ich saß mit meinem Töchterchen im Keller [...]." *Jančová*, Mária: Rozprávka o mieri [Ein Märchen vom Frieden]. In: Pionier 10 (1954/55), 4 f.

weniger gut vorstellen als das „Brechen der Glieder" von Feinden, über das beispielsweise Helena Križanová-Brindzová unbekümmert reimte.[138]

Die zeitgenössische Kinder- und Jugendliteratur über den Aufstand spiegelt das ganze Spektrum der politischen Veränderungen in der Tschechoslowakei wider. Beobachten lassen sich sowohl das Verschweigen wie auch die wiederholte Erwähnung bestimmter Ereignisse und Personen. Ein bedeutendes Merkmal war der Mut – und angesichts der Zensur zuweilen auch die offiziell zugestandene Möglichkeit –, in die Texte humoristische Momente einzubauen. Diese können als Indikatoren für eine allmählich wachsende Distanz, Souveränität und vorsichtig lockerere Haltung dienen.[139]

Aus dem Slowakischen von Iris Engemann

---

[138] *Križanová-Brinzová*, Helena: Do boja [Zum Kampf]. In: Ohník 1 (1951–1952), 2. „Pušku ber a prelom hnát/pamätaj na biedu, hlad/ [...] / Fašistov bi ako vred/ vybojuješ lepší svet/ [...] /Ľud spojený rukou istou/pod zástavou komunistov/väčšej sily v celom svete veru niet." (Nimm das Gewehr und brich die Glieder / denk an die Armut, den Hunger / [...] / Schlag die Faschisten wie ein Geschwür / [so] erkämpfst du eine bessere Welt / [...] / Das mit sicherer Hand vereinte Volk / [sammelt sich] unter der Flagge der Kommunisten / eine größere Macht gibt es in der ganzen Welt wahrlich nicht.)

[139] Der Beitrag präsentiert Ergebnisse des Projekts APVV–0628–11 „Štátne hranice a identity v moderných slovenských dejinách v stredoeurópskom kontexte" (Staatsgrenze und Identitäten in der modernen slowakischen Geschichte im mitteleuropäischen Kontext), das von der slowakischen Agentur für die Unterstützung von Forschung und Entwicklung (Agentúra na podporu výskumu a vývoja) gefördert wurde.

Matteo Colombi

DIE SCHWIERIGE KUNST DES PARTISANENFILMS
ODER: FRANTIŠEK ČÁP/ČAP ZWISCHEN DEM SLOWAKISCHEN
UND DEM SLOWENISCHEN WIDERSTAND

Der folgende Aufsatz befasst sich mit dem Regisseur František Čáp/Čap[1] und seinen beiden Filmen „Bílá tma" (Weiße Dunkelheit, Tschechoslowakei, 1948) und „Trenutki odločitve" (Entscheidungsmomente, Jugoslawien, 1955)[2], die sich mit dem slowakischen bzw. slowenischen Partisanenwiderstand im Zweiten Weltkrieg auseinandersetzen. Der Vergleich dieser beiden Werke erweist sich aus erinnerungskultureller Perspektive als signifikant, weil der Film ein wichtiges Medium darstellt, mit dem nach 1945 sowohl in der Tschechoslowakei als auch in Jugoslawien das kollektive Gedächtnis über Widerstand und Partisanen[3] ausgeformt wurde.[4] „Bílá tma" und „Trenutki

---

[1] Die doppelte Schreibweise Čáp/Čap erklärt sich dadurch, dass der Regisseur (ein gebürtiger Tscheche) die zweite Hälfte seines Lebens in Slowenien verbracht hat. Slowenen und andere Jugoslawen passten die Orthographie seines Nachnamens den südslawischen Sprachen an, in denen die Länge der Vokale nicht markiert wird. Die tschechische Schreibweise wird in diesem Aufsatz der Einfachheit halber durchgehend verwendet – auch an den Stellen, wo Čáps filmische Tätigkeit in Jugoslawien besprochen wird. Die jugoslawische Schreibweise des Namens wird nur im Rahmen der Zitation jugoslawischer Quellen verwendet.

[2] Der Titel des Films wurde für den Vertrieb in der DDR nicht wortwörtlich übersetzt, sondern in „Entscheidung am Fluß" abgeändert.

[3] Eine Analyse des historischen und philosophisch-politischen Zusammenhangs von Widerstand und Partisanen würde den Rahmen dieses Aufsatzes sprengen. Diese zwei Begriffe stehen zwar – zumindest was den Zweiten Weltkrieg anbelangt – in enger Verbindung zueinander, aber ihr genaues Verhältnis lässt sich nicht leicht definieren. Nicht alle europäischen Widerstandskämpfer aus der Zeit 1939–1945 bezeichnen sich nämlich als Partisanen, und es ist immer noch umstritten, ob eine allgemeingültige, strukturelle Definition des Partisanentums überhaupt möglich ist. Die vorliegende Studie geht diesbezüglich pragmatisch vor und konzentriert sich auf die Analyse von Figuren und Narrativen, die in der slowakischen und slowenischen Kultur als Partisanen bezeichnet werden (siehe Abschnitt 2). Zur Vielfalt des europäischen Widerstandes im Zweiten Weltkrieg siehe *Ueberschär*, Gerd R. (Hg.): Handbuch zum Widerstand gegen Nationalsozialismus und Faschismus in Europa 1933/39 bis 1945. Berlin, New York 2011.

[4] Siehe *Macek*, Václav: Pátos fikcie a fikcia pátosu (O slovenskom vojnovom filme) [Das Pathos der Fiktion und die Fiktion des Pathos (Über den slowenischen Kriegsfilm)]. In: *Mistrík*, Milo (Hg.): Vojna v umení – umenie vo vojne. Zborník referátov zo seminára Slovenskej umenovednej spoločnosti pri SAV a Umenovedného ústavu SAV [Der Krieg

odločitve" bilden hierbei einen besonders vielversprechenden Untersuchungsgegenstand, weil ihre Rezeptionsgeschichte die Komplexität und Wi-
dersprüchlichkeit von Erinnerungskultur veranschaulicht. Beide Filme wurden nämlich sowohl mit Preisen ausgezeichnet als auch heftig kritisiert – wobei die Kritik an „Bílá tma" so massiv war, dass Čáp deswegen die Tschechoslowakei verließ.

Die unterschiedliche Wahrnehmung von Čáps Partisanenfilmen ist unter
anderem mit der Pluralität der Akteure und Kontexte zu erklären, die nach
1945 die Deutungshoheit über die Partisanendarstellung in der (Film-)
Kunst beanspruchten. Ihr Kampf um das kulturelle Gedächtnis war umso
vielschichtiger, als er auf verschiedene Art und Weise kulturpolitische mit
ästhetischen Argumenten verband. Diese facettenreichen erinnerungskultu-
rellen Zusammenhänge und ihr Bezug zur Geschichte der filmischen Partisanendarstellung werden in der vorliegenden Studie in fünf Schritten analysiert: Zunächst wird 1) ein eingehender Überblick über Čáps Leben und
Werk gegeben, 2) folgt ein kurzer Vergleich zwischen dem slowakischen und
dem slowenischen Widerstand im Zweiten Weltkrieg, der die Analyse von
Čáps Filmen verständlicher machen soll, 3) wird „Bílá tma" in seiner Handlung und in seinen stilistischen Merkmalen vorgestellt und dessen Rezeption
um das Jahr 1948 untersucht, 4) der Film „Trenutki odločitve" in ähnlicher
Art und Weise analysiert und 5) die Wahrnehmungsgeschichte beider Filme
abschließend verglichen sowie auf ihre erinnerungskulturelle Funktion und
Bedeutung bezogen.

1) František Čáp zwischen Ehrgeiz und Kompromiss(losigkeit)

Čáp wurde 1913 in der Nähe der böhmischen Stadt Mladá Boleslav (Jung-
bunzlau) geboren.[5] Er arbeitete seit den 1930er Jahren für die tschechische

---

in der Kunst – Die Kunst im Krieg. Sammelband zum Seminar der „Slowakischen
Kunstwissenschaftlichen Gesellschaft" bei der Slowakischen Akademie der Wissen-
schaften (Slovenská akadémia vied, SAV) und dem „Kunstwissenschaftlichen Institut"
der SAV]. Bratislava 1989, 32–71; *Čolić*, Milutin: Jugoslovenski ratni film [Der
jugoslawische Kriegsfilm]. 2 Bde. Beograd 1984; *Jakiša*, Miranda/*Gilić*, Nikica (Hg.):
Partisans in Yugoslavia. Literature, Film and Visual Culture. Bielefeld 2015; *Meden*,
Jurij/*Wurm*, Barbara (Hg.): Kino! 10 (2010) (Sonderausgabe über den Partisanenfilm);
Stankovič, Peter: Rdeči trakovi. Reprezentacija v slovenskem partizanskem filmu [Rote
Tücher. Repräsentation im slowenischen Partisanenfilm]. Ljubljana 2005.

5   Zu Čáps Leben und Werk siehe *Bilík*, Petr/*Ptáček*, Luboš: Panorama českého filmu [Pa-
norama des tschechischen Films]. Olomouc 2000, 75 f. und 222 f.; *Kofroň*, Václav: Čáp.
Praha 2013; *Stanković*, Peter: Zgodovina slovenskega celovečernega igranega filma I.
Slovenski klasični film (1931–1988) [Geschichte des slowenischen Spielfilmes I. Der
slowenische klassische Film (1931–1988)]. Ljubljana 2013, 114–124, 131–136, 140–146,
198–202; *Vrdlovec*, Zdenko: Zgodovina slovenskega filma [Geschichte des slowenischen
Filmes]. Radovljica 2010, 251–264; *Ders./Dolmark*, Jože (Hg.): František Čáp. Ljubljana

Filmgesellschaft „Lucernafilm" und schlug hier eine Laufbahn ein, die ihn mit allen Aspekten der Filmproduktion vertraut machte. Čáp war bei dieser Filmgesellschaft – die ihre Produktionen in den großangelegten Filmstudios im Prager Viertel Barrandov drehte – sowohl als Drehbuchautor als auch als Schnittmeister und in der Regieassistenz tätig.[6] Er zeichnete 1939 als Koregisseur für den Spielfilm „Ohnivé leto" (Feuriger Sommer) verantwortlich – eine pathosgeladene *coming-of-age*-Geschichte, die das sexuelle Erwachen und die ersten Liebeserfahrungen mehrerer Jugendlicher erzählt. Der Film gehört zu einem Genre, das Čáp sein Leben lang bediente: das Melodram, das im Hollywood der Zwischenkriegszeit stark florierte und sich der inneren Gefühlswelt der Menschen und insbesondere der Liebe widmete, sich zwischen Ernsthaftigkeit und Fröhlichkeit bewegte, seine Handlungen im Alltag verortete und eine klare Unterhaltungsfunktion besaß.[7]

Das Melodram bildet allerdings nur eine Sparte von Čáps Filmproduktion, denn der Regisseur drehte zur Zeit des „Protektorats Böhmen und Mähren" auch Filme mit anderen Sujets, die sich mit der tschechischen Kulturtradition auseinandersetzen. Es handelt sich um Verfilmungen literarischer Vorlagen, die wie im Falle von „Babička" (Die Großmutter, 1940) sehr öffentlichkeitswirksam waren, da es sich bei dem gleichnamigen Roman der Schriftstellerin Božena Němcová von 1855 um ein zentrales Werk des tschechischen literarischen Kanons handelt. Čáps Filmadaption bezeugt die Absicht des Regisseurs, seine Position als Filmemacher zu nutzen, um den Stellenwert der tschechischen Kultur in der Besatzungszeit künstlerisch zu behaupten. Čáps filmische Tätigkeit in der Zeit des Protektorats zeigt aber auch

---

1981. Es handelt sich um Studien, die mehr Čáps Werk untersuchen als sein Leben. Vrdlovecs und Dolmarks Sammelband enthält eine von Čáp verfasste Selbstdarstellung, die als Selbstpositionierung des Regisseurs bemerkenswert ist, obwohl sie sich über autobiographische Umstände lakonisch äußert. *Čap*, František: Čap o sebi [Čáp über sich selbst]. In: *Ebenda*, 95–100.

6   Die Studios in Barrandov waren im Ostmitteleuropa der Zwischenkriegszeit die einzigen, die mit den britischen, deutschen, französischen, italienischen und sowjetischen Studios konkurrieren konnten. Siehe *Bednařík*, Petr: Arizace české kinematografie [Die Arisierung der tschechischen Kinematographie]. Praha 2003, 39.

7   Zum Filmmelodram siehe *Cargnelli*, Christian/*Palm*, Michael (Hg.): Und immer wieder geht die Sonne auf. Texte zum Melodramatischen im Film. Wien 1994. Zum Melodram als interartistische „mode of conception and expression [...], as a semantic field of force" am Beispiel der Literatur des 19. Jahrhunderts und der Jahrhundertwende siehe *Brooks*, Peter: The Melodramatic Imagination. Balzac, Henry James, Melodrama, and the Mode of Excess. New Haven, London 1976. Zu Čáp und dem filmischen Melodram siehe *Gmiterková*, Šárka: Piková dáma Františka Čápa. Několik poznámek k „Nočnímu motýlu" [František Čáps Pik-Dame. Einige Anmerkungen zum „Nachtfalter"]. In: *Kofroň*: Čáp, 6–9. Gmiterková vergleicht Čáps Stil mit demjenigen der Klassiker des filmischen Melodrams: Josef von Sternberg, Douglas Sirk, Ernst Lubitsch. Der Film „Noční motýl" (Nachtfalter, 1941) ist exemplarisch für Čáps Produktion von Melodramen.

die beruflichen Ambitionen dieses Regisseurs, der sich – um seinen Filmprojekten nachgehen zu können – vor dem dafür notwendigen Umgang mit den nationalsozialistischen Behörden nicht scheute.

Sein Ehrgeiz ließ Čáp letztlich einige Kompromisse eingehen, so baute er etwa eine antisemitische Pogromszene in dem 1941 erschienenen Film „Jan Cimbura" ein. Diese ist zwar in Čáps Originalversion des Filmdrehbuches nicht enthalten, wurde allerdings im Verlauf der Dreharbeiten realisiert. Čáp schien es jedoch wiederum zu gelingen, sich dem Druck der nationalsozialistischen Propaganda teilweise zu entziehen: beispielsweise, als er die Produktion eines von den deutschen Behörden angeregten Filmprojekts, des historischen Films „Kníže Václav" (Fürst Václav, 1942), so sehr hinauszögerte, dass dieses nie beendet werden konnte.[8] Dieser Umstand half ihm wahrscheinlich 1946, als er sich vor einer Disziplinarkommission gegen eine auf „Jan Cimbura" beruhende Anklage wegen Antisemitismus verteidigen musste. Čáp wurde – unter anderem dank der Unterstützung des namhaften Dichters Vítězslav Nezval, der die Filmabteilung des kommunistisch geführten Informationsministeriums leitete – von der Anklage freigesprochen und konnte seine Karriere fortsetzen.[9] Sein guter Ruf als Regisseur beruhte auf der generell positiven Reaktion von Publikum und Kritik auf seine Filme, an denen insbesondere die formalen Qualitäten geschätzt wurden.

Čáp widmete sich in den späten 1940er Jahren zeitgeschichtlichen Themen, die der allgemeinen Stimmung und der offiziellen Kulturpolitik der befreiten Tschechoslowakei entsprachen. Sein Film „Muži bez křídel" (Männer ohne Flügel, 1946), der den tschechischen Untergrundwiderstand gegen die nationalsozialistische Besatzung am Beispiel der Arbeiter des Flughafens Ruzyně behandelt, gewann 1946 den „Grand Prix du Festival" beim ersten Filmfestival in Cannes.[10] „Bílá tma", der den Mut und die Tapferkeit der slowakischen Partisanen gegen die deutschen Besatzer zelebriert, erhielt zwei Jahre später den Wanderpreis des Informationsministeriums auf dem „III. mezinárodní filmový festival" (3. Internationalen Filmfestival) in Ma-

---

[8] Das Filmkonzept missfiel Čáp sowie dem gesamten tschechischen Filmestablishment, weil es den tschechischen mittelalterlichen Herrscher, Heiligen und Nationalhelden Wenzel Přemyslid als treuen Vasallen deutscher mittelalterlicher Herrscher präsentieren sollte. Siehe *Knapík*, Jiří: Dělnický soud nad Františkem Čápem [Das Arbeiterurteil über František Čáp]. In: Iluminace 14/3 (2002), 63–81, hier 63.

[9] Siehe *Krejčová:* „Jsem nevinen", 87 f. Zu Nezvals Unterstützung siehe *Knapík:* Dělnický soud, 64.

[10] Zusammen mit „Roma città aperta" (Rom, offene Stadt) von Roberto Rossellini, „The Lost Weekend" von Billy Wilder und anderen acht Filmen. Der „Grand Prix du Festival" war bis 1955 die höchste Auszeichnung des Festivals von Cannes, als er durch die „Palme d'Or" ersetzt wurde.

riánské Lázně (Marienbad) und wurde in 30 Städten der Tschechoslowakei gleichzeitig gezeigt.[11]

Die Rezeption von „Bílá tma" war jedoch nicht einhellig positiv, denn die Arbeiterjury des 1. Internationalen Arbeiterfilmfestivals (I. mezinárodní filmový festival pracujících), das 1948 in Zlín (Zlin) stattfand, kritisierte den Film. Sie provozierte dabei einen Streit mit Čáp, in dessen Verlauf der Regisseur die wachsende Macht der tschechoslowakischen Arbeiterorganisationen nach der Machtergreifung der Kommunisten im Februar 1948 unterschätzte. Čáp wurde in seiner Auseinandersetzung mit den Arbeitervertretungen von den Filmkadern nicht unterstützt und musste aufgrund politischen Drucks öffentlich Selbstkritik üben. Das Bewusstsein, dass sein Fauxpas ihm jede Tätigkeit in der tschechoslowakischen Filmbranche für Jahre verbauen könnte, veranlasste ihn daraufhin zur Emigration (siehe unten Abschnitt 3).

Čáp emigrierte 1949 aus der Tschechoslowakei in die Bundesrepublik Deutschland (BRD) und ließ sich in München nieder, wo er weitere Filme produzierte – insbesondere Dramen auf der Basis von Kriminalgeschichten. Er zog 1953 ein zweites Mal um, als ihm Branimir Tuma – der Leiter von „Triglav Film", der slowenischen Filmgesellschaft des sozialistischen Jugoslawien – eine Anstellung in Jugoslawien anbot.[12] Dieses Angebot war sehr großzügig, weil Čáp dieselben Lohnbedingungen wie in der BRD versprochen wurden, obwohl die Löhne der jugoslawischen Filmschaffenden in der Regel niedriger als in den westeuropäischen Ländern waren. Tuma war nichtsdestotrotz bereit, Čáps Einstellungskosten vorzustrecken, weil er dringend qualifizierte und international bekannte Regisseure suchte. Der jugoslawische Staat benötigte diese erfahrenen Filmemacher, um seine Filmindustrie zu verbessern, in die er nach dem Krieg massiv investierte – ohne den erhofften nationalen und internationalen Publikumserfolg zu erhalten. Čáp war für Tuma ein geeigneter Kandidat, weil er sein Metier in den namhaften Filmstudios Barrandov erlernt hatte. Čáp wusste außerdem sowohl unterhaltsame, an die populäre Hollywood-Filmästhetik angelehnte Dramen als auch erfolgreiche Filme über zeitgeschichtliche Themen zu drehen.

Tuma schätzte Čáps Potenzial für den jugoslawischen Film sehr zutreffend ein, denn der erste Film, den Čáp für die Triglav Fim drehte – die in Ljubljana spielende Komödie „Vesna" (1953) –, war ein absoluter Publikumserfolg. Čáps fröhliche Liebesgeschichte zweier junger Slowenen wurde der Zahl der in Ljubljana verkauften Kinokarten zufolge von ca. 95.000 Zu-

---

[11] Siehe *Knapík: Dělnický soud*, 70. Das tschechische internationale Filmfestival, das heute in Karlovy Vary (Karlsbad) stattfindet, feierte seine Premiere 1946 als Filmfestival mit zwei Veranstaltungsorten: Karlovy Vary und Mariánské Lázně. Das Festival fand von 1947–1949 ausschließlich in Mariánské Lázně statt und wird seit 1950 nur in Karlovy Vary veranstaltet.

[12] Die drei jugoslawischen Republiken Kroatien, Serbien und Slowenien besaßen seit dem Jahr 1946 jeweils eigene Filmunternehmen. Siehe *Vrdlovec*: Zgodovina slovenskega filma, 173.

schauern gesehen (die slowenische Hauptstadt hatte in den 1950er Jahren ca. 100.000 Einwohner).[13] Čáps Beliebtheit bei Tuma und beim Publikum reichten jedoch nicht dazu aus, dass sich der Regisseur in die jugoslawische Filmlandschaft reibungslos einfügen konnte. Die betreffenden slowenischen Personengruppen – die in der Filmbranche Beschäftigten sowie die Filmkritiker, das heißt Berufsgruppen, die Čáp in der Tschechoslowakei größtenteils unterstützt hatten – verhielten sich ihm gegenüber sehr zurückhaltend. Sie behaupteten anhand des Erfolgs von „Vesna", dass Čáp zwar ein sehr guter „Kinohandwerker" sei, weil er die Filmtechnik auf hohem Niveau beherrsche, aber doch kein Künstler, weil er vor allem Genrefilme produziere.[14]

Dieses Urteil zeigt, dass die slowenische Filmbranche die politische Entscheidung der Filmproduktion, auf Internationalisierung und Publikumserfolg umzusteigen, nicht vorbehaltlos unterstützte. Die Filmschaffenden hatten Angst, auf ihre künstlerischen Ansprüche verzichten zu müssen – Ansprüche, die in Slowenien besonders hoch waren, da zahlreiche Drehbücher von etablierten Literaten verfasst wurden, die sich auch prominent als Filmkritiker betätigten. Die Filmbranche fürchtete aber auch, die technisch raffinierte Filmsprache nicht zu beherrschen, die zur Produktion von Genrefilmen *à la* Hollywood erforderlich war. Ihr Misstrauen gegenüber Čáp war daher auch durch Neid motiviert, denn dieser Filmemacher besaß genau die Kompetenzen, die ihnen fehlten, aber von den Filmgesellschaften nachgefragt wurden – und er wurde auch noch besser als alle anderen Regisseure des Landes bezahlt, damit er in Jugoslawien blieb. Čáp galt aus diesen Gründen als ein privilegierter Fremder und wurde deswegen von seinem Arbeitsumfeld distanziert behandelt. Seine Kritiker verschwiegen jedoch in ihren öffentlichen Äußerungen über Čáp die wahren Hintergründe ihrer negativen Einstellung und beschränkten sich meist auf ästhetische Einwände gegen sein Werk.[15]

Čáp reagierte 1955 auf die Einwände zu „Vesna", indem er „Trenutki odločitve" drehte – einen Film über den slowenischen Partisanenwiderstand, der allerdings nicht das klassische Thema des Partisanenkampfes gegen die italienischen Faschisten und die deutschen Nationalsozialisten behandelt, sondern die äußerst delikate Frage nach dem Verhältnis zwischen den Partisanen und der „Slowenischen Landwehr" (Slovensko domobranstvo, SD), die mit der deutschen Besatzungsmacht gegen die Partisanen kollaborierte. Čáp

---

[13] Die Zahl der verkauften Eintrittskarten soll sich nur auf die Premiere beziehen. Siehe *Stanković*: Zgodovina slovenskega celovečernega igranega filma, 123. Es ist deshalb zu vermuten, dass etliche Zuschauer für die Premiere von „Vesna" aus der Umgebung in die Hauptstadt gekommen waren.

[14] Siehe *Vrdlovec*: Zgodovina slovenskega filma, 252.

[15] Zu Čáps Tätigkeit und Rezeption im Slowenien der 1950er bis 1980er Jahre siehe *ebenda*, 251–264; *Vrdlovec/Dolmark* (Hg.): František Čap. Siehe auch *Colombi*, Matteo: „Trenutki odločitve". A Slovene Partisan Story from the 50s and 80s. In: *Jakiša/Gilić* (Hg.): Partisans in Yugoslavia, 315–345.

schien mit seinem Film vor allem beweisen zu wollen, dass er nicht nur Komödien wie „Vesna" produzieren konnte, sondern auch Werke, die sich mit historisch anspruchsvollen Zusammenhängen auseinandersetzten. Die politische Brisanz des Sujets von „Trenutki odločitve" sorgte dennoch dafür, dass dieser Film eine nicht minder kontroverse Rezeption als „Bílá tma" in der Tschechoslowakei hervorrief, obwohl die politischen Konsequenzen für Čáp diesmal weniger dramatisch waren. Das Drehbuch wurde an einigen Stellen zensiert und die Darstellung des Konfliktes zwischen Partisanen und *domobranci* missfiel (trotz Zensur) dem mächtigen Partisanenverband Sloweniens, der sich in seiner Geschichtsauffassung nicht bestätigt fühlte. „Trenutki odločitve" erhielt nichtsdestoweniger drei Auszeichnungen auf dem jugoslawischen Filmfestival in Pula,[16] obwohl der Film später in dem sogenannten Filmbunker landete –er zählt also zu den Filmen, die in den jugoslawischen Kinosälen aus politischen Gründen nicht gezeigt werden durften (siehe Abschnitt 4).

Čáp konnte trotz der Polemiken um „Trenutki odločitve" seine Karriere in Jugoslawien fortsetzen und blieb als Regisseur bis in die 1960er Jahre aktiv. Er widmete sich weiterhin vor allem der Komödie und dem Melodram und arbeitete dabei nicht nur in Slowenien, sondern auch in anderen jugoslawischen Gebieten. Er realisierte auch internationale Filmprojekte für Kino und Fernsehen. Seine Stellung innerhalb des slowenischen Filmumfeldes verbesserte sich jedoch nicht wesentlich, obwohl seine Erfahrung wesentlich zur Ausbildung slowenischer Filmemacher – Regisseure, Kameramänner, Licht- und Tontechniker, Szenografen usw. – beitrug.[17]

Čáp starb 1972 vereinsamt, sein filmisches Werk wurde erst in den 1980er Jahren von den slowenischen Filmwissenschaftlern intensiv diskutiert, neu bewertet und zu einem wichtigen Bestandteil des slowenischen Filmkanons deklariert.[18] Der Regisseur gilt heute in Slowenien als Vater des slowenischen Genrefilms und gehört zu den Klassikern, die beim Publikum immer noch beliebt sind. Čáp und sein Werk sind nach 1989 auch in Tschechien rehabilitiert worden, obwohl der Regisseur in der tschechischen Filmgeschichte keine herausragende Bedeutung besitzt. Er war vielmehr einer der wichtigen Regisseure der 1940er Jahre, deren Namen und Werke dem zeitgenössischen Publikum meist nicht mehr geläufig sind. Die Retrospektive, die das tschechische

---

[16] „Zlatna arena" (Goldene Arena) für die Regie, den besten Hauptdarsteller und den besten Nebendarsteller. Siehe *Stanković*: Zgodovina slovenskega celovečernega igranega filma, 135.

[17] *Koch*, Vladimir: Smisel rutine [Gefühl für Routine]. In: *Vrdlovec/Dolmark* (Hg.): František Čáp, 53–63.

[18] Es ist kein Zufall, dass ausgerechnet der bereits mehrmals erwähnte Čáp-Sammelband von Vrdlovec und Dolmark die Reihe „Slovenski film" (Slowenischer Film) eröffnet, die seit 1981 vom „Slowenischen Theater- und Filmmuseum" (Slovenski gledališki in filmski muzej, SLOGI) herausgegeben wird. Zu Čáps Rezeption in den slowenischen Subkulturen der 1980er Jahre siehe *Colombi*: „Trenutki odločitve", 333–339.

282 Matteo Colombi

Filmarchiv 2013 zum Jahrestag von Čáps Geburt organisiert hat, könnte allerdings das tschechische filmgeschichtlich interessierte Publikum auf seine Person aufmerksam gemacht haben, zumal die Zusammenarbeit mit der „Slovenska kinoteka" (Slowenische Kinothek) es ermöglichte, Čáps jugoslawische Filmproduktion zu zeigen.

Einen Aspekt von Čáps Leben und Werk, der heute sowohl in Tschechien als auch in Slowenien erwähnt wird, aber wenig erforscht ist, bildet die Homosexualität des Filmemachers. Čáp ging anscheinend relativ offen damit um, obwohl sein Verhalten weder in der Tschechoslowakei noch in Jugoslawien widerspruchslos hingenommen wurde. Seine sexuelle Orientierung könnte somit zu den Spannungen beigetragen haben, die Čáps Verhältnis zu seiner filmischen und gesellschaftlichen Umgebung stets charakterisierten. Dieser Zusammenhang kann jedoch aufgrund des Mangels an Quellen zu diesem Thema nur schwer untersucht werden.[19] Die Tatsache aber, dass Čáp seine sexuellen Vorlieben nicht versteckt haben soll, bestätigt das hier vorgestellte Gesamtbild dieses Filmemachers: Es zeigt eine komplexe Persönlichkeit, die sich einerseits verschiedenen soziopolitischen Systemen anzupassen wusste, obwohl sie andererseits jegliche Einschränkung und Kritik, die sich auf ihre Arbeit und ihr persönliches Leben bezog, nur sehr schwer tolerieren konnte. Čáp gelang es, wie anhand der Sujets seiner Filmografie gezeigt werden kann, sich an die thematischen Schwerpunkte seiner jeweiligen Umgebung sehr rasch anzupassen. Er konnte aber nicht immer einschätzen, inwiefern sein Stil mit den kulturpolitischen Erwartungen seines Umfelds kompatibel war. Dieser Umstand brachte ihn dann in Schwierigkeiten, wenn er sich mit politisch heiklen Fragen beschäftigte – wie beispielweise mit der ideologisch aufgeladenen Geschichte des Partisanenwiderstands.

2) Slowakische und slowenische Partisanen oder: Aufstand mit Armee und Widerstand ohne Armee

Der slowakische und slowenische Widerstand gegen die Nationalsozialisten und ihre Verbündeten weisen sowohl Ähnlichkeiten als auch Unterschiede

[19] Siehe Brane Mozetičs Interview mit dem Filmemacher Voljko Duletič: *Mozetič*, Brane: Voljko Duletič. In memoriam (1924–2013). In: Narobe 25 (2013), 44 f. Duletič behauptet, dass homosexuelles Verhalten in der slowenischen Filmbranche besser akzeptiert war als in anderen Bereichen der slowenischen Gesellschaft, mit denen Čáp jedoch auch konfrontiert war. Siehe auch – in Bezug auf Čáps Filmproduktion – *Nozar*, Lukáš: Momenty života a díla Václava Kršky do ruku 1945 [Momente des Lebens und des Werkes Václav Krškas bis 1945]. In: *Putna*, Martin C.: Homosexualita v dějinách české kultury/Homosexuality in the History of Czech Culture. 2. Aufl. Praha 2013, 395–431, hier 425–427; *Putna*, Martin C.: Od Kršky do Trošky. Homosexualita a český film [Von Krška zu Troška. Homosexualität und der tschechische Film]. In: *Ebenda,,* 448–468, hier 454 f. Siehe auch *Fila*, Kamil: Smyslná křídla Františka Čápa [Die sinnlichen Flügel des František Čáps]. In: Respekt Nr. 49 v. 1.12.2013, 58.

auf, die den historischen Hintergrund der Handlung von Čáps „Bílá tma" und „Trenutki odločitve" bilden. Diese Konvergenzen und Divergenzen lassen sich am besten anhand eines Vergleichs zwischen den jeweiligen Schauplätzen, Akteuren und Zeiten beider Widerstandsbewegungen feststellen.[20] Die Slowakei und Slowenien waren sich als Widerstandsgebiete insofern ähnlich, weil sie als ehemalige Teile der Tschechoslowakischen Republik und des Jugoslawischen Königreiches aus zwei ihnen übergeordneten Staatsgebilden hervorgegangen waren. Diese ostmitteleuropäischen Staaten der Zwischenkriegszeit waren im Zuge der deutschen Expansionspolitik aufgelöst worden. Die slowakische und die slowenische Widerstandsbewegung mussten insofern beide entscheiden, ob und unter welchen Bedingungen sie einerseits mit anderen Widerstandkräften der Tschechoslowakei bzw. Jugoslawiens und andererseits mit den Exilregierungen beider Länder kooperieren wollten. Sie mussten darüber hinaus abwägen, ob sie sich für die Wiederherstellung der Tschechoslowakei und Jugoslawiens einsetzen sollten oder nicht.

Die politische Lage der Slowakei und Sloweniens im Zweiten Weltkrieg war aber insofern unterschiedlich, als die Slowakei ab 1939 ein *de jure* und teilweise auch *de facto* unabhängiges Land war, wohingegen Slowenien seit dem Einmarsch der deutschen Armee und ihren Verbündeten sowie der Auflösung Jugoslawiens 1941 eine Besatzungszone darstellte, die von Deutschland, Italien und Ungarn aufgeteilt und von diesen Ländern direkt annektiert wurde. Die Autonomie der slowakischen Behörden, die von Staatspräsident Jozef Tiso und seiner Partei „Hlinkas Slowakische Volkspartei" (Hlinkova slovenská ľudová strana, HSĽS) direkt abhingen, war insofern größer als die der von den Okkupanten stärker kontrollierten slowenischen Institutionen wie beispielweise die „Slovensko domobranstvo".[21] Diese Lage änderte sich erst im Sommer 1944 mit dem slowakischen Aufstand gegen Tiso und seine

---

[20] Zum slowakischen Widerstand siehe die Zusammenfassungen von *Kováč,* Dušan: Dějiny Slovenska [Geschichte der Slowakei]. Praha 1998, 231–244; *Lipták,* Ľubomír: Slovaška republika 1939-1945 [Die slowakische Republik 1939-1945]. In: *Mannová,* Elena (Hg.): Slovaška zgodovina [Slowakische Geschichte]. Ljubljana 2005, 292–306, hier 299–305; *Zückert,* Martin: Slowakei. Widerstand gegen Tiso-Regime und nationalsozialistische Vorherrschaft. In: *Ueberschär* (Hg.): Handbuch zum Widerstand, 243–251. Detailliertere Analysen und eine weiterführende Bibliografie befinden sich außerdem in den Aufsätzen dieses Bandes. Eine Einleitung in die Geschichte des Zweiten Weltkrieges in Jugoslawien bietet *Sundhaussen,* Holm: Experiment Jugoslawien. Von der Staatsgründung bis zum Staatszerfall. Mannheim u. a. 1993, 65–95. Speziell zu Slowenien siehe *Lešnik,* Doroteja/*Tomc,* Gregor (Hg.): Rdeče in črno. Slovensko partizanstvo in domobranstvo [Rot und Schwarz. Slowenische Partisanen und slowenische Landwehr]. Ljubljana 1995; *Rutar,* Sabine: Besetztes jugoslawisches Gebiet Slowenien. In: *Ueberschär* (Hg.): Handbuch, 269–279; *Štih,* Peter/*Simoniti,* Vasko/*Vodopivec,* Peter: Slowenische Geschichte. Gesellschaft – Politik – Kultur. Graz 2008, hier 356–397.

[21] Es muss allerdings angemerkt werden, dass auch der Spielraum der Slowakei als Verbündeter der Achsenmächte und als Satellitenstaat des Dritten Reiches eingeschränkt war.

Regierung und mit dem Einmarsch deutscher Truppen in die Slowakei. Die
darauffolgende Spaltung des slowakischen Gebietes in von den Okkupanten
bzw. von den Aufständischen kontrollierte Zonen erinnert an die slowenische
Kriegssituation, in der der Widerstand, der sich seit 1941 allmählich entfalte-
te, ab 1942 insbesondere in Südslowenien zur Etablierung befreiter Territori-
en führte.

Zu dem unterschiedlichen politischen Status der Slowakei und des besetzten Sloweniens kamen die jeweils unterschiedliche Stellung und innere Organisation der Akteure des Konflikts sowie Unterschiede in ihrem Verhältnis
zueinander hinzu. Die in beiden Gebieten involvierten Akteure waren dabei
jedoch die gleichen: 1) die deutschen Nationalsozialisten, ihre ausländischen
Verbündeten und ihre lokalen slowakischen bzw. slowenischen Kollaborateure; 2) die slowakische bzw. jugoslawische Armee; 3) die Partisanen, die
über eigene Organisationsformen verfügten, die nur bedingt denjenigen eines
regulären Heeres ähneln; 4) die tschechoslowakische und die jugoslawische
Exilregierung; 5) die Alliierten inklusive der Sowjetunion. Die wichtigste Dis-
krepanz zwischen der slowakischen und der slowenischen Situation bestand
diesbezüglich in der Rolle, welche die jeweiligen Armeen und Partisanen innerhalb des Krieges spielten.

Die slowakische Armee bildete nämlich die Streitkraft eines souveränen
Staates und verfügte als solche über eine öffentliche Finanzierung und eine
offizielle militärische Struktur. Sie beanspruchte aus diesem Grund eine
staatstragende Rolle, als sich Teile von ihr im Sommer 1944 gegen das Tiso-
Regime erhoben und Teile der Mittelslowakei unter ihre Kontrolle brachten,
bis die deutsche Wehrmacht den Aufstand im Herbst 1944 niederschlug. Der
Aufstand der slowakischen Armeeeinheiten wurde dabei von den slowakischen Partisanen, die sich zu einem großen Teil zur Sozialdemokratie oder
zum Kommunismus bekannten und bereits seit 1943 im Widerstand tätig
waren, aktiv unterstützt. Die Koordination zwischen den beiden aufständischen Gruppen erwies sich zwar als problematisch, setzte sich jedoch auch
nach dem Sieg der Nationalsozialisten fort, als sich sowohl die Partisanen als
auch die Überreste der slowakischen Armee in Gebirgsregionen wie die Niedere Tatra zurückziehen mussten.

Dieses Bündnis zwischen Teilen der Armee und Partisanen grenzt den
slowakischen vom gesamtjugoslawischen sowie vom slowenischen Widerstand ab, da sich jugoslawische Armee und Partisanen in den jugoslawischen
Gebieten heftig bekämpften und ihr Kampf einen zweiten Konflikt neben
dem zwischen Okkupanten/Kollaborateuren und Widerstand schuf. Sowohl
die Armee und als auch die Partisanen bewegten sich dabei im Untergrund,
denn das jugoslawische Militär wurde 1941 von Deutschland und seinen
Verbündeten aufgelöst. Die Teile, die bis zum Ende des Zweiten Weltkriegs
aktiv blieben, agierten als illegale Einheiten. Diese nun paramilitärischen
Gruppen setzen sich in ihrem Kampf für die Wiederherstellung des Jugosla-

wischen Königreiches sowie die Rückkehr der Karađorđević-Dynastie ein und vertraten vor allem serbisch-imperialistische Interessen.

Ihr Verhalten war je nach jugoslawischem Gebiet unterschiedlich, entwickelte sich jedoch im Laufe des Krieges allgemein von einem Kampf gegen die Besatzer und Kollaborateure zu einem Kampf gegen die Partisanen. Diese drastische Verschiebung erklärt sich dadurch, dass die royalistische Armee die Partisanenbewegung radikal ablehnte, weil diese prinzipiell republikanisch gesinnt war und die serbische Vormacht in Jugoslawien infrage stellte. Zudem lag die Führung des Partisanenkampfes in den Händen von Titos (Josip Broz) Kommunisten, die ein sozialistisches Jugoslawien anstrebten. Die Armee zog aus diesen Gründen die Niederschlagung der kommunistischen Partisanen der Bekämpfung der Besatzer und ihren Kollaborateuren vor und war zu diesem Zweck auch dazu bereit, mit letzteren zusammenzuarbeiten – obwohl sie gleichzeitig hoffte, dass die Okkupanten und ihre Unterstützer am Ende von den westlichen Alliierten besiegt würden.

Die jugoslawische Untergrundarmee war stark in Bosnien, Kroatien, Montenegro und Serbien präsent, stellte jedoch eine geringere Gefahr für die slowenischen Partisanen dar, weil sie in diesem Gebiet während der gesamten Kriegszeit weniger aktiv war. Dieser Umstand ging mit der in Slowenien verbreiteten Abneigung gegenüber dem jugoslawischen Königreich einher, das viele *domobranci* durch ein autonomes Slowenien unter deutschem Schutz ersetzen wollten, während zahlreiche Partisanen die Idee einer jugoslawischen föderativen Republik befürworteten. Diese Republik musste jedoch für etliche slowenische Partisanen nicht unbedingt sozialistisch sein, denn das slowenische Partisanentum war dadurch charakterisiert, dass in ihm vielfältige politische Richtungen vertreten waren, die alle trotz kommunistischer Leitung einen gewissen Einfluss innerhalb der Partisanenbewegung ausübten (insbesondere der christlich-soziale und der linksliberale politische Flügel). Die politische Heterogenität der slowenischen Partisanenbewegung lässt sich somit mit der inneren Vielfalt der gesamten slowakischen Widerstandsbewegung – Armeeeinheiten und Partisanen – vergleichen. Die beiden Akteure scheinen sich besonders ab Herbst 1944 näher gekommen zu sein, als sich Reste der niedergeschlagenen slowakischen Armee zusammen mit den Partisanen in die Berge zurückzogen und nach den Strategien des Partisanenkampfes, der in Slowenien die einzige Form des Widerstands seit Kriegsanfang darstellte, weiterkämpfen und überleben mussten.

3) „Bílá tma", oder der Heroismus der Schwachen

„Bílá tma" erzählt eine Partisanengeschichte aus dem Winter 1944/45. Die deutsche Armee hat den Slowakischen Aufstand bereits niedergeschlagen und die Aufständischen müssen in den Bergen Zuflucht suchen. Die Protagonisten sind eine kleine Gruppe von slowakischen und tschechischen Widerstandskämpfern, die größtenteils schwer verletzt sind und auf der Flucht in die Berge zurückgelassen werden müssen. Sie verstecken sich in einer Hütte auf einem hohen Berg unter der Führung eines jungen Arztes, der zusammen mit einer ebenso jungen Partisanin und zwei anderen Kameraden sowie einem russischen Widerstandskämpfer und einem Bauernmädchen, das einem Massaker an ihrer Familie entflohen ist, eine kleine Schar von unverletzten Widerstandskämpfern bildet. [22] Die Verletzten sind rasch mit dem Kampf ums Überleben konfrontiert, da sie fast kein Essen und keine Medikamente zur Verfügung haben und komplett von den Personen abhängig sind, die sich noch frei bewegen können. Doch auch die Möglichkeiten der unverwundeten Gruppenmitglieder sind sowohl durch die Wetterverhältnisse (Schneestürme) als auch durch deutsche Spähtrupps stark eingeschränkt.

Der Film entwickelt sich als eine Verflechtung zweier Erzählstränge: Szenen aus dem Leben der Kranken in der Hütte wechseln mit Erlebnissen der unverletzten Partisanen auf der Suche nach Lebensmitteln und Hilfe für ihre Gefährten ab. So werden zwei Widerstandskämpfer in einem Dorf von den deutschen Besatzern grausam umgebracht – sie werden in einem Sägewerk vor den Augen der Frau eines von ihnen lebendig zersägt. Der russische Partisan schafft es hingegen, sich erfolgreich zu verstecken und Nahrung bei einer Bäuerin zu besorgen, kann aber nur einen Teil seiner Beute zu den Waffenbrüdern zurückbringen. Er muss nämlich einen Jungen auf dem Rücken tragen – den Sohn eines der beiden ermordeten Partisanen –, der auf dem Weg zu der Hütte von einem Felsen gestürzt ist und sich schwer verletzt hat. Der Junge wird vom Arzt gerettet, der ihn operiert, bevor er sich auf dem Weg in die Berge macht, um die dort versteckten Widerstandskämpfer aufzusuchen und sie um Hilfe zu bitten. Die verletzten Partisanen müssen sich dennoch unter der Leitung der jungen Partisanin eine Schlacht mit den Nationalsozialisten liefern, bevor sie von ihren Kameraden gerettet werden, die aus den Bergen zu ihnen zurückkehren. Diese Episode, die ein im Grunde genommen glückliches Ende der Geschichte bildet, wird durch den Tod des russischen Widerstandskämpfers getrübt sowie durch eine letzte Szene, in der zahlreiche slowakische Friedhöfe gezeigt werden. Ein blendendes Sonnenlicht, das den neuen Anfang nach den Gräueltaten des Krieges symbolisiert, ist das letzte Bild des Filmes.

Die Handlung von „Bílá tma" zeigt, dass dieser Film einer der vielen Streifen aus tschechoslowakischer Produktion ist, die in der Nachkriegszeit den Widerstand der Slowaken gegen die Deutschen behandelten.[23] Das geschicht-

---

[22] Es ist in dem Film nicht bei jedem slowakischen männlichen Widerstandskämpfer klar, ob er während des Aufstands in der Armee gedient, als Partisan gekämpft oder zur Zivilbevölkerung gehört hatte.

[23] Eine diesbezüglich interessante filmgeschichtliche Quelle aus der Nachkriegszeit stellt *Jerábek*, Ivan/*Štric*, Ernest (Hg.): Slovenské národné povstanie vo filme [Der slowakische Nationalaufstand im Film]. Bratislava 1965 dar. Die Publikation fungiert als Katalog aller slowakischen Spiel- und Dokumentarfilme über den slowakischen Aufstand und eröffnet ihre Revue mit „Bílá tma" als erstes filmisches Werk über dieses Thema.

lich-politische Narrativ, das der Film bedient, entspricht dabei der offiziellen Erzählung der ersten Nachkriegsjahre, wie die erste Szene des Filmes zeigt.[24] Ein *voice-over* skizziert hier den historischen Kontext, während sich die Partisanen in die verschneiten Berge zurückziehen. Die einleitenden Sätze des Kommentators aus dem Off sind dabei ideologisch sehr orthodox, denn dieser behauptet erstens, dass der slowakische Aufstand zwar niedergeschlagen worden sei, die Aufständischen aber tapfer gekämpft hätten, und zweitens, dass die Widerstandskämpfer, die den Kampf in den Bergen fortsetzten, nicht nur Slowaken, sondern auch tschechische und russische Brüder gewesen seien.

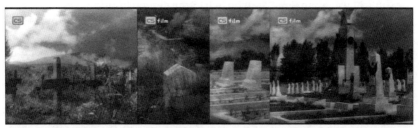

Abb. 1: Still-Collage aus František Čáps *Bílá tma* (1948). © Matteo Colombi (Collage), Národní filmový archiv – Tschechien (Film)

Das *voice-over* hebt schließlich die grundsätzliche Wichtigkeit des Partisanenwiderstandes und dessen Opfer hervor, die bei der Wiederentstehung einer unabhängigen Tschechoslowakei eine entscheidende Rolle gespielt hätten. Die Rolle der Opfer wird zudem noch einmal in dem bereits erwähnten Ende des Filmes gewürdigt, indem ihre Gräber in einer Folge von sich teilweise überblendenden Kamerafahrten gezeigt werden (Abb. 1). Dieser Abschluss zeigt, dass die Perspektive, aus der Čáp den slowakischen Partisanenwiderstand darstellen wollte, nicht so sehr diejenige jubelnder Sieger ist, die sich ihrer Stärke eindeutig bewusst sind und diese auch zelebrieren. Seine Herangehensweise ist vielmehr die des seine Toten betrauenden Siegers oder

---

Der zweite angegebene Film ist der in der Slowakei vielgesehene „Vlčie diery" (Wolfslöcher, 1948) vom slowakischen Regisseur Paľo Bielik. Es folgt eine Lücke bis 1958, weil Filme über den Aufstand in dieser Zeit nicht produziert wurden, da sich dieses Ereignis nur bedingt als Errungenschaft der kommunistischen Partisanen präsentieren ließ. Siehe *Šmatlák*, Martin: Die Slowakei. Film. In: *Bachratý*, Bohumír (Hg.): Slowakei. Geschichte, Theater, Musik, Sprache, Literatur, Volkskultur, Bildende Kunst, Slowaken im Ausland, Film. Klagenfurt 2010, 378–435, hier 396 f. und 416–418. Siehe auch die Verweise auf den Film in *Mannová*, Elena: Piruety v inscenování minulosti. Slovenské národní povstaní v proměnách času [Pirouetten in der Vergangenheitsinszenierung. Der Slowakische Nationalaufstand im Wandel der Zeit]. In: Dějiny a současnost 30/8 (2008), 37–40.

24 Zur tschechoslowakischen offiziellen Erinnerungskultur an den Zweiten Weltkrieg siehe *Zückert*: Slowakei, 250 f.; *Mannová*: Piruety v inscenování minulosti.

gar des Überlebenden, dem bewusst ist, dass die Rettung ein Glücksfall gewesen ist.

Čáps Haltung gegenüber dem Stoff seines Filmes ist auch an seiner Genrewahl ersichtlich, denn „Bilá tma" stellt nur bedingt einen Actionfilm dar. Vielmehr handelt es sich um ein Melodram mit historischem Hintergrund, in dem die Geschichte des slowakischen Partisanenwiderstandes der Wintermonate 1944/45 aus der Perspektive von Menschen geschildert wird, die größtenteils nicht in der Lage sind zu kämpfen. Die Spannung entsteht – bis auf die abschließende Schlacht und einige wenige Kampfszenen – nicht durch die Inszenierung von militärischen Action-Szenen, sondern vielmehr durch die Zurschaustellung der extremen Schwäche der Partisanen. Diese werden in dem gesamten Film dabei gezeigt, wie sie in ihrer Hütte wehrlos und halb verhungert liegen müssen. Diese Betonung der Schwäche dient allerdings immer auch der Hervorhebung des Heldenmuts der Partisanen, welche die Kraft besitzen, unter solchen Umständen zu überleben.

Das Pathos, das solche Szenen erzeugen, füllt auch die Gespräche zwischen den Protagonisten, die sich zum Teil mit der Zukunft beschäftigen und die Möglichkeit einer sozialistisch anmutenden Welt heraufbeschwören, in der alle „zadarmo" (umsonst) mit dem Zug fahren werden. Diese Anspielung auf den Sozialismus hat jedoch kaum eine pädagogische oder auch nur eine propagandistische Funktion, denn sie findet unter den Figuren Widerspruch und bleibt als offene Frage in der Diskussion. Sie wird zudem mit Andeutungen auf andere Traditionen wie zum Beispiel die des Christentums kombiniert: Die Verletzten teilen das wenige Essen, das sie haben, offenbar eher pietätvoll als kameradschaftlich miteinander, und die Frau des Partisanen, der von den Deutschen ermordet wird, betet und liest aus der Bibel. Sozialistische und christliche Weltsicht tragen somit beide zur Dramatisierung der filmischen Handlung bei.

Die tragisch angehauchte, ernste Stimmung, welche das Thema der Verwundung von „Bilá tma" mit sich bringt, prägt den Film zwar offensichtlich, bildet aber für die Handlung kein exklusives Erzählmuster. Čáps Neigung zum Genre des Melodrams, in dem die pathetische Stimmung zwar überwiegt, aber durch heitere Augenblicke erleichtert werden kann, macht sich in einigen Szenen bemerkbar. In ihnen werden einzelne Figuren im Stil von Komödien stark typisiert – wie beispielsweise diejenige eines witzigen und redseligen tschechischen Partisanen, der für gute Stimmung in der Hütte sorgt. Auch die Geschehnisse, die sich um die Protagonisten des Films drehen – die gesunden Figuren also, die weniger als Gruppe oder als Charaktertypen auftreten, sondern vielmehr als individuelle, facettenreiche Gestalten – bilden ein gewisses Gegengewicht zum Bild der „heroischen Schwäche", welche die verletzten Partisanen in ihrem Hüttenversteck bieten. Ihre gesunden Mitstreiter zeigen nämlich nicht nur die Stärke mutiger, Schmerzen erleidender Personen, sondern auch unmittelbare Angriffskraft.

Ein Paradebeispiel für diese Kraft ist die Figur der jungen Partisanin, die zwar ein engelhaftes Gesicht hat, aber die sich in der Schlacht gegen die Deutschen als erfahrene Kämpferin erweist. Ebenso stark ist der russische Partisan, obwohl sich seine Stärke mehr im Umgang mit den Elementen als im Konflikt mit den deutschen Besatzern zeigt. Er schafft es nämlich, im Gebirge an einer Felswand mit bloßen Händen und einem Jungen auf dem Rücken emporzuklettern, während um ihn herum ein Schneesturm tobt. Sein Aussehen betont dabei auf fast übertriebene Art und Weise seine Kraft, denn Boris Andreev, der Darsteller der Figur, besaß eine mehr als stattliche Figur.[25] Diese latente Hyperbolizität, welche der Figur des russischen Partisanen anhaftet, knüpft offenbar an das Typisierungsverfahren an, mit dem Čáp gelegentlich das Dramatische ins Heitere trieb. Das gutmutige Temperament des Russen kontrastiert überdies mit dessen nahezu übermenschlicher Kraft – so bemüht sich Čáp in einer Szene zu zeigen, wie der Partisan mit dem kleinen Baby der Bäuerin, bei der er Lebensmittel gefunden hat, liebevoll spielt, während diese ihn gerührt beobachtet. Diese Szene gehört ebenso zum melodramatischen Repertoire wie die das Pathos unterbrechenden Witze der verletzten Partisanen in ihrer Hütte.

Čáps Darstellung des slowakischen Widerstandes als melodramatische Heldentat der Schwachen wurde in der Tschechoslowakei unterschiedlich rezipiert. Die am „3. Festival des Tschechoslowakischen Films" beteiligten Institutionen zeichneten – wie oben erwähnt – den Film aus. Die Leitung der Filmbranche unterstützte diese Entscheidung, indem sie die Vorführung von „Bílá tma" in zahlreichen Kinosälen des Landes gleichzeitig stattfinden ließ. Die Jury des „1. Filmfestivals der Arbeiter" in Zlín kritisierte hingegen den Streifen, weil dieser ihrer Meinung nach zu pessimistisch war.[26] Man kann aufgrund der Handlung von „Bílá tma" zwar nachvollziehen, warum der Film der Jury als pessimistisch erschien. Das Urteil erscheint trotzdem als besonders streng, da es offensichtlich ist, dass Čáp letztendlich die Tapferkeit der slowakischen Partisanen zeigen wollte – die im Film als umso lobenswertere Haltung hervorsticht, weil die Widerstandskämpfer dafür einen hohen Preis bezahlen.

Das Urteil der Arbeiterjury ist allerdings nicht nur als sachlich, sondern auch als politisch-strategisch zu interpretieren. Die negative Bewertung des Filmes kann nämlich vor dem Hintergrund des Kulturkampfes interpretiert werden, den die tschechoslowakischen Gewerkschaften in den Jahren nach dem Zweiten Weltkrieg – und insbesondere nach der Machtergreifung der Kommunisten im Februar 1948 – gegen verschiedene Akteure der Kulturszene führten, um die Führungsrolle der Arbeiterklasse auch im kulturellen Be-

---

[25] Boris Andreev war kein professioneller Schauspieler, sondern ein sowjetischer national und international ausgezeichneter Sportschütze.

[26] Siehe *Knapík:* Dělnický soud, 70.

reich zu behaupten.[27] Veranstaltungen wie das Filmfestival in Zlín hatten unter anderem die Funktion, dem kulturellen Establishment bzw. dem Fachpublikum das Monopol von Kultur- und Kunstkritik zu entziehen – und das selbst in dem Falle, wenn dieses Establishment und diese Fachleute linker politischer Überzeugung waren. Die Gewerkschaften pflegten dabei vielmehr einen Klassen- als einen *stricto sensu* politischen Diskurs: Es ging ihnen vor allem darum, die Steuerungsfunktion der Intellektuellen innerhalb der Kulturwelt herauszufordern. „Bílá tma" war demzufolge als Siegerfilm des Festivals von Mariánské Lázně, der von der etablierten Filmszene der Tschechoslowakei begrüßt wurde, eine gute polemische Zielscheibe, um die neue Macht der Arbeiterklasse – ihr „symbolisches Kapital" im Sinne Pierre Bourdieus[28] – zur Schau zu stellen.

Čáp scheint die historische Lage der Tschechoslowakei des Jahres 1948 nicht korrekt eingeschätzt zu haben und übersah die wachsende Macht der Gewerkschaften, denn er protestierte vehement gegen das Urteil der Arbeiterjury und brachte diese gegen sich auf. Der Regisseur war beim Filmfestival in Zlín anwesend und kommentierte angeblich die Beurteilung seines Filmes vor der Öffentlichkeit in folgender Weise: „Die Arbeiter sind Dummköpfe, sie verstehen keine Filme und sie können mir den Buckel runterrutschen."[29] Es ist heute schwierig zu rekonstruieren, ob sich Čáp tatsächlich so herablassend geäußert hat, weil er selber behauptete, sich anders ausgedrückt zu haben.[30] Er soll wie auch immer die Kulturaktivisten aus den Gewerkschaften provoziert haben, weil sie eine Kampagne gegen ihn initiierten, die auch Politiker dazu zwang, sich mit dieser Sache zu beschäftigen. Der kommunistische Informationsminister Václav Kopecký musste aufgrund der Polemik eine Disziplinarkommission ins Leben rufen, die Čáps Verhalten überprüfte.[31] Čáp entschied sich nach einem Gespräch mit der Kommission für einen öffentlichen Entschuldigungsbrief, in dem er seine Beleidigung der Arbeiterklasse bereut:

Erlauben Sie mir, an dieser Stelle prinzipiell zu erklären, dass ich mich mit dem Recht der Arbeiterjury identifiziere, Kunstwerke zu kritisieren und ihr Urteil darüber auszusprechen. Ich verspreche, dass ich mit meiner weiteren Arbeit und in meiner weiteren Tätigkeit zeigen werde, wie ich meinen voreiligen und unglücklichen Ausdruck bereue. Der Standpunkt und die Stellung des arbeitenden Volkes zum Kunstwerk wird für mich ständiger Anreiz sein, immer besser und vollkommener zu arbeiten, denn ich bin mir dessen vollkommen bewusst, dass meine gesamte künstlerische und schöpferische Arbeit vor allem und in erster Linie der Sache und den Interessen des arbeitenden Volkes dienen muss.[32]

---

[27] *Ebenda*, 63–81.
[28] *Bourdieu*, Pierre: La distinction. Critique sociale du jugement. Paris 1979.
[29] Siehe *Knapík*: Dělnický soud, 70. Übersetzung des Autors.
[30] *Ebenda*.
[31] *Ebenda*, 72 f.
[32] *Ebenda*, 79. Übersetzung des Autors.

Čáps Duktus ist in diesem Brief nicht bedingungslos reuevoll, denn er weist darauf hin, dass seine Äußerungen über die Arbeiter und ihre Jury aus ihrem ursprünglichen Kontext herausgerissen und missverstanden wurden. Er erinnert implizit auch daran, dass Kunst, obwohl sie der Sache und den Interessen des arbeitenden Volkes dienen soll, eine autonome Sprache besitzt, die verstanden werden muss, bevor man sie beurteilt.[33] Diese Anmerkungen wirken allerdings wie eine Kompensation und als Versuch, bei der eigenen kulturpolitischen Kapitulation zumindest Würde zu bewahren. Čáp konnte sich nämlich beim Verfassen seines Schreibens an die Öffentlichkeit schon vorstellen, dass seine Karriere als Filmregisseur in der Tschechoslowakei stark kompromittiert war.

4) „Trenutki odločitve" oder: Die Versöhnung der Feinde

Der Protagonist von „Trenutki odločitve" ist ein Arzt, der im Krankenhaus einen *domobranec* umbringt, um einen schwer verletzten Partisanenführer zu retten. Er ist somit mit dem ersten der schicksalhaften Entscheidungsmomente der Geschichte konfrontiert, auf die der Filmtitel verweist. Das zweite Moment ereignet sich, als er einen Fluss zu überqueren versucht, auf dessen anderem Ufer sich das von den Partisanen befreite Territorium befindet. Er braucht zur Überfahrt einen Fährmann – und der einzige, der ihm zur Verfügung steht, ist (ganz zufällig...) der Vater des *domobranec*, den er umgebracht hat. Der Fährmann erkennt den Doktor, dessen Bild er in der Zeitung gesehen hat, und will seinen Sohn rächen. Der Arzt realisiert, dass der Fährmann der Vater des *domobranec* ist und dass dieser ihn umbringen will. Er entscheidet sich trotzdem nicht dafür, vor ihm zu fliehen, sondern bei ihm zu bleiben und dessen Schwiegertochter – der Frau des verstorbenen *domobranec* – bei einer schwierigen Geburt zu helfen, die sie und ihr Baby ohne medizinische Hilfe nicht überleben können. Der Vater des *domobranec* muss sich daraufhin entscheiden: rächen oder verzeihen? Er beschließt nach einem inneren Kampf dem Arzt zu verzeihen, da dieser den Mord dadurch ausgleichen konnte, dass er den Enkel von einer Fehlgeburt bewahrte. Der Fährmann rettet dem Arzt sogar zweimal das Leben, indem er diesen nicht nur verschont, sondern auch bewaffnet und auf die andere Seite des Flusses bringt.

„Trenutki odločitve" folgt im Wesentlichen dem offiziellen Weltkriegsnarrativ Jugoslawiens, so wie „Bílá tma" zuvor das offizielle Kriegsnarrativ der Tschechoslowakei bestätigt hatte. Der Kampf zwischen den Partisanen und ihren Feinden wird aus der Perspektive der Partisanen erzählt, die als vollkommen positive Figuren dargestellt werden.[34] Der Arzt erweist sich in

---

33 *Ebenda.*
34 Zu dem jugoslawischen Weltkriegsnarrativ am Beispiel der slowenischen Historiografie der sozialistischen Zeit siehe *Godeša,* Bojan: Social and Cultural Aspects of the Historio-

der Geschichte als Identifikationsfigur, weil er einen Partisanen vor den *domobranci* rettet und aufgrund dieser Tat selber zum Widerstandskämpfer wird. Er handelt ferner höchst moralisch und beispielhaft, weil er trotz der eigenen Lebensgefahr nicht zögert, das Leben der Frau und des Kindes des getöteten *domobranec* zu retten, um seine eigene Gewalttat zu vergelten. Diese Haltung wird sogar vom Vater des *domobranec* gewürdigt, denn der Fährmann verzeiht dem Doktor-Partisanen und hilft ihm bei seiner Flucht. Gerade dieses Handlungselement macht die Geschichte des Films für das jugoslawische Narrativ – inklusive seiner slowenischen Variante – dennoch unüblich. Das Verhalten des Fährmanns zeigt nämlich, dass auch Menschen, die sich im Milieu der *domobranci* bewegten, moralisch handeln konnten.

Diese Darstellungsstrategie relativiert ein wenig die schwarz-weiß polarisierende Gegenüberstellung von heroischen Partisanen und niederträchtigen *domobranci*, die in der slowenischen Öffentlichkeit der 1940er und 1950er Jahre dominierte und die bis auf wenige Ausnahmen erst in den 1970er und noch stärker in den 1980er Jahren infrage gestellt wurde.[35] Diese schematische Trennung zwischen ausschließlich guten Widerstandskämpfern, die aus idealistischen Gründen agieren, und äußerst gemeinen Kollaborateuren, die aus Opportunismus handeln, prägt normalerweise auch den slowenischen Partisanenfilm, in dem die *domobranci* häufig als hinterlistig und feige dargestellt werden. Sie werden hierbei anders – und in gewisser Hinsicht sogar negativer – als die deutschen Besatzer dargestellt, weil sie nicht einmal deren militärische Stärke, angsteinflößende Effizienz und mechanische Disziplin aufweisen. Sie erscheinen vielmehr als Halunken, welche der slowenische Bevölkerung mit ihrer Gier und Niedertracht schaden.[36] Čáps negative Ausgestaltung der *domobranci* geht in „Trenutki odločitve" allerdings nicht so weit, sie als militärisch ineffektiv darzustellen, denn der Film zeigt am Beispiel der anfänglichen Krankenhausszenen, dass die slowenische Landwehr eine gewisse Entschlossenheit aufweisen konnte. Es ist allerdings nicht so sehr die Darstellung der *domobranci* selber, die in Čáps Film unüblich wirkt, denn die filmische Erzählperspektive geht klar davon aus, dass sie im Unrecht sind. Die ungewöhnliche Figur von „Trenutki odločitve" ist vielmehr der Fähr-

---

graphy on the Second World War in Slovenia. In: *Rutar,* Sabine/*Wörsdörfer,* Wolf (Hg.): Sozialgeschichte und soziale Bewegungen in Slowenien/Social History and Social Movements in Slovenia. Essen 2009, 111–125, hier 111–116. Zum Partisanenbild in der slowenischen Kunst und Kultur der Zeit siehe *Colombi,* Matteo: Andere Geschichten. Das Nachleben der Partisanen in der slowenischen Kunst und Literatur. In: *Gölz,* Christine/*Kliems,* Alfrun (Hg.): Spielplätze der Verweigerung. Gegenkulturen im östlichen Europa nach 1956. Köln u. a. 2014, 174–201, hier 180–194; *Colombi:* „Trenutki odločitve", 318–323.

[35] *Godeša:* Social and Cultural Aspects, 111–116 und *Colombi:* Andere Geschichten, 180–182.

[36] Zu dem Bild der *domobranci* und der Nationalsozialisten im slowenischen Partisanenfilm siehe *Stankovič:* Rdeči trakovi, 60–66 und 70–76.

mann, weil er sich in einem dramatischen Duell mit dem Arzt (Abb. 2) dessen edler Moral vollkommen ebenbürtig zeigt, obwohl er der Vater eines *domobranec* ist.

Still aus František Čáps Trenutki odločitve (1955).
© Slovenski filmski center – Slowenien

Die Frage, ob Čáp mit seiner Darstellung des Konflikts zwischen Partisanen und *domobranci* eine ideologische Grenze in der Repräsentation des Zweiten Weltkrieges in Slowenien bewusst überschreiten wollte, ist schwer zu beantworten. Der Regisseur scheint vielmehr auf die Kritiken gegen seine Genrefilm-Ästhetik reagieren zu wollen, die den Erfolg von „Vesna" begleiteten. Čáp wollte wohl mit seinem neuen Film beweisen, dass er nicht nur in der Lage war, Komödien zu drehen, sondern auch einen Film über eine ernsthafte historische Thematik meisterhaft realisieren konnte. Die Auswahl des Themas veranlasste Čáp jedoch keineswegs zu einer geschichtlich-illustrativen Filmästhetik, sondern „Trenutki odločitve" ist wie „Bílá tma" dem Stil des filmischen Melodrams verschrieben. Der Film basiert nämlich auf der Spannung zwischen zwei Helden, dem Arzt und dem Fährmann, die beide in psychologischer Hinsicht besonders komplex dargestellt werden, damit der Filmplot an dramatischem Potential gewinnt.

Es ist zwar möglich, dass Čáp seiner Filmhandlung solch eine starke dramatische Struktur einfach nur deswegen verlieh, weil er für gewöhnlich mit eben dem Filmgenre des Melodrams arbeitete. Es kann allerdings auch sein, dass „Trenutki odločitve" bewusst eine stilistische Provokation war, in der das Melodramatische betont wurde, um den slowenischen Filmkritikern klarzumachen, dass auch die Genrefilme-Ästhetik schwierigen Geschichtsthemen gewachsen sein kann. Es ist letztlich auch möglich, dass der Film nicht nur als stilistische, sondern auch als politische Positionsbestimmung fungieren sollte. Seine beiden Protagonisten sind nämlich jeweils mit einem der beiden gegensätzlichen politischen Lager eng verbunden, welche die slowenische Gesellschaft im Zweiten Weltkrieg spalteten. Ihre Versöhnung kann deshalb auch symbolisch interpretiert werden – und zwar als Notwendigkeit für die slowenische Nachkriegsgesellschaft, die eigene Geschichte zu überdenken. Čáp mochte also an dieser Stelle möglicherweise suggerieren, dass die offizielle Stigmatisierung der *domobranci*, die das slowenische sowie gesamtjugoslawische kollektive Gedächtnis bestimmte, zu einfältig war, denn die *domobranci* seien nicht nur Feinde, sondern auch Menschen gewesen. Sie hätten – genauso wie das Opfer des Arztes – Familien gehabt, deren Mitglieder im Slowenien der Nachkriegszeit unter Umständen immer noch lebten und deren privates Gedächtnis möglicherweise eine etwas andere Geschichte erzählen würde als das kollektive – eine Geschichte, die nicht ignoriert werden dürfe.[37]

Čáp könnte einen Teil der Filmkritiker davon überzeugt haben, seiner Filmästhetik einen gewissen künstlerischen Wert zuzusprechen; „Trenutki odločitve" wurde beim jugoslawischen Filmfestival in Pula von den Kritikern und der Filmbranche wohlwollend aufgenommen und gewann Preise. Čáp gelang es dennoch auch diesmal nicht, alle zufriedenzustellen – und zwar weder auf der ästhetischen noch auf der politischen Ebene. „Trenutki odločitve" war für das slowenische Fachpublikum trotz seines historischen Themas vom filmischen Stil her zu wenig realistisch.[38] Die Produktion bereitete überdies sowohl mit den Behörden als auch mit dem Partisanenverband, der im Jugoslawien der 1950er Jahre äußerst einflussreich ist, Probleme. Die jugoslawische Zensur intervenierte zum ersten Mal in der Geschichte des jugoslawischen Nachkriegsfilms und zwang Čáp dazu, einige Szenen von „Trenutki odločitve" zu modifizieren, bevor der Film fertiggestellt und gezeigt werden konnte.[39]

Der Eingriff der Zensur reichte allerdings nicht aus, um den slowenischen Partisanenverband zufriedenzustellen. Die Verbandszeitschrift „Borba" (Der Kampf) verurteilte Čáps Werk dahingehend, es sei unannehmbar, dass „sich der Vater eines *domobranec* mit einem Partisanenarzt versöhnt und diesem sogar einen moralischen Freispruch erteilt".[40] Dieses Urteil hatte keine unmittelbare Konsequenz für die Rezeption von „Trenutki odločitve" und Čáps Karriere – nicht zuletzt deswegen, weil das Jugoslawien des Jahres 1955 trotz Säuberungen im kulturellen Establishment ein liberalerer Staat als die Tschechoslowakei war. Čáps Partisanenfilm war jedoch von nun an mit dem Ver-

---

37 Zu dieser Interpretation siehe *Vrdlovec*, Zdenko: „František Čáp – sprava bez spora" [František Čáp – Versöhnung ohne Streit]. In: *Ders./Dolmark* (Hg.): František Čáp, 32–36. Siehe auch *Colombi*: „Trenutki odločitve", 323-333; *Valič*, Denis: František Čáp: „Trenutki odločitve" ali trenutek „podobe-akcije" [František Čáp: „Entscheidungsmomente" oder das Moment des „Aktionsbildes"]. in: Ekran 42/1–2 (2005), 14.

38 Zum Begriff des filmischen Realismus in der slowenischen Filmproduktion der 1950er Jahre siehe *Stanković*: Zgodovina slovenskega celovečernega igranega filma, 83–85.

39 *Ebenda*, 132.

40 Zitiert aus *Vrdlovec*: Zgodovina slovenskega filma, 258. Übersetzung des Autors.

dacht der politischen Unkorrektheit behaftet, sodass er in den folgenden Jahrzehnten nicht mehr in den Kinos gezeigt wurde.

5) Čáps Partisanenbilder zwischen Ästhetik und Politik

Der Fall von František Čáp zeigt, dass sich ein Filmemacher bzw. ein Künstler, der sich in der Nachkriegszeit in (mehr als) einem sich als sozialistisch konstituierenden Land der Partisanenthematik widmete, keine leichte Aufgabe auflud. Widerstandskämpfer im Allgemeinen und Partisanen im Besonderen waren Teil des offiziellen Narrativs, auf dem sich nach 1945 zahlreiche europäische Staaten – inklusive der meisten sozialistischen Staaten – stützten bzw. neu gründen wollten. Die politische Bedeutung des Partisanenthemas weckte viele Erwartungen, die die Künstler in ihren Partisanendarstellungen zu erfüllen hatten. Erinnerungskulturelle Missverständnisse und Konflikte zwischen Kunst, Politik und Öffentlichkeit entstehen jedoch nicht nur und nicht unbedingt, weil die Weltanschauung der Künstler extrem anders als die offizielle Ideologie der Gesellschaften ist, in der sie tätig sind. Es zählen hierbei auch feine Unterschiede, zumal die offizielle Ideologie selbst kein Monolith ist, sondern das Produkt eines gesellschaftlichen Aushandlungsprozesses. Es reicht manchmal aus, nur einige seiner Akteure zu reizen – wie zum Beispiel die tschechische Arbeiterjury in Zlín oder den slowenischen Partisanenverband in Ljubljana –, um kleine oder große Probleme mit den Repräsentanten des Gesellschaftssystems, dessen Angehöriger man ist, zu bekommen.

Dieser Umstand bedeutet jedoch keinesfalls, dass man die Rezeption von Kunstwerken, die sich mit der Erinnerungskultur an die Partisanen auseinandersetzen, nur aus der politischen Perspektive betrachten sollte. Die Wahrnehmung dieser Kunstwerke ist immer auch mit dem ästhetischen Diskurs verbunden. Der slowenische Partisanenverband vermutete beispielsweise hinter Čáps „Trenutki odločitve" womöglich mehr politische Herausforderung, als wirklich berechtigt war. Čáps Provokation war nämlich in erster Linie eine künstlerische, denn der Regisseur bediente sich in seinem Film der jugoslawischen Geschichte des Zweiten Weltkrieges, um eine gewisse Filmästhetik – die des melodramatischen Genres – zu realisieren. Das Gegenteil, die Indienststellung ästhetischer Argumente aus politischen Zwecken, ist jedoch ebenso möglich: Die Arbeiterjury, die „Bílá tma" als zu pessimistisch kritisierte, machte von der Kunstkritik Gebrauch, um ein politisches Zeichen zu setzen – und zwar, dass die Arbeiter eines sozialistischen Landes auch über die Kunst, hier hinsichtlich der für sie wichtigen „korrekten" künstlerischen Darstellung des Partisanenkampfes im Zeiten Weltkrieg, zu bestimmen hätten.

Monika Vrzgulová

REPRÄSENTATIONEN DES NATIONALAUFSTANDS
IN DER SLOWAKEI NACH 1989[1]

> Wenn wir alles glaubten, wie der Aufstand politisch benutzt bzw. heute auch missbraucht wird, müssten wir die These akzeptieren, dass es bei uns mehrere Aufstände gab, einen kommunistischen, einen zweiten antitschechischen oder sogar einen sowjetisch-separatistischen [...]. Ein Ereignis, das so viele hunderttausende Menschen persönlich, physisch und psychisch betrifft, darf keine sich nach persönlichem Geschmack oder parteilichen Bedürfnissen unterscheidende Tracht und Frisur erhalten.
> (Aus der Rede Gustáv Husáks anlässlich des zweiten Jahrestags des Slowakischen Nationalaufstands im Jahr 1946)[2]

Bereits zwei Jahre nach dem Slowakischen Nationalaufstand (Slovenské národné povstanie, SNP) forderte Gustáv Husák[3] einen zweckgerichteten

---

1   Dieser Aufsatz entstand im Rahmen des Projekts VEGA 2/0088/14 „Rituálne správanie ako strategický nástroj skupinovej identifikácie: Sociálne a kultúrne kontexty súčasných sviatkov na Slovensku" [Rituelles Verhalten als strategisches Mittel für die Gruppenidentifikation: soziale und kulturelle Kontexte gegenwärtiger Feiertage in der Slowakei] am Ethnologischen Institut der Slowakischen Akademie der Wissenschaften (Slovenská akadémia vied, SAV) in Bratislava.

2   *Mannová*, Elena: Slovenské národné povstanie a politická pamäť [Der Slowakische Nationalaufstand und das politische Gedächtnis]. In: *Ivaničková*, Edita (Hg.): Z demokratických a totalitných režimov na Slovensku v 20. storočí. Historik Ivan Kamenec 70-ročný [Von demokratischen und totalitären Regimen in der Slowakei im 20. Jahrhundert. Dem Historiker Ivan Kamenec zum siebzigsten Geburtstag]. Bratislava 2008, 215–230, hier 215 ff.

3   Seit 1939 Mitglied des illegalen kommunistischen antifaschistischen Widerstands, stellvertretender Vorsitzender des aufständischen Slowakischen Nationalrats, nach Kriegsende bis 1950 führender Politiker der Slowakei, 1954 in einem konstruierten Prozess mit „bourgeoisen Nationalisten" zu lebenslanger Haft verurteilt; 1960 entlassen, 1963 rehabilitiert, wurde er dann Vertreter der Reformströmung in der Kommunistischen Partei der Tschechoslowakei (Komunistická strana Československa, KSČ) und arbeitete mit Alexander Dubček zusammen, den er 1969 in der Funktion als Erster Sekretär des Zentralkomitees (ZK) der KSČ ablöste. 1971 wurde er Generalsekretär des ZK der KSČ und verblieb in diesem Amt bis 1987; in den Jahren 1975–1989 war er zugleich Präsi-

Umgang mit diesem historischen Ereignis ein. Weitere zwei Jahre später, nach dem Machtantritt der Kommunisten im Februar 1948, begannen seine Parteigenossen damit, systematisch eine kommunistische Repräsentation des SNP zu erschaffen. Husák selbst verfasste, nach all seinen politischen und privaten Brüchen, ein eigenes ‚Zeugnis über den Slowakischen Nationalaufstand'.[4] Diese Repräsentation bildete in der Slowakei bis 1989 gemeinsam mit den ideologisch geprägten Darstellungen der historischen Forschung die offiziell einzig richtige und erwünschte Sichtweise auf den SNP.

Der SNP ist eines der historischen Ereignisse, die auch in der Gegenwart Bestandteil des nationalen Narrativs der modernen Geschichte der Slowaken sind. Der vorliegende Beitrag analysiert, welche Repräsentationen des SNP in den Auftritten von Politikern, in den Medien, aber auch in Schulbüchern in der Slowakei nach dem Fall des kommunistischen Regimes im November 1989 genutzt wurden und werden.[5] In Übereinstimmung mit Verena Schwarz versteht die Autorin die *Repräsentation des SNP* als dessen Darstellung, wobei zwischen dem historischen Phänomen und seinen möglichen Repräsentationen eine Differenz besteht. Ein politisches Phänomen (zum Beispiel ein historisches Ereignis) ist eine veränderliche, hochkomplexe Realität, und daher ist es weder temporär fixierbar, noch in seiner gesamten Gestalt angemessen definierbar. So ist in der Politik nicht das Ereignis selbst der Ausgangspunkt seiner Darstellung, sondern es ist seine Repräsentation, die das unklare, veränderliche Phänomen dadurch formt, dass sie aus dem un-

---

dent der Tschechoslowakischen Sozialistischen Republik (Československá socialistická republika). Husák wurde zum Hauptsymbol der sogenannten Normalisierung der tschechoslowakischen Gesellschaft nach dem Jahr 1969.

4 *Husák*, Gustáv: Svedectvo o Slovenskom národnom povstaní [Zeugnis über den Slowakischen Nationalaufstand]. Bratislava 1964. Eine zweite, überarbeitete Auflage erschien 1969.

5 Die Untersuchung beruht auf einer Auswertung von Printmedien, Fernseh- und Rundfunksendungen sowie Internetportalen zum Thema „Jahrestag des Slowakischen Nationalaufstands" in der Periode vom 1. Januar 1990 bis zum 31. Dezember 2014. Analysiert wurden Medien sowie Artikel landesweit erscheinender Tageszeitungen in den Jahren runder Jubiläen des Aufstands (1994, 1999, 2004, 2009, 2014), die Texte von Politikern, Journalisten, Publizisten, Historikern und Politologen enthalten, wobei der Fokus auf der inhaltlichen Seite der Repräsentation und deren gesellschaftlichem Kontext lag. Die Autorin recherchierte im Archiv des Museums des Slowakischen Nationalaufstands in Banská Bystrica. Dazu analysierte sie die Texte der wöchentlich, später zweiwöchentlich erscheinenden Zeitschrift „Bojovník" [Kämpfer], dem Presseorgan des Verbands antifaschistischer Kämpfer (Zväz protifašistických bojovníkov), aus den Jahren 1989–2013. 2012–2014 führte sie während der in Bratislava und Banská Bystrica stattfindenden Feierlichkeiten zum Jahrestag des SNP Feldforschungen mit der Methode der teilnehmenden Beobachtung durch. Ausgewertet wurden auch Texte über den SNP in Geschichtslehrbüchern für Grund- und Mittelschulen. Für eine detaillierte Aufarbeitung der medialen Auftritte siehe *Vrzgulová*, Monika: Komu patrí SNP? [Wem gehört der SNP?] In: *Popelková*, Katarína (Hg.): Čo je to sviatok v 21. storočí na Slovensku? [Was ist ein Feiertag im 21. Jahrhundert in der Slowakei?] Bratislava 2014, 66–109.

überschaubaren Ganzen der gesellschaftlichen Zusammenhänge einige Elemente in den Vordergrund rückt, andere dagegen an den Rand drängt oder außer Acht lässt. Das Ziel dieser Art der Repräsentation liegt nicht darin, das Wesen eines Themas so präzise wie möglich zu schildern. Stattdessen misst sich ihre Qualität eher daran, ob sie einen gesellschaftlichen Effekt erzielt, das heißt, ob sie den Produzenten der Repräsentation, also den Politikern, einen Vorteil zum Beispiel in Form von gesellschaftlicher Zustimmung verschaffen kann.[6]

Der Slowakische Nationalaufstand im politischen Diskurs nach 1945 und nach 1989

Gegenüber dem SNP positionierten sich alle politischen Regime, die nach dem Jahr 1945 mit dem Territorium der Slowakei verbunden waren, auf ihre Weise. Gleich nach dem Ende des Zweiten Weltkriegs erklärte der Slowakische Nationalrat (Slovenská národná rada, SNR) in einer am 3. Juli 1945 erlassenen Verordnung den 29. August (den Beginn des SNP im Jahr 1944) zum slowakischen Nationalfeiertag.[7] Gesetze, die diese Frage in der wiedererrichteten Nachkriegstschechoslowakei auf gesamtstaatlicher Ebene regelten, wurden erst 1946 und 1948 beschlossen. Der Tag des Ausbruchs des SNP blieb dabei jedoch unerwähnt.[8] Erst im Jahr 1951 wurde ein Gesetz beschlossen, das diesen Tag unter die „bedeutenden Tage" der Tschechoslowakischen Republik einreihte.[9]

Das bis 1989 in der Tschechoslowakei herrschende kommunistische Regime eignete sich den Aufstand vollständig an, wobei die von ihm geschaffe-

---

6 *Schwarz*, Verena: 1994: Politické reprezenácie a národná otázka [Politische Repräsentationen und die nationale Frage]. In: Slovenský národopis 42/2 (1994), 164–183, hier 164.
7 Gesetz Nr. 73/1945 Zb. [Zbierka (zákonov), Gesetzessammlung].
8 Das Gesetz Nr. 248/1946 der Gesetzessammlung über die Anpassung des Feiertagsrechts (Zákon č. 248/1946 Zb. o úprave sviatkového práva, gültig ab dem 1.1.1947) unterscheidet staatlich anerkannte „Feiertage" und „Gedenktage der Tschechoslowakischen Republik" (sviatky a pamätné dni republiky Československej); der SNP gehört jedoch nicht dazu. Auch die Anordnung Nr. 78/1948 der Gesetzessammlung zur Änderung und Ergänzung des Gesetzes über die Anpassung des Feiertagsrechts (Predpis č. 78/1948 Zb. Zákon, jímž se mění a doplňuje zákon o úpravě svátkového práva) ordnete den SNP nicht unter die staatlich anerkannten Feier- und Gedenktage der Tschechoslowakischen Republik ein.
9 Das Gesetz (Zákon č. 93/1951 Zb. o štátnom sviatku, o dňoch pracovného pokoja a o pamätných a významných dňoch, gültig ab dem 1. Januar 1952) unterscheidet und benennt den einzigen staatlichen Feiertag – den 9. Mai als Jahrestag der Befreiung der Tschechoslowakei durch die sowjetische Armee. Daneben bestimmt es arbeitsfreie Tage sowie Gedenktage und bedeutende Tage der Tschechoslowakischen Republik. Den 29. August (SNP) bezeichnet das Gesetz als „bedeutenden Tag".

ne Repräsentation des SNP mehrere Veränderungen erfuhr.[10] Obwohl zeitgenössische Archivdokumente belegen, dass der SNP ein bewaffneter Aufstand gegen den slowakischen Staat der Kriegszeit und das nationalsozialistische Deutschland war, an dem Menschen aus allen politischen und gesellschaftlichen Lagern beteiligt waren und der der Slowakei einen Platz unter
den Siegermächten der antifaschistischen Koalition sicherte, präsentierten
ihn die Kommunisten als ihre eigene Aktion mit entsprechenden Zielen. Im
Geiste dieser Repräsentation verfolgten und liquidierten sie (gesellschaftlich
und teilweise auch physisch) die Vertreter des nichtkommunistischen Widerstands im SNP, tabuisierten einen Teil der Aufstandsgeschichte und kanoni-
sierten die Formen der Erinnerung an den SNP in der Öffentlichkeit, in den
Medien und im Bildungssystem des Landes. Das Bild des SNP, das das kommunistische Regime in der Slowakei beziehungsweise der ehemaligen Tschechoslowakei über Jahrzehnte verbreitete, beeinflusste auch nach dem November 1989 die Wahrnehmung dieses historischen Ereignisses in der slowakischen Gesellschaft.

In den Jahren 1990–1992 trugen die Vertreter der politischen Parteien im
damaligen Parlament einen Kampf darüber aus, welche Ereignisse aus der
modernen Geschichte der Slowakei vom Staat ausgewählt und zu Symbolen
erhoben werden sollten, mit denen sich die neue Slowakische Föderative Republik als Teil der Tschecho-Slowakischen Föderativen Republik (Česko-
Slovenská Federatívna Republika, ČSFR) identifizieren könnte. Debattiert
wurde dabei auch, ob der 29. August den Status eines staatlichen Feiertages
erhalten solle. Die neuen politischen Repräsentanten versuchten einerseits,
sich von allem abzuwenden, was das kommunistische Regime anerkannt und
gefeiert hatte. Andererseits war auch ihr Bemühen evident, solche Ereignisse
der modernen Geschichte zu finden, die in der aktuellen Situation der neuen
demokratischen Staatlichkeit eine integrative und mobilisierende Wirkung
auf die Bevölkerung der Slowakei haben könnten. Ebendiese Ereignisse wollten sie zu staatlichen Feiertagen erheben.

Im Mai 1990 erklärte die Bundesversammlung der ČSFR den 29. August
zu einem der „bedeutenden Tage" der ČSFR.[11] In der Slowakei, also in dem

---

10 Vgl. *Jablonický*, Jozef: Slovenské národné povstanie a tri etapy jeho hodnotenia [Der
   Slowakische Nationalaufstand und die drei Etappen seiner Bewertung]. In: Historický
   časopis 39/4–5 (1991), 449–456; *Lipták*, Ľubomír: Pamätníky a pamäť povstania roku
   1944 na Slovensku [Denkmäler und die Erinnerung an den Aufstand des Jahres 1944 in
   der Slowakei]. In: Historický časopis 43/2 (1995), 363–369.
11 Am 9. Mai 1990 wurde das Gesetz Nr. 167/1990 der Gesetzessammlung verabschiedet,
   welches das Gesetz Nr. 93/1951 über staatliche Feiertage, arbeitsfreie Tage sowie Gedenktage und bedeutende Tage in der Fassung späterer Vorschriften ändert (Zákon,
   ktorým sa mení a dopĺňa zákon č. 93/1951 Zb. o štátnych sviatkoch, o dňoch pracovného pokoja a o pamätných a významných dňoch v znení neskorších predpisov). Die
   Föderale Versammlung der ČSFR beschloss folgende Änderungen: Zu *staatlichen Feiertagen* bestimmte sie den 9. Mai als Tag der Befreiung vom Faschismus, den 5. Juli als

Teil des Staates, in dem der Aufstand stattgefunden hatte, war es für die Abgeordneten des SNR problematisch, den 29. August zum staatlichen Feiertag oder auch nur zum Gedenktag[12] zu erheben. Retrospektiv erklärte einer der Akteure, der SNR-Abgeordnete Peter Tatár, die damalige Situation wie folgt:

Wir haben den Vorschlag der Kommunisten aufgeschoben. VPN [Verejnosť proti násiliu, (Öffentlichkeit gegen Gewalt), M. V.] und KDH [Kresťansko-demokratické hnutie (Christlich-Demokratische Bewegung), die Verfasserin][13] sagten – gut, das ist ein wunderbarer Feiertag, aber wir werden ihn nicht auf Anregung der Kommunisten beschließen.[14] Erst später, im Jahr 1991 oder 1992, haben wir einen gemeinsamen Vorschlag angenommen, der den SNP zum staatlichen Feiertag erhob.[15] •

Der Jahrestag des SNP wurde in der Slowakei erst im Herbst 1992 zum „staatlichen Feiertag", als die Abgeordneten der Partei der demokratischen Linken (Strana demokratickej ľavice, SDĽ) dem slowakischen Parlament ihren Vorschlag vorlegten.

Die frühen 1990er Jahre waren also eine Zeit, in der die politischen Repräsentanten der Slowakischen Republik den Aufstand öffentlich positiv würdigten und ihm den Status eines „staatlichen Feiertags" verliehen. Diese Periode kennzeichnet jedoch zugleich einen Neubeginn (oder eine Fortsetzung?) der Diversifizierung der Repräsentationen des SNP im öffentlichen und politischen Diskurs. Zeitgleich mit den Stimmen, die im Parlament den Jahrestag des SNP als staatlichen Feiertag unterstützten, begannen sich auch Apologeten des slowakischen Staats der Kriegszeit öffentlich zu Wort zu melden, ebenso die Vertreter der neu entstehenden, national, bürgerlich und liberal

Tag der Slawenapostel Kyrill und Method sowie den 28. Oktober als Tag der Entstehung des eigenständischen tschecho-slowakischen Staates. *Bedeutende Tage* der ČSFR wurden: 5. Mai, 29. August und 17. November (Tag des Kampfes der Studenten für Freiheit und Demokratie). Als *Gedenktag* der ČSFR bestimmte sie den 6. Juli (Verbrennung von Ján Hus). In diesem Gesetz wird der 29. August nicht näher erläutert, doch im Gesetz des Jahres 1951, das mit diesem geändert und ergänzt wurde, ist ihm in Klammern eine Erklärung nachgestellt: Slowakischer Nationalaufstand. Vgl. Česko-slovenské sviatkové zákony v období 1918–1992. Výskumná správa projektu VEGA 2/0069/11 [Tschechoslowakische Feiertagsgesetze der Periode 1918–1992. Forschungsbericht des Projektes VEGA 2/0069/11]. Hg. von Katarína Popelková. 2013. Archív textov Ústavu etnológie SAV (Textarchiv des Ethnologischen Instituts der SAV, im Folgenden AT ÚEt SAV), inv. č. 1469 [nicht paginiert].

12 Ein Gedenktag ist ein staatlicher Feiertag, der nicht arbeitsfrei ist.
13 VPN und KDH waren zwei zeitgenössische politische Vereinigungen.
14 Der Vorschlag, den 29. August zum staatlichen Feiertag zu erklären, wurde dem SNR im Jahr 1990 von den Abgeordneten der Kommunistischen Partei der Slowakei (Komunistická strana Slovenska, KSS) vorgelegt. Nach den Wahlen des Jahres 1992 gelangte die KSS nicht ins Parlament.
15 Tatár saß 1990 als Abgeordneter der VPN im SNR, später vertrat er die Demokratische Partei (Demokratická strana, DS). 2004 war er Vorsitzender der Bürgerlich-Konservativen Partei (Občianska konzervatívna strana, OKS). Mehr dazu: Po sporoch sa 60. Výročie oslavuje vo veľkom [Nach Konflikten wird der 60. Jahrestag groß gefeiert]. In: SME vom 28.8.2004, 3.

orientierten Organisationen und politischen Parteien, die den Aufstand kritisierten.

Im breiten Spektrum der Repräsentationen des SNP bildeten sich schrittweise zwei Hauptströmungen heraus: Die erste Strömung verwies auf die positiven Charakteristika des Aufstands, die für die Entwicklung der Zivilgesell-
schaft in der Slowakei wichtig waren. Sie betonte seinen antifaschistischen,
bürgerlichen und demokratischen Charakter, das internationale Prinzip, den
europäischen Kontext des Aufstands und seine positiven Auswirkungen für
das Land in der unmittelbaren Nachkriegszeit und für die Zukunft. Die zweite Strömung akzentuierte die Negativa des Aufstands, insbesondere die Folgen für die Slowakische Republik (1939–1945), wobei sie die historischen
Fakten recht selektiv interpretierte. Aus Sicht der Vertreter dieser „kritischen" Strömung, die damals wie heute eine „Pluralität der Ansichten" auf
die nationale Geschichte forder(te)n, war der SNP ein jüdisch-bolschewistischer Aufstand gegen die Interessen des slowakischen Volkes, gegen die slowakische Staatlichkeit und Eigenständigkeit. Der SNP habe, so seine Kritiker,
den Boden für den Aufstieg des kommunistischen Totalitarismus in der Slowakei geebnet.

Unterschiedliche Lesarten des SNP finden sich auch im historiografischen
Fachdiskurs. Hier entstanden zwei Hauptlinien in der Interpretation der For-
schungsergebnisse: Zur ersten Gruppe zählen Historiker wie Jozef Jablonický,
Ľubomír Lipták, Ivan Kamenec, Dušan Kováč, Valerián Bystrický und Elena
Mannová, die sich damals wie heute um einen kritischen Umgang mit den
historischen Fakten bemüh(t)en. Einige von ihnen hatten schon während des
kommunistischen Regimes mit ihren wissenschaftlichen Arbeiten und Schrif-
ten die von kommunistischen Politikern und Medien verbreiteten ideologi-
sierten Bilder des Aufstandes angegriffen. Nach dem Jahr 1989 nutzten sie die
Möglichkeit frei zu publizieren, um bislang tabuisierte Themen anzusprechen
und zugänglich zu machen: den nichtkommunistischen Teil des Widerstands
und seine Repräsentanten, die bedeutende Rolle der Vertreter der slowakischen Armee bei der Vorbereitung und Realisierung des Aufstands, die internationalen Zusammenhänge des SNP beziehungsweise die internationalen
Akteure, das politische System wie auch die zeitgenössischen außen- und innenpolitischen Kontexte des slowakischen Staats der Kriegszeit etc.

Die zweite Gruppe des historiografischen Exkurses über den SNP umfasste zu Beginn, in den 1990er Jahren, hauptsächlich Stimmen aus der Emigration: Hier schrieben und debattierten Historiker, aber auch Nicht-Historiker
(beispielsweise František Vnuk und Milan S. Ďurica). Das Hauptcharakteris-
tikum ihrer Werke war und ist die negative Wertung des SNP, den sie als an-
tinationalen bzw. antistaatlichen Putsch, der den Weg zur Bolschewisierung
des Landes eröffnet hätte, bezeichn(et)en. Zeitgleich mit der Kritik des Aufstands verteidig(t)en sie jedoch den slowakischen Staat der Kriegszeit und
dessen Vertreter. Dabei ist ihr Bemühen um die Rehabilitierung einiger führender Repräsentanten dieses Staates offensichtlich. Diese Strömung erwei-

terte sich schrittweise um einheimische Personen (bspw. Peter Mulík, Peter Bielik), die auch in die Aktivitäten der Historischen Abteilung der Matica slovenska und anderer national orientierter politischer Vereinigungen und Organisationen in der Slowakei eingebunden sind. Die Verknüpfung der Lesarten des Aufstands mit der Bewertung der Slowakischen Republik (1939–1945) in Äußerungen, Stellungnahmen und dem Handeln von Politikern, aber auch von Historikern beziehungsweise der Öffentlichkeit der Slowakei, ist evident und folgerichtig.

Der Aufstand als slowakischer Feiertag

Nach der Entstehung der Slowakischen Republik (Slovenská republika, SR) im Jahr 1993 wurde der Jahrestag des SNP zum „staatlichen Feiertag". Regierungs- und Oppositionsparteien wie auch die höchsten Vertreter des Staates äußerten sich während ihrer Amtszeiten zu diesem Feiertag und bezogen zu ihm Position. In öffentlichen Auftritten aktualisierten sie sein „Vermächtnis" für die gegenwärtige slowakische Gesellschaft und bemühten sich zugleich, eine möglichst breite Wählerbasis in ihrer ganzen Vielfalt anzusprechen. Dies verursachte gelegentlich Ambivalenzen in ihren Lesarten des Aufstands.

Bis 1998 stand Vladimír Mečiar an der Spitze zweier Regierungskoalitionen.[16] Er wertete bis zum Jahr 1994 den SNP – in Übereinstimmung mit dem damaligen Präsidenten Michal Kováč – als gegen das damalige Regime der Volkspartei gerichtetes Ereignis, das einen internationalen Charakter hatte und sich positiv auf das Bild von der Slowakei in der Welt auswirkte. Später ging diese Einheit der Repräsentation des Aufstands auf der politischen Spitzenebene verloren.[17] Ministerpräsident Mečiar erklärte öffentlich, dass die Bedeutung des Aufstands eine Umwertung erfahren müsse. Damit erhielten

---

[16]   1992–1994 regierte in der Slowakei eine von der Partei der demokratischen Linken (Strana demokratickej ľavice, SDĽ) tolerierte Koalition der Bewegung für eine demokratische Slowakei (Hnutia za demokratické Slovensko, HZDS) und der Slowakischen Nationalpartei (Slovenská národná strana, SNS). Am 11. März 1994 sprach der Nationalrat der Slowakischen Republik (Národná rada Slovenskej republiky, NR) dieser Regierung gegenüber ein Misstrauensvotum aus. Anlass hierfür war der Auftritt des Präsidenten Michal Kováč, der dem NR am 9. März seinen Bericht zur Lage der Republik vorstellte, in dem er die Ursachen der bestehenden Spannung zwischen ihm und Ministerpräsident Mečiar erörterte. Vgl. Slovenské národné povstanie v médiách a prejavoch politikov. Výskumná správa projektu VEGA. č. 2/0069/11 [Der Slowakische Nationalaufstand in Medien und Politikerreden. Forschungsbericht des Projektes VEGA 2/0069/11]. Zusammengestellt von Juraj Zajonc und Monika Vrzgulová. 2013. AT ÚEt SAV, inv. č. 1473, hier 2013:11.

[17]   Nach den vorgezogenen Wahlen zum Nationalrat wurde Mečiar erneut Ministerpräsident. Die vom Präsidenten der Slowakei Michal Kováč ernannte Regierung war die erste, die von den Bürgern der nun eigenständigen Republik gewählt wurde. Die Regierung bildete die HZDS mit einem Koalitionspartner, der Bauernpartei der Slowakei (Roľnícka strana Slovenska).

die Repräsentationen des SNP als antislowakische Bewegung wie auch die Stimmen der Verteidiger des slowakischen Staats der Kriegszeit sichtbare und offizielle Unterstützung vonseiten der Regierung. Die Mitglieder der Slowakischen Nationalpartei (Slovenská národná strana, SNS), die Teil der Regierungskoalition war, kritisierten den Aufstand zudem öffentlich.[18]

Die Feierlichkeiten zum 55. Jahrestag des SNP im Jahr 1999 fanden dann bereits in einer anderen politischen Atmosphäre statt.[19] Nach den Wahlen übernahm Mikuláš Dzurinda als Ministerpräsident die Regierung, zu deren Prioritäten auch der Beitritt der Slowakei zur Europäischen Union (EU) zählte. Diese Tatsache beeinflusste auch die Lesarten des Aufstands, die von den Vertretern der Regierungsparteien vertreten wurden. Sie betonten die Bedeutung des SNP im europäischen Kontext, im Zusammenhang mit dem europäischen antifaschistischen Widerstand während des Zweiten Weltkrieges. Ins Blickfeld der Politiker gerieten nun auch die aktuellen Lebensumstände der unmittelbaren Teilnehmer des Aufstands und deren gesellschaftliche Würdigung. Ein weiteres, von den Politikern debattiertes Thema war die Sicherstellung der intergenerationellen Vermittlung von Wissen über dieses historische Ereignis. In den Jahren 2002–2006 führte Dzurinda erneut die Regierung. In dieser Zeit stieg die Zahl der öffentlichen Auftritte, die zur Pluralität der Ansichten bei der Wertung des SNP aufriefen – verbunden mit der Verteidigung des ersten eigenständigen Staates der Slowaken (1939–1945). Abermals erhöhte sich auch die Aktivität der SNS-Politiker, die behaupteten, dieses Ereignis habe

die Basis des kommunistischen Totalitarismus und der sowjetischen Satellitenstaaten-Politik [gelegt], die politischen Säuberungen und die gesellschaftliche Begünstigung der Partisanen in Gang gesetzt. Der Aufstand wurde 40 Jahre zur Propaganda des roten Totalitarismus missbraucht und hat seinen moralischen Kredit verspielt.[20]

Der öffentliche Diskurs umfasste auch Aufrufe zur Schaffung eines Bildes vom SNP, das die Gesellschaft der Slowakei nicht teilen, sondern einen würde. Dieses Ziel verfolgten landesweite Feiern zum 60. Jahrestag des SNP im Jahr 2004, und auch eine neue Ausstellung des SNP-Museums, welche die

---

18 Bildungsministerin war zu dieser Zeit die von den Nationalisten nominierte Eva Slavkovská. Sie ließ die kontroverse Publikation des in der Emigration lebenden Historikers Milan S. Ďurica „Dejiny Slovenska a Slovákov" [Geschichte der Slowakei und der Slowaken] (Bratislava 1996) in den Schulen verteilen. In ihr wird unter anderem das Regime der Volkspartei in der Slowakischen Republik (1939–1945) derart unkritisch behandelt, dass sie auch von den Mitarbeitern des Historischen Instituts der SAV in einer kritischen Stellungnahme abgelehnt wurde.

19 Nach den Parlamentswahlen am 25./26. September 1998 entstand eine Regierung aus der Slowakischen Demokratischen Koalition (Slovenská demokratická koalícia, SDK), der SDĽ, der Partei der ungarischen Koalition (Strana maďarskej koalície, SMK) und der Partei der Bürgerverständigung (Strana občianskeho porozumenia, SOP).

20 SNP zorganizovali komunisti [Den SNP organisierten die Kommunisten]. In: Práca vom 28.8.2001, hier 2 (Gespräch mit R. Šepták von der SNS).

Bedeutung des Aufstands im europäischen Kontext akzentuierte, sollte dazu beitragen. Seit diesem Jahr senden die landesweit agierenden öffentlich-rechtlichen Medien jährlich am 29. August ein monothematisches Programm. Beide Amtsperioden der Dzurinda-Regierung waren von dem Bemühen charakterisiert, nicht in das Format der SNP-Feierlichkeiten vor dem Jahr 1989 abzugleiten. Die Regierungspolitiker bemühten sich um eine zivile, sachliche beziehungsweise unsentimentale Haltung zu diesem Staatsfeiertag und den Formen seiner Erinnerung.

In den Jahren 2006–2010 regierte in der Slowakei die sozialdemokratische Partei Smer (Richtung).[21] Ministerpräsident Robert Fico etablierte eine neue Form des Umgangs mit den Repräsentationen des Aufstands, wie auch neue Formen seiner Erinnerung. Seine Handlungen und Reden während der Feierlichkeiten zeigten deutlich, dass er sich der Chancen bewusst war, die sich ihm hier zur Kommunikation seiner eigenen politischen Absichten boten. Der Ministerpräsident begann sich mit seiner Entourage nicht nur an den SNP-Feierlichkeiten in Bratislava und Banská Bystrica zu beteiligen, sondern absolvierte einen regelrechten Feier-Marathon und trat jedes Jahr bei regionalen Festakten in der gesamten Slowakei auf. Zeitgleich praktizierte sein Koalitionspartner, die SNS, einen demonstrativen Boykott der öffentlichen SNP-Feiern.

Dank der Unterstützung der Regierung von Fico und unter aktiver Beteiligung des SNP-Museums begannen die gesamtstaatlichen Feiern in Banská Bystrica seit 2006 eine neue Form anzunehmen. Das Programm für die Teilnehmer war auf zwei beziehungsweise drei Festtage um den 29. August herum aufgeteilt. Neben dem pietätvollen Zeremoniell der Kranzniederlegung auf dem Areal des SNP-Museums wurden im öffentlichen Raum Banská Bystricas verschiedene Konzerte veranstaltet. Außer Auftritten von populären Bands wie auch Philharmonien und Staatsopern sowie Folklore-Ensembles lockte ein Handwerker-Markt, aber auch eine Präsentation von Militärtechnik durch die slowakische Armee. Die Organisatoren wollten damit alle potenziellen Besuchergruppen ansprechen und gewährten freien Eintritt in die Ausstellung des SNP-Museums.

Trotz dieser intensiven Bemühungen, die Bedeutung des SNP in der Gesellschaft der Slowakei zu heben, wurde die Zeremonie in Banská Bystrica im Jahr 2006 – während der Amtszeit der Fico-Regierung – erstmals in der Geschichte der SNP-Feierlichkeiten durch die Rechtsextremisten der Slowakischen Gemeinschaft (Slovenská pospolitosť, SP) gestört.[22] Marián Kotleba,

---

21 Nach den Parlamentswahlen am 17. Juni 2006 wurde die Regierung von Robert Fico, dem Vorsitzenden der Partei Smer, gebildet und am 4. Juli 2006 von Präsident Ivan Gašparovič ernannt.

22 Die Slowakische Gemeinschaft begann ihre Aktivitäten 1995 als Bürgervereinigung. Im Januar 2005 wurde sie unter dem Namen „Slovenská pospolitosť – národná strana" (Slowakische Gemeinschaft – Nationale Partei, SP-NS) als neues politisches Subjekt re-

der Chef der SP, bezeichnete sowohl die mit staatlichen Geldern finanzierten Feierlichkeiten zu Ehren einer kommunistischen Aktion wie auch den SNP selbst als Landesverrat. Das Durchgreifen der Polizei gegen die Rechtsextremisten wurde stark medialisiert, deren spätere Freilassung ohne Bestrafung dagegen weniger. Das Anwachsen des Rechtsextremismus in der Slowakei setzte abermals das Thema der Deutung des slowakischen Staats der Kriegszeit und des Aufstands als antistaatlicher und antislowakischer Putsch auf die Agenda. Zu dieser Zeit erschien in der Slowakei die nach dem Jahr 1989 de facto erste wissenschaftliche Monografie über den SNP.[23] Ihr Autor Martin Lacko konstatierte, dass er eine neue Perspektive auf den Aufstand bieten würde und sich bemühe, Themen anzusprechen, die seiner Meinung nach bislang tabuisiert worden waren. Das Werk verweist beispielsweise auf die von Partisanen an der Zivilbevölkerung verübten Gräueltaten und auch andere negative Erscheinungen, die der Aufstand für die Slowakei mit sich brachte.

Die zweijährige Amtszeit der Mitte-Rechts-Koalitionsregierung von Ministerpräsidentin Iveta Radičová (2010–2012)[24] brachte die Rückkehr zu einer zivilen Herangehensweise an den Aufstand und eines sachlicheren Erinnerns an seine Bedeutung für die gegenwärtige Gesellschaft der Slowakei. Das ungewöhnliche Verhalten der Ministerpräsidentin während der öffentlichen Feierlichkeiten erregte jedoch den Unwillen der Teilnehmer, die an das unveränderte Ritual der vergangenen Jahre gewöhnt waren. Die Medien kritisierten, dass Radičová bei den zentralen Feierlichkeiten kein einziges Mal eine Rede hielt, sondern dies dem stellvertretenden Ministerpräsidenten überließ. Fico sprach dagegen als Oppositionspolitiker auf eigenen Wunsch in Banská Bystrica.

In der Regierungszeit von Radičová erließen die Kommunalpolitiker von Bratislava ein Gesetz, das einer der städtischen Dominanten, der „Neuen Brücke" (Nový most) über die Donau, ihren ursprünglichen Namen wiedergab – „Brücke des Slowakischen Nationalaufstands" (Most Slovenského ná-

---

gistriert. Am 1. März 2006 wurde die Partei vom Obersten Gericht der SR aufgrund verfassungswidriger Tätigkeit aufgelöst. Seitdem führt die SP ihre Tätigkeit als Bürgervereinigung fort, ausgenommen das kurze Intermezzo von November 2008 bis Juli 2009, als sie vom Innenministerium als nationalistische Organisation aufgelöst worden war, bis ein zweites Gerichtsurteil diese Entscheidung revidierte. Die SP feiert die Slowakische Republik (1939–1945) und bezeichnet den SNP als bolschewistischen, antislowakischen Putsch und internationale Aktion von Verrätern. Vgl. Slovenská pospolitosť – národná strana [Die Slowakische Gemeinschaft – Nationale Partei]. In: Blog Slovenská pospolitosť. Historia [Blog Slowakische Gemeinschaft. Geschichte], URL: https:// pospolitost.wordpress.com/category/historia/ (am 12.5.2016).

23 *Lacko*, Martin: Slovenské národné povstanie 1944 [Der Slowakische Nationalaufstand 1944]. Bratislava 2008.

24 Parlamentné voľby 2010 [Parlamentswahlen 2010]. In: Volebný infoservis. URL: http:// infovolby.sk/?base=data/parl/2012/04040177.msx (am 12.5.2016).

rodného povstania). Mit diesem Akt demonstrierten sie ihre Haltung zum Aufstand und bemühten sich, in aktuellen Reden den Anschein zu erwecken, dass sie die Frage der Bedeutung des SNP für die Slowakei *definitiv* gelöst hätten. Der Hauptredner in Bratislava war der Vizepräsident des Nationalrats, Robert Fico. Er verwies auf die unzureichenden Kenntnisse der jungen Generation über den Aufstand und sprach sich für eine Verbesserung des Unterrichts in den Schulen aus. In einer seiner Reden erklärte er: „Wenn die Schule im Unterricht über den Aufstand scheitert, so dürfen wir, die lebenden Menschen, nicht scheitern."[25] Den Aufstand bezeichnete er als slowakisch im Geiste und national im Handeln.

Nach den vorgezogenen Wahlen des Jahres 2012 übernahm Fico erneut das Amt des Ministerpräsidenten. In Bezug auf den SNP knüpfte er an die oben beschriebene Politik seiner ersten Amtszeit an. Die Regierungspolitiker nutzten die offizielle Verbreitung der Repräsentation des Aufstands zur Erläuterung und Verteidigung ihrer eigenen politischen Schritte und Beschlüsse sowie zur Kommentierung der aktuellen Situation in der slowakischen Gesellschaft und im Ausland.

Die aktuelle Erinnerung an den Aufstand: 70. Jahrestag 2014
und Schulunterricht

Das Jahr 2014 stand in der Slowakei ganz im Zeichen des 70. Jahrestages des SNP. Dank der Medien wurde schon mehrere Monate vor dem August die Aufmerksamkeit der Offentlichkeit auf die Feierlichkeiten anlässlich des runden Jubiläums in Banská Bystrica gelenkt. Im ganzen Land fanden an Denkmälern, in an dem Aufstand beteiligten Dörfern und an den Orten von Partisanenkämpfen pietätvolle Feiern statt. In den Medien wurden Dutzende Dokumentar- und Spielfilme, Diskussionen und Kommentare zur Aufstandsthematik ausgestrahlt. Das Aréna-Theater in Bratislava brachte die Premiere des neuen Theaterstücks „Aufstand" auf die Bühne. Im Juli 2014 ging zudem die Webseite „29august.sk" online, an der mehrere Organisationen mitgearbeitet hatten, die zum SNP eine negative, zur Slowakischen Republik (1939–1945) jedoch eine positive Haltung einnahmen. In Zusammenarbeit mit den Vertretern der Emigration wie Vnuk und Ďurica, mit dem einheimischen Historiker Bielik und Martin Lacko, dem Mitarbeiter des Instituts für das nationale Gedächtnis (Ústav pamäti národa, UPN), veröffentlichten sie Fotografien angeblicher Opfer der „jüdisch-bolschewistischen Mörder". Sie bezeichneten den Aufstand, der in der Slowakei schon seit über zwei Jahrzehnten ein Feiertag ist, als „schwarzen Tag" in der Geschichte der Slowaken.

---

[25] Výročie Slovenského národného povstania v monitoringu médií v období 1990–2012, 212.

Zwei im landesweit ausgestrahlten öffentlich-rechtlichen Fernsehen gezeigte Sendungen führten sowohl im fachlichen wie auch im gesellschaftlichen Diskurs zu Polemik und Kritik. Die erste Kontroverse verursachte das neue, von Regisseur Vladimír Štric auf Grundlage der Monografie von Lacko produzierte Filmdokument „Povstanie. Slovensko 1939–1945" (Der Aufstand. Die Slowakei 1939–1945).[26] Der Film widmete sich jedoch weniger dem SNP als dem slowakischen Staat der Kriegszeit. Er war im Geiste der These konzipiert, dass die Slowakei eine idyllische Oase der Ruhe und des Friedens im kriegsgeschüttelten Europa gewesen sei, verschwieg aber mehrere bedeutende Ereignisse aus dieser Periode der slowakischen Geschichte. In dem Film fehlen Informationen über das undemokratische politische System des slowakischen Staates (1939–45), über die Beseitigung der Oppositionsparteien und die Verfolgung der politischen Gegner. Die slowakischen Juden werden als verarmter Teil der Gesellschaft und als Last für die slowakische Wirtschaft dargestellt – unerwähnt bleibt, warum sie in diese Situation gekommen waren (Arisierungen). Die ganze antijüdische Gesetzgebung erscheint als Diktat des nationalsozialistischen Deutschland, obgleich heutige slowakische Historiker nachgewiesen haben, dass die ersten antijüdischen Maßnahmen noch zur Zeit der slowakischen Autonomie (1938–1939) ohne deutschen Druck initiiert worden waren. In dem Film wird auch die Beteiligung der Bereitschaftsabteilungen der Hlinka-Garde (Pohotovostné oddiely Hlinkovej gardy, POHG) an Repressalien gegen die Zivilbevölkerung nach der Niederschlagung des Nationalaufstands verzerrt dargestellt, und viele weitere Behauptungen in den Kommentaren des Films stehen vollkommen im Widerspruch zu den gegenwärtigen historischen Erkenntnissen über diesen Zeitraum.

Ebenso kontrovers diskutiert wurde die Sendung „Večera s Havranom" (Abendessen mit [dem Moderator Michal, Anmerkung der Übersetzerin] Havran) zum Thema „Wem gehört der SNP". Neben dem Direktor des SNP-Museums (dem Mitorganisator der slowakeiweiten Feiern zum Jahrestag des Aufstands) und dem Direktor des Museums des Warschauer Aufstands war auch Lacko, der Historiker des UPN, anwesend. Im Laufe der Debatte wandelte er sich vom kritisch betrachtenden Forscher, der neue Fragen aufwerfen und neue Perspektiven auf den SNP bieten wollte, zu dessen Kritiker. Er fragte laut, wozu der SNP überhaupt gut gewesen sei und warum man seiner gedenken sollte, da er doch niedergeschlagen und zudem im Sinne der Wiedererrichtung der Tschechoslowakei nach Kriegsende realisiert worden sei.

---

[26] *Lacko*: Slovenské národné povstanie 1944; der Dokumentarfilm zum 70. Jahrestag des SNP „Povstanie. Slovensko 1939–1945" wurde 2013 unter der Regie von Vladimír Štric gedreht.

Mehrere Kommentatoren bezeichneten diese Sendung als SNP-Gedenken im „Neo-Ľudáci-Geist".[27]

Die landesweiten dreitägigen Feiern zum 70. Jahrestag des SNP fanden während der Amtszeit des nationalistischen Politikers Kotleba als Vorsitzenden des Selbstverwaltungsbezirks Banská Bystrica statt. Er verheimlichte seine negative Einstellung gegenüber dem SNP nicht und bezog öffentlich gegen die feierliche Erinnerung an ihn Stellung. Aus diesem Grund fand die gesamte, vom SNP-Museum und der Stadt Banská Bystrica mit Unterstützung der Kultur- und Verteidigungsministerien der Slowakischen Republik organisierte Gedenkveranstaltung unter erhöhten Sicherheitsvorkehrungen statt. Obwohl man unter den Teilnehmern SP-Mitglieder sah, die T-Shirts mit dem Porträt von Jozef Tiso, des Präsidenten der Ersten Slowakischen Republik, trugen, fand die Feier ohne Störungen statt.

Die in dieser Studie untersuchten Festakte und Politikerreden wie auch die Medienproduktion des Jahres 2014 belegen, dass beide Strömungen der Repräsentationen des Aufstands in der Gesellschaft der Slowakei, sowohl im öffentlichen wie auch im wissenschaftlichen Diskurs fest verankert und mit den Repräsentationen der Slowakischen Republik der Jahre 1939–1945 logisch verbunden sind. An dieser Stelle ist allerdings auch die Frage nach dem Stellenwert der Behandlung dieser Themen im Schulunterricht interessant. Denn ob und wie die entsprechenden Informationen an jüngere Generationen vermittelt werden, kann Aufschluss über die zukünftige Akzeptanz der politisch motivierten Repräsentationen dieses für die slowakische Nationalgeschichte so zentralen Themas geben.

Im Zusammenhang mit dem unzureichenden Wissen der Jugend über das eigene Land und seine Geschichte wurde im öffentlichen Diskurs nach dem Jahr 1989 immer wieder die Notwendigkeit eines hochwertigen Geschichtsunterrichts in den Schulen betont. Die Repräsentationen des Aufstands sind verständlicherweise Teil des Bildungssystems in der Slowakei. Die gesamten 1990er Jahre waren in diesem Sinne eine Zeit der Etablierung neuer Bildungsstandards und Lehrpläne sowie der Produktion neuer Lehrmaterialien. Die Lehrer an Grund- und Mittelschulen aller Typen mussten sich mit der Tatsache abfinden, dass „es nichts gab, womit man unterrichten konnte". Viele lösten dieses Problem auf die Weise, dass sie den Lehrstoff zum 20. Jahrhundert mit dem Zweiten Weltkrieg beziehungsweise bereits vor Kriegsbeginn beendeten, um diesen problematischen Abschnitt der Geschichte zu vermeiden.

---

[27] Vgl. *Marušiak*, Juraj: Propaganda „usmievavého Slovenska" [Die Propaganda der „lachenden Slowakei"]. In: JeToTak.sk, 3.9.2014. URL: http://www.jetotak.sk/editorial/propaganda-usmievaveho-slovenska (am 12.5.2016). Mit „Ľudáci" werden in der Slowakei Mitglieder und Anhänger der in der Slowakischen Republik (1939–1945) herrschenden Volkspartei bezeichnet.

Und wie ist die Situation fünfundzwanzig Jahre nach dem Ende der „Einparteienherrschaft"? Viliam Kratochvíl, ein Experte für Geschichtsdidaktik, schätzt sie als kritisch ein.[28] Er verweist auf das Paradox, dass sich der breite Raum, den die Veränderungen des Umbruchs im November 1989 und im Januar 1993 eröffnet hatten, mit den Jahren zunehmend verengt hat. Gegenwärtig stehen den Lehrern an Grundschulen und den unteren Jahrgängen achtklassiger Gymnasien 13 inhaltlich ähnliche Geschichtslehrbücher zur Verfügung. An berufsbildenden Mittelschulen (stredné odborné školy, odborné učilištia) arbeiten sie mit einem integrierten Set von vier Lehrbüchern von der Urzeit bis zum 20. Jahrhundert. Kritisch ist die Situation auch an den vierjährigen Gymnasien, an denen zwei Lehrbücher verwendet werden, wobei die für das 20. Jahrhundert genutzte Publikation aus dem Jahr 1990[29] stammt und ursprünglich nur so lange im Umlauf bleiben sollte, bis ein komplexes Lehrbuch zur neuesten Geschichte erarbeitet wäre (das bis heute fehlt). Kratochvíl konstatiert, dass die Politik der Genehmigung und Publikation von Lehrbüchern vollkommen der Kontrolle des Staates unterliege, was die Lehrbuchproduktion in der Slowakei regelrecht paralysiere. Er merkt an, dass einer der Gründe (neben wirtschaftlichen Aspekten) der Kampf um die Vergangenheit sei – um die Suche nach einer nutzbaren Vergangenheit.[30]

Obwohl die Thematik des Zweiten Weltkriegs zum didaktisch vermittelten Lehrstoff gehört, ist die – im Vergleich mit dem Niveau in Ungarn, Polen oder der Tschechischen Republik – niedrige Geschichtskompetenz der jungen Generation in der Slowakei ein Problem. Verursacht wird dies durch mehrere Faktoren: das Fehlen einer nationalstaatlichen Tradition beziehungsweise die fehlende Identifikation mit den staatlichen Gebilden, deren Teil die Slowaken waren, aber auch die verspätete Entwicklung der Geschichtswissenschaft und ihre schwache Autorität in der Gesellschaft, weiterhin die aktuelle gesellschaftliche Situation, die ambivalenten Haltungen zur neuesten Geschichte im gesellschaftlichen Diskurs und nicht zuletzt die starke Verringerung der Stundenzahl für den Geschichtsunterricht an den Grund- und berufsbildenden Mittelschulen.[31]

---

[28] *Kratochvíl*, Viliam: Slovenské učebnice dejepisu po roku 1989 [Slowakische Geschichtslehrbücher nach dem Jahr 1989]. In: Česko-slovenská historická ročenka 18 (2003), 275–280, hier 275.

[29] *Kováč*, Dušan/*Lipták*, Ľubomír: Kapitoly z dejín pre stredné školy [Kapitel aus der Geschichte für Mittelschulen]. Bratislava 1990, 1992.

[30] *Kratochvíl*: Slovenské učebnice dejepisu po roku 1989, 276 f.

[31] *Kmeť*, Miroslav: Rok 1944 vo výučbe dejepisu [Das Jahr 1944 im Geschichtsunterricht]. In: *Syrný*, Marek (Hg.): Slovenské národné povstanie. Slovensko a Európa v roku 1944 [Der Slowakische Nationalaufstand. Die Slowakei und Europa im Jahr 1944]. Banská Bystrica 2014, 651–657, hier 655.

Schlussfolgerung

Alle politischen Führungsgruppen in der Slowakei nach dem Jahr 1989 haben sich bemüht, durch ihre Haltung zum Aufstand die Vergangenheit des von ihr regierten Landes so darzustellen, wie es ihren Bedürfnissen entsprach. Sie machte dabei jeweils eine Lesart geltend, die die Hierarchie der für sie prioritären Werte und ihre Machtposition im Land unterstützte. Dies führte dazu, dass in den Medien mehrere Repräsentationen des SNP gleichzeitig präsent sind – so wie sie sich nach dem Jahr 1989 herausgebildet haben. Der Anlass, zu dem sie am stärksten artikuliert und in der Öffentlichkeit verbreitet werden, ist der staatliche Feiertag und seine Begehung. Die Repräsentanten der verschiedenen Parteien des politischen Spektrums vermitteln ihre jeweilige Lesart und sprechen sozusagen jeweils über einen etwas „anderen" Aufstand. Die Vertreter der konservativen Mitte-Rechts-Regierungskoalition bemühten sich zudem um eine Veränderung der etablierten Formen und Methoden der Feier. Nicht immer trafen ihre Vorstellungen über die Gestalt der Gedenkfeierlichkeiten in der Gesellschaft auf Verständnis. Es scheint, dass die Auftritte und rituellen Handlungen der Vertreter der sozialdemokratischen Partei Smer, vor allem ihres Vorsitzenden Fico, einen positiveren Widerhall finden und er damit als Einziger richtig verstanden hat, dass

das kollektive Gedenken an die Vergangenheit [...] in Wirklichkeit weder nostalgische Betrachtung, noch ernsthaft durchgeführte historische Analyse ist. Dieses regelmäßige Jubiläums-Gedenken ist die Antwort auf das Bedürfnis jeder Gesellschaft, eine verlässliche und absolut verständliche Ordnung ihrer eigenen Vergangenheit zu haben [...]. Jedes Regime muss die eigene Vergangenheit auf eine solche Weise ordnen, dass dadurch die gegenwärtige Wertehierarchie rückwirkend unterstützt wird [...]. Ordnung in der eigenen Vergangenheit zu haben, ist absolut unerlässlich, wenn wir eine gegenwärtige, uns zusagende Ordnung nach unseren Vorstellungen einrichten und aufrechterhalten wollen.[32]

Der 29. August, der Tag des Ausbruchs des SNP, ist in der Slowakei nun seit 1992 ein staatlicher Feiertag. Im öffentlichen, politischen und wissenschaftlichen Diskurs existiert neben der Gruppe von Repräsentationen, die den Aufstand als bedeutendes Ereignis werten, dem ein Platz in der Riege staatlicher Feiertage gebührt, parallel noch eine weitere Gruppe von Repräsentationen. Sie vereint diejenigen, die den Aufstand als gegen die slowakische Staatlichkeit und das slowakische Volk gerichteten Putsch ablehnen und den SNP als Tor zur Errichtung des kommunistischen Regimes in der Slowakei bezeichnen. Dabei werden die Kritiker aus der Emigration durch Stimmen einheimischer Vertreter, auch aus dem akademischen Umfeld und aus den Reihen der slowakischen römisch-katholischen Kirche verstärkt, die die Bedeutung des SNP in der modernen Geschichte der Slowakei anzweifeln und den Bemühungen zur Rehabilitierung der Slowakischen Republik (1939–1945) und ihrer obersten Vertreter die Tür öffnen.

---

[32] *Keller,* Jan: Nedomyšlená společnost [Die nichtdurchdachte Gesellschaft]. Brno 2003, 79.

Es ist offensichtlich, dass die geschichtspolitische Beziehung zum Aufstand und zur Slowakischen Republik (1939–1945) mit einem ganzen Komplex von Fragen verbunden ist, die die nationale Identität der Slowaken betreffen. Hierbei handelt es sich um einen dynamischen Prozess, in dessen Verlauf die ambivalenten Merkmale des Nationalaufstandes von den politischen Vertretern der Slowakei interpretiert und genutzt werden.

Aus dem Slowakischen von Iris Engemann

ABKÜRZUNGSVERZEICHNIS

A MSNP	Archív Múzea Slovenského národného povstania v Banskej Bystrici (Archiv des Museums des Slowakischen Nationalaufstands in Banská Bystrica)
ABS	Archiv bezpečnostních složek Praha (Archiv der Sicherheitsdienste Prag)
AK	Armia Krajowa (Heimatarmee)
AL	Armia Ludowa (Volksarmee)
AT ÚEt SAV	Archív textov Ústavu etnológie SAV (Textarchiv des Ethnologischen Instituts der SAV)
AŻIH	Archiwum Żydowskiego Instytutu Historycznego (Archiv des Jüdischen Historischen Instituts, Warschau)
BA-MA	Bundesarchiv-Militärarchiv Freiburg
BayHStA	Bayerisches Hauptstaatsarchiv
BDM	Bund Deutscher Mädel
BMM	Britische Militärmission in Griechenland
BRD	Bundesrepublik Deutschland
BSSR	Belarusian Soviet Socialist Republic
CŠPD	Central'nyj Štab Partizanskogo Dviženija
ČSFR	Česko-Slovenská Federatívna Republika (Tschecho-Slowakische Föderative Republik)
ČSNS	Československá strana národně socialistická (Tschechoslowakische Volkssozialistische Partei)
ČSSR	Československá socialistická republika (Tschechoslowakische Sozialistische Republik)
DDR	Deutsche Demokratische Republik
DIS/GES	Dieuthynsē Istorias Stratu/Geniko Epiteleio Stratu (Direktion der Armeegeschichte/Armeegeneralstab)
DS	Demokratická strana (Demokratische Partei)
EAM	Ethnikó Apelevtherotikó Métopo (Nationale Befreiungsfront)
EDES	Ethnikos Dimokratikos Ellinikos Syndesmos (Nationale Republikanische Griechische Liga)
EES	Ethnikos Ellinikos Stratos (Nationale Griechische Armee)

ELAS	Ethnikós Laikós Apelevtherotikós Stratós (Griechische Volksbefreiungsarmee)
ES	Ellinikos Stratos (Griechische Armee)
EU	Europäische Union
EURIAS	European Institutes for Advanced Study
FLN	Front de Libération Nationale
FNDIR	Fédération nationale des déportés et internés de la résistance (Nationale Föderation der Deportierten und Internierten des Widerstands)
FNDIRP	Fédération nationale des déportés et internés résistants et patriotes (Nationale Föderation der widerständigen und patriotischen Deportierten und Internierten)
GL	Gwardia Ludowa (Volksgarde)
HG	Hlinkova garda (Hlinka-Garde)
HNPB	Hornonitrianska partizánska brigáda (Partisanenbrigade des oberen Neutratals)
HS	Heimatschutz
HSĽS	Hlinkova slovenská ľudová strana (Hlinka-Partei)
HSSPF	Höherer SS- und Polizeiführer
HZDS	Hnutia za demokratické Slovensko (Koalition der Bewegung für eine demokratische Slowakei)
IMG	Internationaler Militärgerichtshof
IPN	Instytut Pamięci Narodowej (Institut für das Nationale Gedächtnis)
IWM	Institut für die Wissenschaften vom Menschen (Institute for Human Sciences)
JO AN	Journal officiel de la République Française. Assemblée nationale
JORF	Journal officiel de la République Française
KDH	Kresťansko-demokratické hnutie (Christlich-Demokratische Bewegung)
KKE	Kommounistikó Kómma Elládas (Kommunistische Partei Griechenlands)
Komintern	Kommunistische Internationale
KPdSU	Kommunistischen Partei der Sowjetunion
KPU	Kommunistische Partei der Ukraine
KSČ	Komunistická strana Československa (Kommunistische Partei der Tschechoslowakei)

KSS	Komunistická strana Slovenska (Kommunistische Partei der Slowakei)
KZ	Konzentrationslager
LAF	Lietuvos Aktyvistų Frontas (Litauische Aktivisten-Front)
LLA	Lietuvos Laisves Armija (Litauische Freiheitsarmee)
LLKS	Lietuvos laisvės kovos sąjūdis (Litauische Bewegung des Freiheitskampfes)
LVR	Lietuvos vietinė rinktinė (Litauische Sonderverbände)
MO SR	Ministerstvo obrany Slovenskej republiky (Verteidigungsministerium der Slowakischen Republik)
NA	Národní archiv v Praze (Nationalarchiv in Prag)
NARB	Nacional'nyj Archiv Republiki Belarus' (Nationalarchiv der Republik Belarus)
NKVD	Narodnyi Komissariat Vnutrennikh Del (Volkskommissariat für innere Angelegenheiten)
NR	Národná rada Slovenskej republiky (Nationalrat der Slowakischen Republik)
NS RČS	Národní shromáždění republiky Československé (Nationalversammlung der Tschechoslowakischen Republik)
NS	Nationalsozialismus; nationalsozialistisch
NSDAP	Nationalsozialistische Deutsche Arbeiterpartei
OA	Osobný archív (Privatarchiv)
OD	Ordnungsdienst
OKS	Občianska konzervatívna strana (Bürgerlich-Konservative Partei)
OKW	Oberkommando der Wehrmacht
ONV	Okresný národný výbor v Prievidzi (Bezirksnationalausschuss in Prievidza)
OPLA	Organosis Prostasias Laikou (Organisation zum Schutz des Volkskampfes)
OS	Osobné spisy (Personalschriften)
OÚ MNV	Obvodný úrad miestnych národných výborov Nedožery (Bezirksamt der örtlichen Nationalausschüsse Nedožery)
OVVaVO	Oddelenie vojnových veteránov a vydávania osvedčení (Abteilung Kriegsveteranen und Ausstellung von Bescheinigungen)
PAO	Panellinia Apelevtherotiki Organossis (Panhellenische Befreiungsorganisation)

PH	Písomností z partizánskeho hnutia (Schrifttum aus der Partisanenbewegung)
PLO	Palestine Liberation Organization
POHG	Pohotovostné oddiely Hlinkovej gardy (Bereitschaftsabteilungen der Hlinka-Garde)
POW	Prisoner of War
PPR	Polska Partia Robotnicza (Polnische Arbeiterpartei)
PR	Patriote Résistant (Widerständiger Patriot)
PRO, FO	Public Record Office, Foreign Office
Pz. Div.	Panzerdivision
RGASPI	Rossiiski Gosudarstvennyi Arkhiv Sotsial'no-Politihceskoi Istorii (Russisches Staatsarchiv für sozial-politische Geschichte)
SAPMO-BArch	Stiftung Archiv der Parteien und Massenorganisationen der DDR im Bundesarchiv
SAV	Slovenská akadémia vied (Slowakische Akademie der Wissenschaften)
SBS	Svaz bojovníků za svobodu (Bund der Freiheitskämpfer)
SD	Sicherheitsdienst der SS
SD	Slovensko domobranstvo (Slowenische Landwehr)
SDK	Slovenská demokratická koalícia (Slowakische Demokratische Koalition)
SDĽ	Strana demokratickej ľavice (Partei der demokratischen Linken)
SLOGI	Slovenski gledališki in filmski muzej (Slowenisches Theater- und Filmmuseum)
SMER-SD	Smer-Sociálna demokracia (Richtung – Sozialdemokratie)
SMERSH	Smert shpionam (Tod den Spionen)
SMK	Strana maďarskej koalície (Partei der ungarischen Koalition)
SNA	Slovenský národný archív v Bratislave (Slowakisches Nationalarchiv in Bratislava)
SNP	Slovenské národné povstanie (Slowakischer Nationalaufstand)
SNR	Slovenská národná rada (Slowakischer Nationalrat)
SNS	Slovenská národná strana (Slowakische Nationalpartei)
SOP	Strana občianskeho porozumenia (Partei der Bürgerverständigung)

SOPVP	Svaz osvobozených politických vězňů a pozůstalých (Verband der befreiten politischen Häftlinge und der Hinterbliebenen)
SP	Slovenská pospolitosť (Slowakische Gemeinschaft)
SPB	Svaz protifašistických bojovníků (Verband der antifaschistischen Widerstandskämpfer)
SP-NS	Slovenská pospolitosť – národná strana (Slowakische Gemeinschaft – Nationale Partei)
SR	Slovenská republika (Slowakische Republik)
SS	Schutzstaffel
ŠA	Štátny archív Nitra (Staatliches Archiv Nitra)
ŠTB	Štátna bezpečnosť (Staatssicherheit)
ŠZ	Špeciálne zbierky (Bestand Spezialsammlungen)
TDA	Tautinio darbo apsauga (Nationales Arbeitsschutzbataillon
UdSSR	Union der Sozialistischen Sowjetrepubliken
UNO	United Nations Organization
UPN	Ústav pamäti národa (Institut für das nationale Gedächtnis)
USA	United States of America
ÚŠB	Ústredňa štátnej bezpečnosti (Zentrale Staatssicherheit)
ÚŠPH	Ukrajinský štáb partizánskeho hnutia (Ukrainischer Stab der Partisanenbewegung)
ÚV SPB	Ústřední výbor SPB (Zentralkomitee des SPB)
VA–CR	Vojenský archív – centrálna registratúra Trnava (Militärarchiv – Zentralregistratur Trnava)
VHA	Vojenský historický archiv Bratislava (Militärhistorisches Archiv Bratislava)
VLIK	Vyriausiasis Lietuvos išlaisvinimo komitetas (Oberstes Komitee für die Befreiung Litauens)
VPN	Verejnosť proti násiliu (Öffentlichkeit gegen Gewalt)
VÚA–VHA	Vojenský ústřední archiv – Vojenský historický archiv Praha (Zentrales Militärarchiv – Historisches Militärarchiv Prag)
VVN	Vereinigung der Verfolgten des Naziregimes
YVA	Yad Vashem Archives
Zb. SNP	Zbierka Slovenské národné povstanie (Sammlung Slowakischer Nationalaufstand)
ZK	Zentralkomitee

AUTORINNEN UND AUTOREN DES BANDES

Baranova, Olga, PhD., Wissenschaftliche Mitarbeiterin und Dozentin der Diplomatischen Akademie Wien

Prof. Dr. Boris Barth, Langzeitdozent des Deutschen Akademischen Austauschdienstes am Institut für internationale Studien der Karls-Universität Prag und apl. Professor für Geschichte an der Universität Konstanz

Dr. Franziska Bruder, freie Historikerin und Übersetzerin, Berlin

Dr. Matteo Colombi, Wissenschaftlicher Mitarbeiter am Geisteswissenschaftlichen Zentrum Geschichte und Kultur Ostmitteleuropas (GWZO) an der Universität Leipzig

Sven Deppisch, M.A., freier Historiker und Doktorand am Historischen Seminar der Ludwig-Maximilians-Universität München

Dr. Vaios Kalogrias, Wissenschaftlicher Mitarbeiter des Historischen Seminars der Johannes Gutenberg-Universität Mainz

Ulrike Lunow, M.A., Wissenschaftliche Mitarbeiterin am Collegium Carolinum, Forschungsinstitut für die Geschichte Tschechiens und der Slowakei, München und Doktorandin am Historischen Seminar der Ludwig-Maximilians-Universität München

Dr. Ekaterina Makhotina, Wissenschaftliche Assistentin am Institut für Geschichtswissenschaft der Rheinischen Friedrich-Wilhelms-Universität Bonn

PhDr. Marek Syrný, PhD., Wissenschaftlicher Mitarbeiter des Museums des Slowakischen Nationalaufstands, Banská Bystrica und Akademischer Assistent an der Fakultät für Politische Wissenschaften und Internationale Beziehungen der Matej Bel Universität Banská Bystrica

PhDr. Marian Uhrin, PhD., Wissenschaftlicher Mitarbeiter des Museums des Slowakischen Nationalaufstands, Banská Bystrica

Mgr. Martin Vitko, Doktorand am Historischen Institut der Masaryk-Universität Brünn

Dr. Monika Vrzgulová, Senior Research Fellow am Institut für Ethnologie der Slowakischen Akademie der Wissenschaften, Bratislava

Dr. Jürgen Zarusky, Wissenschaftlicher Mitarbeiter des Instituts für Zeitgeschichte München-Berlin und Chefredakteur der Vierteljahrshefte für Zeitgeschichte

Dr. Marína Zavacká, Wissenschaftliche Mitarbeiterin am Historischen Institut der Slowakischen Akademie der Wissenschaften, Bratislava

Prof. Dr. Volker Zimmermann, Wissenschaftlicher Mitarbeiter des Collegium Carolinum, Forschungsinstitut für die Geschichte Tschechiens und der Slowakei, München und apl. Professor des Instituts für Geschichtswissenschaften der Heinrich-Heine-Universität Düsseldorf

Dr. Martin Zückert, Wissenschaftlicher Mitarbeiter und Geschäftsführer des Collegium Carolinum, Forschungsinstitut für die Geschichte Tschechiens und der Slowakei, München

Die jüdischen Museen in Prag, Budapest und Bratislava nach dem Fall des Eisernen Vorhangs

Katalin Deme
**Jüdische Museen
in Ostmitteleuropa**
Kontinuitäten – Brüche – Neuanfänge:
Prag, Budapest, Bratislava (1993–2012)

*Veröffentlichungen des Collegium Carolinum,
Band 133.*

2016. 317 Seiten, gebunden
€ 50,– D
ISBN 978-3-525-37312-5

Die Studie befasst sich mit den jüdischen Museen in Prag, Budapest und Bratislava nach dem Fall des Eisernen Vorhangs.

Katalin Deme untersucht, wie die jüdischen Museen in Prag, Budapest und Bratislava nach 1989 die Geschichte und Kultur der jüdischen Bevölkerung Tschechiens, Ungarns und der Slowakei präsentierten. Auf welche Weise reagierten sie auf den Wegfall der staatssozialistischen Kontrollmechanismen, wie lösten sie sich von den bis 1989 geltenden Deutungsmustern? Die Autorin berücksichtigt dabei die Entwicklung dieser Museen vom frühen 20. Jahrhundert bis zum Ende der staatssozialistischen Regime und zeigt Kontinuitäten, Brüche und Neubeginne in ihrem Selbstverständnis sowie in der sich ändernden kollektiven Identität der jeweiligen jüdischen Gemeinschaften auf.

V&R Academic
Verlagsgruppe Vandenhoeck & Ruprecht | V&R **unipress**

www.v-r.de

Die Musealisierung des Zweiten Weltkriegs in Osteuropa

Ekaterina Makhotina / Ekaterina Keding / Włodzimierz Borodziej / Etienne François / Martin Schulze Wessel (Hg.)

Krieg im Museum

Präsentationen des Zweiten Weltkriegs in Museen und Gedenkstätten des östlichen Europa

Veröffentlichungen des Collegium Carolinum, Band 131.

2015. VI, 376 Seiten, gebunden
€ 70,– D
ISBN 978-3-525-37309-5

Die Autoren des Sammelbandes untersuchen erstmals vergleichend die Bedeutung von Museen und Gedenkstätten in den Debatten um das Erinnern an den Zweiten Weltkrieg im östlichen Europa.

Kein anderes Ereignis der Zeitgeschichte hat in Europa eine solche identitätspolitische Bedeutung und ist so stark von geschichtspolitischen Konjunkturen und nationalen Interpretationen abhängig wie der Zweite Weltkrieg. Die Autoren des Bandes untersuchen vor diesem Hintergrund ausgewählte osteuropäische Museen als Medien der Erinnerung und Ergebnisse geschichtspolitischer Debatten: Spielen sie die Rolle von historischen »Schiedsrichtern« oder werden die musealen Inszenierungen ausgehandelt? Im Zentrum der Analysen stehen Themen wie Opferhierarchien, Umgang mit dem Holocaust und Kollaboration.

V&R Academic

Verlagsgruppe Vandenhoeck & Ruprecht | V&R unipress

www.v-r.de